Eduard und Sigrid Soeffker

ErlebnisWandern mit Kindern

ALLGÄU

30 Wanderungen und Ausflüge

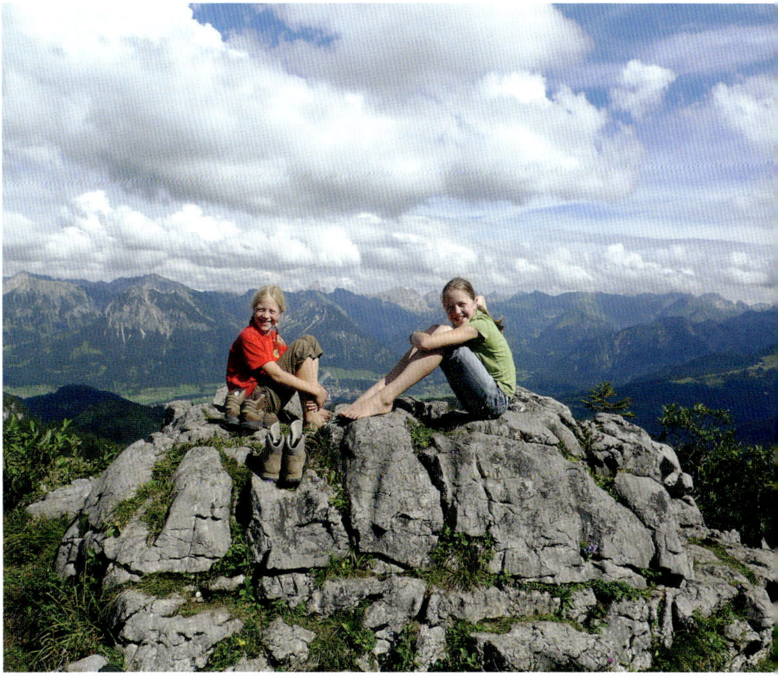

ROTHER
BERGVERLAG

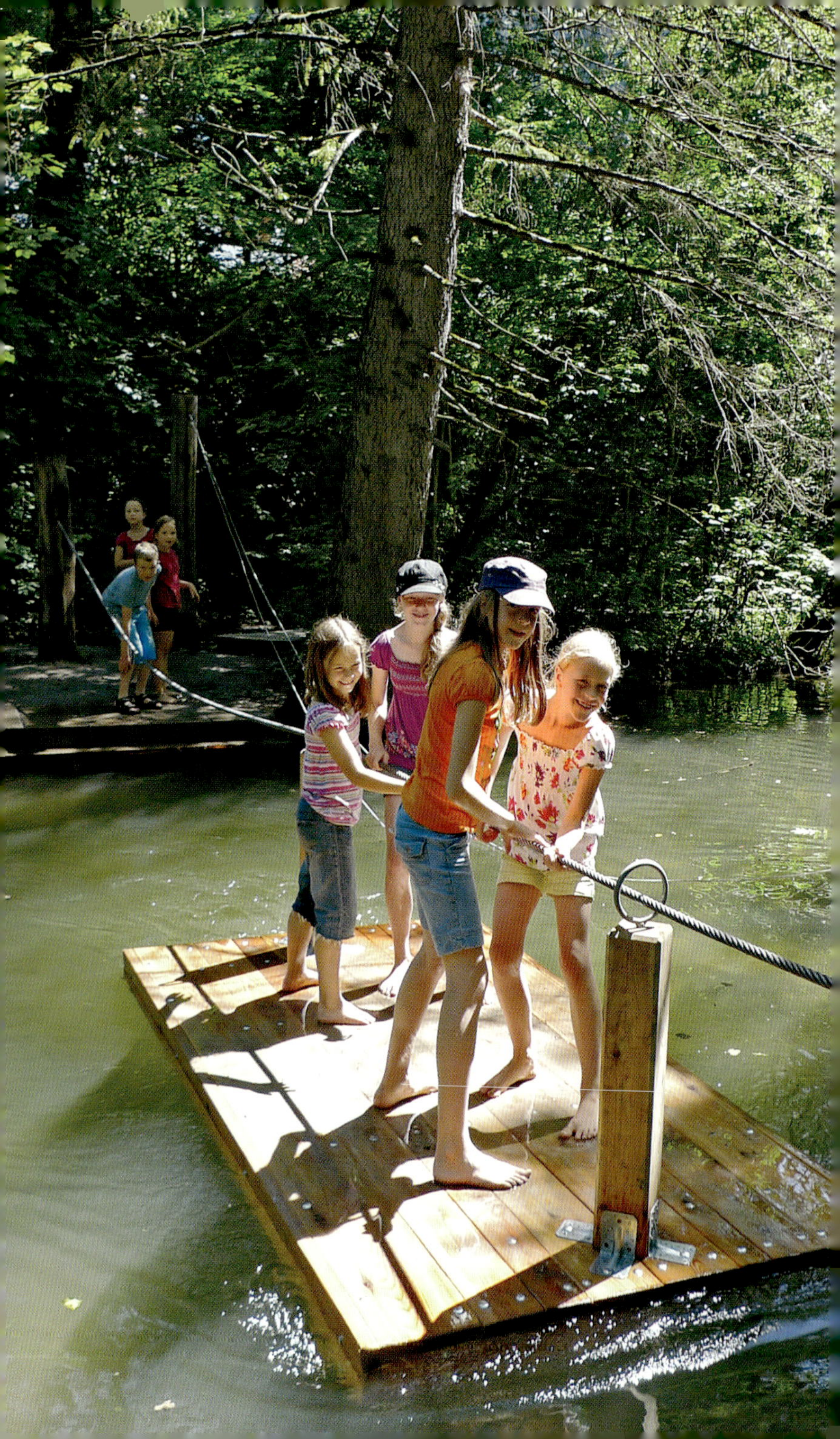

Vorwort

Das Allgäu verzaubert jährlich Hunderttausende Besucher, überwiegend Familien mit Kindern, mit seiner wunderschönen Landschaft: Rauschende Wasserfälle, herrliche Berggipfel, traumhafte Barfußwiesen, glitzernde Bergseen und unzählige Wasserspielmöglichkeiten an Gebirgsbächen und Seen ziehen Alt und Jung in ihren Bann.
Hinzu kommt ein vielfältiges Freizeitangebot, angefangen von Ponyreiten über Piraten- und Burgenspielplätze, Sommerrodelbahnen, Waldseilgärten und kindgerechte Museen bis hin zu Spaß- und Gesundheitsbädern.
Der Schwerpunkt dieses Buches liegt auf 30 spannenden Wanderungen, die alle ein besonderes Highlight für Kinder zu bieten haben, sei es ein faszinierender Klammweg, eine geheimnisvolle Burgruine, Themen- und Erlebniswege, ein atemberaubender Klettersteig, zahme Tiere auf der Alp, ein großer Abenteuerspielplatz oder das Baden an einem Wasserfall. Oft lässt sich auch die Wanderung mit einem Freizeitangebot verbinden, z. B. wenn man vom Berg mit einer Sommerrodelbahn ins Tal düsen kann oder man sich nach der Tour noch in einem der vielen Seen oder Freibäder abkühlen möchte. Deshalb haben wir im Buch nicht nur die Touren ausführlich beschrieben, sondern auch detaillierte Informationen über zusätzliche Freizeitangebote mit aufgenommen. Attraktionen, die nicht direkt auf dem Weg liegen, sind in einem zusätzlichen Teil mit vielen weiteren Freizeit- und Schlechtwettertipps am Ende des Buches zu finden.
Die kurzweiligen Wanderungen und Ausflüge sorgen dafür, dass ein Besuch im Allgäu für die ganze Familie zum unvergesslichen Erlebnis wird und alle gerne wiederkommen.
Viel Spaß mit den Touren aus diesem Buch beim Wandern, Erleben und Entdecken wünschen Ihnen

Eduard und Sigrid Soeffker

Spaß für Groß und Klein: Bachüberquerung per Floß (Tour 30).

Inhalt

Allgemeine Hinweise

Anforderungen

Die vorgestellten Touren verlaufen bis auf wenige Wegabschnitte einzelner Wanderungen durchgängig auf markierten Wegen und Steigen. Viele sind auch für kleinere Kinder ohne größere Schwierigkeiten zu meistern. Um die Auswahl einer Tour zu erleichtern, sind die Tournummern je nach Schwierigkeit unterschiedlich farbig hinterlegt. Nähere Informationen zu den Anforderungen sind bei jeder Tour in der »Kurzinfo« aufgeführt. Zusätzlich erfolgt dort auch eine Empfehlung, ab welchem Alter die Wanderungen für die Kinder geeignet sind. Sowohl die farbige Dreiteilung der Tourenvorschläge, als auch die Altersempfehlung sind aber nur als erster Anhaltspunkt zu verstehen. Letztendlich kennen die Eltern ihre Kinder am besten und wissen, was ihnen zuzutrauen ist.

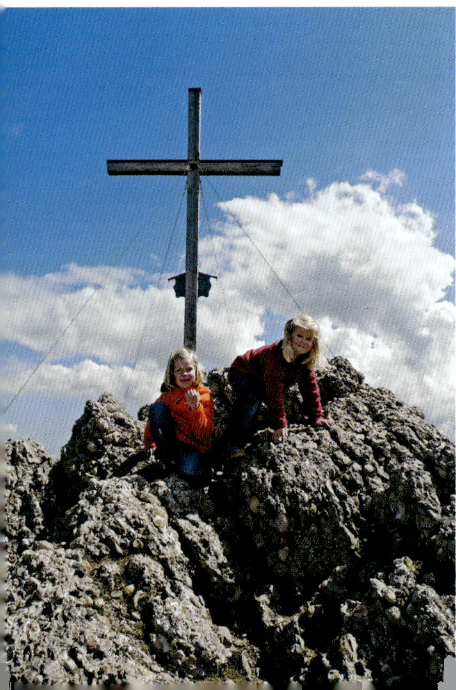

Die Farben der Tournummern bedeuten im Einzelnen:

- **Leicht**

Kurze Touren auf gut angelegten Wegen oder Pfaden in einfachem Gelände. Diese Wanderungen, bei denen keine Bergerfahrung erforderlich ist, werden auch schon von den kleineren Kindern bestens gemeistert. Gut profilierte Trekkingsandalen sind für diese Touren in der Regel ausreichend.

- **Mittel**

Längere Wanderungen auf meist gut ausgebauten Wegen, Bergsteigen und -pfaden, die teilweise auch über Wurzelpfade verlaufen oder recht schmal und/oder felsig sein können. Die Touren führen zum Teil über steileres Gelände, das auf einer Seite steil abfallen kann, und es sind meist längere Strecken oder größere Höhenunterschiede zu überwinden (Ausdauer erforderlich!). Teilweise sind bei diesen Wanderungen Trittsicherheit und Bergerfahrung vonnöten. Für diese Touren sind Trekkingschuhe oder Wanderschuhe anzuraten (siehe Angaben in der jeweiligen »Kurzinfo«).

- **Schwierig**

Diese anspruchsvollen, meist langen Touren mit größeren Höhenunterschieden erfordern sicheres Gehen (und Kraxeln) in felsigem und schrofigem Gelände. Absolute Trittsicherheit und Schwindelfreiheit sind bei diesen Touren, die nur für Kinder und Erwachsene mit Bergerfahrung geeignet sind, unerlässlich. Zum Teil sind die Bergsteige ausgesetzt und mit Drahtseilen gesichert. Bergschuhe sind hier ein absolutes Muss!

Kletterübungen am ungefährlichen Bärenköpfle (Tour 9).

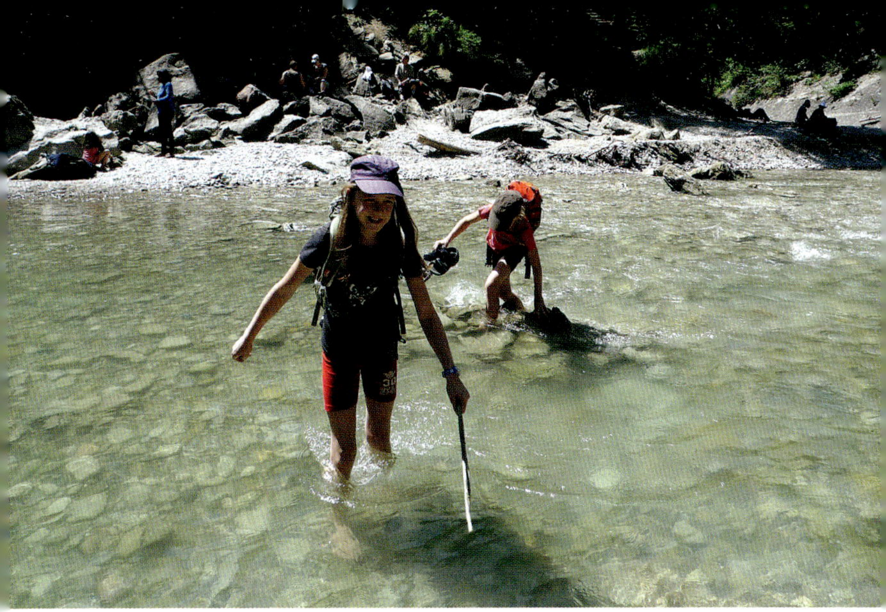

Kinder lieben Wasser – Bachdurchquerung an den Buchenegger Wasserfällen (Tour 6).

Gehzeiten

Die Zeitangaben geben die Gehzeit ohne Pausen an und sind reichlich bemessen. Je nach persönlicher Konstitution und Ausdauer der Kinder kann die tatsächlich benötigte Zeit von dem angegebenen Richtwert abweichen. Wir empfehlen, dem natürlichen Forscherdrang der Kinder nachzugeben und immer wieder kleine Spielpausen einzulegen. Das intensive Auseinandersetzen mit der Natur erweitert nicht nur den kindlichen Horizont, sondern trägt auch in ganz erheblichem Maß zu einer gesunden Persönlichkeitsentwicklung bei. Zwei Faktoren, die sich nicht in Zeit messen lassen.

Anfahrt

Das Allgäu bietet seinen Besuchern ein gut ausgebautes Netz an öffentlichen Verkehrsmitteln, sodass man das eigene Auto getrost auch einmal stehen lassen kann. Die Regionalzüge sowie Busse, die das Hinterland erschließen, verkehren in regelmäßigen Abständen, der Walserbus Linie 1 von Oberstdorf ins Kleinwalsertal gar im 10- bis 20-Minutentakt. In der »Kurzinfo« der einzelnen Touren sind daher, neben Informationen zur Anfahrt mit dem Auto, auch genaue Hinweise zum Erreichen der Ausgangspunkte mit Bus und Bahn aufgeführt, sofern dies mit maximal einmal Umsteigen möglich ist.
Fahrplanauskünfte erhält man für die Deutsche Bahn unter bahn.de sowie für den Busverkehr unter rbabus.de bzw. rvo-bus.de. Internetadressen zu einzelnen Buslinien findet man jeweils in der »Kurzinfo«.

Bergbahnen

Bei einigen Touren bietet sich die Benutzung der Bergbahn an. Teilweise werden eigene Kinder bis 14 Jahren umsonst befördert oder es muss nur

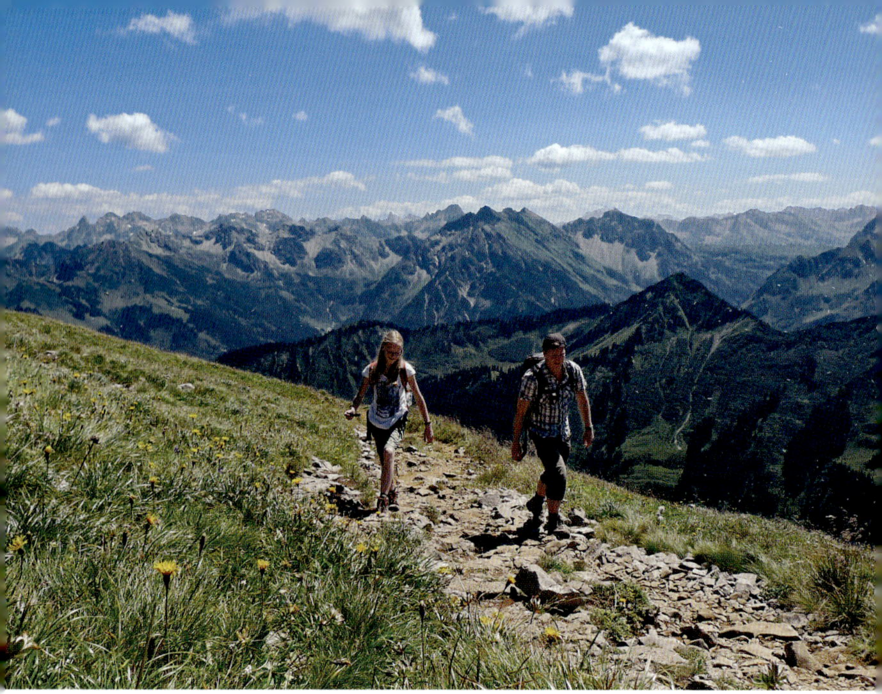

Von diesem Alpenpanorama lassen sich auch die Kinder begeistern (Tour 13).

das erste Kind bezahlen. Die jeweiligen Betriebszeiten, Internetadressen und Telefonnummern sind in der »Kurzinfo« angegeben. Dennoch ist es ratsam, sich vor Antritt der Wanderung über die aktuellen Fahrpläne und Preise zu informieren.

Einkehr

In der »Kurzinfo« werden auch sämtliche an der Wanderroute gelegenen Gasthäuser und Alpen mit Öffnungszeiten, Ruhetagen, Telefonnummern und Homepage aufgelistet. Außerhalb der Hauptsaison ist es empfehlenswert, sich vor Beginn der Tour beim Wirt zu erkundigen, ob er auch tatsächlich geöffnet hat. Viele kleinere Alpen betreiben die Verköstigung hungriger Wanderer lediglich neben der bestehenden Milchwirtschaft und bieten nur Brotzeiten an.

Ausrüstung

Schuhwerk: Bei den »blau« markierten Touren werden meist keine Wanderschuhe benötigt, hier reichen in der Regel gut sitzende, stark profilierte Trekkingsandalen (Kombination aus Stollen und Lamellenprofil o. Ä.) aus. Diese bieten den Vorteil, dass sie nicht nur leichter und luftiger als Bergschuhe sind, sondern auch schnell aus- und wieder angezogen werden können, sollte ein Bach den Wanderweg kreuzen oder man ein Stück barfuß zurücklegen wollen. Für »rot« (hier auch Ausnahmen) und »schwarz« gekennzeichnete Touren sind knöchelhohe Wanderstiefel unerlässlich.

Schuhe müssen passen, sonst vergällen sie den Spaß am Wandern. Die richtige Größe und Passform haben sie, wenn die Zehen auf einer Schräge von 45°, die den Abstieg simuliert, nicht vorne anstoßen und sich die Schuhe an den Seiten an den Fuß schmiegen, aber nicht drücken. Ebenso wenig sollte sich über dem Fußrist im geschnürten Zustand ein Luftloch bilden können. Wanderschuhe auf Größenzuwachs zu kaufen und als Zwischenbehelf mit zwei Paar Socken zu arbeiten, schont zwar den Geldbeutel, nicht aber den Träger: Die zwei Lagen Socken arbeiten in der Bewegung gegeneinander, es kommt zur Faltenbildung, zu Druckstellen und Blasen.

Rucksack: Ein eigener Kinderrucksack, der wie ein Erwachsenenrucksack am besten über gepolsterte Schultergurte, Beckengurt zur Entlastung der Schulterpartie und einen Belüftungseinsatz am Rücken verfügt und mit etwas bestückt ist, das die Kinder auf die Wanderung mitnehmen wollen, wie Fotoapparat, Trinkflasche oder etwas Leckeres zum Essen, erfüllt die jungen Wanderer nicht nur mit Stolz. Er bietet auch Platz für gesammelte »Schätze« wie Steine und Blätter. Beim Beladen gilt dasselbe wie beim Schulranzen: 10–12 Prozent des Körpergewichts bilden die Höchstgrenze.

Andere Ausrüstungsgegenstände: Am besten sollte ein Erste-Hilfe-Kasten mit Pflaster, Pinzette, Hautdesinfektionsmittel und speziellem Blasenpflaster mit von der Partie sein. Pullover und Regenbekleidung gehören auch im Sommer stets mit in den Rucksack, da das Wetter im Gebirge schnell umschlagen kann und es generell in der Höhe um einige Grad kälter ist als im Tal. Da die Sonne in den Bergen intensiver scheint als im flachen Land, muss man im Sommer unbedingt an eine Kopfbedeckung denken, die Kinder schon vor der Tour eincremen und dies je nach Sonneneinstrahlung zur Mittagszeit noch einmal wiederholen (auch bei Bewölkung!). Gerade die Oberbekleidung ist beim Aufstieg schnell durchgeschwitzt, sodass auf keinen Fall ein Ersatz-T-Shirt (nicht nur für die Kinder) fehlen sollte. Führt die Tour am Wasser entlang, gehört eine komplette Wechselgarnitur bei kleineren Kindern geradezu zur Pflichtausstattung.

Kinder kühlen schneller ab als Erwachsene, da sie im Verhältnis zur Körpermasse eine wesentlich größere Hautoberfläche besitzen, über die sie Wärme abgeben können. Deshalb sollte man vorsichtshalber im Frühjahr und Herbst bei Wanderungen in höheren Lagen stets auch Mütze und Handschuhe mitnehmen. Für Touren, bei denen Trittsicherheit

GPS-Tracks und Koordinaten der Ausgangspunkte

Auf **gps.rother.de** stehen zu diesem Wanderbuch GPS-Tracks und die Koordinaten der Ausgangspunkte zum kostenlosen Download bereit. Dieser QR-Code führt direkt zum Download.
7. Auflage, Passwort: **307407sfh**
Die GPS-Tracks können in die **Rother App** importiert werden. In der App kann man unterwegs stets sehen, wo man gerade ist und wo es langgeht. **Anleitungen dazu: rother.de/gps**. Trotz sorgfältiger Prüfung können wir Fehler und zwischenzeitliche Veränderungen nicht ausschließen. Verlassen Sie sich für die Orientierung niemals einzig und allein auf die GPS-Daten, sondern beurteilen Sie die Verhältnisse vor Ort.

erforderlich ist, empfiehlt es sich, kleinere Kinder mit einer Reepschnur (eventuell auch in Verbindung mit einem Brustgurt) zu sichern. Oft genügt es aber auch, die Kinder an einigen wenigen, gefährlicheren Stellen an die Hand zu nehmen.

Eltern, die mit Kraxe unterwegs sind, ist anzuraten, wegen des erhöhten Gewichts, das beim Bergabgehen von hinten gehörig anschiebt, Trekkingstöcke zu benutzen.

Kinder-Highlights

Was die jeweilige Tour für Kinder alles zu bieten hat, ist in dem Kasten »Highlights« in Kurzform dargestellt. Und das ist eine ganze Menge, denn bei der Auswahl der Wanderungen haben wir Wert darauf gelegt, dass für alle Kinder etwas dabei ist. Das Angebot reicht von spannenden Klammwegen über gemütliche Wanderungen zu Alpen mit Spielplätzen und Tieren bis hin zu drahtseilgesicherten Kraxeltouren, bei denen auch einmal eine 17 Meter hohe Leiter zu erklimmen ist. Mehrere Barfußwege, Abenteuerspielplätze, Sommerrodelbahnen und Waldseilgärten warten darauf, von den Kindern erstürmt zu werden. Und dann ist da auch noch das kleine Murmeltier »Rothi«, das bei jeder Tour Naturphänomene und Besonderheiten der Wanderung kindgerecht erklärt.

Freizeit- und Schlechtwettertipps

Im Anschluss an den Tourenteil werden am Ende des Buches, gegliedert nach Kategorien, viele zusätzliche Freizeit- und Schlechtwettertipps im Allgäu vorgestellt. Diese können entweder als eigenständige Ausflüge oder als Tourenergänzung geplant werden. Zur leichteren Orientierung wurden diese Attraktionen mit Buchstaben versehen und zusätzlich zu den Wanderungen in die Übersichtskarte eingetragen.

Gut gesicherter Kletterspaß in den Baumwipfeln am Söllereck (Tour 15).

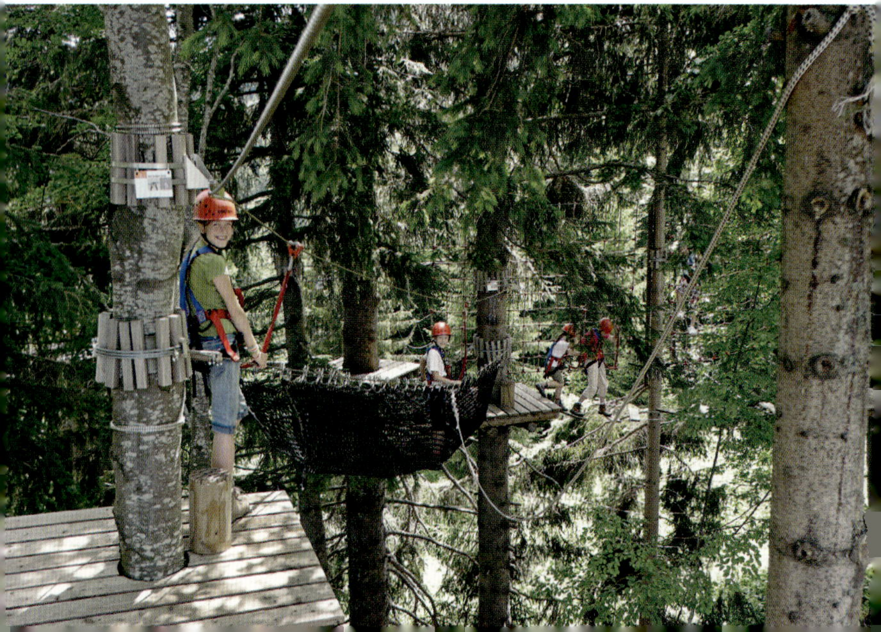

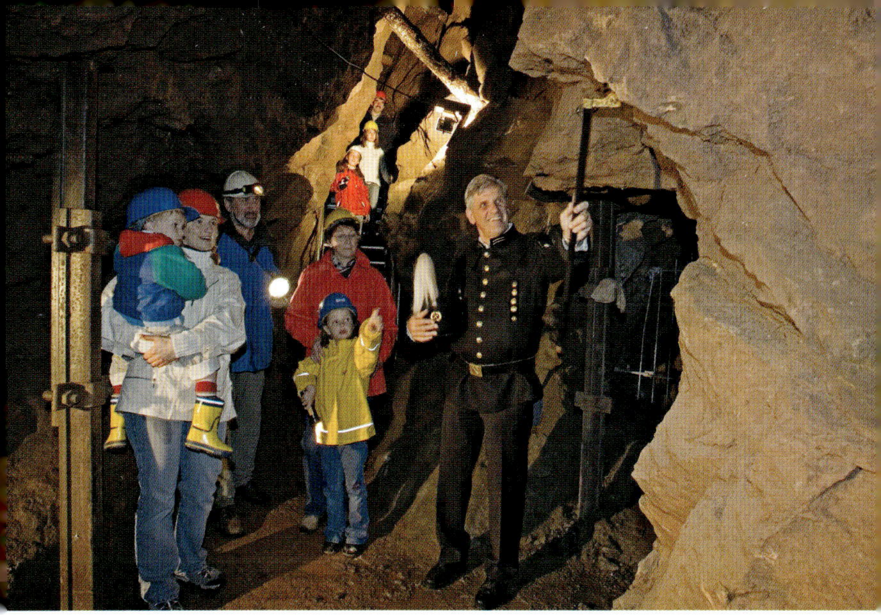

Die vielen Freizeittipps (hier »H«) am Ende des Buches lassen sich oft mit einer Wanderung verbinden.

Gefahren in den Bergen

Die hier vorgestellten Wanderungen folgen angelegten bzw. ausgetretenen Wegen und Steigen. Im Gebirge ist jedoch stets Vorsicht geboten, dies gilt insbesondere für Wege, bei denen Trittsicherheit und Schwindelfreiheit erforderlich sind, also an ausgesetzten und abrutschgefährdeten Stellen, sowie auf Wegen, die an einem steilen Abgrund entlang verlaufen. Um die Absturzgefahr zu vermindern, sollte man die Kinder dazu anhalten, zum Schauen stehen zu bleiben. Wer mit Kindern schwierigere, in diesem Buch »schwarz« gekennzeichnete Touren unternehmen möchte, sollte selbst über ausreichend Bergerfahrung verfügen und ein sicherer Bergwanderer sein. Je nach Jahreszeit kann in den höheren Lagen noch oder schon wieder Schnee liegen, sodass hier erhöhte Rutschgefahr besteht und man in Erwägung ziehen sollte – gerade mit Kindern –, die Wanderung abzubrechen und lieber zu einem späteren Zeitpunkt wiederzukehren. Dasselbe gilt übrigens auch bei der Gefahr einer Überanstrengung oder Überforderung – in solchen Fällen bleibt einem nichts anderes übrig, als sich mit einem Teilziel zufriedenzugeben! Im Gebirge besteht häufig Steinschlaggefahr. Hierüber müssen Kinder aufgeklärt und zudem angehalten werden, keine Steine loszutreten oder in die Tiefe zu werfen.

Bei schlechtem Wetter steigen die Gefahren am Berg. Von daher sollte man die Wettervorhersage bei der Wahl der Tour berücksichtigen und gegebenenfalls rechtzeitig umkehren. Gerät man trotz aller Vorsicht dennoch in ein Gewitter, ist unbedingt darauf zu achten, sich von exponierten Stellen, wie Gipfel(kreuz), Joch oder Grat, sowie von Metallischem (z. B. Drahtseilen) fernzuhalten. Auf keinen Fall darf bei Gewit-

ter ein Regenschirm mit Metallverstrebungen aufgespannt werden.
Im Sommer sind längere steile Aufstiege zur Mittagszeit wegen der Gefahr der Überhitzung bis hin zum Hitzschlag zu vermeiden. Schattige Plätze und ausgedehnte Pausen – im Idealfall am Bach oder See – haben bei hohen Temperaturen Priorität.

In Sichtweite bleiben

Beim Aufstieg gehen die Kinder generell vor den Eltern, damit diese die jungen Wanderer stets im Blick haben. Beim Abstieg, insbesondere bei Touren, die mit »rot« oder »schwarz« gekennzeichnet sind, müssen die Kinder aber hinter den Eltern bleiben, da hier immer wieder mit steileren Stellen zu rechnen ist, die die Kinder oft falsch einschätzen. Außerdem wird auf diese Weise verhindert, dass sie den Berg hinunterrennen, die Gefahr schwerer Stürze wäre hierbei – auch bei leichteren Touren – einfach zu groß.

Herrlich schwankender Boden im Moor (Tour 15) – aber Vorsicht, hier leben auch die Kreuzottern.

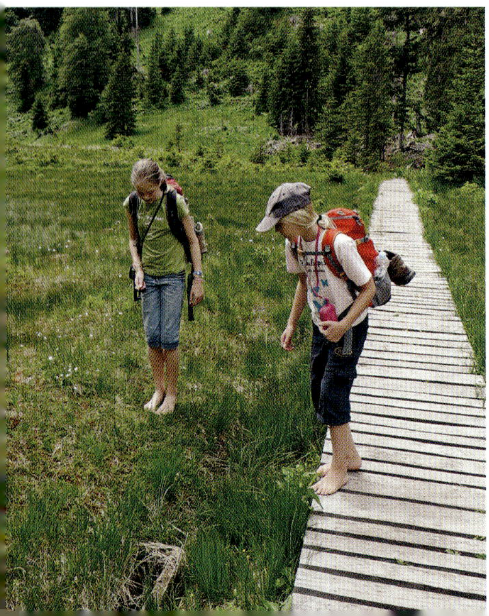

Zecken, Schlangen, Wespen

Zecken sitzen vornehmlich auf Sträuchern, hohen Gräsern, Farnen oder im Unterholz bis zu einer Höhe von 1,50 m, also bis zur Größe ihres potentiellen Wirtes, und werden beim Vorbeigehen abgestreift. Da sich diese Plagegeister nicht direkt auf dem Boden aufhalten, besteht übrigens beim Barfußlaufen keine erhöhte Gefahr eines Zeckenbisses. Zwar gibt es mittlerweile Impfstoffe, diese bieten aber lediglich Schutz vor FSME, der Frühsommermeningitis (Hirnhautentzündung). Gegen die wesentlich weiter verbreitete Borreliose hingegen gibt es nach wie vor keine Vorbeugung. Deshalb sollte unbedingt nach jedem Aufenthalt im Grünen der gesamte Körper, insbesondere Körperfalten, Achselhöhlen und Bauchnabel, auf Zecken abgesucht werden. Dies geschieht am besten gegenseitig. Bevor sie zu saugen beginnen, wandern Zecken erst noch eine Zeit lang auf dem Körper umher. Selbst in diesem Stadium lassen sie sich nicht abduschen! Nach einem Zeckenbiss sollte man sicherheitshalber einen Arzt aufsuchen, vor allem wenn sich um die Einstichstelle herum ein roter Ring bildet.
Die giftige Kreuzotter ist auch in unseren Gefilden heimisch, sie besiedelt Waldschneisen, Waldränder, Moore, alpine Geröllfelder, Bergwiesen und feuchte Niederungen. Die Schlangen sind von weißgrau über braun bis kupferrot (Kupferotter) oder schwarz (Höllenotter bzw. Bergviper) gefärbt und weisen allesamt ein mehr oder weniger deutlich ausgeprägtes Zickzackband aus. Normalerweise flieht die Schlange vor dem Menschen und beißt nur, wenn sie sich angegriffen fühlt. Für Kinder oder ältere Menschen kann

ein Biss der Kreuzotter lebensgefährlich werden. Sollte man gebissen werden, Ruhe bewahren, um das Gift nicht durch hektische Bewegungen im Körper zu verteilen. Oft enthält ein Biss der Kreuzotter zwar nur wenig oder gar kein Gift, da sie dieses für die Jagd auf Beutetiere benötigt und mit dem Gift haushalten muss, man sollte sich aber auf jeden Fall nach einer Kreuzotterattacke ins Krankenhaus bringen lassen. Um erst gar nicht mit einer Kreuzotter in Berührung zu kommen, empfiehlt es sich, unübersichtliche Bereiche wie Gestrüpp zu meiden und vor dem Hinsetzen den Rastplatz in freier Natur gründlich zu inspizieren.

Wespen werden von süßen Getränken und Essen schnell angezogen. Besonders in den Almwirtschaften kann das im Spätsommer zu einer richtigen Plage werden. Besonders gefährlich ist es, eine in ein Trinkglas gefallene Wespe zu verschlucken, da nach einem Stich der Hals so weit anschwellen kann, dass man in Atemnot gerät. Aus diesem Grund sollten Kinder zu dieser Jahreszeit Getränke am besten nur mit einem Strohhalm zu sich nehmen und bei jedem Bissen darauf achten, ob sich nicht eine Wespe auf der Gabel befindet. Bienen und Wespen halten sich besonders gern auf blühendem Klee und Blumen auf – hierauf bitte insbesondere barfuß laufende Kinder hinweisen. Allergiker müssen immer ein wirksames Gegenmittel im Rucksack haben.

Pilze und Beeren

Es empfiehlt sich, insbesondere kleineren Kindern jedes Mal aufs Neue einzuschärfen, keine Pilze und Beeren zu essen und keine Pflanzen in den Mund zu nehmen. Kindergarten- und

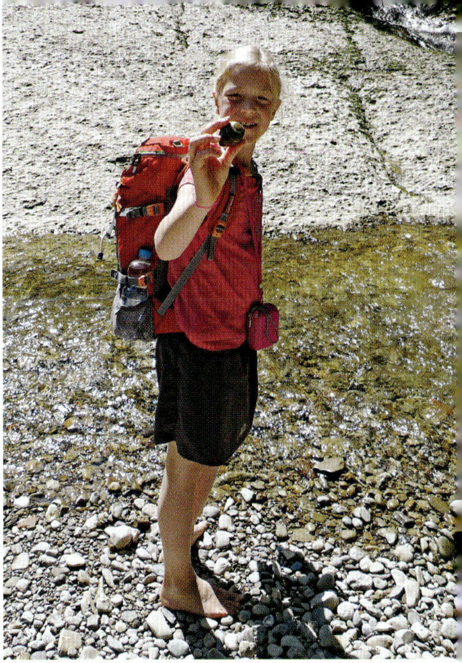

In der Natur gibt es viel zu sammeln, zu entdecken und zu beobachten.

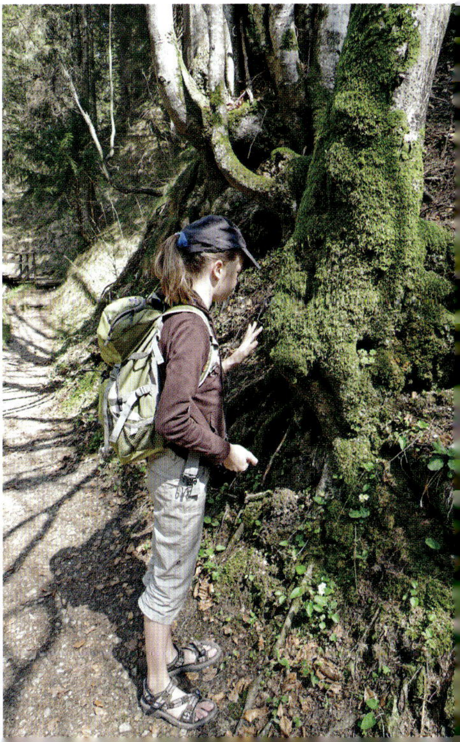

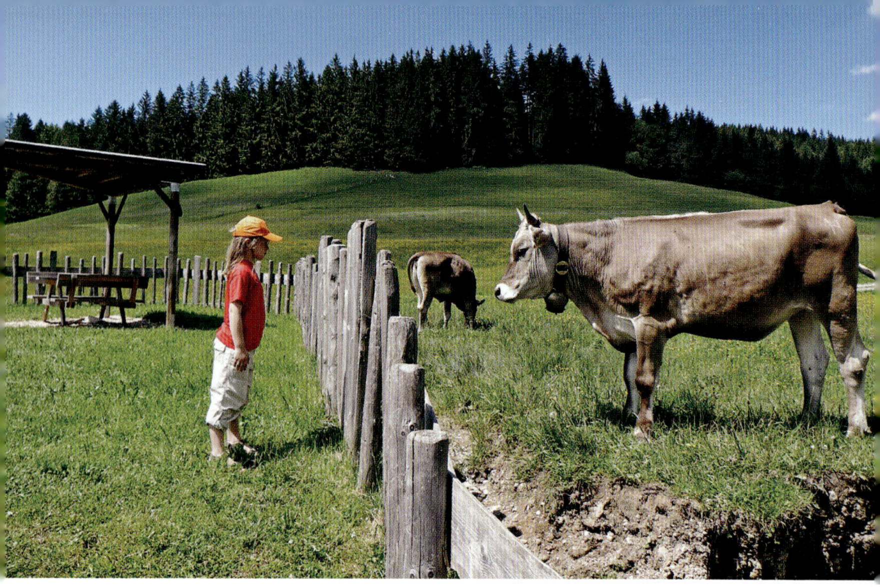

»Stierkampf« – wer zuerst blinzelt, hat verloren.

Schulkinder lernen zwar oft einiges über Wildkräuter und wollen das in der Natur auch unter Beweis stellen. Was aber in der Theorie einfach und klar erscheint, ist in der Praxis meist nicht ganz eindeutig. Oft genug tun sich auch Erwachsene schwer, die ungiftigen von den giftigen Pflanzen zu unterscheiden, was z. B. bei der Verwechslung des genießbaren Bärlauchs mit den fast identisch aussehenden Blättern der Herbstzeitlosen immer wieder zu schweren Vergiftungen führt.

Kühe

Kühe scheinen im Allgäu nahezu allgegenwärtig zu sein, und es gibt kaum eine Wanderung, die nicht über eine Almweide führt. Die schwerfällig wirkenden Tiere sind in aller Regel an Wanderer gewöhnt und lassen sich beim Grasen meist nicht so schnell aus der Ruhe bringen. Es empfiehlt sich dennoch, in gebührendem Abstand (ca. 20 m) an den Tieren vorbeizugehen und lieber einmal den Weg kurz zu verlassen, wenn eine Kuh keine Anstalten macht, zur Seite zu gehen. Unbedingt vermeiden sollte man es, mit Armen oder Stöcken herumzufuchteln oder Lärm zu machen. Den Tieren nicht direkt in die Augen schauen und ihnen nicht den Rücken zukehren – auch wenn sie sich nähern. Besonders Jungtiere sind manchmal neugierig und kommen ab und an erschreckend schnell angetrabt. In solchen Fällen hilft es, sich in Erinnerung zu rufen, dass Kühe tatsächlich reine Pflanzenfresser sind, und mit Entschlossenheit die Schreckhaftigkeit der Tiere auszunutzen. Wem die Tiere zu aufdringlich werden, kann sich durch plötzliches, beherztes Hochreißen der Arme und ein lautes kräftiges »Hoh, Hoh!« nicht nur schnell Platz, sondern zugleich auch Res-

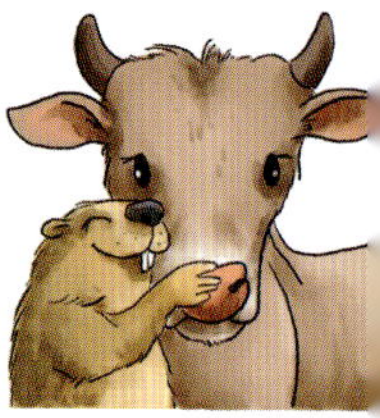

pekt verschaffen. Genauso kann man verfahren, wenn ein Tier scheinbar absichtlich einen Zaundurchlass versperrt. Kälber und Jungrinder sollte man auf keinen Fall streicheln – das ist eine Bedrohungssituation für die Mutterkühe. Problematisch ist es auch, mit einem Hund die Weide zu betreten, da die Kühe diesen als Nachfahren des Wolfs als Feind ansehen. Daher sollte man, wenn man die Weide nicht umgehen kann, den Hund anleinen und möglichst großen Abstand zu den Tieren halten. Greifen die Kühe dann dennoch an, ist der Hund von der Leine zu lassen. Während der Hund flüchtet, kann man sich selbst in Sicherheit bringen.
Droht eine Kuh, indem sie einen fixiert, den Kopf senkt und schnaubt, scharrt oder brüllt, sollte man sich langsam aus der Gefahrenzone zurückziehen, Drohgebärden mit einem Stock oder lautes Rufen können dann die gereizte Kuh zum Umkehren bewegen.

Alpines Notsignal

Sollte man im Gebirge einmal Hilfe benötigen, ist es vorteilhaft, das alpine Notsignal zu kennen, da der Handyempfang in den Bergen oftmals nur sehr rudimentär vorhanden ist. Es besteht aus einem optischen oder akustischen Zeichen, das sechsmal in der Minute abgegeben wird, gefolgt von einem einminütigem Pausenintervall. Diese Signalfolge wird so lange wiederholt, bis eine Antwort erfolgt. Sie besteht aus einem Zeichen, das dreimal pro Minute abgegeben wird und bedeutet »Ich habe verstanden«.

Ideenreiche Stationen auf den Erlebniswegen (hier Freizeittipp »W«) machen allen Kindern Spaß.

Betretungsrecht

Der Genuss von Naturschönheiten, insbesondere das Betreten von Wald und Bergweiden, ist nach Art. 141 Abs. 3 Satz 1 der Bayerischen Verfassung in Verbindung mit Art. 21 ff. des Bayerischen Naturschutzgesetzes grundsätzlich jedem ohne Erlaubnis des Grundstücksberechtigten gestattet, sofern diese Flächen nicht eingezäunt oder mit Schildern versehen sind, die ausdrücklich auf einen Gesetzestext hinweisen. Natürlich muss man mit der Natur pfleglich umgehen und sich an die bestehenden Gesetze halten. Sind Naturschönheiten, Erholungsflächen, Wälder oder Gewässer für Wanderer nicht auf einem anderen zumutbaren Weg zu erreichen, so müssen eingezäunte Bereiche vom Eigentümer mit einem Durchgang versehen werden, wenn dieser dadurch nicht übermäßig in seinen Rechten beeinträchtigt wird.

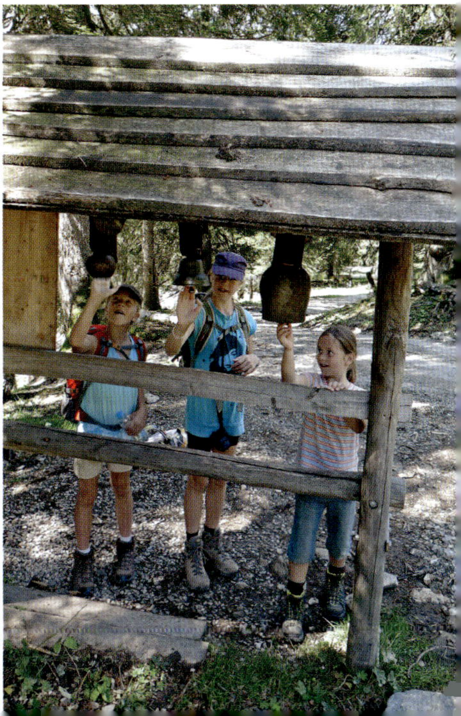

Wandern mit Kindern im Allgäu

Wunderschönes Allgäu

Kaum eine andere Region ist vielseitiger und erfreut sich bei Urlaubern größerer Beliebtheit als das Gebiet zwischen Bodensee und Lech bis hinein ins Kleinwalsertal.

Wer ans Allgäu denkt, denkt an grüne Hügel, schneebedeckte Berge, blühende Blumenwiesen und in der Sonne glitzernde Badeseen. Diese Vielfalt hat das Allgäu der letzten Eiszeit zu verdanken, denn Gletscher gestalteten diese herrliche Landschaft, schnitten tiefe Täler hinein, formten mit ihren Moränen sanfte Hügel und hinterließen auf ihrem Schmelzzug so manch pittoresken See und faszinierendes Hochmoor.

Das Allgäu lässt sich nicht an Ländergrenzen festmachen: Der überwiegende Teil, nämlich die Gebiete von Ober-, Unter- und Ostallgäu, gehört zu Bayern, genauer gesagt zu Schwaben, das Westallgäu hingegen zählt zu Baden-Württemberg, das Kleinwalsertal zu Österreich. Geografisch gliedert sich das Allgäu in das hügelige Voralpenland, bewaldete Voralpen und jenseits der Baumgrenzen in die schroffen, zerklüfteten Hochalpen.

Der Begriff »Allgäu« leitet sich wahrscheinlich aus dem althochdeutschen »Alb« (Berg, Bergwiese) und dem Wort »Geäu«, also einer Ansammlung von Auen, ab, womit sich »Allgäu« treffend übersetzen ließe mit einer »bergigen Landschaft mit viel Wasser und noch mehr Wiesen«. Und genau diese Landschaft macht das Allgäu so liebenswert und bei Familien so beliebt.

Die Wanderzeit beginnt bei geeigneter Tourenwahl bereits Mitte April/Anfang Mai und reicht bis weit in den Spätherbst hinein. Herrscht im Hoch-

Bergidylle am über 1500 m hoch gelegenen Unteren Gaisalpsee (Tour 17).

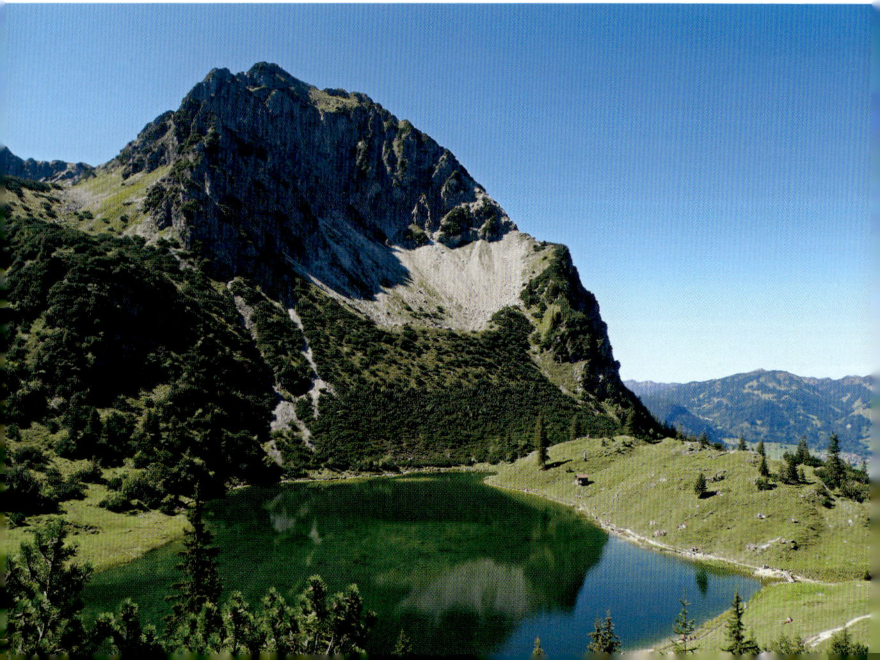

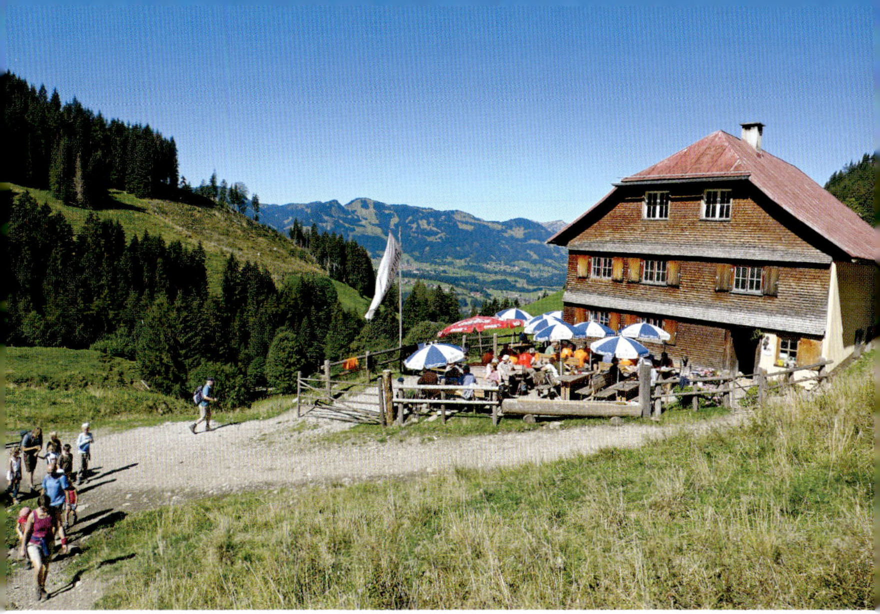

Im Allgäu laden viele bewirtschaftete Alpen zu einer gemütlichen Rast ein.

gebirge noch tiefster Winter, wandern wir mit den Kindern unten im Tal, im nördlicheren Teil des Wandergebietes, bereits an farbenprächtigen, blühenden Blumenwiesen vorbei, die schneebedeckten Bergriesen immer vor Augen. Werden im Herbst dann beim Viehscheid die Kühe von den Alpen ins Tal getrieben, ist das ein sicheres Zeichen, dass der Sommer langsam zu Ende geht, Schneefall Ende Oktober ist nichts Ungewöhnliches.

Genauso vielfältig wie das Landschaftsbild im Jahreswandel ist auch das Tourenspektrum im Allgäu: Von leichten Wegen, bestens geeignet für Familien mit Kinderwagen und Kleinkindern, bis hin zu anspruchsvollen Wanderungen, die Trittsicherheit und Schwindelfreiheit erfordern, ist alles geboten.

Zahlreiche, meist noch traditionell (mit Milchwirtschaft) bewirtschaftete Alpen sorgen für das leibliche Wohl. Die Allgäuer Küche, geprägt von landwirtschaftlichen Erzeugnissen, wie Eier, Mehl und Milch, ist berühmt für ihre »Kasspatz'n«: vom Brett in kochendes Wasser geschabter Nudelteig, mit reichlich Allgäuer Emmentaler Käse im Ofen überbacken und mit Röstzwiebeln bedeckt. Man erzählt sich, dass die Spätzle auf der Alp von einem einfallsreichen Senn erfunden wurden, der zu Beginn der Weidesaison einen Sack Mehl hinaufschleppte. Und Käse war ja reichlich vorhanden. Übrigens sind im Allgäu Spätzlehobel und dergleichen verpönt, früher galt ein Mädchen erst dann als heiratsfähig und in der Lage einen eigenen Hausstand zu führen, wenn es die Kunst der Spätzleherstellung beherrschte. Auch die allseits beliebten Maultaschen haben hier im Allgäu ihren Ursprung. Der Legende nach wurden diese »Herrgottsbscheißerle« vor allem in der Fastenzeit verzehrt, war doch das Fleisch gut in den Teigtaschen versteckt.

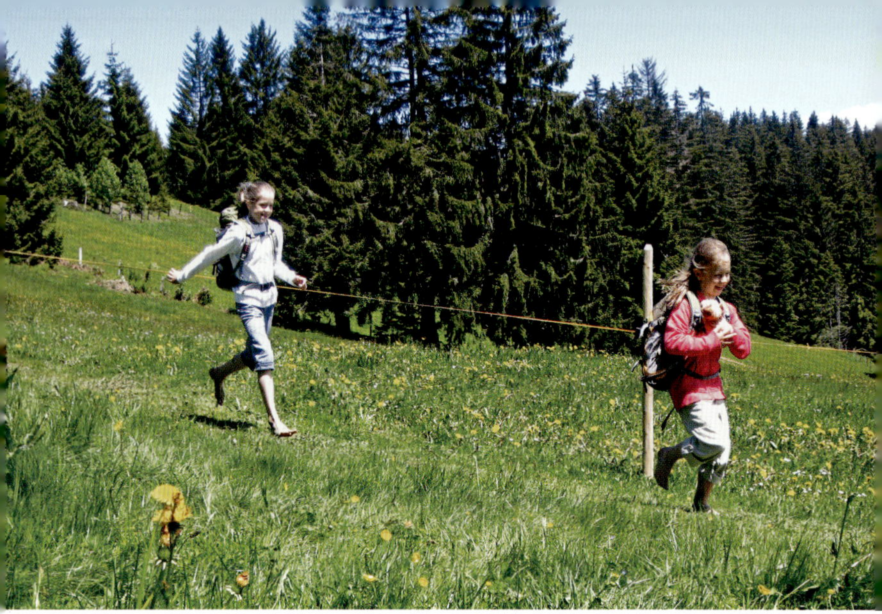

Barfuß über saftige Frühlingswiesen (Tour 3).

Bewegung in der Natur

Nur wenn sich Kinder regelmäßig – am besten täglich – und ausdauernd bewegen, kann sich ihr Körper richtig entwickeln und entfalten, denn die vielen Muskeln, die verantwortlich sind für die Feinabstimmung des Bewegungsapparates, werden erst durch das Herumtoben, Laufen, Tanzen und Springen aufgebaut. Das fängt bei der Ausbildung eines gesunden Fußgewölbes an und setzt sich über die Stützung der Wirbelsäule im gesamten Rückenbereich bis hin zur Nackenmuskulatur fort. Kinder müssen nicht nur lernen, ihren Körper bei einem Sturz richtig abzufangen, sondern auch ihre Leistungsfähigkeit richtig einzuschätzen. Aber all das erfordert viel Übung und Sammeln an Erfahrung. Bewegung macht Spaß und der Drang dazu ist angeboren: Schon Säuglinge werden nicht müde, oft quietschvergnügt mit den Armen zu rudern und mit den Beinchen zu strampeln. Aber Kinder wollen noch mehr, sie wollen ihre Umwelt mit allen Sinnen begreifen und erleben. Und wo könnten sie das besser als in der freien Natur? Sie wollen se-

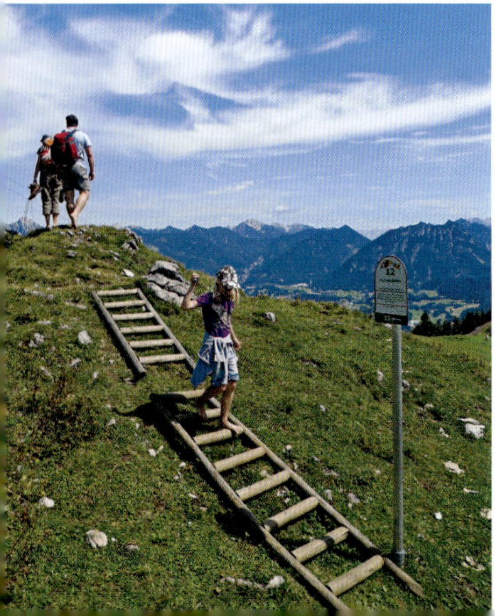

Balanceakt auf dem Barfußpfad am Hahnenkamm (Tour 29).

hen, wie ein Spinnennetz nach einem Regenguss in der Sonne glitzert, fühlen, wie weich ein Mooskissen, wie rau die Rinde eines Baumes und wie kalt ein Gebirgsbach ist. Riechen, welch herrlich warmen Duft der Wald verströmt, lauschen auf die Geräusche der Natur abseits vom Lärm der Großstadt und immer wieder etwas Neues entdecken.

Barfußwandern

Barfußlaufen im Frühling und Sommer auf natürlichen Böden ist Lebensfreude pur und ganz nebenbei auch noch sehr gesund. Gerade die Kinder profitieren davon, denn regelmäßiges Barfußlaufen verbessert nicht nur die sensomotorischen Fähigkeiten, sondern beugt auch Haltungsschäden und Fußfehlstellungen vor. Erst durch das Barfußgehen kann der kindliche Fuß seine richtige Form finden und ein gesundes Fußgewölbe entwickeln. Beim Laufen ohne Strümpfe und Schuhe muss jede kleine Bodenunebenheit von den vielen Muskeln und Bändern, die das Fußgewölbe aufspannen, ausgeglichen werden. Das bewirkt ein optimales Training der Füße. Die rund 70.000 Nervenbahnen, die in den Fußsohlen enden, werden bei jedem Schritt auf natürlichem Boden in den unterschiedlichsten Kombinationen angeregt, sodass das Barfußwandern den gesamten Organismus ankurbelt. So kommt es auch, dass jeder, der barfuß in das kalte Wasser eines Gebirgsbaches steigt, schuhlos über eine sonnige, vielleicht sogar noch taufeuchte Alpwiese wandert oder den weichen, federnden Waldboden unter den blanken Sohlen spürt, ein wahres Feuerwerk der Sinne erlebt. Zum gesteigerten Wohlbefinden trägt aber auch bei, dass man durch die erhöhte Konzentration auf den Boden beim Barfußwandern schnell die Alltagsprobleme hinter sich lässt, der Kopf wird frei, der Geist offen für neue Erfahrungen und Erlebnisse. Lässt man sich auf das kleine Abenteuer des Barfußwanderns ein, so gehören auch Blasen und schwitzige Füße der Vergangenheit an.

Die vielen angelegten Barfußpfade, die es mittlerweile in Deutschland und Österreich gibt, eignen sich bestens, um in die Faszination Barfußlaufen hineinzuschnuppern, aber auch in der freien Natur locken zahlreiche Möglichkeiten, sich diesen Spaß zu gönnen. Im Buch werden mehrere Barfußpfade (Tour 29 und 30 und Freizeittipp »X« Barfußpfad Bad Hindelang, siehe S. 199) vorgestellt, aber auch viele Wanderungen

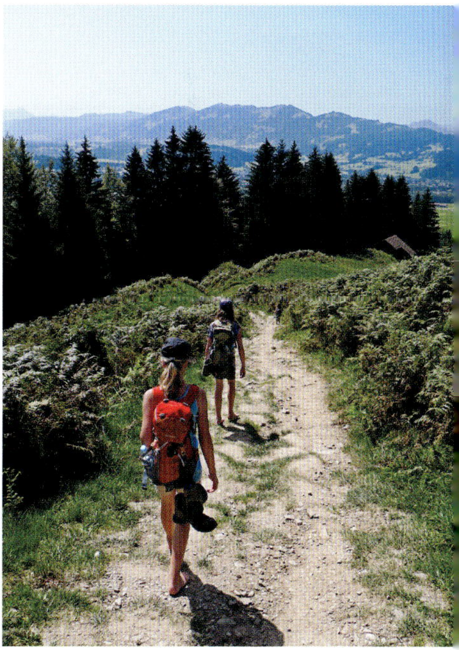

Ein ganz besonderes Erlebnis: Barfußwandern.

beschrieben, bei denen sich das Schuheausziehen lohnt. Wo dies der Fall ist, weisen wir explizit darauf hin. Zudem zeigt die Matrix auf der vorderen Umschlagklappe alle Touren, die (teilweise) barfußgeeignet sind, im Überblick.
Somit liegt es nun an Ihnen, sich zu trauen, gemeinsam mit ihren Kindern etwas Neues auszuprobieren und auf weichen Wald- und Wiesenwegen ihren Füßen ein wenig frische Luft zu gönnen. Da werden nicht nur die Kinder begeistert sein – aber Vorsicht, es besteht akute Suchtgefahr!

Tourenauswahl

Durch spielerisches Hin- und Herlaufen legen besonders die kleineren Kinder oft die doppelte Wegstrecke wie die Erwachsenen zurück, sodass es sich gerade anfangs empfiehlt, leichte und kurze Touren zu wählen und die Zeit sehr großzügig und mit ausreichend langen Pausen zu bemessen. Als Faustregel für die kindliche Leistungsfähigkeit gilt:

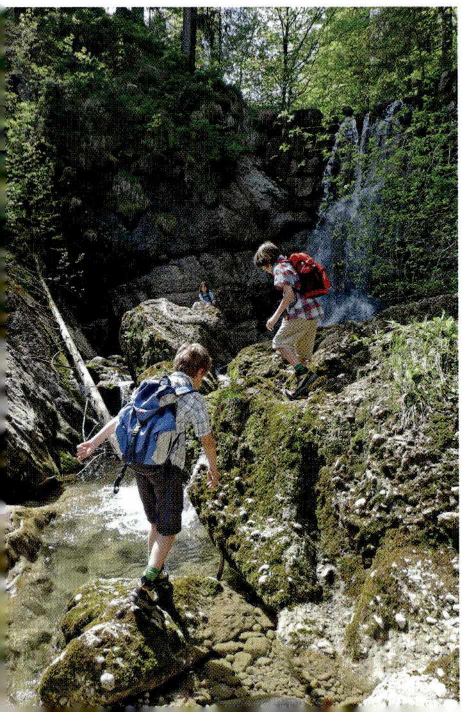

Kraxenalter: Ein- bis Dreijährige können bei warmer und trockener Witterung in einer hochwertigen Kraxe (Polsterung im Kopfbereich, gute Seitenstabilisierung, Sonnendach) zwei bis drei Stunden getragen werden, wenn sie immer mal wieder herausgenommen werden und sich selbst bewegen können. Während der Wanderung ist vor allem im Frühjahr und Herbst sowie in höheren Lagen darauf zu achten, dass es bei den Kindern aufgrund des Stillsitzens in der Kraxe schnell zu Unterkühlungen kommen kann. Bei Temperaturen unter 22 °C sollten die Kleinen daher unbedingt eine Jacke und lange Hosen tragen.
Kindergartenkinder: Vier- bis Fünfjährige sind in der Lage, in einfachem, ungefährlichem Gelände eine Wanderung von ein bis zwei Stunden zu gehen und dabei bereits bis zu 400 Höhenmeter in Auf- und Abstieg zu bewältigen. Diese Altersgruppe ist noch sehr neugierig auf ihre Umwelt und will diese mit allen Sinnen erleben. Ganz alltägliche Dinge wie Steine werden zu Diamanten, ein Stück Rinde, vom Borkenkäfer zerfressen, zu einer geheimnisvollen Schatzkarte. Leuchtende Kinderaugen danken es Ihnen, wenn Sie an den Erlebnissen ihrer Sprösslinge teilhaben und sich die Zeit für viele kleine Spielpausen nehmen.
Grundschüler: Ansteigend mit dem Alter schaffen Kinder zwischen 6 und 9 Jahren bereits Wanderungen mit Gehzeiten von bis zu vier Stunden und bis zu 750 Höhenmetern. Leichte Gipfelziele mit stellenweise etwas steilerem Anstieg können bereits ausprobiert werden.

Faszination Felsen und Wasser.

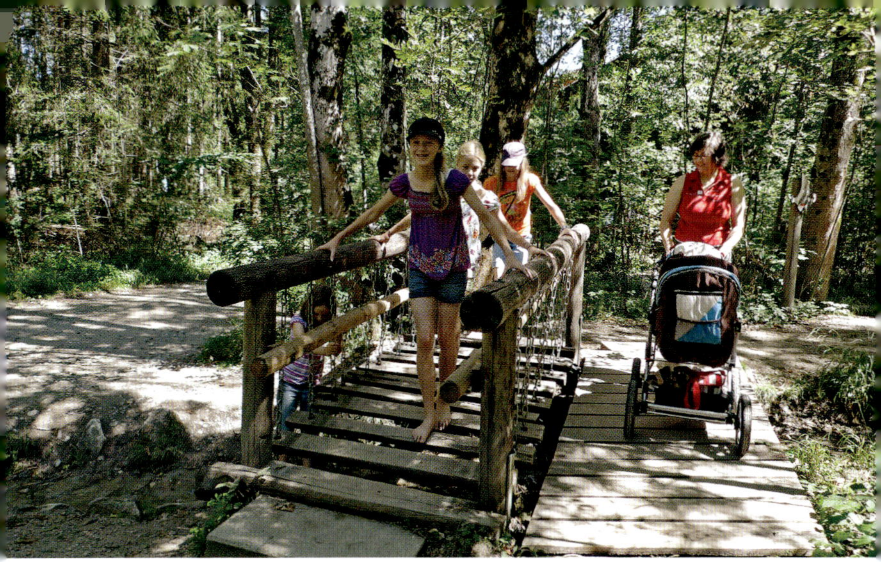

Auf eventuelle Kinderwagentauglichkeit wird in der »Kurzinfo« der Touren und in der Übersichtsmatrix im Klappumschlag hingewiesen.

Kinder ab der 5. Klasse: Kinder im Alter von 10 bis 13 Jahren meistern schon richtig große Wanderungen mit einer Gehzeit von vier bis sechs Stunden und bis zu 1000 Höhenmetern. Sofern die Kinder trittsicher und schwindelfrei sind und es sich zutrauen, sind nun auch kurze Passagen mit Drahtseilsicherungen und kleine, leichte Klettersteige möglich. In der Tourenüberschrift und unter dem Stichpunkt »Anforderungen« sind Richtwerte angegeben, ab welchem Alter sich die einzelnen Wanderungen für die Kinder eignen, wobei hierbei stets die Hauptroute gemeint ist. Teilziele sind dabei aber durchaus auch für jüngere Kinder begehbar. Andersherum können einzelne Varianten auch einmal nur für ältere Kinder empfehlenswert sein. In diesem Fall sind die abweichenden Altersangaben unter »Variante« nachzulesen. Hinweise über die Kinderwagentauglichkeit der Touren finden sich ebenfalls unter dem Punkt »Anforderungen«.

Motivation

Auf natürlichen Wald- und Wiesenpfaden gibt es mehr zu entdecken, als auf eintönigen breiten Schotterwegen, auf denen das Wandern schnell langweilig wird. Aus diesem Grund sind solche Passagen in diesem Buch möglichst kurz gehalten. Dafür wecken kurzweilige Wurzelwege, quer liegende Baumstämme oder kleine Bäche, die es zu überqueren gilt, die Abenteuerlust nicht nur der Kinder. Obwohl Drängen und Hetzen wahre Motivationskiller darstellen, kann es manchmal dennoch vonnöten sein, die Kinder zum Weitergehen zu bewegen. In die Wanderung eingebaute Spiele, z. B. wer sieht als Erster eine gelbe Blume, eine wiederkäuende Kuh oder gar das Gipfelkreuz, sowie das Setzen von Etappenzielen (»An der nächsten Bank machen wir eine kurze Pause« oder »In etwa einer halben Stunde kommen wir an einen Kletterfelsen«), vielleicht sogar in Verbindung mit kleineren Belohnun-

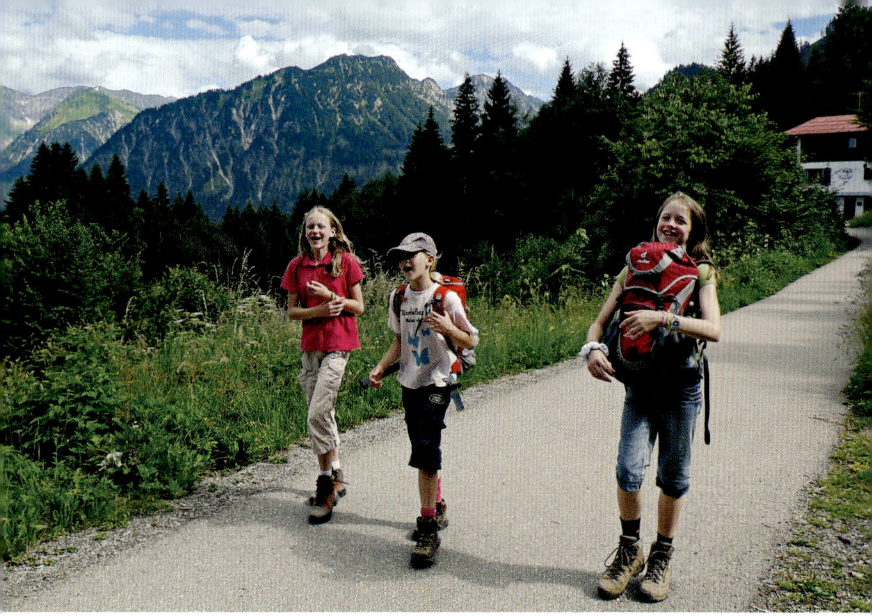

Singen verkürzt die gefühlte Wanderzeit ungemein.

gen (z. B. Gummibärchen), können in solchen Fällen sehr hilfreich sein. Die Kinder können sich über jedes erreichte Teilziel freuen, das lockert die Wander-Atmosphäre auf, sodass unbewusst größere Strecken zurückgelegt werden. Um neue Kraft zu tanken, sind regelmäßige Pausen für Kinder besonders wichtig, daher gilt als Faustregel, mindestens jede Stunde eine kurze Rast einzulegen. Spätestens am Ziel sollte jedoch ausreichend Zeit zur Verfügung stehen, bevor der Rückweg wieder in Angriff genommen wird. Um ein wenig schneller voranzukommen, dürfen kleinere Kinder ruhig auch mal ein Stückchen getragen werden. Dies ist besonders wichtig, wenn ältere Geschwister mit von der Partie sind, um ihnen durch das langsamere Tempo der Kleinen nicht den Wanderspaß zu verderben. Aber auch in diesem Fall sind klare Abmachungen, wie etwa »Ich trage dich bis zu dem Jägersteig da vorne«, wichtig, um den Nachwuchs nach dem kurzen Schulterritt wieder fröhlich weiterlaufen zu lassen.

Nach wie vor macht das seit Generationen bekannte »Engelein, Engelein flieg!« fitte Elternarme müde und müde Kinderbeine munter und steht auch bei größeren Kindern noch hoch im Kurs. Ein Stück an der Hand laufen und gemeinsames Singen verkürzt gerade das Laufen auf breiten Wegen ungemein, vor allem wenn Kinderlieder angestimmt werden, bei denen man ein bisschen mitdenken muss, wie z. B. »Drei Chinesen mit dem Kontrabass« oder »Auf der Mauer auf der Lauer liegt 'ne kleine Wanze«.

Der berühmte Herdentrieb macht sich bemerkbar, wenn die Kinder nicht nur im Familienverbund, sondern im Kreis ihrer Freunde wandern dürfen. Über die dann an den Tag gelegte Ausdauer kann man oft nur staunen, scheint doch die Kinderschar weder Müdigkeit noch Langeweile zu kennen. Auch die Aussicht auf eine Hüttenübernachtung sorgt für gute Stimmung und lässt so manche Steigung kleiner werden.

Hüttenübernachtung

Übernachten auf einer Hütte – dieses Abenteuer wollen sich weder kleine noch große Kinder entgehen lassen. Schon allein der Gedanke, die Nacht hoch oben auf dem Berg verbringen zu dürfen, fernab aller menschlichen Behausungen, die Sterne scheinbar zum Greifen nahe, beschleunigt ihre Schritte. Neben den notwendigen Übernachtungssachen dürfen ein Buch und kleine (Karten-)Spiele nicht fehlen, denn auf der Hütte ist der gemeinsame Spieleabend ein schönes Erlebnis, an das jeder gern zurückdenkt. Je nach Hütte werden Matratzenlager, Zimmerlager, aber auch Familienzimmer mit Betten angeboten. Die Regeln hingegen sind überall gleich: Nachtruhe von 22–6 Uhr, Rauchverbot, Hundeverbot, kein offenes Feuer, Betretungsverbot der Schlafräume mit Bergstiefeln. Da man mit Kindern nicht so flexibel und spontan ist wie ein einzelner Wanderer, der sich zur Not auch mit der Bank in der Wirtsstube zufriedengibt, ist es ratsam und auch vom Hüttenwirt erbeten, vorher das gewünschte Zimmer oder Lager telefonisch oder per E-Mail zu reservieren.

Alle Touren in diesem Buch sind zwar als Tagesausflüge beschrieben, aber eine Hüttenübernachtung lässt sich gerade bei den längeren Touren in der Regel problemlos integrieren. Auf welcher Hütte bei der jeweiligen Wanderung eine Übernachtung möglich ist, findet sich in der Kurzinfo unter dem Punkt »Einkehr«.

Essen und Trinken

Natürliche Leckereien, wie frische Obst- oder Gemüseschnitze, erfrischen nicht nur, sondern verleihen gerade beim Aufstieg wahre Energieschübe und sollten daher immer griffbereit in der Seitentasche des Rucksacks zu finden sein. Gleiches gilt auch für (sparsam eingesetzte) Belohnungen wie Gummibärchen oder Kekse. Kinder haben bei körperlicher Aktivität einen höheren Flüssigkeitsbedarf als Erwachsene. Als Durstlöscher stehen Wasser, Tees und verdünnte Fruchtsäfte zur Verfügung. Hingegen sind Limonaden und unverdünnte Fruchtsäfte wegen des hohen Zuckergehalts nicht zu empfehlen. Zucker setzt zwar kurzfristig Energie frei, der Zuckerspiegel fällt aber auch schnell wieder ab, wodurch man träge und müde wird. Später auf der Alpe aber haben sich die Kinder die gewünschte Limo redlich erlaufen. Auch ein Picknick auf einer Bergwiese oder am Gipfel steht bei den Kindern hoch im Kurs. Bereitwillig werden die benötigten Utensilien von allen nach oben getragen: aufgeschnittene Semmeln, in Streifen geschnittene Paprika, Gurkenscheiben, Käse, Schinken, Salami, Fleischpflanzerl, Kirschtomaten. Und als wichtigste Zutat: Zeit – Zeit zum Essen, aber auch Zeit zum Erzählen, Zuhören, Toben und Spielen.

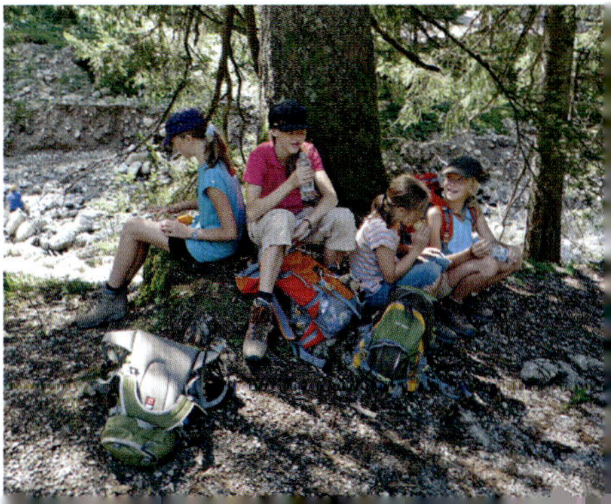

Kräftetanken am Wegesrand.

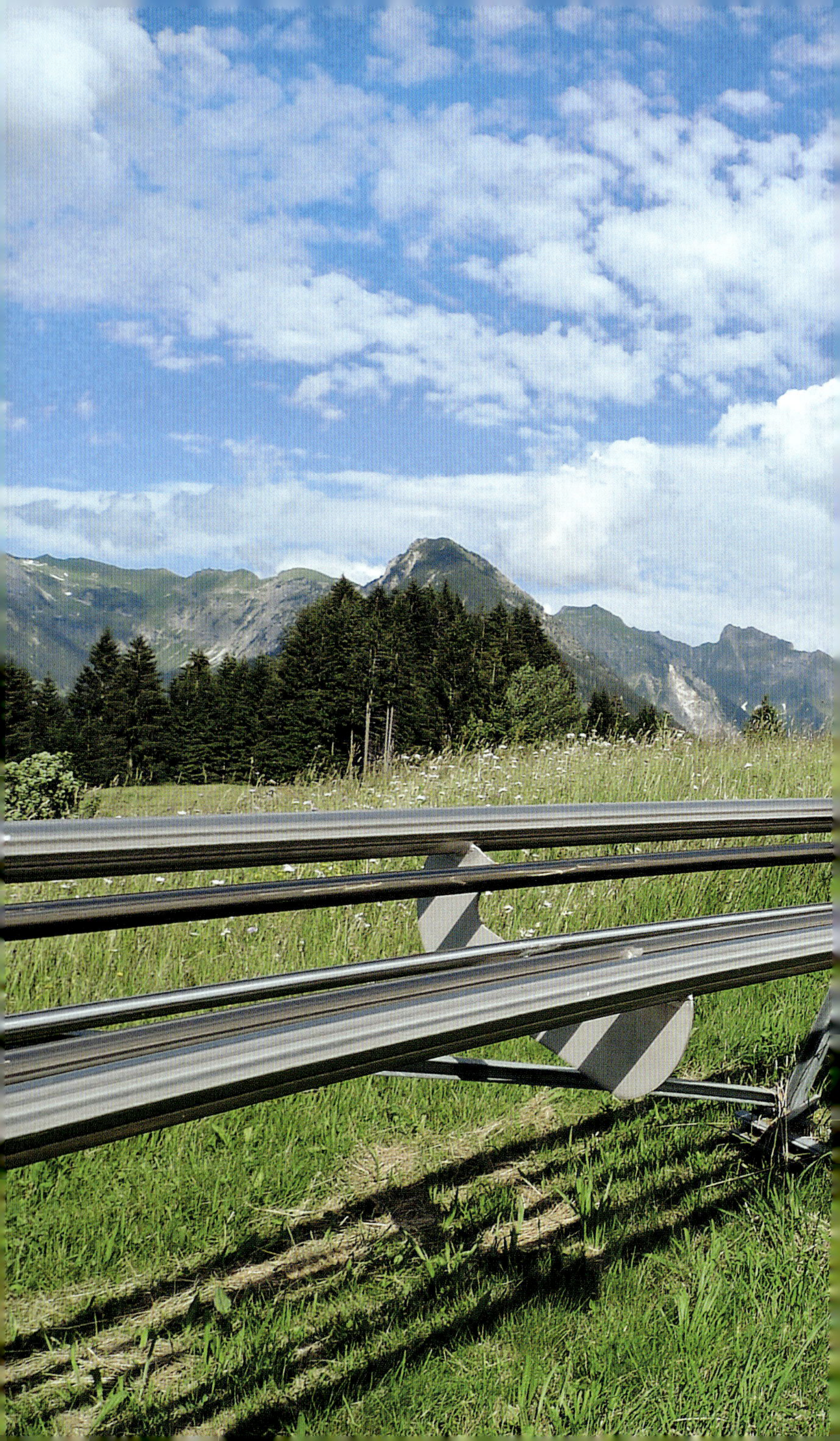

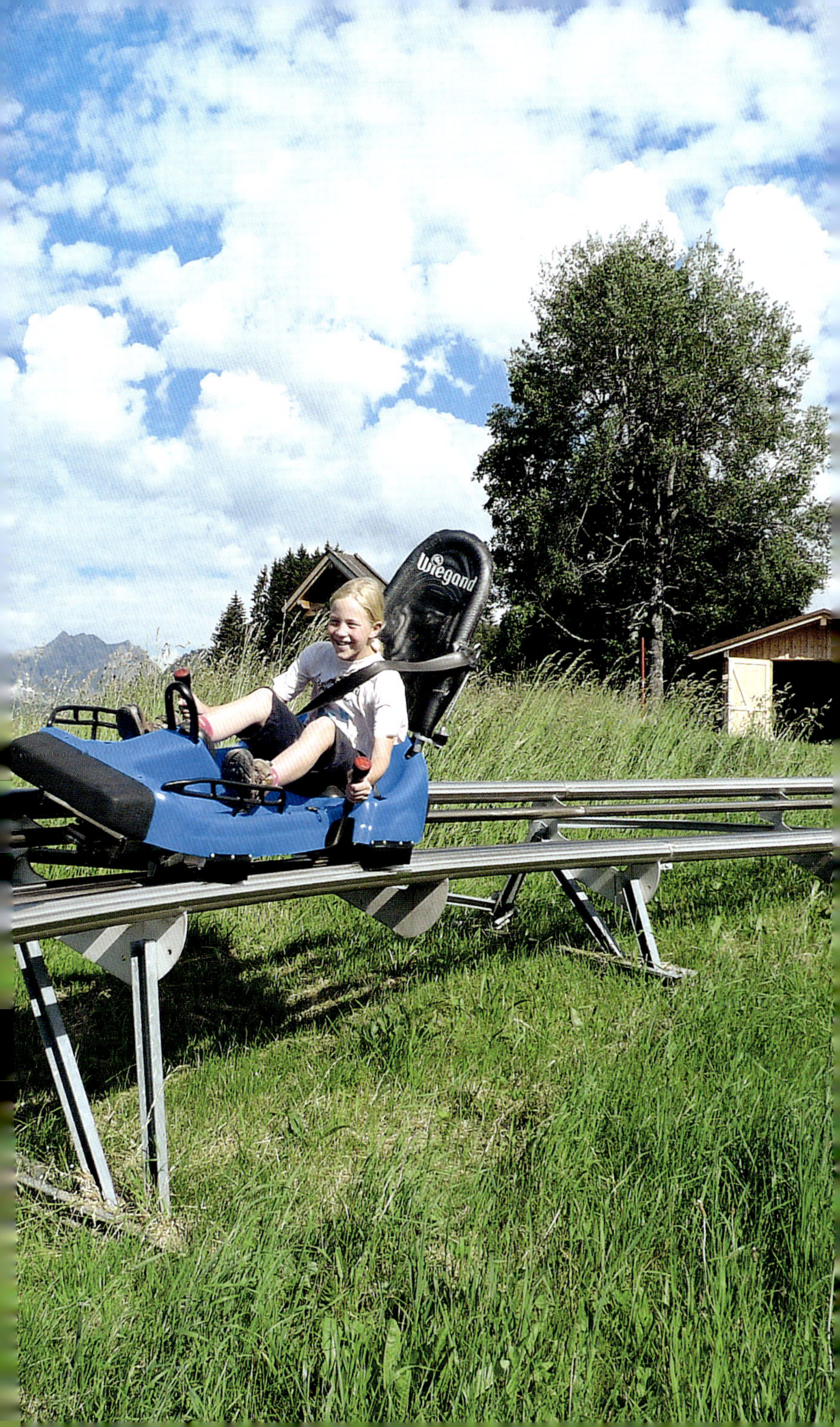
Wiegand

1 Durch den Eistobel

Über den Eistobelsteg und Riedholz — ab 4 J.

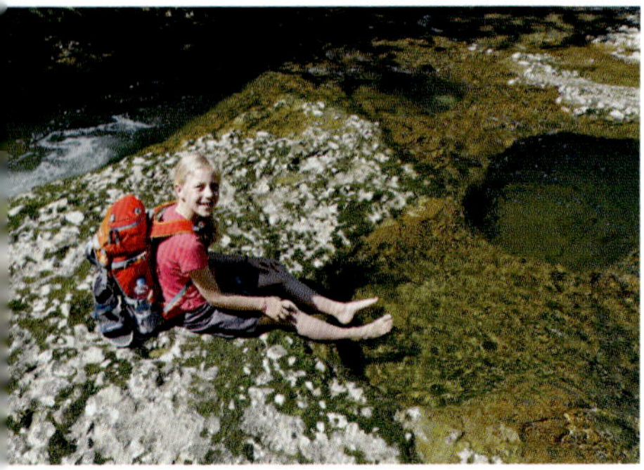

Fußbad in einer Gumpe.

Wasserfälle und Strudellöcher

Am Ende der letzten Eiszeit vor etwa 15.000 Jahren bildete sich im Talkessel von Ebratshofen ein großer Gletschersee. Das Schmelzwasser lief über eine Rinne ab – der Eistobel war geboren. Im Laufe der Jahrtausende grub sich die Obere Argen immer tiefer ins Gestein, dort wo sich härtere und weichere Gesteinsschichten abwechselten, entstanden Kaskaden, Strudellöcher und Wasserfälle. Das Wasser stürzt im Eistobel besonders nach starken Regenfällen mit großer Kraft über das harte, betonartige Nagelfluhgestein talwärts, tiefer liegende weichere Schichten aus Mergel oder Sandstein werden dabei ausgespült, wodurch bis zu acht Meter tiefe Strudellöcher entstanden sind. Auch wenn in diesen tiefen Kolken das Baden wegen lebensgefährlicher Strömungen verboten ist, gibt es viele kleinere Strudeltöpfe, die zu einer Erfrischung einladen. An der »Hohen Wand« warten neben einem schönen Kiesstrand, der zum Sonnen und Spielen im knietiefen Wasser viele Familien anzieht, große Felsblöcke zum Klettern. Oft stranden hier auch von der Oberen Argen mitgerissene Baumstämme, die die Abenteuerlust der Kinder wecken und dafür sorgen, dass man es doch nicht mehr zur Riedholzer Kugel (siehe Variante) hinaufschafft, sondern den kürzeren Weg der Hauptroute nach Riedholz wählt, wo man den Kindern im Gasthof Beim Mader ein Eis kaufen kann.

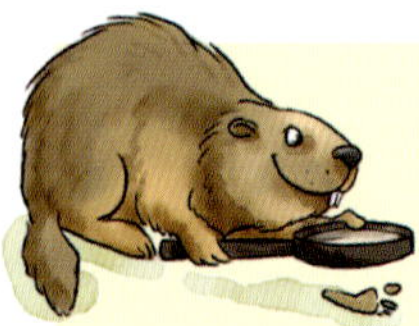

Hallo Kinder,

als Tobel bezeichnet man im Allgäu ein schluchtartiges Waldtal, das von einem wilden Bach durchflossen wird und in dem man große Gesteinsblöcke finden kann, auf die man hier im Eistobel (bei der »Hohen Wand«) auch klettern kann. Der Eistobel heißt so, weil sich im Winter in der Schlucht bizarre Eisformationen bilden, die den Eistobel in eine Märchenwelt aus Schnee, Fels und Eis verwandeln. Im Winter ist der Eistobel offiziell gesperrt, die Wege sind nicht geräumt und gestreut und oft mit einer Eisschicht überzogen. Daher sind in der kalten Jahreszeit Steigeisen, die man sich unter die Wanderschuhe schnallt, Pflicht.

Das Flussbett ist stellenweise übersät von tiefen Strudellöchern.

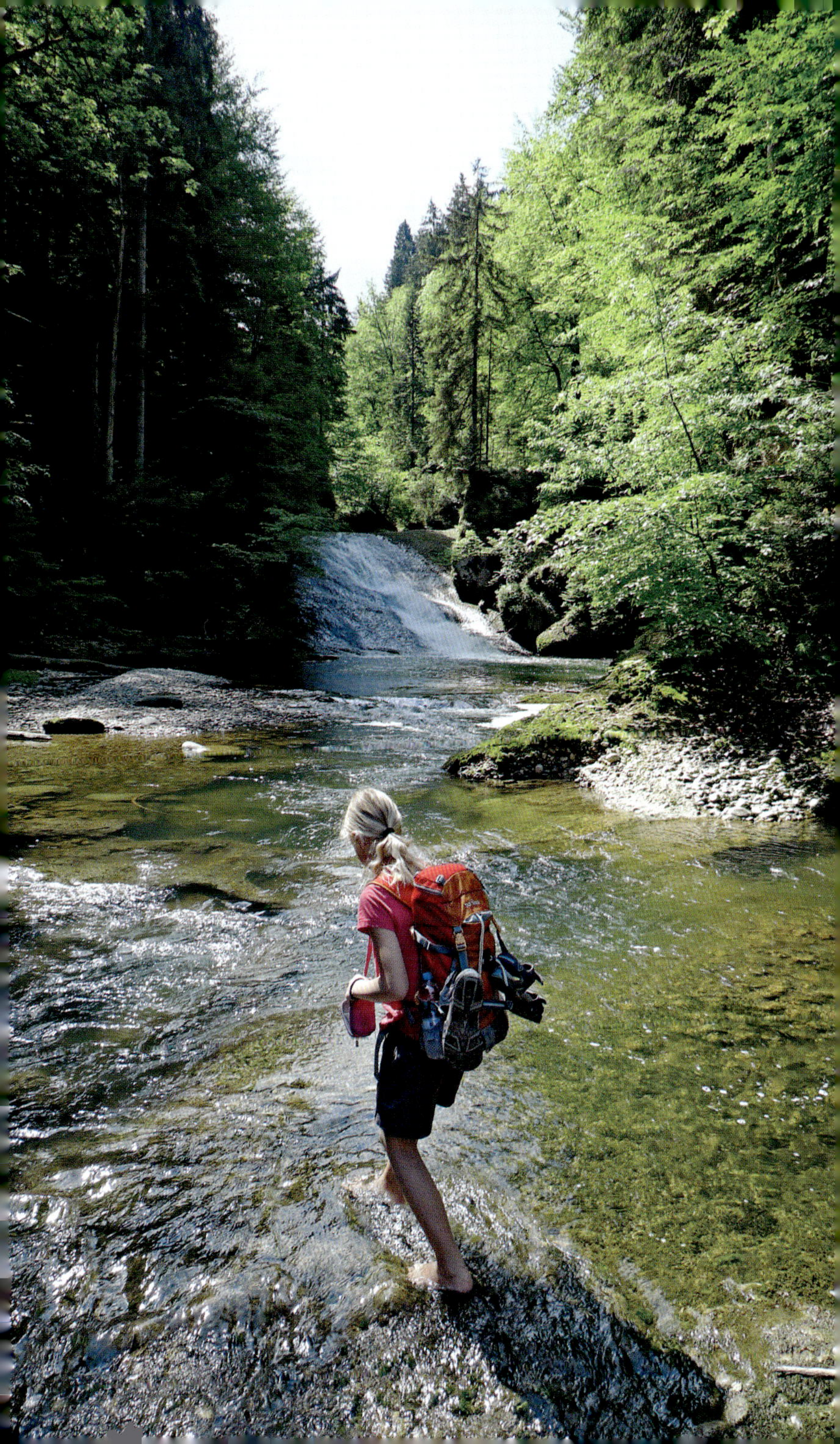

KURZINFO

Ausgangspunkt: Parkplatz an der Argentobelbrücke (auch Eistobelbrücke) an der Straßenverbindung Isny – Oberstaufen zwischen den Orten Maierhöfen und Grünenbach, 714 m (Navi: 88167 Grünenbach, Hauptstraße 81).
Mit dem Bus: Linie 733 Oberstaufen – Isny.
Gehzeit: 1.30 Std.
Höhenunterschied: 90 m.
Ausrüstung: Trekkingsandalen, Wechselkleidung.
Anforderungen: Ab 4 Jahren. Wechsel zwischen kleinen Bergpfaden (nach Regen stellenweise rutschig) und breiten Wirtschaftswegen. Ab Riedholz bis zum Parkplatz auf Asphalt (erst Straße, dann Fußweg neben der Straße).
Einkehr: Gasthof Beim Mader in Riedholz, 88167 Maierhöfen, Montag Ruhetag, Gästezimmer, Tel. +49 8383 338.

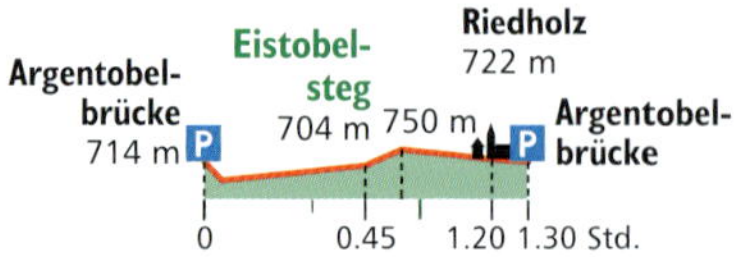

Gasthof Argentobelbrücke, Hauptstraße 3, 88167 Maierhöfen, Mittwoch ab 17 Uhr und Donnerstag Ruhetag, Ferienwohnung, Tel. +49 8383 289, gasthof-argentobelbruecke.de.
Variante 1: Aufstieg zur Riedholzer Kugel, 1066 m, der höchsten Erhebung des Westallgäus (zusätzlich 2 Std., ab 8 Jahren): Nach Überquerung des Flusses in luftiger Höhe auf dem oberen Eistobelsteg (siehe Hauptroute) wenden wir uns nach rechts steil aufwärts (Beschilderung »Kugel«) und folgen dem gut ausgeschilderten Weg. Im Weiler Hohenegg schwenken wir nach links aufwärts, wandern über Wiesengelände, kommen in den Wald und halten uns nach etwa 200 m an einer Verzweigung rechts. Nach 300 m verlassen wir den Wald und wandern auf breitem Weg über die freie Höhe, bis wir nach 500 m eine Weggabelung erreichen. Hier links bergauf in den Pfad, der bald in einen breiteren Weg mündet. Wir wenden uns links und schwenken nach 150 m wiederum links in den kleinen Pfad, der uns über die Wiesen schnell zur Riedholzer Kugel führt, von der man einen herrlichen Panoramablick von den Immenstädter Bergen bis hin zum Pfänder hat. Nach einer ausgiebigen Rast folgen wir dem schönen Wald- und Wiesenpfad talwärts nach Riedholz und treffen dort auf die Wanderer, die die kürzere Hauptroute gewählt haben.
Variante 2: Rückweg über den Staufenberg ohne Einkehrmöglichkeit (Gehzeit wie Hauptroute, ab 4 Jahren): Wir gehen nicht in luftiger Höhe über den oberen Eistobelsteg, sondern folgen kurz davor der Beschilderung »Grünenbach/Eistobelbrücke« nach rechts steil bergan. Der Weg führt durch Wald und Wiesen beschildert zum Parkplatz.

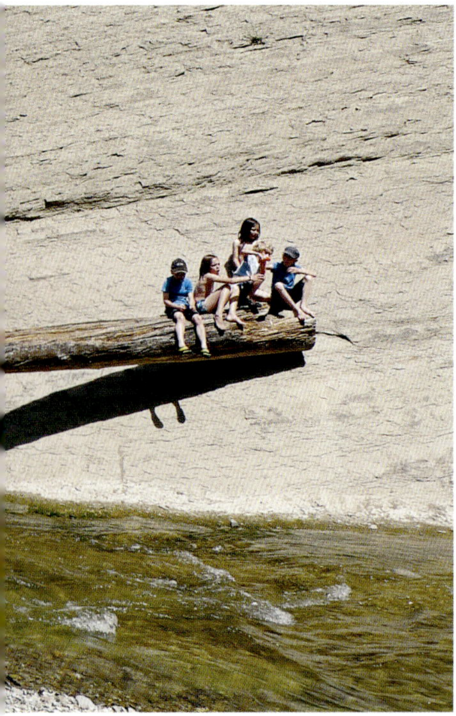

»Die wilden Kerle« auf einem Baumstamm an der »Hohen Wand«.

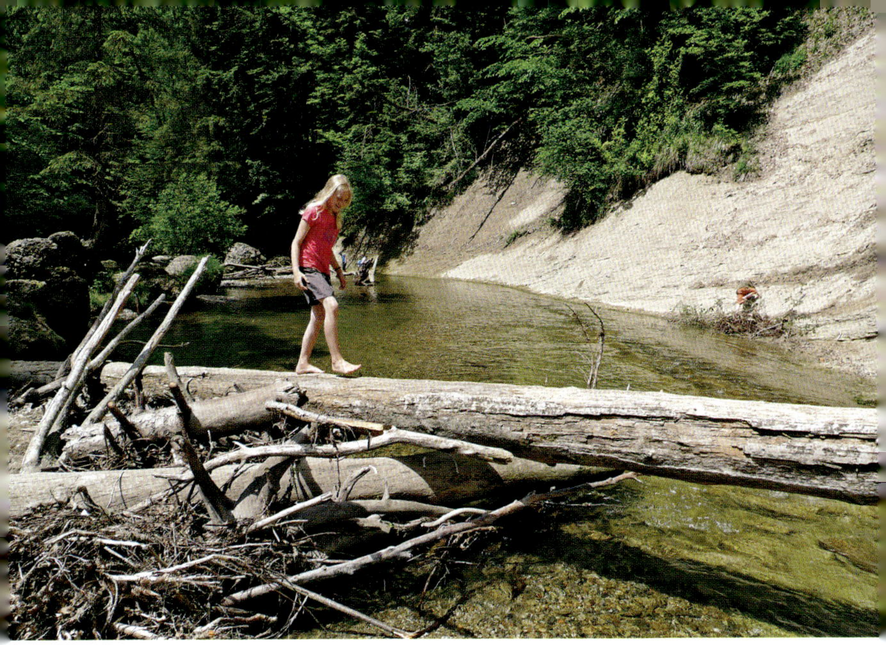

Balanceakt übers Wasser.

Vom **Parkplatz** gehen wir ein Stück die Straße zurück bis zum **Infopavillion** (Getränke, Eis) mit seinem davorstehenden Modell der alten Argentobelbrücke. Hier kann man sich auch Willy's Kinderquiz mit Fragen zum Eistobel mitnehmen und bei der Rückkehr das Lösungswort in einen Briefkasten werfen. Nach Entrichtung der kleinen Eintrittsgebühr informiert die Besucher ein kurzer Film über den Eistobel, dann geht es auf einem (erst gestuften) Waldpfad unter der **Argentobelbrücke** hindurch bergab zur **Oberen Argen**. Wir schwenken nach rechts und wandern flussaufwärts auf dem breiten Weg neben dem gemächlich neben uns dahinfließenden Gewässer. Rechts zweigt bald ein Pfad zu einem schattigen Brotzeitplatz unter einem Felsen ab, wir aber gehen geradeaus weiter und kommen schnell zur ersten faszinierenden Stelle. In dieser Wasserlandschaft stürzt das flache Wasser neben dem eigentlichen Flussbett über hartes Nagelfluhgestein hinunter, um sich unten zwischen den Kiesbänken wieder zu sammeln. Also am besten schnell die Schuhe ausgezogen und hinein ins Wasservergnügen. Oberhalb dieses steileren Abschnittes kann man mehrere Strudellöcher bestaunen

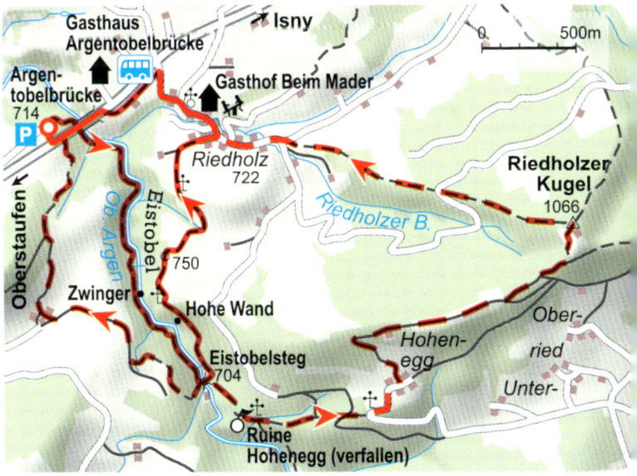

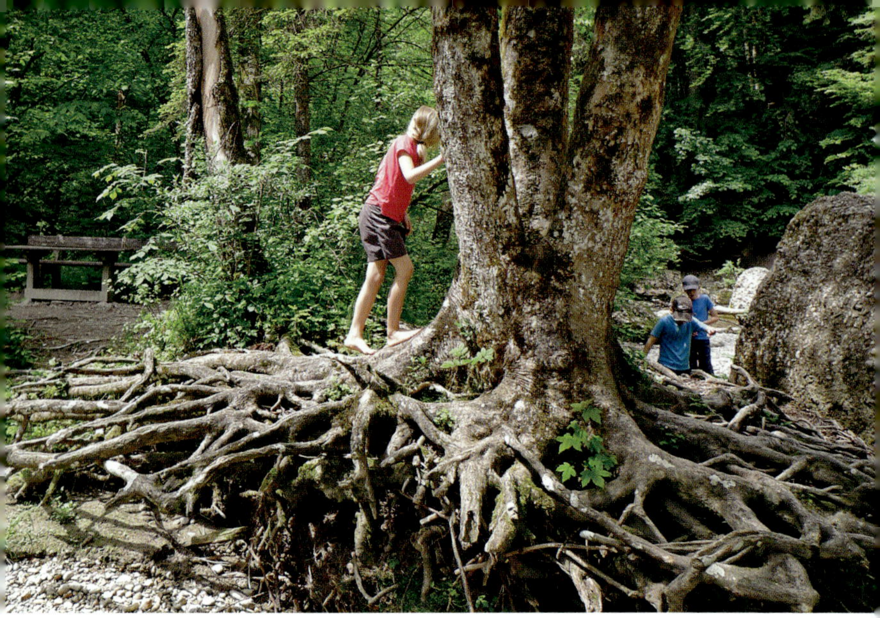

Die freigelegten Wurzeln eines Baumes laden an der »Hohen Wand« zum Klettern ein.

und ein Stück auf den »Großen Wasserfall« zugehen. Aber Achtung, überall befinden sich hier tiefe Aushöhlungen im Flussbett.

Wer möchte, kann nun gleich auf blanken Sohlen weitergehen, der Weg wandelt sich jetzt in einen kleinen, barfußfreundlichen Pfad. Wir kommen am **»Großen Wasserfall«** vorbei, der von der Seite viel steiler aussieht, als er vorhin von den Strudellöchern aus gewirkt hat, dann erreichen wir den **»Zwinger«**. Über einen Steg kommen wir hier ganz nah an die Engstelle heran, an der das Wasser zwischen gewaltigen Felsklötzen hindurchrauscht und in der viele Baumstämme, die vom Hochwasser mitgerissen wurden, hängen geblieben sind.

Weiter geht es auf dem kleinen Pfad flussaufwärts und wir erreichen bald die Kiesbänke vor der **»Hohen Wand«** – der perfekte Brotzeit- und Abenteuerplatz! Das Wasser ist hier nur knietief, oft liegen Baumstämme quer über den Fluss und etwas flussabwärts warten große Felsbrocken darauf, von den Kindern erklettert zu werden.

Nach einer ausgiebigen Pause wandern wir weiter, marschieren über den **»Eissteg«**, bewundern den dortigen Wasserfall, gehen noch ein Stück aufwärts und stehen vor dem oberen **Eistobelsteg**, der uns auf

HIGHLIGHTS

- ★ Eistobel: faszinierende Wasserlandschaft und spannender Weg entlang der Oberen Argen mit Wasserfällen und tiefen Strudellöchern.
- ★ Wunderschöner Platz zum Rasten, Baden (Wasser knietief) und Spielen an der breiten Kiesbank unterhalb der »Hohen Wand«.
- ★ Kleiner Spielplatz und kleiner Bach zum Spielen direkt beim Gasthof Beim Mader (hier auch Steckerleis) in Riedholz.

die andere Seite der Oberen Argen führt. Hier müssen wir uns überlegen, ob wir noch Kraft haben, zur Riedholzer Kugel (siehe Variante) hinaufzusteigen, oder ob wir gleich wieder zum Parkplatz zurückwandern wollen.
Wir entscheiden uns für Letzteres, wenden uns halb links und folgen dem Wegweiser (»Riedholz«) erst auf einem Pfad aufwärts, wobei wir bald noch mal einen schönen Blick hinunter auf den Eissteg werfen können. Der Weg wird breiter, dann haben wir an einer Rastbank den höchsten Punkt, 750 m, erreicht und wandern nun auf einem Feldweg über die Weiden bis nach **Riedholz**. Im Ort wenden wir uns links, kommen direkt am **Gasthof Beim Mader** mit Biergarten (Steckerleis!), kleinem Spielplatz und dem zum Spielen einladenden Riedholzer Bach vorbei und gehen auf der kaum befahrenen Straße weiter bis zur Straße Maierhöfen – Grünebach. Hier schwenken wir nach links in den geteerten Fußweg neben der Straße und erreichen in 10 Min. wieder unseren **Ausgangspunkt**.

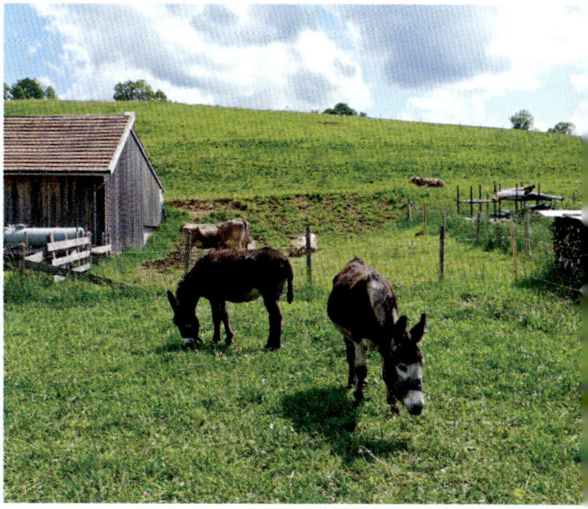

Auf dem Rückweg kommen wir an einem Eselsgehege vorbei.

Neugierige Kälber kurz vor der Argentobelbrücke.

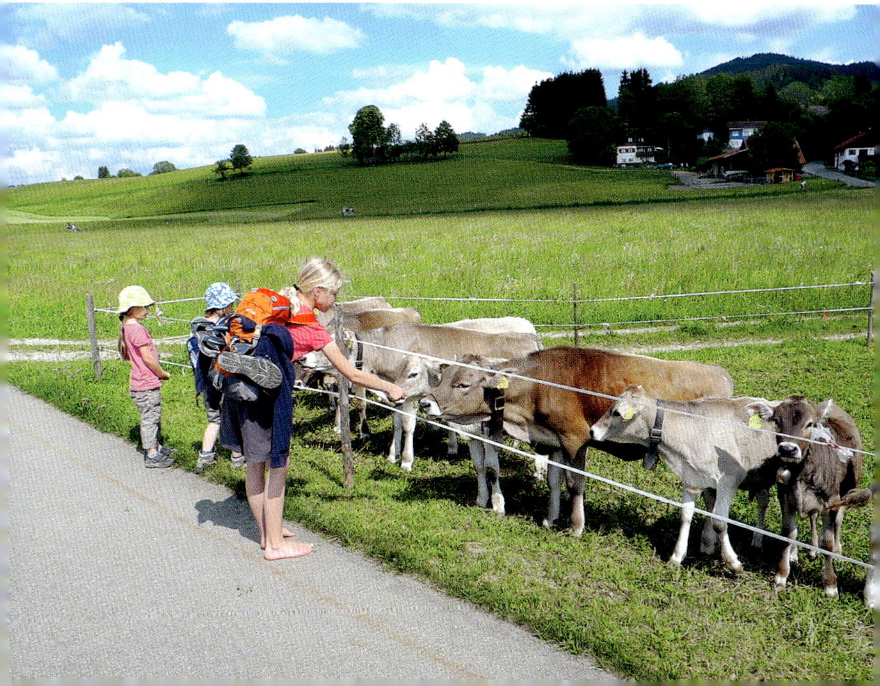

2 Carl-Hirnbein-Weg

Von Weitnau nach Missen

ab 6 J.

Erlebnisweg mit außergewöhnlichen Spielstationen

Ein wunderschöner, liebevoll und sehr aufwendig gestalteter Erlebnisweg wartet auf die Familien zwischen Weitnau und Missen. Hier wandeln wir auf den Spuren des »Alpkönigs« Carl Hirnbein durch die herrliche Wald- und Wiesenlandschaft des Oberallgäus. Alle paar Minuten stoßen wir insbesondere in der ersten Hälfte des wasserreichen Weges auf neue Erlebnisstationen: Da wird gekneippt, geklettert und balanciert, was das Zeug hält. Wir erfahren Interessantes über Flora und Fauna, sitzen auf Riesenstühlen und lassen an der Wasser-Oase unsere Seele baumeln. Da es sich bei dieser Wanderung nicht um einen Rundweg handelt, empfiehlt es sich, das Auto am Endpunkt in Missen zu parken und zum Ausgangspunkt nach Weitnau mit dem Bus zu fahren. Leider fährt derzeit der Bus allerdings nur ein- bis dreimal täglich. Informationen zum Fahrplan siehe unter »Ausgangspunkt« in der Kurzinfo.

KURZINFO

Ausgangspunkt: Historisches Amtshaus in Weitnau, 797 m (Navi: 87480 Weitnau, Hoheneggstraße 25).
Vom Bahnhof Immenstadt kommend auf der Missener Straße in nördlicher Richtung nach Missen. Dort am Haus des Gastes parken (Navi: Hauptstraße 45, 87547 Missen) und von der gegenüberliegenden Straßenseite mit der Buslinie 82 (Haltestelle »Missen, Abzweigung Wiederhofen«) über Sibratshofen (dort gegebenenfalls umsteigen in Buslinie 50) bis »Weitnau Ort«, zum eigentlichen Ausgangspunkt gegenüber dem Historischen Amtshaus. Die Abfahrtszeiten (Bus

Kneippvergnügen im Bach.

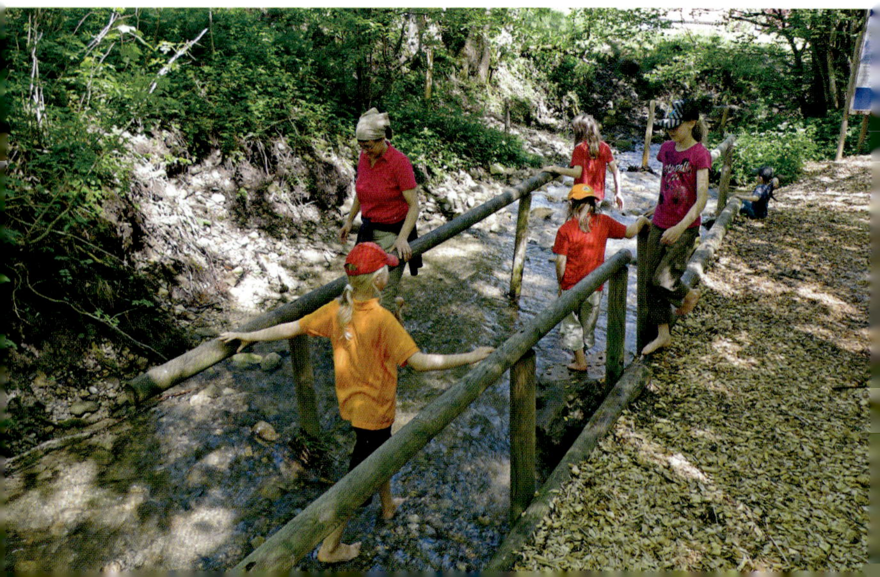

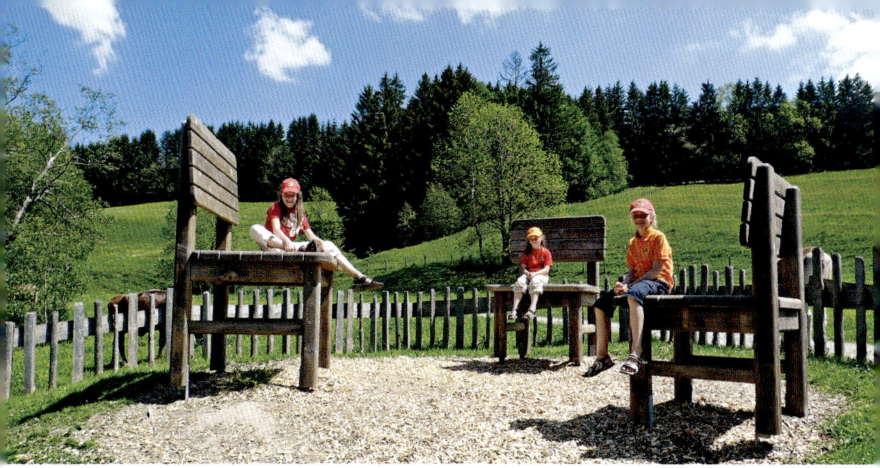

»Liebling, ich habe die Kinder geschrumpft!«

verkehrt nur 1–3 mal täglich) können in den Tourismusbüros Weitnau (Tel. +49 8375 9202-41) oder Missen-Wilhams (Tel. +49 8320 456) erfragt werden.
Mit Bahn und Bus: Vom Bahnhof Immenstadt mit Buslinie 82 (Immenstadt – Diepolz – Missen – Seltmans) über Sibratshofen (dort gegebenenfalls an der Haltestelle »Gasthof Adler« umsteigen in Buslinie 50) bis nach »Weitnau Ort«, zum Ausgangspunkt am Historischen Amtshaus. Fahrplaninformationen siehe oben.
Gehzeit: 3 Std. (bei kurzem Aufenthalt an den einzelnen Stationen).
Höhenunterschied: 200 m.
Ausrüstung: Trekkingsandalen, eventuell Wechselkleidung und Badesachen.
Anforderungen: **Ab 6 Jahren.** Leichte, aber aufgrund der Länge (offiziell 6,5 km, jedoch gemessene 8 km) konditionell recht anspruchsvolle Wanderung über Asphalt- und Kieswege, aber auch auf Wald-, Wiesen- und Hackschnitzelpfaden. Es bestehen Ausweichstrecken für Kinderwagen.
Einkehr: **Landgasthof »Zum Goldenen Adler«**, Hoheneggstraße 25, 87480 Weitnau, Mo und Di Ruhetag, Tel. +49 8375 921360, adlerweitnau.de. **Café Widdumsstüble** mit Biergarten, geöffnet Dienstag und Mittwoch ab 17 Uhr, Donnerstag bis Samstag ab 14 Uhr, Sonntag ab 13 Uhr (Kaffee und Kuchen). **Berggasthof Schrofenalp**, Wilhams 20, 87547 Missen-Wilhams, Mittwoch Ruhetag, Tel. +49 8320 1096. **Gasthof-Pension Sonne**, Wilhams 8, 87547 Missen-Wilhams, ganzjährig geöffnet, Montag und Dienstag Ruhetag (außer feiertags), Tel. +49 8320 226, sonne-wilhams.de. **Ristorante-Pizzeria-Café »La Mamma«**, Am Freibad 2, 87547 Missen-Wilhams, täglich ab 17 Uhr geöffnet, Dienstag Ruhetag, von Mitte Mai bis Anfang September täglich bereits ab 11.30 Uhr geöffnet, kein Ruhetag, Tel. +49 8320 1001, lamamma-missen.de.

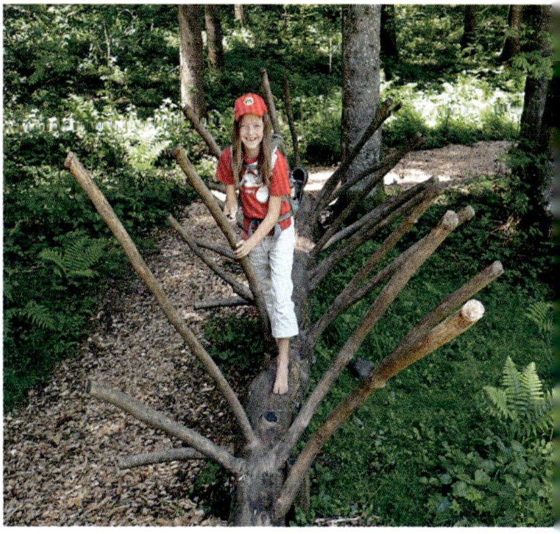

Unterwegs auf der liebevoll gestalteten »Balancierstrecke«.

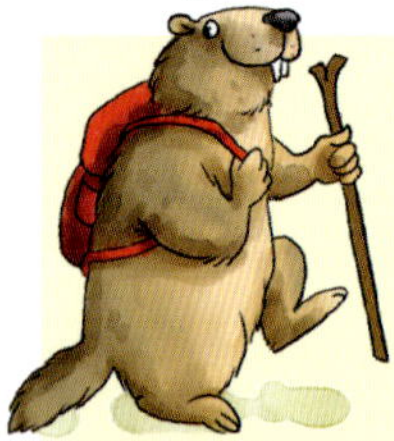

Hallo Kinder,

was muss ein Mensch leisten, damit er einen eigenen Erlebniswanderweg bekommt? Dass wir heute im Allgäu so viele Kühe und saftig grüne Wiesen sehen, ist der Verdienst von Carl Hirnbein. Er brachte die Käseherstellung ins Allgäu und damit den armen Bauern einen besseren Broterwerb. Früher war das Allgäu nämlich nicht so grün wie heute, sondern eher blau. Das kam vom vielen Flachs, den die Bauern anbauten, sponnen und zu Leinenstoff verarbeiteten. Dies war harte, mühselige Arbeit und brachte kaum etwas ein. Die Idee von Carl Hirnbein, aus der Milch der Kühe Käse im großen Stil herzustellen, war da geradezu Gold wert! Zudem kamen die Städter um zu sehen, woher der leckere Käse kam. Sie schnupperten die gute Landluft und fingen an, ihre Urlaube im Allgäu zu verbringen. Das war 1877 – vor über 140 Jahren! Seitdem zählt dieser Landstrich zu den beliebtesten Urlaubsregionen Deutschlands.

Nachdem wir im Ort **Missen** am Haus des Gastes geparkt haben, fahren wir von dort mit dem Bus nach **Weitnau** (siehe »Ausgangspunkt«). Von der dortigen Haltestelle laufen wir in Fahrtrichtung an der Front des Gasthauses »Goldener Adler« und am Historischen Amtshaus vorbei und biegen am Hinweisschild »Gasthof Goldener Adler« (gemeint ist der rückwärtige Eingang) rechts ab. Bevor wir den Erlebniswanderweg erobern, können wir uns bei Bedarf noch schnell in der Landbäckerei Frommknecht mit Verpflegung eindecken. Wir gehen den **Braut- und Bahrweg** hoch, halten uns gemäß der Beschilderung an der T-Kreuzung links, um gleich wieder rechts die Kirchstraße hinaufzuwandern. Direkt nach dem Gotteshaus schwenken wir rechts in den Asphaltweg und schlagen nach 150 m den kleinen Pfad ein, der links eine kleine Anhöhe hinaufführt. Während die Erwachsenen Sonne und Aussicht genießen, legen die Kinder eine erste Tobepause auf dem **Spielplatz** mit Seilbahn, Drehschaukel und Rutsche ein. Vorbei am **Dorfweiher**, in dem es je nach Jahreszeit Froschlaich, Kaulquappen oder gar ein ganzes Froschkonzert zu bestaunen gibt, wandern wir

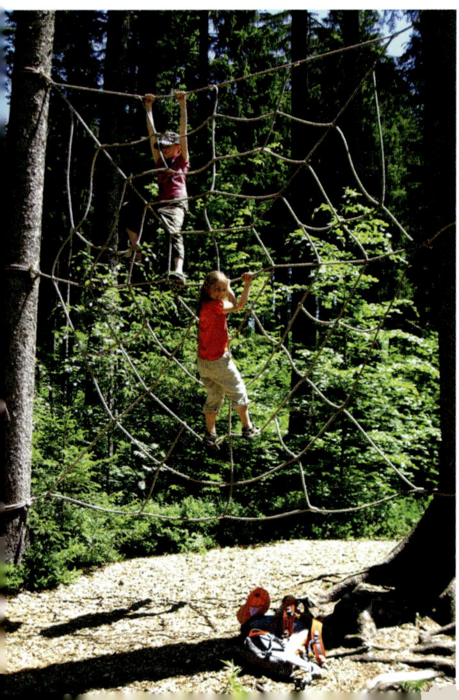

Riesenspinnennetz.

weiter Richtung **Café Widdumsstüble** und gehen rechts an diesem vorbei. Begleitet vom Rauschen des Wassers marschieren wir im Halbschatten der Bäume einen Schotterweg hinauf, bis uns rechter Hand ein kleiner Hackschnitzelweg hinab zum eiskalten **Kneippvergnügen** ans Bachbett bringt. Auf demselben Untergrund gehen wir weiter, wandern über eine Brücke und weiter geradeaus. Der Weg führt uns steil bergan, wir kommen an einer Infotafel über die gestiegene Milchleistung der heutigen Milchkühe vorbei und stoßen bald auf eine Asphaltstraße. Hier biegen wir links ein und wandern nun auf der neben der Straße entlanglaufenden, einfallsreichen **Balancierstrecke**. Dann geht es auf der Asphaltstraße weiter (Achtung Montainbiker!), wir kommen am Bienenstock vorbei und erreichen eine Weggabelung. Hier wählen wir den mittleren Weg. Nachdem wir uns mittels Hörrohr verständigt haben, zweigt kurze Zeit später rechts vom Weg eine kleine Brücke ab, die wir überqueren. Die folgende Hängematte und das kleine Spinnennetz werden von den Kindern genauso schnell erobert wie die Lianenschaukel. Der Erlebnisweg führt uns nun auf einem schmalen Hackschnitzelpfad tiefer in den Wald hinein. Weitere Hängematten versprechen Ruhe und Erholung für die Eltern, während die Kinder bereits im Netz der Riesenspinne hängen oder auf dem weitläufigen Spielplatz herumtoben. Über eine große Hängebrücke geht es zum zweiten Teil des **Waldspielplatzes** mit Kletterturm und Rutsche. Wir wandern weiter durch den Wald, folgen bei Erreichen eines **Steinhaufens** nicht der Ausschilderung nach rechts in einen weiteren Hack-

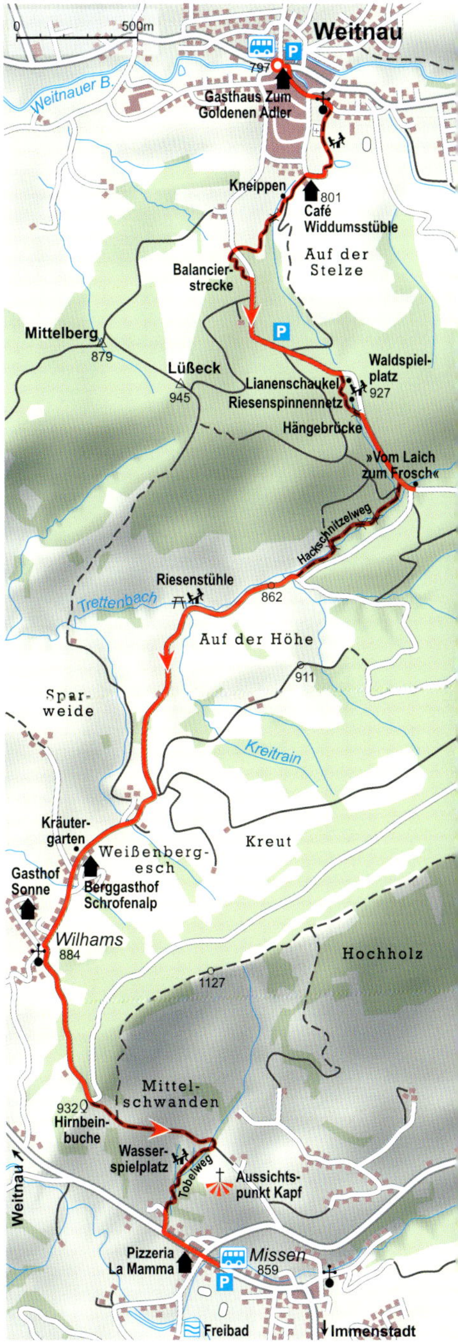

HIGHLIGHTS

- ★ Teils barfußtauglicher, ca. 8 km langer Erlebnisweg mit z. T. drehbaren Schautafeln und ganz vielen Mitmach- und Spielstationen, darunter zahlreiche Balancier- und Klettermöglichkeiten, (Erlebnis-)Spielplätze mit Schaukeln, Seilbahn, Riesenspinnennetzen und vielem mehr.
- ★ Viele Spielmöglichkeiten am und im Wasser, Kneippanlage.
- ★ Minigolf in der Freizeitanlage in Missen.
- ★ Freibad Missen (Am Freibad, 87547 Missen, Tel. +49 8320 288) mit 54 m langer Erlebnisrutsche und Wasserburg, bei guter Witterung von Mitte Mai bis Anfang September täglich von 9.30–19.30 Uhr geöffnet.

schnitzelweg, sondern gehen erst einmal an den Steinen vorbei und halten uns links. Hier führt uns ein schmaler Pfad an einem Weiher vorbei zu einem Bach. Auf dem dort quer liegenden Balken sitzend, lassen wir die Füße ins kühle Wasser baumeln, genießen die Sonne und beobachten auch hier je nach Jahreszeit die Kaulquappen oder Frösche.

Wollen wir weiter, so gehen wir zurück zu dem nun unmittelbar vor dem Steinhaufen abzweigenden Hackschnitzelweg und biegen in diesen ein. Nach einer Weile kommen wir wieder an ein kleines Bächlein und lassen – auf Anregung der hier aufgestellten Drehtafel – Rindenschiffchen schwimmen.

Begleitet vom munteren Rauschen des **Trettenbaches** folgen wir am Waldrand der Beschilderung nach links. Wer lieber wieder nach Weitnau zurückwandert, kann sich hier an der Weggabelung rechts halten. Wir wollen aber nach Missen, überqueren dazu auf einer Brücke den Trettenbach, spazieren an diesem entlang, halten uns an der Forststraße rechts und wandern auf breitem Weg der Sonne entgegen. Wir erreichen einen wunderschönen, nicht alltäglichen **Spielplatz**, der vom Trettenbach durchflossen wird und uns zum längeren Verweilen und Picknicken (mehrere Brotzeittische vorhanden) einlädt. Eine richtige Wasser-Oase! Das Kuriose sind hier nicht nur die Stühle, die der Insel Brobdingnag aus Gullivers zweiter Reise entsprungen zu sein scheinen, sondern auch die Tatsache, dass hier zur Abwechslung mal die Menschen und nicht die Kühe »eingesperrt« sind. Nicht nur die Kinder balancieren über die »gefährlichen« Fluten oder nehmen mit einer neugierigen Kuh am Zaun Kontakt auf.

Der Wanderweg setzt sich zunächst als Forststraße, aber nach einer Anhöhe und einem Viehrost als schöner Hackschnitzelpfad, der parallel zum Forstweg verläuft, fort. Nach kurzer Zeit treffen beide Wege wieder zusammen und wir erreichen schließlich der Beschilderung folgend den **Kräutergarten** mit über hundert verschiedenen Pflanzen

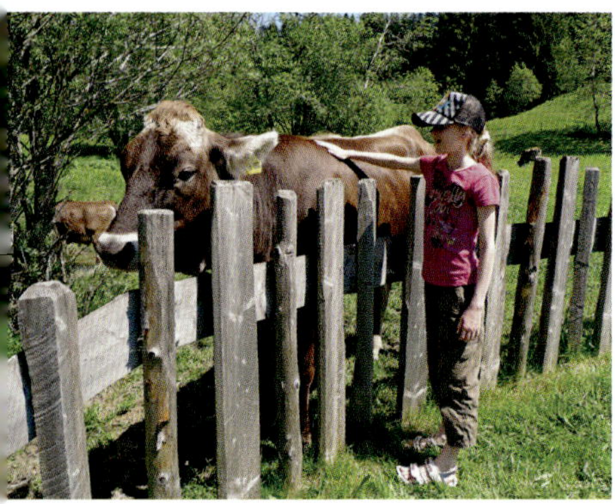

Zaunbekanntschaft.

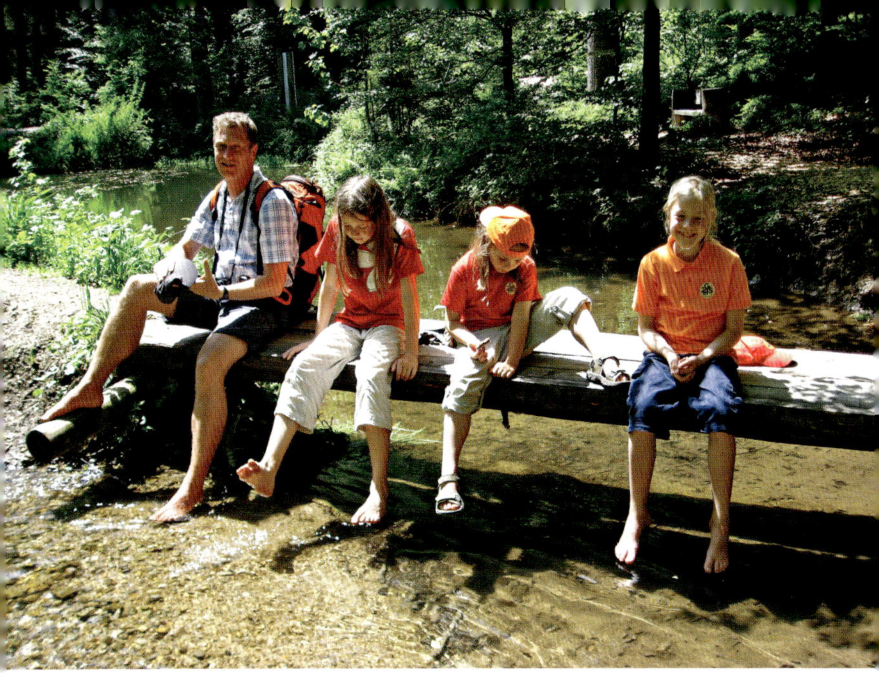

Gemütliche Rast am Bach.

und Kräutern in **Wilhams**, 884 m. Auch hier im Ort, den wir entlang der Straße durchqueren, befindet sich ein kleiner Spielplatz.

Am Ortsende, kurz bevor die Hauptstraße eine Rechtskurve beschreibt, gehen wir den links abzweigenden Teerweg hinauf, schauen aus dem »Fenster« und wandern hinauf zur **Hirnbeinbuche**, 932 m, in deren Schatten wir eine Verschnaufpause einlegen und die Aussicht hinunter ins Missener Tal genießen.

Nun geht es auf dem unmittelbar vor uns liegenden schmalen Pfad ein Stück hinunter. Kurz darauf steigt der absolut barfußtaugliche Wiesenpfad allerdings nochmals an. Dann haben wir den höchsten Punkt unserer Wanderung erreicht und marschieren bei schöner Aussicht auf die weit vor uns liegenden Berge abwärts. Nach einer Viehsperre wandern wir den rechter Hand abzweigenden schattigen **Klammtobelweg** hinab, der uns bald rechts, bald links des kleinen Baches entlangführt. Wir kühlen unsere Füße im kalten Wasser und können an einem großen, schönen **Wasserspielplatz** direkt am Bach nach Herzenslust pritscheln.

Schließlich erreichen wir **Missen**, 859 m, wandern links entlang der Hauptstraße bis zum Parkplatz und lassen den Tag bei einer Partie Minigolf oder einem Sprung ins kühle Nass im Freibad ausklingen.

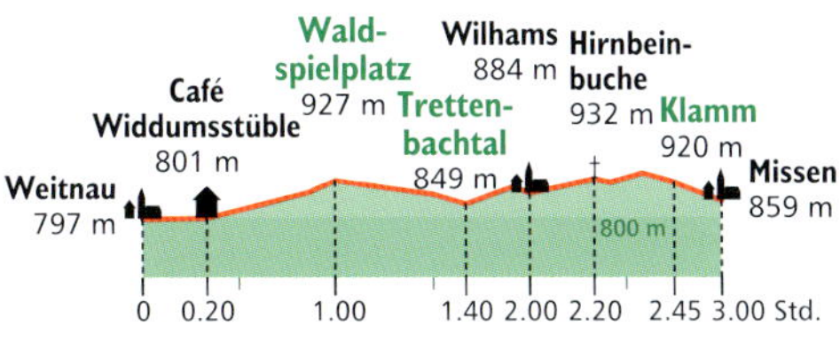

3 Hauchenberg, 1242 m

Rundweg von Diepolz über Kling's-Hütte ab 4 J.

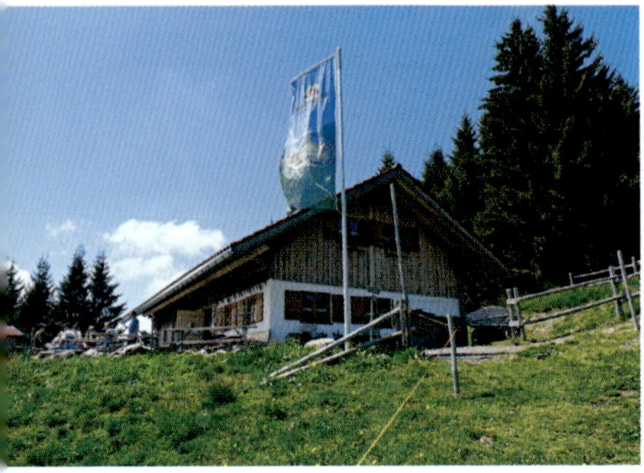

Kling's Hütte.

Alpkönigblick und Barfußtraum

Zu Ehren des Alpkönigs Carl Hirnbein (siehe Kinderkasten Tour 2) wurde ein großer Aussichtsturm, der sogenannte »Alpkönigblick«, auf dem Hauchenberg errichtet – von dort oben kann man vom Bodensee über die Allgäuer Alpen bis zur Zugspitze und vom Westallgäu über die Kugel, das Isnyer Becken, die Adelegg, das Weitnauer Tal mit Sonneck, Blender und das Illertal blicken. Etwas unterhalb des Turms können wir in Kling's Hütte einkehren. Auf dieser landschaftlich sehr schönen Tour freuen wir uns über weiche Wiesenwege, federnde Waldpfade und warme Erdwege, die zu einer herrlichen Barfußwanderung einladen. Am Ende der Tour lockt dann noch ein Besuch im Bergbauernmuseum (siehe Tour 4), an dem Groß und Klein Gefallen finden werden.

Aussichtsturm »Alpkönigblick«.

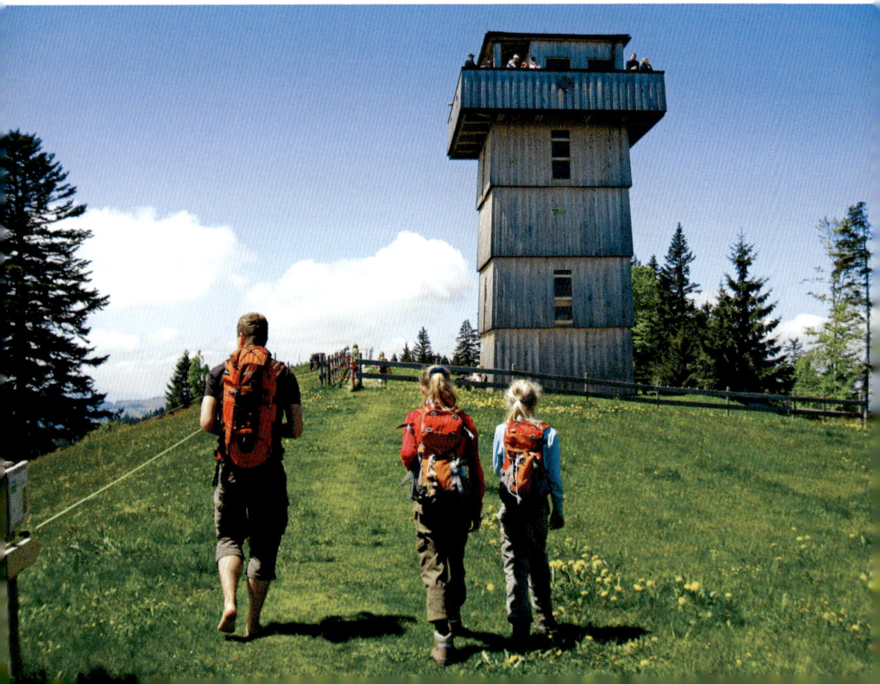

KURZINFO

Ausgangspunkt: Kleiner Parkplatz in Diepolz an der Kirche, 1037 m (Navi: 87509 Immenstadt-Diepolz, Diepolz 21). Vom Bahnhof Immenstadt auf der Missener Straße (St 2006) nach Norden in Richtung Missen fahren. Nach 6,5 km rechts abbiegen und über Knottenried nach Diepolz. Dort hinauf zur Kirche und am kleinen Parkplatz parken. Alternativ kann man die Wanderung auch am großen Parkplatz unterhalb des Allgäuer Bergbauernmuseums beginnen.
Mit Bahn und Bus: Vom Busbahnhof am Bahnhof Immenstadt mit Bus 82 (Immenstadt – Diepolz – Seltmans) in 15 Min. zum Museum. Fahrplan unter rvo-bus.de.
Gehzeit: 2 Std.
Höhenunterschied: 270 m.
Ausrüstung: Trekkingsandalen.
Anforderungen: Ab 4 Jahren. Leichte Wanderung, die überwiegend auf Wiesen- und erdigen Bergpfaden, am Anfang und Ende jeweils ein kurzes Stück auf einem Wirtschaftsweg und einer Asphaltstraße verläuft.
Einkehr: Kling's Hütte, 1210 m, vom 1. Mai bis Ende Oktober an Wochenenden, Feiertagen und Brückentagen geöffnet, im Winter geschlossen. Tel. +49 176 45537829, klings-huette.de. Höfle-Alpe im Bergbauernmuseum (frei zugänglich), Tel. +49 8323 4915, Öffnungszeiten wie Museum (bergbauernmuseum.de).

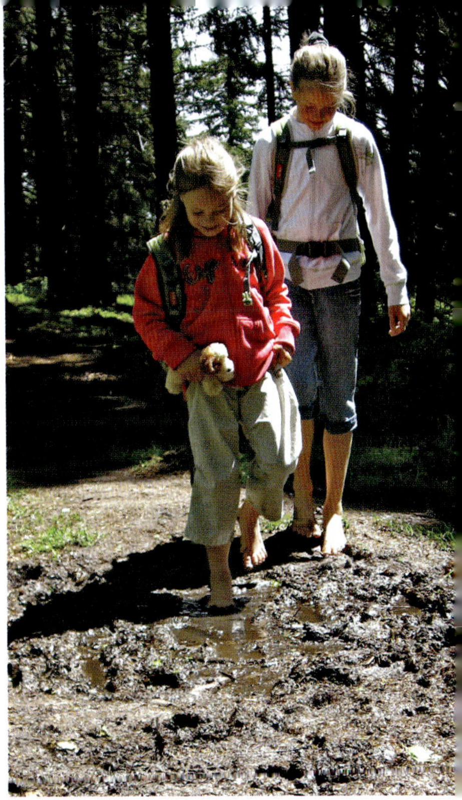

Batziges Barfußvergnügen auf dem Hauchenbergrücken.

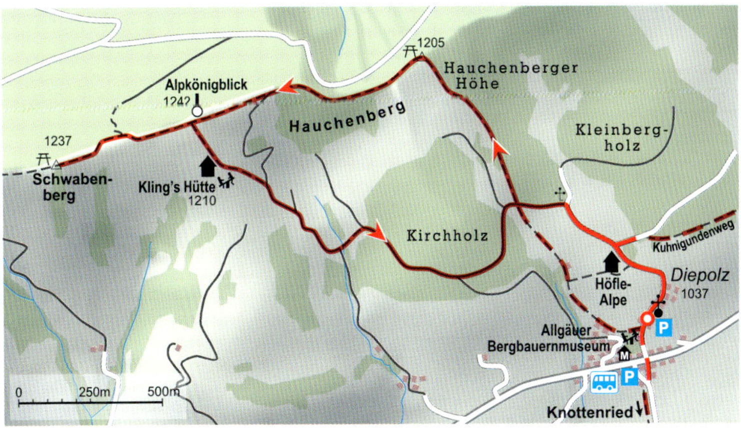

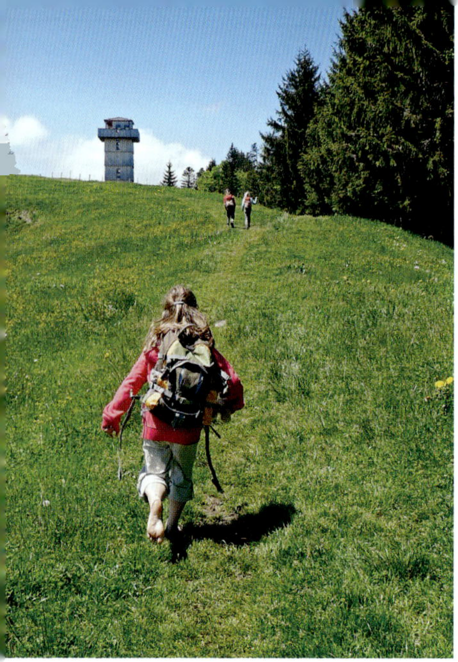

Schnell über den herrlichen Wiesenweg zum Gipfel.

Von der **Diepolzer Kirche** wandern wir die steile Teerstraße hinauf, lassen die zum Bergbaumuseum gehörende Höfle-Alpe links liegen und folgen fortan der Beschilderung zum »Alpkönigblick« und »Kling's Hütte«. An der kommenden Verzweigung halten wir uns links (rechts zweigt hier der Kuhnigundenweg ab; siehe Variante Tour 4) und wandern an glücklichen Allgäuer Kühen vorbei bis zu einem **Marterl** mit Schilderbaum, der uns nach links weist. Der Weg geht nun ein Stück abwärts, bis wir nach etwa 200 m auf den nächsten Wegweiser treffen. Genau gegenüber des Schilderbaums führt von unten ein Wiesenpfad auf unseren Weg – auf diesem stoßen die Wanderer zu uns, die vom Hinterausgang des Bergbauernmuseums kommen. Die Beschilderung sagt uns, dass es nun sowohl geradeaus wie auch rechts zu Kling's Hütte geht, wir wählen den rechten Weg – der geradeaus weiterführende Weg ist unser Rückweg. Wir wandern am Waldrand entlang aufwärts und bald geht der Weg in einen wunderschönen reinen **Wiesenpfad** über. Für die ganze Familie ist es jetzt ein tolles Erlebnis, die Schuhe an den Rucksack zu hängen und barfuß weiterzumarschieren. Der Weg zieht in den Wald,

Hallo Kinder,

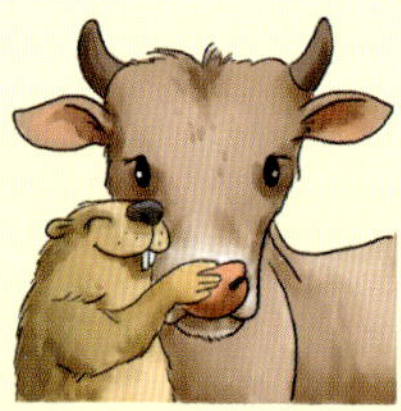

am Hauchenberg wird bei Kling's Hütte eine Mutterkuhherde gehalten. Wisst ihr, was eine Mutterkuhherde ist? Bei dieser Form der Aufzucht verbleibt das neugeborene Kalb nach der Geburt in der Herde und kann so von seiner Mutter gesäugt werden. Die Kälber werden im zeitigen Frühjahr geboren, sodass sich zu Beginn der warmen Jahreszeit die Herde stark vergrößert. Die Kühe werden nicht gemolken, sondern geben ihre ganze Milch den Kälbern. Zu einer richtigen Herde gehört natürlich auch ein Bulle, am Hauchenberg ist das der Stier »Georg«. Mit männlichen Tieren ist oft nicht zu spaßen, sie wollen die Herde beschützen und sind von Haus aus aggressiver als die weiblichen Tiere. Auch wenn Stier »Georg« – wie die Familie Kling sagt – ein ganz Lieber ist, muss man doch unbedingt genug Abstand halten, wenn man an der Herde vorbeigeht.

läuft aber schon bald wieder als Wiesenpfad weiter. Wir kommen an Heidelbeersträuchern vorbei und erreichen die **Hauchenberger Höhe**, 1205 m, mit mehreren Holzbänken und einem Tisch zum Rasten und Brotzeitmachen. Wir wenden uns links Richtung »Alpkönigblick« und wandern ein wenig abwärts über den Rücken des Hauchenbergs auf einem kleinen, erdigen Pfad – das Barfußabenteuer kann weitergehen. Bald führt uns der Weg wieder bergan in dichten Wald, hier können sich die Barfußläufer über den wunderbar natürlichen und weichen Waldboden freuen. An einigen Stellen kann es schon einmal matschig werden, was natürlich den Kindern gar nichts ausmacht. Schon stapfen sie mit blanken Füßen begeistert in die nächste Pfütze. Wir kommen wieder aus dem Wald auf einen Wiesenweg und laufen direkt auf den hölzernen **Aussichtsturm Alpkönigblick** am Hauchenberg, 1242 m, zu. Von dort oben hat man einen herrlichen Blick in alle Himmelsrichtungen, wenn auch die im Süden thronenden Allgäuer Alpen mit ihren bis oft in den Sommer hinein schneebedeckten Gipfeln alle Blicke auf sich ziehen.
Direkt unterhalb des Turms ist Kling's Hütte nur einen Katzensprung entfernt, uns lockt aber erst noch der perfekte Wiesenweg, der auf dem Bergrücken in südwestlicher Richtung weiterführt und dem zumindest die Barfußwanderer einfach nicht widerstehen können. Dieser Weg verläuft erst eben, dann ein Stück hinunter, um dann direkt über die Wiese zum Gipfelkreuz des **Schwabenbergs**, 1237 m, mit einer Rastbank zu führen. Hier kommen meist nur wenige Wanderer herauf –

HIGHLIGHTS

- ★ Sehr abwechslungsreicher, zu drei Viertel barfußgeeigneter Weg, der uns über weiche Wiesen- und Erdwege führt.
- ★ Aussichtsturm »Alpkönigblick« direkt auf dem Hauchenberg.
- ★ Einkehrmöglichkeit in Kling's Hütte mit kleinem Spielplatz.
- ★ Mutterkuhherde unterhalb Kling's Hütte.
- ★ Besuch des Bergbauernmuseums mit vielen Tieren und zwei Spielplätzen in Diepolz (siehe Tour 4).

ein wunderschöner Platz zum Picknicken, Entspannen und Genießen. Nach der Rast wandern wir Richtung Aussichtsturm zurück, schwenken aber wenige Meter vor diesem nach rechts, gehen durch ein Viehgatter und erreichen wenige Minuten später die nur an Wochenenden,

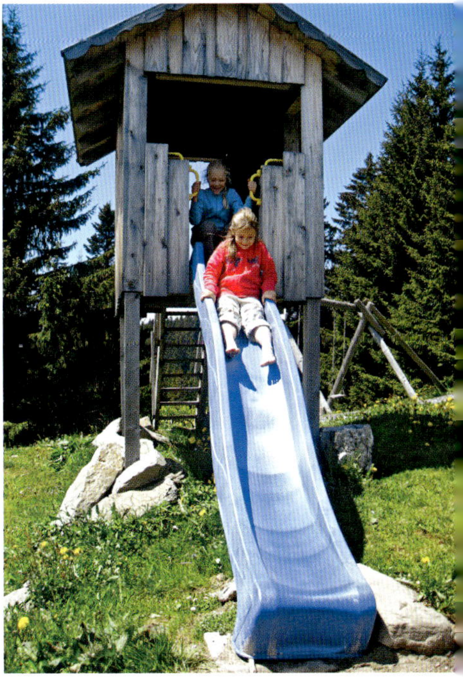

Kleiner Spielplatz an Kling's Hütte.

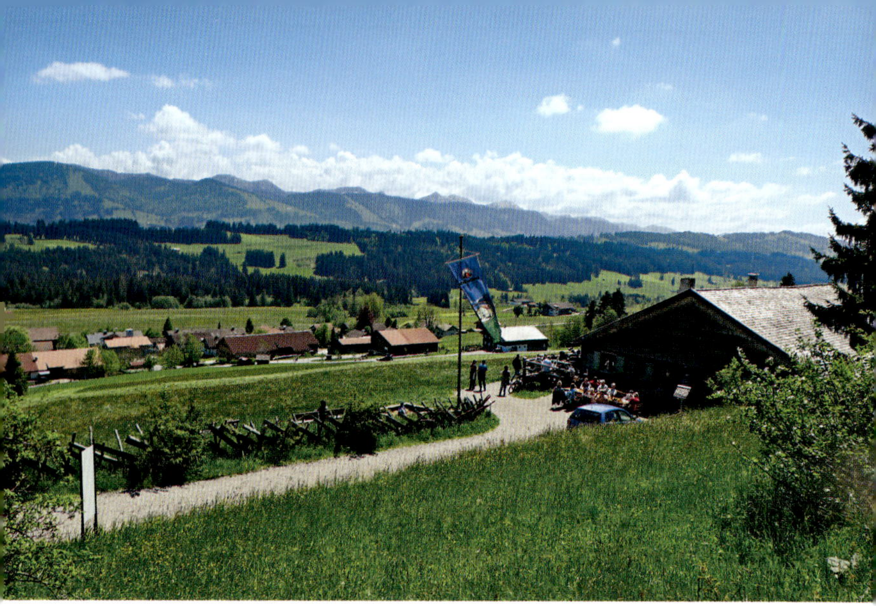

Von der Höfle-Alpe hat man einen schönen Bergblick.

Feier- und Brückentagen geöffnete **Kling's-Hütte**, 1210 m, mit ihrem kleinen Spielplatz.

Nun geht es wiederum auf einem Wiesenweg, der zwischen zwei mit variablem Elektrozaun abgesteckten Weiden hinunterführt, dem Wegweiser folgend Richtung Diepolz. Auf den Weiden wird hier eine Mutterkuhherde (siehe »Kinderkasten«) gehalten. Wenn gerade die direkt ins Tal führende Weide abgegrast wird, ist aus Sicherheitsgründen nach einigen Hundert Metern der direkte Weiterweg über die Weide gesperrt und man muss einen kleinen Umweg nach links über einen fest installierten Durchlass und einen schmalen Almfahrweg in Kauf nehmen. Letztlich erreicht man auf beiden Varianten einen geteerten Weg, der uns einige Hundert Meter nach unten führt, bevor uns das Schild »Diepolz 35 Min.« nach links aufwärts weist. Wir gehen durch die Viehsperre, steigen die Weide hinauf, passieren einen weiteren Zaundurchlass und wenden uns nach rechts Richtung Höfle Alpe und Diepolz. Spätestens hier empfiehlt es sich, wieder die Schuhe anzuziehen, denn jetzt geht es auf einem recht steinigen Waldweg, Abzweigungen nach rechts und links ignorierend, geradeaus in 15 Min. bis zu der Stelle, an der wir beim Aufstieg den breiten Weg verlassen haben.

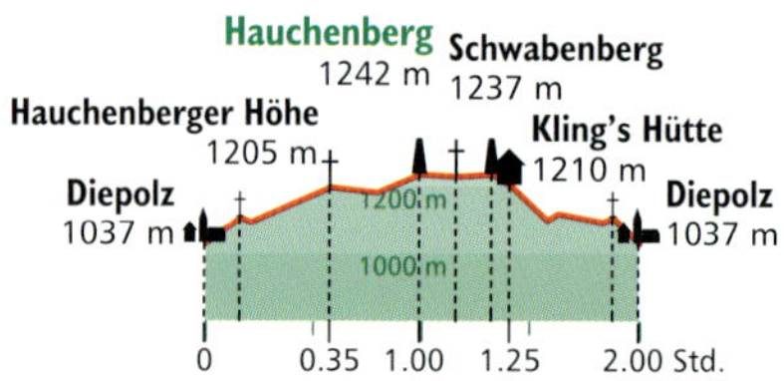

Nun auf dem Hinweg zurück zum Parkplatz oder direkt gegenüber dem Wegweiser rechts in den unbeschilderten Wiesenweg, der zum Hintereingang des **Bergbauernmuseums** führt, in dem man den Tag gemütlich ausklingen lassen kann.

Allgäuer Bergbauernmuseum

In Immenstadt-Diepolz

ab 3 J.

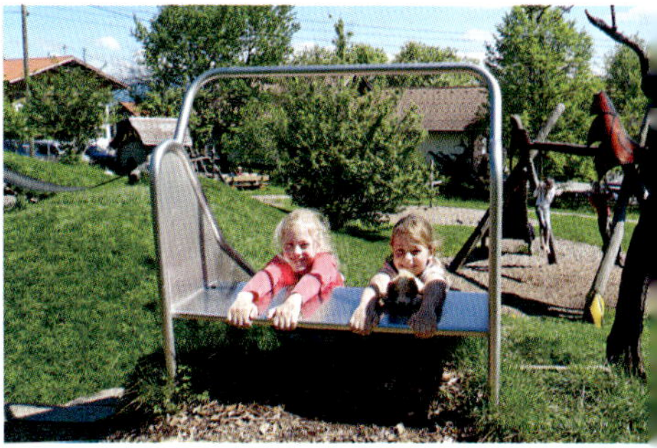

Zeitreise mit Heusprung

Viele Museen mögen für Kinder langweilig sein, das trifft aber nicht auf das Bergbauernmuseum in Diepolz zu, das sowohl bei gutem wie auch schlechtem Wetter einen Besuch wert ist: Hier wird nicht nur das Leben der Milchkühe von damals bis heute und der Werdegang der Milch zum Käse anschaulich dargestellt, sondern in einem originalgetreuen Bergbauernhof auch das Leben der Bauern und Kinder vor fast hundert Jahren. Kleider können anprobiert, Betten probegelegen und viele Schubladen aufgezogen werden. Ein extra Rucksack nimmt nicht nur die Kinder mit auf diese spannende Zeitreise. Zwei Abenteuerspielplätze locken genauso wie Hühner, Kühe, Esel und Schafe und – wie bei den Kindern früher – ein Sprung ins Heu! Aber ob es bei diesem einen Sprung bleiben wird? Ganz neu ist ein begehbarer Kuhmagen, bei dem die Besucher durch ein großes Maul ins Innere einer Kuh gelangen. Interaktive Stationen erklären dort spielerisch, wie die Verdauung funktioniert, was die Kuh dabei produziert und was am Ende übrig bleibt – ein großer Kuhfladen. Der Besuch des Museums lässt sich auch gut mit dem Erlebnispfad »Kuhnigundenweg« (siehe Variante) oder der Wanderung auf den Hauchenberg (siehe Tour 3) kombinieren.

Die Schafe im Bergbauernmuseum können vom Stall jederzeit ins Freigehege.

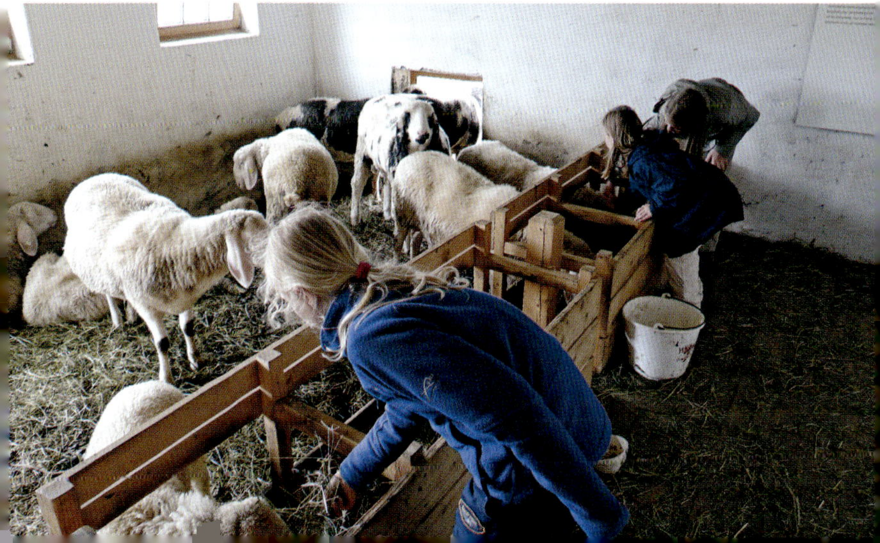

KURZINFO

Ausgangspunkt: Großer Parkplatz unterhalb des Allgäuer Bergbauernmuseums in Diepolz (Navi: 87509 Immenstadt-Diepolz, Diepolz 44).
Vom Bahnhof Immenstadt auf der Missener Straße (St 2006) nach Norden in Richtung Missen fahren. Nach 6,5 km rechts abbiegen und über Knottenried nach Diepolz zum Bergbauernmuseum. Ein weiterer kleiner Parkplatz befindet sich an der Diepolzer Kirche.
Mit Bahn und Bus: Vom Busbahnhof am Bahnhof Immenstadt mit Bus 82 (Immenstadt – Diepolz – Missen – Seltmans) in 15 Min. zum Museum. Fahrplan unter rvo-bus.de.
Dauer: Halbtagesausflug.
Ausrüstung: Trekkingsandalen, eventuell Wechselkleidung (Bachlauf zum Spielen im Außengelände).

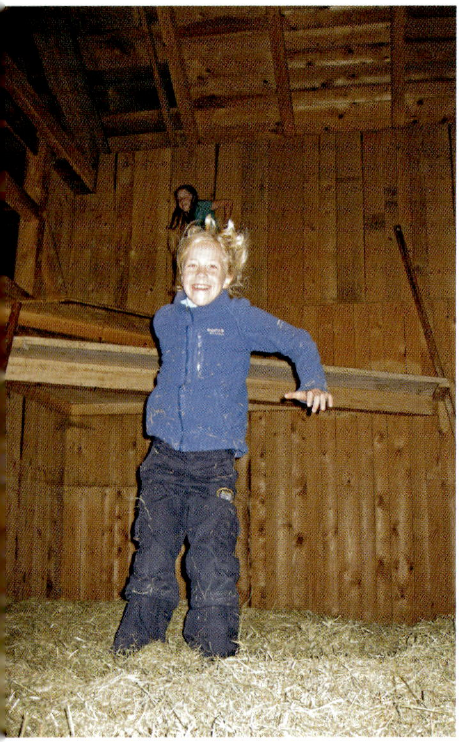

Anforderungen: Ab 3 Jahren. Im Freigelände des Bergbauernmuseums zum Teil steile Schotterwege. Hunde dürfen dort an der Leine geführt werden, nicht aber die Ausstellungsräume betreten. Das Freigelände ist kinderwagengeeignet, mit geländegängigen Modellen kann auch der Kuhnigundenweg mit seinen Mitmachstationen (siehe Variante) befahren werden.
Bergbauernmuseum: Öffnungszeiten: Von Palmsonntag (Beginn Osterferien) bis Anfang November, täglich 10–18 Uhr, zusätzlich in den Weihnachtsferien vom 26. Dez.–6. Jan. (31.12. / 1.1. geschlossen) 12–16 Uhr, Tel. +49 8320 9259290, bergbauernmuseum.de.
Familienticket 16 €, Kinder bis einschließlich 6 Jahren frei. Das Bergbauernmuseum bietet zusätzlich ein breites Veranstaltungsprogramm zum Mitmachen: Von der schmackhaften Kräuterküche bis hin zur Herstellung von Salben, Kräutersalz und Hollersirup ist so einiges geboten. Die jeweiligen aktuellen Termine, bei denen z. T. eine Anmeldung nötig ist, sind der Homepage zu entnehmen.
Tipp: Übernachtung im Sattlerhof mit Selbstversorgung; max. 10 Personen, davon höchstens 8 Erwachsene, geeignet für Kinder ab 4 Jahren. Zusätzlich sind verschiedene Projekte (z. B. Butter selber herstellen oder Filzen) möglich. Anmeldung unter Tel. +49 8320 709670.
Einkehr: Höfle-Alpe im Bergbauernmuseum, nur Brotzeit, Tel. +49 8323 4915, Öffnungszeiten wie Museum.
Variante: Der 5 km lange Erlebnispfad »Kuhnigundenweg« führt als Rundweg direkt am Bergbauernmuseum und an der Diepolzer Kirche vorbei und wendet sich nach der Höfle-Alp an der nächsten Verzeigung rechts. Begleitet vom gelbgrünen Kuh-Maskottchen und herrlicher Aussicht wandern wir in etwa 2 Std. nicht nur auf einem Bohlenweg durchs Moor, sondern kommen auch an so manch ereignisreicher Station (u. a. Barfußpfad, Ofenrohr, Naturfunk und Schlängelpfad) vorbei.

Weich gelandet beim Sprung im Heustadl.

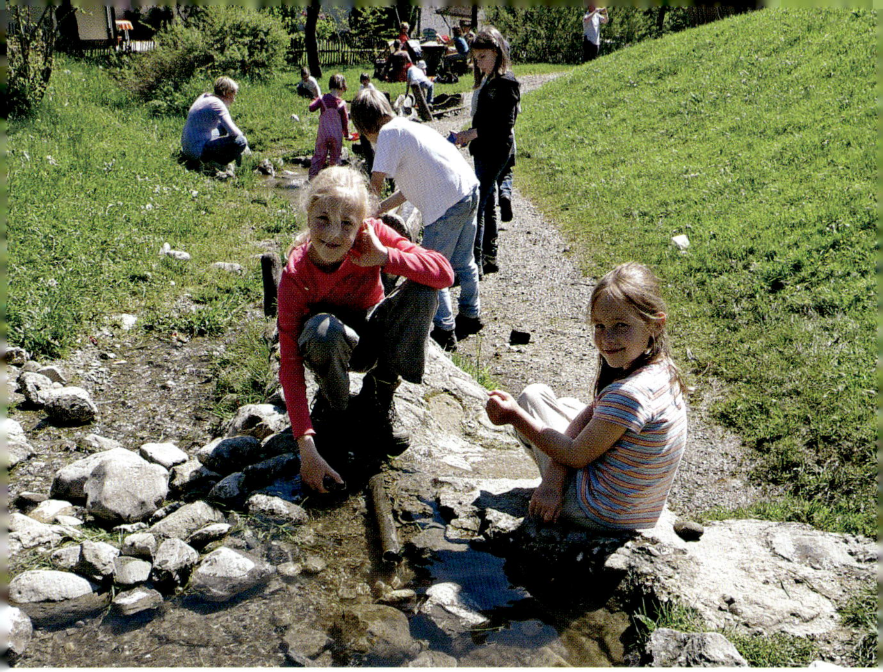

Besonders beliebt bei den Kindern ist der Wasserlauf am Spielplatz.

Nachdem wir an der **Kasse** Eintritt bezahlt haben, gehen wir die Treppe hinauf und stehen plötzlich vor einem alten Bauernhaus. Wir erfahren hier allerlei Interessantes über den Beginn der Milchwirtschaft und die gefährliche Wildheuernte, die in Gebieten stattfand, in die sich nicht einmal die klettererfahrenen Ziegen wagten. Vorbei an einer kleinen Molkerei betreten wir das **Außengelände**, und die Kinder erstürmen den neben der Streuobstwiese gelegenen **Abenteuerspielplatz** mit Rutsche, Schaukel, Klettergerüst, Hängebrücke, Weinfass und Sandkasten sowie den kleinen Bachlauf, in dem es sich bei warmen Wetter so herrlich pritscheln lässt.

Nach ausgiebigem Toben führt uns der Weg vorbei an einem Bauerngarten zum umgebauten alten **Einhof**. So hießen früher die Bauernhöfe, in denen sich Wohnhaus, Stall und Scheune zusammen unter einem Dach befanden. Im Erdgeschoß besichtigen wir einen sich noch im Betrieb befindlichen alten Kuh- und Schafstall, in dem sich die museumseigenen Tiere sehr wohlfühlen. Danach erklimmen wir die Treppe ins Obergeschoss und gelangen zur Ausstellung über die Bedeutung der Rinder im Wandel der Zeit. Wir lernen

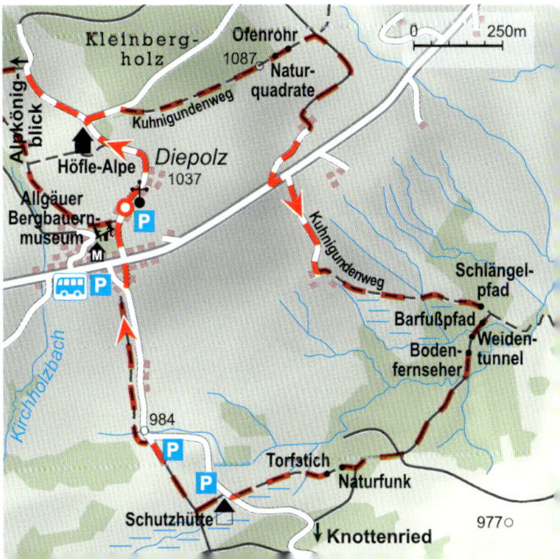

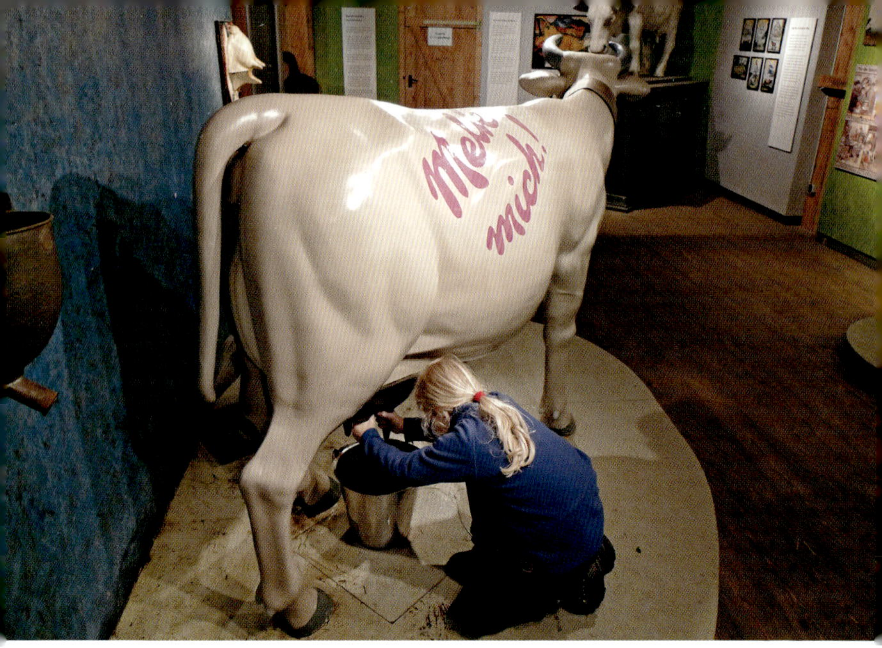

Diese Kuh hält bei allen Melkversuchen still.

unter anderem, dass früher jedes Teil eines geschlachteten Tieres verwertet wurde, sodass nichts übrig blieb: Hornkämme, Talgkerzen, Knochenlöffel, Leim und sogar Schwimmhilfen waren nur einige der nützlichen Dinge, die man herzustellen wusste.
Wir staunen darüber, dass der Allgäuer Emmentaler nur gelingt, wenn die Kühe ausschließlich Gras und Heu (kein Silofutter) fressen, und über ein Modell, das mithilfe zahlreicher Milchkännchen die enorme Jahresleistung einer Milchkuh veranschaulicht. Wie anstrengend das Melken mit der Hand war, können wir am eigenen Leibe erfahren. Denn direkt neben zwei altertümlichen Melkmaschinen haben wir die Möglichkeit, am Modell einer lebensgroßen Milchkuh unsere Melkfähigkeiten unter Beweis zu stellen, und ahnen nach bereits zwei Minuten, dass es früher bestimmt keinen schlaffen Händedruck gab.

Direkt um die Ecke wartet eine weitere Attraktion auf die Kinder: Ein echter **Heustock** lockt mit einem Barfuß-Sprung ins getrocknete, weiche, duftende Gras. (Achtung: Aus Schuhen lässt sich das Heu mitunter sehr schlecht entfernen.) Erfahrungsgemäß bleibt es jedoch nicht bei dem einen Sprung, sodass Sitzbänke für die Eltern aufgestellt wurden. Nachdem wir dem Kinderkino noch einen kurzen Besuch abgestattet haben, machen wir uns mit ausgelassenen und heuzerzausten Kindern vorbei am Bienenschaustock auf den Weg zum **Sattlerhof**, einem alten Bergbauernhof, in dem mit viel Liebe zum Detail das Leben von 1920 dargestellt wird. Nicht nur mit dem an der Kasse geliehenen Zeitreise-Rucksack und dem darin enthaltenen Reisetagebuch mit vielen Rätseln und Spielen wird dieser Ausflug in die Vergangenheit für alle zum eindrucksvollen Erlebnis. Wir

öffnen Schubladen und Schränke, fegen den Boden mit einem Reisigbesen und können hier (nach vorheriger Anmeldung) sogar übernachten und auf dem Holzherd unser Abendessen kochen.
Verlassen wir den Sattlerhof mit Tenne und Stall und wandern bergauf, gelangen wir zum zweiten Abenteuerspielplatz, dem **»Spielwäldle«**, mit unzähligen Balancier- und Klettermöglichkeiten und einer Klangstation. Die oberhalb gelegene alte **Rosshütte** stellt genau wie der Sattlerhof in beeindruckender Weise das damalige harte und einfache Leben der Menschen dar.
Geht man am »Spielwäldle« geradeaus weiter, kommt man zum Hinterausgang des Freigeländes, von dem man direkt zum Hauchenberg (siehe Tour 3) aufsteigen kann. Uns lockt aber eine Brotzeit in der **Höfle-Alpe**, sodass wir wieder zum Beginn des »Spielwäldle« hinuntergehen und uns dort (von oben kommend) links halten. Vorbei an einem Aussichtspunkt mit Blick auf die Allgäuer Berge (mit Gipfelbestimmungstafel) erreichen wir schnell die urige Alpe und können uns von hier noch auf den Kuhnigundenweg (siehe Variante) begeben. Hierzu verlassen wir hinter der Höfle-Alpe das Gelände des Bergbauernmuseums, gehen die Straße hinauf und folgen an der kommenden Weggabelung den Wegweisern des grün-gelben Kuh-Maskottchens nach rechts.
Ansonsten kommen wir auf dem Rückweg zum Ausgang um einen weiteren Besuch beim Heustadl nicht herum und können uns nach Verlassen des Museums in der angrenzenden **Bergkäserei** noch mit frischer Butter und leckerem Käse aus der Sennerei eindecken.

HIGHLIGHTS

- ★ Spannendes Bergbauernmuseum mit Originalbauten und vielen Stationen, die zum Mitmachen einladen, wie z. B. Melkstation und Sprung ins Heu.
- ★ Abenteuerspielplatz mit Bachlauf und »Spielwäldle« mit Balancier- und Klettermöglichkeiten sowie einer Klangstation.
- ★ Kühe, Schafe und Esel zum Streicheln.
- ★ Spannende Zeitreise mit dem Zeitreise-Rucksack, der an der Kasse gegen Gebühr entliehen werden kann.

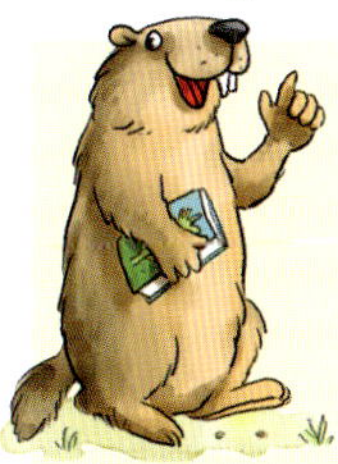

Hallo Kinder,

wusstet ihr, dass die Betten früher nicht so groß waren wie heutzutage? Sie glichen eher einem großen Kinderbett. Ausgestattet mit einer dünnen Matratze, die mit Stroh, Buchenlaub oder Haferspreu gefüllt war, mehreren Kissen und einer flauschigen Daunendecke, lag man nicht entspannt im Bett, sondern schlief vielmehr in fast sitzender Lage. Doch da die Lungen früher durch die rußigen Talgkerzen und das klamme Raumklima oftmals angegriffen waren, bekamen die Bauern auf diese Weise besser Luft und hatten trotz unbequemer Matratze einen erholsameren Schlaf, als wenn sie sich lang ausgestreckt hätten. Vielleicht kennt ihr jemanden, der Asthma hat, der wird euch diesen Effekt sicher bestätigen können!

5 Skywalk Allgäu

In Scheidegg

ab 3 J.

Himmelsspaziergang auf dem Baumwipfelpfad

Scheidegg – vielen Menschen, die an einer Glutenunverträglichkeit leiden, also insbesondere keinen Weizen vertragen, ist das kleine Örtchen im Westallgäu ein Begriff. Scheidegg is(s)t in vielen Restaurants glutenfrei und erhielt für dieses Engagement auch schon den Bayerischen Innovationspreis im Tourismus. Der Ort, der auch schon einmal als sonnigster Ort Deuschlands ausgezeichnet wurde, will hoch hinaus: Auf dem »Skywalk«, einem in gut 30 Meter Höhe verlaufenden Baumwipfelpfad, erleben wir nicht nur den Wald aus einer völlig anderen Perspektive, sondern auch einen – aufgrund der Hängebrückenkonstruktion mitunter schaukelnden – Spaziergang der ganz besonderen Art mit beeindruckendem Panorama. 500 Tonnen Stahl, 3000 Meter Stahlseile und 70.000 Schrauben wurden dafür verbaut. Am Ende des insgesamt 540 Meter langen Pfades wartet mit dem angeschlossenen interaktiven Kletterpfad noch das Sahnehäubchen, bevor wir rasant durch die Röhrenrutsche wieder auf den Boden kommen und nicht nur die Abenteuerspielplätze, sondern auch den Barfußpfad und die zwei Naturerlebnispfade erobern.

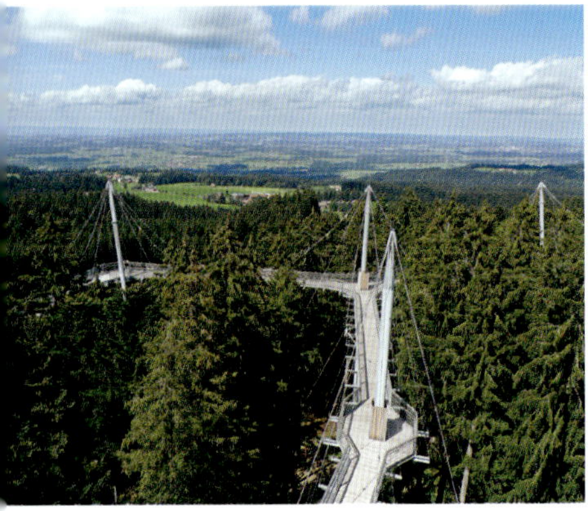

Blick vom Aussichtsturm.

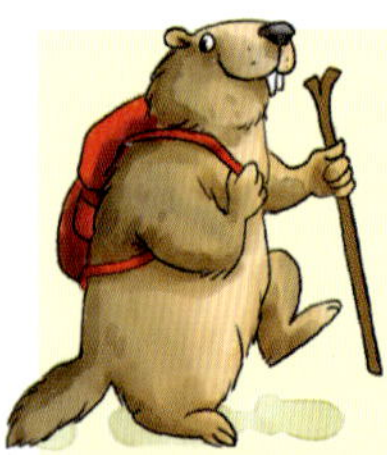

Hallo Kinder,

hier auf dem Skywalk könnt ihr ein interessantes Phänomen beobachten: Je weniger Personen sich auf den Brücken befinden, umso stärker schwanken diese. Das kommt daher, dass jeder, der sich von Plattform zu Plattform bewegt, die dazwischen mit dicken Stahlseilen aufgehängten Brücken in Schwingungen versetzt. Laufen nun gleichzeitig mehrere Leute darüber, sendet jedes Paar Füße einen anderen Rhythmus aus, was dazu führt, dass die einzelnen Schwingungen aufgehoben werden. Das könnt ihr mit einem ganz leichten Experiment nachvollziehen, indem ihr zwei Steine ins Wasser werft. Deren Wasserkreise treffen in der Mitte aufeinander und können sich an dieser Stelle nicht mehr weiter ausbreiten, weil zwei gegensätzliche Bewegungen aufeinander »geprallt« sind.

KURZINFO

Ausgangspunkt: Großer kostenloser Parkplatz unterhalb des Skywalk Allgäu in Oberschwenden (Navi: 88175 Scheidegg, Oberschwenden 25), behindertengerechte Parkplätze unmittelbar vor dem Eingangsbereich.
Von Immenstadt kommend auf der B 308 Richtung Lindenberg, an einer Verzweigung kurz vor Lindenberg geradeaus bis nach Scheidegg. Vom Kreisverkehr (zweite Ausfahrt) der Beschilderung »skywalk allgäu« bis nach Oberschwenden folgen.
Info: Skywalk Allgäu, geöffnet von Mitte März bis Anfang November täglich 10–18 Uhr, übrige Zeiten siehe Homepage, letzter Einlass 1 Std. vor Schließung, Familienkarte (zwei Erwachsene mit eigenen Kindern) ca. 47 €, Tel. +49 8381 912020, skywalk-allgaeu.de.
Dauer: Halbtagesausflug.
Höhenunterschied: 100 m.
Ausrüstung: Für den Kletterpfad sind geschlossene Schuhe Pflicht. Auf dem Aussichtsturm und dem Baumwipfelpfad kann es windig sein – winddichte Jacke empfehlenswert.
Anforderungen: Ab 3 Jahren. Auf den Baumwipfel- und Kletterpfad dürfen Kinder unter 10 Jahren nur in Begleitung Erwachsener, die Röhrenrutsche ist ab 6 Jahren. Wer den Skywalk beschreiten möchte, darf nicht an Höhenangst leiden. Bis auf den Kletterpfad handelt es sich um einen leichten, kinderwagengeeigneten Weg in luftiger Höhe, der auch mit einem Aufzug erreichbar ist. Der große Naturerlebnispfad ist barfuß-, nicht aber kinderwagentauglich. Hunde dürfen an der Leine auf das Gelände, aber nicht auf den Baumwipfel- und Kletterpfad.
Einkehr: Selbstbedienungsrestaurant auf dem Gelände. Mehrere Einkehrmöglichkeiten in Scheidegg.

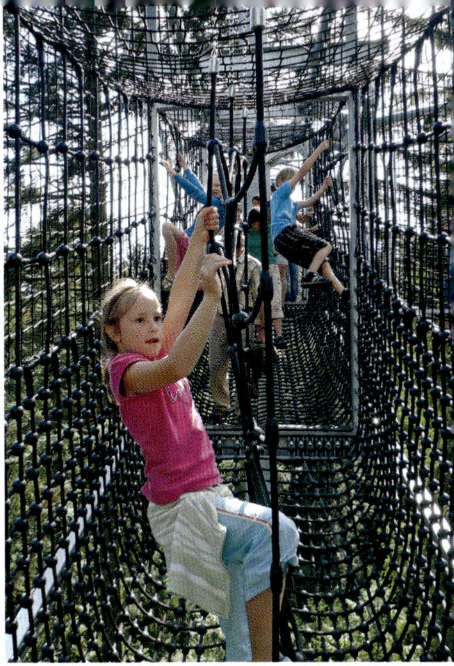

Konzentration auf dem Kletterpfad.

Vom **Parkplatz** aus wandern wir, vorbei an der Luitpoldklinik oder abkurzend zuerst über einen Trampelpfad, die stetig ansteigende Teerstraße hinauf zur **Kasse** des Skywalk. Hier befindet sich auch der Gastronomiebereich, aber essen wollen wir jetzt (noch) nicht, denn wir staunen über das Bild, das sich uns bietet: Der bereits an starken Drahtseilen aufgehängte Aufgang zum **Baumwipfelpfad** zieht uns genauso in seinen Bann, wie der 50 m hohe Aussichtsturm, auf dem die Menschen klein wie Spielzeugfiguren wirken. Vorbei an einem der drei fantasievoll gestalteten Spielplätze machen wir uns sogleich auf zu unserem »Himmelsspaziergang«. Mittels Treppenstufen können wir uns langsam an die 30 m Höhe gewöhnen. Wer mit Kinderwagen unterwegs ist, fährt mit dem Aufzug hinauf. An manchen Tagen weht hier oben ein frisches Lüftchen, auf dem rund 20 m höheren Aussichtsturm kann man dann eine Jacke gut vertragen. Mal schwankt der Pfad mehr,

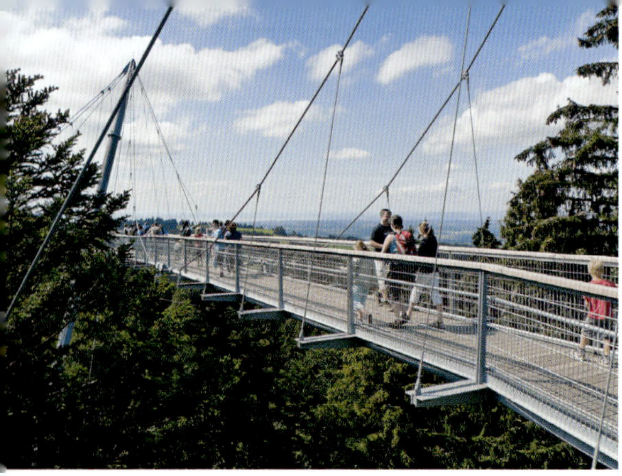

Spaziergang über den Baumwipfeln: Der »Skywalk« ist an Seilen aufgehängt.

nun zum **Aussichtturm** hinauf, von dem wir – jetzt über dem Wald stehend – einen tollen Rundumblick haben.

Wie auf einem Berggipfel schweift der Blick ungehindert über das gesamte Voralpenland und die Alpen, bei guter Sicht sogar bis zum Schwarzwald. Der Bodensee breitet sich als blauer Teppich am Horizont aus.

Zurück an der Abzweigung wenden wir uns

mal weniger, was uns immer wieder verdeutlicht, dass wir an Drahtseilen in der Luft hängen. Gut lässt sich aus dieser Perspektive der Unterschied zwischen Tannen und Fichten feststellen: Es ist deutlich zu erkennen, dass die Zapfen der Fichte nach unten hängen und die der Tanne kerzengerade nach oben wachsen.

Wir kommen an eine Verzweigung, gehen geradeausweiter und steigen

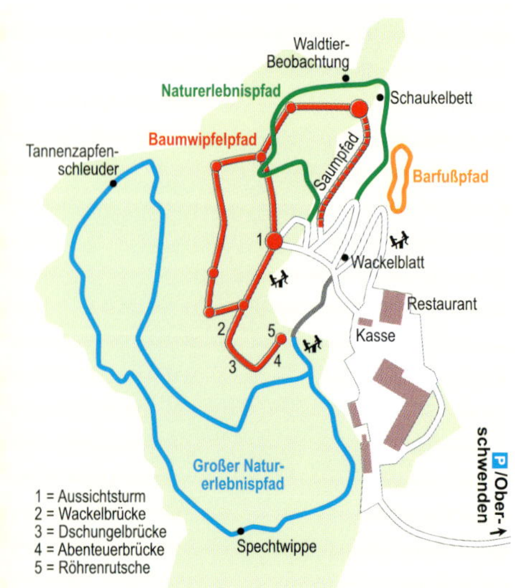

jetzt links, marschieren auf Höhe der Baumspitzen weiter und gelangen zum **Kletterpfad**. Da dieser nicht befahrbar ist, wandern alle mit Kinderwagen oder Rollstuhl die Runde weiter zum Aussichtsturm mit seinem Fahrstuhl. Die anderen stürzen sich ins Abenteuer und überqueren die »Wackelbrücke«. Hier wackelt nicht nur der Boden, sondern auch diverse Kletterelemente. Weiter führt uns der Pfad über das dicke Tau der »Dschungelbrücke«, über die wir dank der seitlich hochgezogenen Netze gefahrlos balancieren können, dann hangeln wir uns schließlich auf der »Abenteuerbrücke« wie bei einem Jump'n'-Run-Spiel von einer wackeligen Plattform zur nächsten über den Abgrund, von dem uns nur das grobgliedrige Seilgeflecht unter unseren Füßen trennt.

Nun heißt es, noch einmal Mut zu beweisen: Wer von den Kindern und Erwachsenen traut sich, auf der **Röhrenrutsche** den Kletterpfad zu verlassen? Erst einmal gewagt, werden die Kinder nicht müde, ein ums andere Mal die vielen Treppenstufen hinaufzurennen und wieder und wieder durch die Rutsche nach unten zu sausen. Nach einer Stärkung, dem Erkunden der ideenreichen **Spielplätze** und mehreren Runden auf dem **Barfußpfad** können wir uns bei warmem Wetter gleich barfuß auf den großen **Naturerlebnispfad** begeben, der beim »Tierweitsprung« unterhalb der Röhrenrutsche beginnt und endet. Der Boden ist hier bis auf ein Stück am Ende des Pfades bestens zum Barfußlaufen geeignet. Auf weichem Waldboden wandern wir durchs Gehölz, bringen dem Specht das Klopfen bei und drehen uns als wundersamer Waldwanderer im Kreise, bevor wir über eine Baumstammtreppe einen Futtertrog erreichen. In diesen versuchen wir möglichst viele Fichtenzapfen zu katapultieren, damit die »Zapfenwiesel« keinen Hunger leiden. Nach dieser spaßigen Tierfütterung erreichen wir kurz darauf das »Wurzelnest«, einen gigantischen Bau aus Zweigen, Ästen und Baumstämmen. Schnell sind die Kinder darin verschwunden und nur langsam lassen sie sich dazu überreden weiterzuwandern. Vorbei an der Tierbeobachtungsstation gelangen wir am Ende des Pfades wieder zum »Tierweitsprung«. Wer springt wie ein Mäuschen? Und wer macht es den Hasen nach? Nach dem fast schon obligatorischen Zwischenstopp an der Röhrenrutsche wollen wir nun noch den kürzeren, kinderwagengeeigneten **Erlebnisweg** mit seinen Holzskulpturen, der großen Hängematte, der Zapfen-Weitwurf-Station und dem »Schaukelbett« einschlagen, bevor wir uns im Souvenirshop ein Andenken mit nach Hause nehmen können.

HIGHLIGHTS

- ★ 540 m langer Baumwipfelpfad mit interaktivem Kletterpfad (Wackel-, Dschungel- und Abenteuerbrücke), den man über eine Röhrenrutsche (oder eine Treppe) verlassen kann.
- ★ Aussichtsturm in 50 m Höhe.
- ★ Barfußpfad und großer Naturerlebnispfad für Entdecker mit Spechtwippe, »Tierfütterung« mittels Fichtenzapfenschleuder, Wurzelnest und Tierweitsprung.
- ★ Kleiner kinderwagen- und rollstuhlgeeigneter Erlebnisweg mit großer Hängematte, Zapfen-Weitwurf-Station und Schaukelbett.
- ★ Abenteuerspielplätze »Ameisenhaufen« (mit »Ameisenstraße«) und »Pferderast«: Kletter- und Balanciermöglichkeiten, Vogelnestschaukel.
- ★ Nach der Tour: Besuch der sehenswerten Scheidegger Wasserfälle (Eintritt) mit Erlebnisstationen für Groß und Klein (Navi: N47.590977/ E9.841325; scheidegg.de/scheidegger-wasserfaelle).

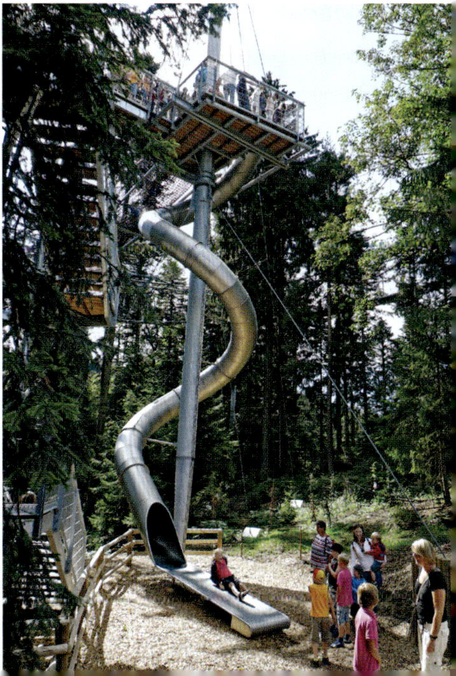

Vom Kletterpfad geht es in der spektakulären Röhrenrutsche hinunter.

6 Buchenegger Wasserfälle

Rundweg von Steibis ab 6 J.

Tosende Wasser und Felsenspringer

Die Weißach entspringt bei der Mittelbergalpe südwestlich von Immenstadt und fließt als wilder Gebirgsfluss in einem tief eingeschnittenen Tal nach Oberstaufen. Unterwegs stößt sie auf quer liegende Nagelfluhfelsen. Die mächtigen Felsschichten konnten nur an zwei schmalen Stellen überwunden werden, das Wasser stürzt hier zweimal kurz hintereinander aus etwa zehn Metern Höhe mit gewaltiger Kraft die Felsen hinunter und sammelt sich jeweils in einer großen Gumpe. Um zu den »Buchenegger Wasserfällen« zu kommen, wählen wir einen abwechslungsreichen Rundweg von Steibis aus, der uns über einen Waldlehrpfad und die Alpe Neu Gschwend zu dem wildromantischen Naturschauspiel führt. Der Zugang zum oberen Wasserfall ist seit einigen Jahren gesperrt, am unteren Wasserfall kann man aber herrlich rasten, am Wasser spielen, in dem großen Wasserbecken schwimmen und mit etwas Glück den Felsenspringern bei ihren waghalsigen Sprüngen in die Gumpe zusehen (siehe Kinderkasten), bevor wir über die Alpe Neugreuth diese schöne Runde auf dem zweiten Teil des Waldlehrpfades beschließen.

Am großen unteren Wasserfall stürzt die Weißach in eine riesige Gumpe.

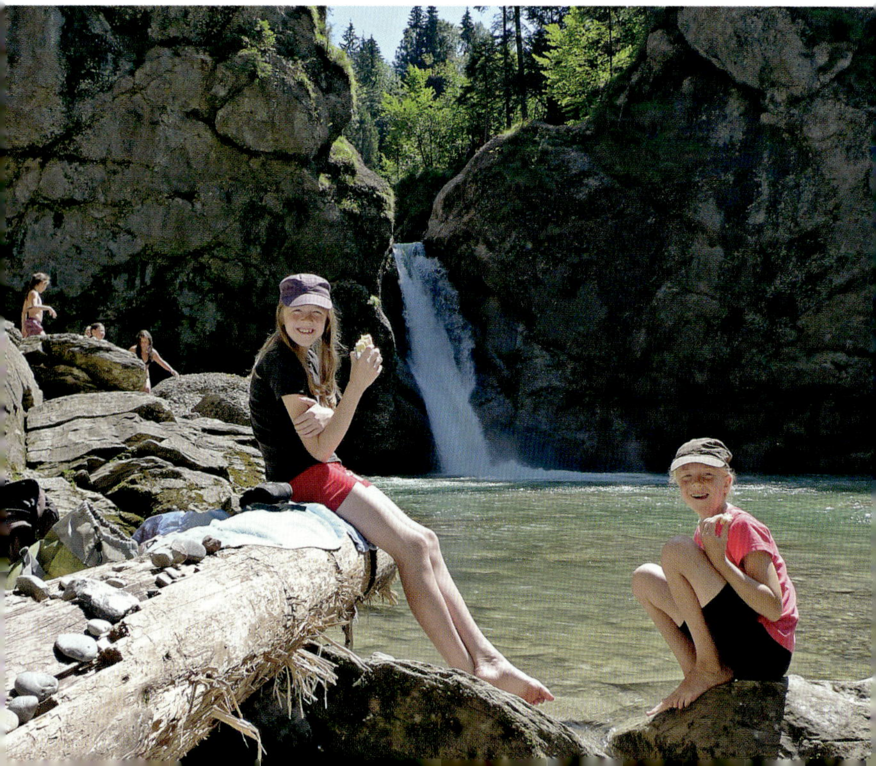

KURZINFO

Ausgangspunkt: Parkplatz am südöstlichen Ende von Steibis, 880 m (Navi: 87534 Steibis-Oberstaufen, Am Hößl 4). Von Immenstadt auf der B 308 kommend verlässt man diese auf Höhe von Oberstaufen nach links. Nun kurvenreich abwärts, nach dem Ortsteil Weißach links Richtung Steibis und dort kurz vor dem Ortsende links auf den großen Parkplatz.
Mit Bahn und Bus: Vom Bahnhof Oberstaufen mehrmals täglich mit Buslinie 95 bis zur Haltestelle »Steibis Hößl«.
Gehzeit: 2.30 Std.
Höhenunterschied: 240 m.
Ausrüstung: Gut profilierte Trekking- oder Bergschuhe, Badesachen und eventuell Wechselkleidung.
Anforderungen: Ab 6 Jahren. Am Anfang ein kurzes Stück auf Teer, dann auf gekiesten Wald- und Almwegen. Im Bereich der Buchenegger Wasserfälle kleine, teils gestufte Bergpfade (stellenweise rutschig), neben denen es steil hinuntergeht. Hier müssen kleinere Kinder an die Hand genommen werden. In der Gumpe unterhalb des großen Wasserfalls ist wegen starken Strömungen Vorsicht geboten. Auch Kinder, die schon schwimmen können, sollten hier nur unter direkter Aufsicht baden. Der Rückweg verläuft teilweise über einen kleinen, mitunter feuchten Pfad.
Einkehr: Alpe Neu Gschwend, 885 m, derzeit nicht bewirtschaftet, Stand 2024) Alpe Neugreuth, 865 m, geöffnet Ostern bis Ende Oktober, Mo.Ruhetag. Jeweils Brotzeiten, Getränke.

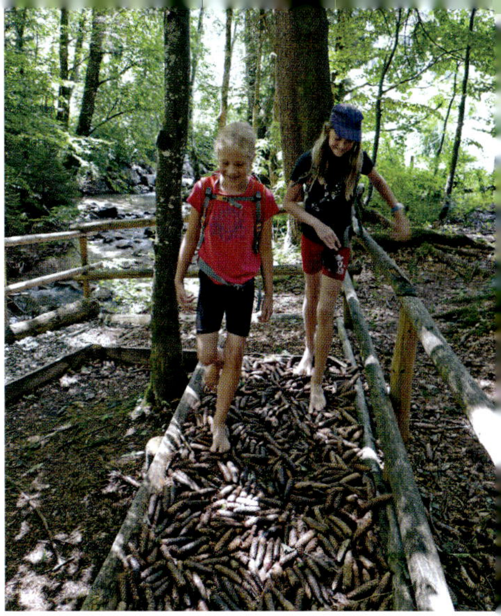

Kleiner Barfußpfad am Waldlehrpfad.

Wir verlassen den **Parkplatz** am oberen Ende des öffentlichen Bereichs, überqueren die Hauptstraße, wenden uns links und wandern auf dem Gehweg neben der Straße aufwärts. Wir kommen an einer auf der anderen Straßenseite befindlichen Bushaltestelle vorbei, dann geht es abwärts. Nach 100 m weist uns ein Schild (»Walderlebnispfad, Buchenegger Wasserfälle«) nach links, sodass wir die Hauptstraße erneut überqueren und der kleinen Seitenstraße folgen. 150 m später zweigt von dieser nach halb links ein kleiner Teerweg in Richtung eines kleinen Turmes ab. Unmittelbar dahinter läuft der Weg nun gekiest in den Wald, um als **Waldlehrpfad** weiterzuführen. An der nächsten Wegeinmündung wenden wir uns rechts (»Buchenegger Wasserfälle«) und kommen nach 5 Min. zu einem kleinen **Barfußpfad**, auf dem wir auch ganz weiches Moos spüren können. Danach überqueren wir auf einer Brücke den **Stegenbach** und wenden uns an der nächsten Verzweigung, dem Waldlehrpfad folgend, links. Bald verlassen wir – aufwärts

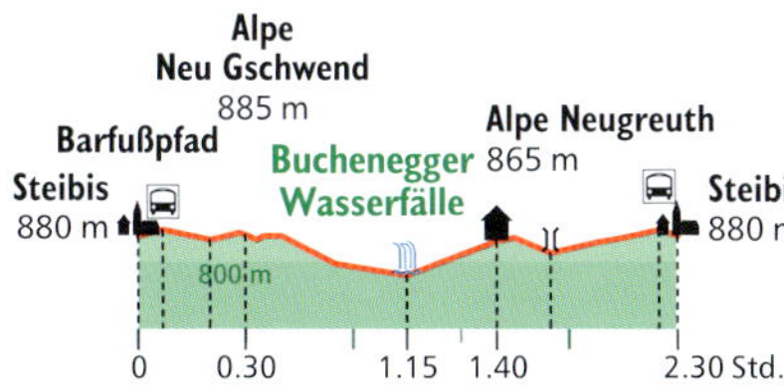

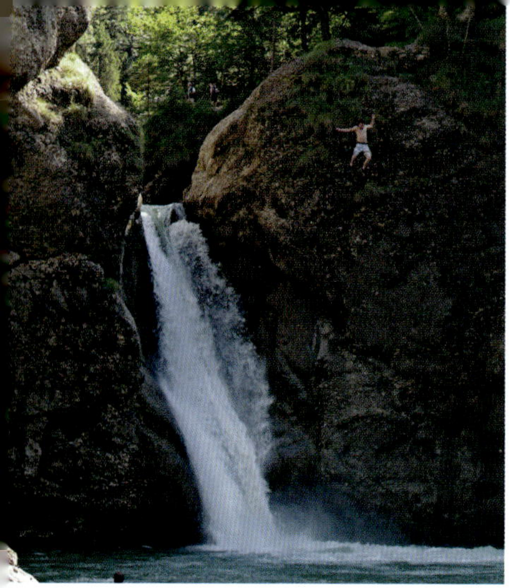

Tollkühner Felsenspringer.

gehend – den Wald und stoßen auf einen querenden Weg, in den wir nach links einbiegen. Nun sind es nur noch ein paar Meter bis zur derzeit nicht bewirtschafteten **Alpe Neu Gschwend**, 885 m.
Wenig später lassen wir den Abzweig links liegen, den wir später für den Rückweg einschlagen werden, 100 m danach steigen wir am darauffolgenden Wegweiser nach rechts (»Hochgrad Talstation, Thalkirchdorf«) die Anhöhe hinauf, obwohl uns der Wegweiser geradeaus zu den Wasserfällen weist. Oben wenden wir uns links (»Buchenegger Wasserfälle«), wandern auf einem Weg mit Wiesenmittelstreifen weiter und stoßen bald auf ein Haus, das wir rechts umgehen. Wir kommen nun auf eine Weide und marschieren auf einem Wiesenpfad weiter, der schnell in einen gekiesten Pfad übergeht. Bald trifft unser Pfad mit dem Weg zusammen, den wir eben verlassen haben, hier gehen wir rechts abwärts. Bald geht es steil hinunter über einen stellenweise feuchten und etwas rutschigen Bergsteig. Unten wenden wir uns rechts (links kann man noch schnell einen Abstecher zu einer über den Fluss führenden Brücke machen) und staunen sogleich über die imposante weiße Kaskade, die hier am großen **Wasserfall**, 763 m, eindrucksvoll in das riesige Naturbecken stürzt. Große Felsblöcke säumen die Gumpe, deren kaltes Wasser im Hochsommer Groß und Klein zu einem erfrischenden Bad

Hallo Kinder,

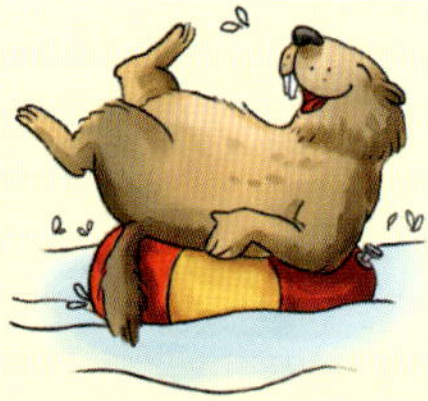

an den Buchenegger Wasserfällen könnt ihr nicht nur spielen, baden und schwimmen, sondern auch mit etwas Glück den meist jungen Frauen und Männern beim Gumpenspringen zuschauen. Auf die waghalsigen Felsenspringer wartet eine große Herausforderung beim Sprung in den riesigen unteren Naturpool. Erst gilt es, in einer Kletterpartie überhaupt einmal die Absprungklippen zu erreichen. Dann stehen die Springer mindestens 17 Meter über dem Becken, die höchste Absprungstelle liegt sogar 27 Meter über dem Wasser. Mit einem lautem »Rawumm« tauchen die »Jucker« dann in die über fünf Meter tiefe und 20 Meter breite Riesengumpe ein. So toll das aussieht, darf man aber dabei nicht vergessen, dass diese Mutprobe sehr gefährlich ist. Immer wieder kommt es hier leider zu schweren Unfällen – also auf keinen Fall nachmachen!

HIGHLIGHTS

- ★ Schön gestalteter Waldlehrpfad mit Barfußstation und Weitsprunganlage sowie einem Holzxylophon.
- ★ Spektakuläre Buchenegger Wasserfälle. Am zugänglichen unteren Wasserfall wartet ein herrlicher Platz zum Rasten und Baden auf die Familien (Kinder bitte nur unter direkter Aufsicht in die Gumpe lassen).
- ★ Felsenspringer an den Wasserfällen (siehe Kinderkasten).

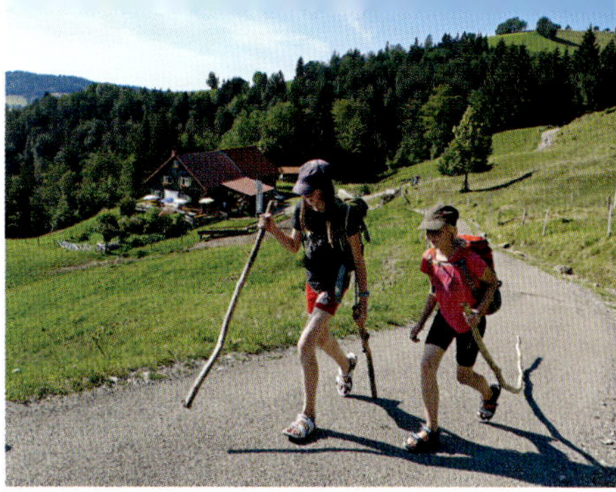

Nach einer Stärkung in der Alpe Neugreuth geht es beschwingt weiter.

einlädt. Kinder (auch gute Schwimmer) dürfen allerdings nur unter direkter Aufsicht in die Gumpe, da hier teilweise starke Strömungen bestehen können! Auf den Felsblöcken sollte man nicht herumklettern, da dort der seltene Kies-Steinbrech wächst. Auf beiden Uferseiten kann man am Kiesstrand wunderschön Brotzeit machen oder ein Sonnenbad nehmen – für Abkühlung sorgen auch die mikroskopisch kleinen Wasserteilchen, die in Wasserfallnähe stets in der Luft liegen.

Nach einer ausgiebigen Pause steigen wir wieder den Hinweg hinauf und schlagen beim nächsten Schilderbaum den rechten Weg zur **Alpe Neugreuth**, 865 m, ein. 5 Min. später können wir uns dort bei einer einfachen Brotzeit stärken und einen Blick in den Kuhstall werfen. Danach wandern wir den Almweg hinauf, kommen bald an der Abzweigung vorbei, an der wir vorhin den Hang hinaufmarschiert sind, und folgen wenig später dem Wegweiser nach Steibis auf einem Wiesenpfad durch zwei Zaundurchlässe nach rechts abwärts. Am Ende der Weide halten wir uns stark links und wandern auf dem abwechslungsreichen, bisweilen feuchten Weg bergab. Nach einer Brücke über den **Stegenbach** geht es wieder ein Stück steil hinauf, dann wird der Weg eben, wir können noch einmal zur Alpe Neugreuth hinüberblicken, bevor wir einige Minuten später zu einem Schilderbaum gelangen. Hier schlagen wir den Weg nach links ein »Buchenegger Wasserfälle« und wandern den breiten Weg nach oben, der bald wieder als Waldlehrpfad ausgestaltet ist. Wir kommen an einer Weitsprunganlage vorbei, auf der wir uns mit der Sprungkraft der Waldtiere messen können, passieren ein Holzxylophon und dann sind wir schon an der Stelle, an der wir zu Beginn der Tour abgebogen sind. Auf bekanntem Weg zurück zum **Parkplatz**.

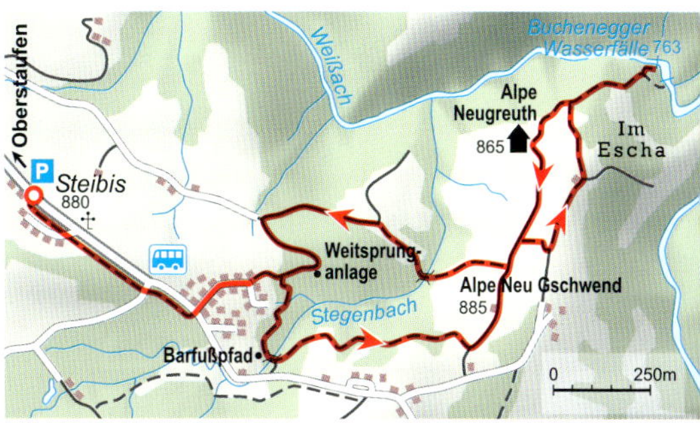

7 Hündlekopf, 1112 m

Über die Sennalpe Obere Hündle — ab 4 J.

Erlebnisweg und Sommerrodelbahn

Hoch über Oberstaufen lockt eine schöne Wanderung, die auch schon für die Kleinsten geeignet ist. Für Kurzweil sorgt ab der Bergstation der neue Mounteens Detektivweg (ab ca. 6 Jahren), bei dem es gilt, sich an ca. 15 Stationen mit der ganzen Familie auf die Spuren des Wildereres zu begeben und durch genaue Beobachtungsgabe ein Lösungswort herauszufinden. Das dazu erforderliche Begleitheft gibt es für 3,50 € an der Kasse der Bergbahn. Eine rasante Fahrt über 16 Steilkurven mit der Sommerrodelbahn an der Talstation, Toben auf dem großen Erlebnisspielplatz, Ziegenfüttern im Kleintiergehege und ein Spiel auf dem Minigolfplatz runden diesen ereignisreichen Tag ab.

KURZINFO

Ausgangspunkt: Kostenloser Parkplatz an der Hündle-Erlebnisbahn, 769 m, direkt an der B 308 zwischen Oberstaufen und Immenstadt (Navi: 87534 Oberstaufen, Hinterstaufen 10). Von Immenstadt kommend befindet sich der Parkplatz kurz vor Oberstaufen links der Straße.
Mit Bahn und Bus: Von den Bahnhöfen Oberstaufen oder Immenstadt mit Buslinie 39 (Immenstadt – Oberstaufen) bis zum Hündlelift. Fahrplan unter Tel. +49 180 6722267 oder rba-bus.de.
Gehzeit: 2 Std.
Höhenunterschied: 200 m im Aufstieg, 480 m im Abstieg.
Ausrüstung: Trekkingsandalen.
Anforderungen: Ab 4 Jahren. Leichte Tour, überwiegend auf Sand-, Schotter- und Asphaltwegen. Der kleine Umweg

Auf der Suche nach dem nächsten Lösungsbuchstaben auf dem Mounteens Detektivweg.

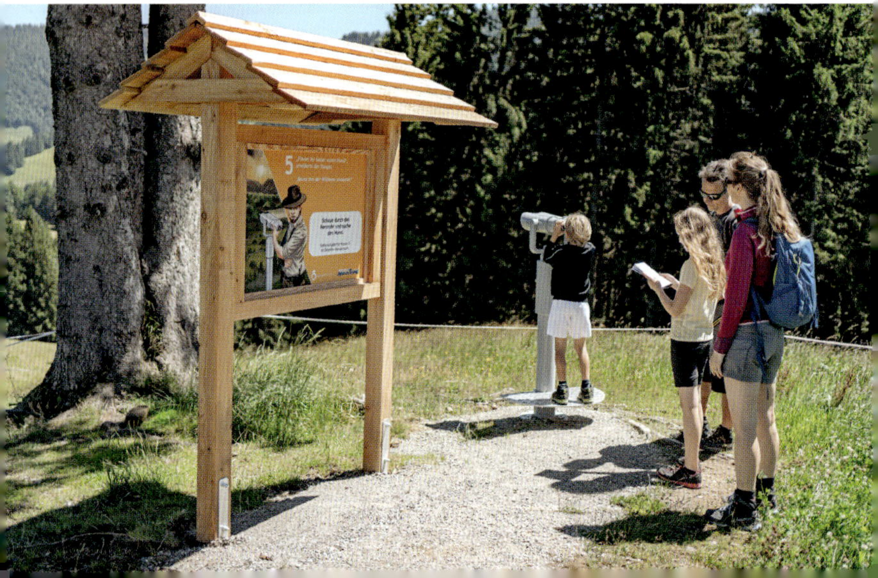

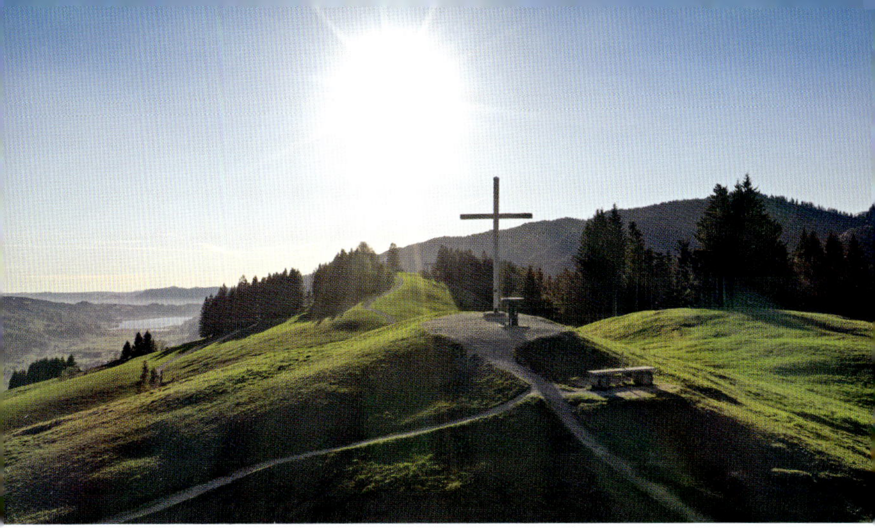

Vom Hündlekopf genießt man eine herrliche Aussicht.

über die Moosalpe verläuft auf barfußfreundlichen Wegen.
Berg- und Sommerrodelbahn: Die 8er-Gondel ist von Mitte April bis Anfang November (Ende der bayerischen Herbstferien) täglich 9–16.30 Uhr in Betrieb, die Sommerrodelbahn nur bei trockener Witterung (täglich 10–17 Uhr, siehe »Highlights«), Tel. +49 8386 2720, huendle.de.
Einkehr: **Hündle-Stub'n**, 769 m, an der Talstation, Hinterstaufen 5, 87534 Oberstaufen, Montag Ruhetag, Tel. +49 8386 7753. **Berggaststätte »s'Hündle«**, 1050 m, Panoramaterrasse mit kostenlosen Liegestühlen, Tel. +49 8386 1720 oder -2720. **Sennalpe Obere Hündle**, 1060 m, von Mai bis Okt. täglich 11–17 Uhr geöffnet, Sonnenterrasse, Brotzeit, Verkauf von Bergkäse aus eigener Herstellung, Schaukäserei von Ende Mai bis Mitte Sept. täglich 9–10 Uhr, Tel. +49 8386 962402. **Moosalpe**, 1080 m, während der Alpsaison Ende Mai/Anfang Juni bis Mitte Sept., Tel. +49 8325 1033. **Berghütte Schwändle**, 926 m, Thalkirchdorf, 87534 Oberstaufen, ganzjährig geöffnet (außer Betriebsferien), kein Ruhetag, Tel. +49 8325 638.

Vom Parkplatz fahren wir mit der 8er-Gondel hinauf zur **Bergstation**, 1053 m, halten uns links (Hinweis: Rechts geht es zur Berggaststätte »s'Hündle«, 1050 m, mit einem daneben befindlichen kleinen Spielplatz, an dem der erste Hinweis des Detektivwegs zu finden ist) und machen uns auf den Weg zum Hündlekopf. Der breite Weg führt uns bei herrlicher Aussicht auf den Großen Alpsee in 5 Min. aufwärts zur **Sennalpe Obere Hündle**, 1060 m, mit ihren Kühen und der Bergkäserei. Gleich hinter der Alp, nach der zweiten Station des Detektivwegs, wandern hinauf zum Gipfelkreuz des **Hündlekopfes**, 1112 m, und freuen uns über die fantastische Aussicht. In einen steinernen Tisch ist hier nicht nur die Lage der vielen Berggipfel, die von hier oben zu sehen

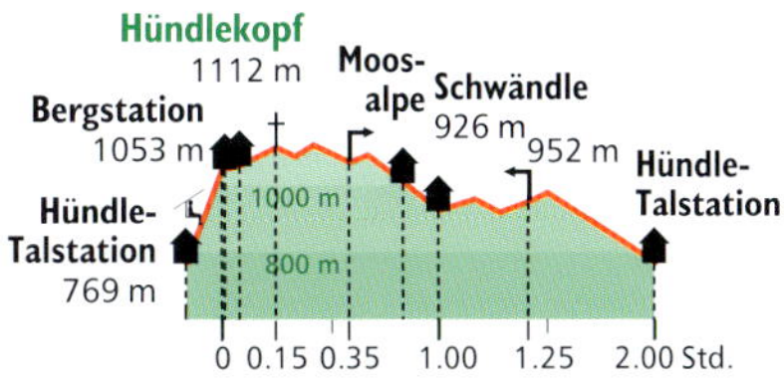

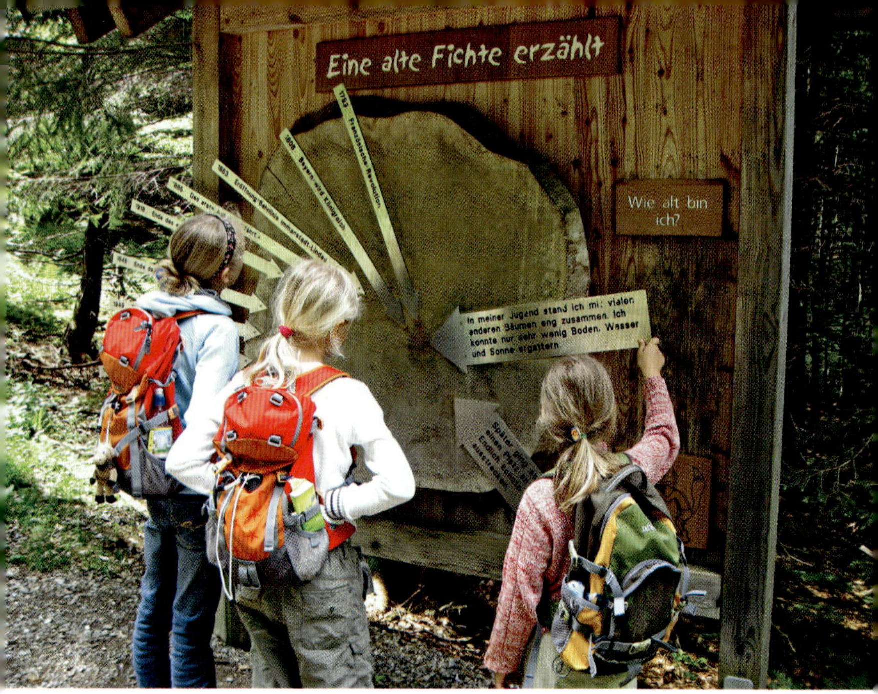

Was uns die Jahresringe eines Baumes alles verraten können.

sind, sondern auch ganz weltmännisch die Lage von Paris und London eingraviert.

Nun wandern wir auf einem schwach ausgetretenen Wiesenweg in östlicher Richtung weiter. Bald treffen wir auf einen Kiesweg, der uns zum **»Panoramaweg«** führt, und biegen rechts in diesen ein. Der Panoramaweg läuft bald mit einem anderen Weg zusammen und wir wandern nun weiter Richtung »Hochsiedel/Schwändle«. Vorbei an einer Panorama-Rastbank erreichen wir einen Schilderbaum und müssen uns nun entscheiden, ob wir auf dem Detektivweg bleibend direkt in 15 Min. zum Brotzeit-Stüble Schwändle hinunterwandern oder lieber einen kleinen Umweg (25 Min. bis zum Schwändle) über die Moosalpe (Schild) in Kauf nehmen und den Weg nach rechts in den Wiesenpfad verlassen wollen. Wer gerne barfuß läuft, kann den Verlockungen eines solch herrlichen Grasweges nicht widerstehen, sodass wir uns für die etwas längere Runde nach rechts über die Moosalpe entscheiden. Auf breitem Almrücken erreichen wir leicht ansteigend bald ein Viehgat-

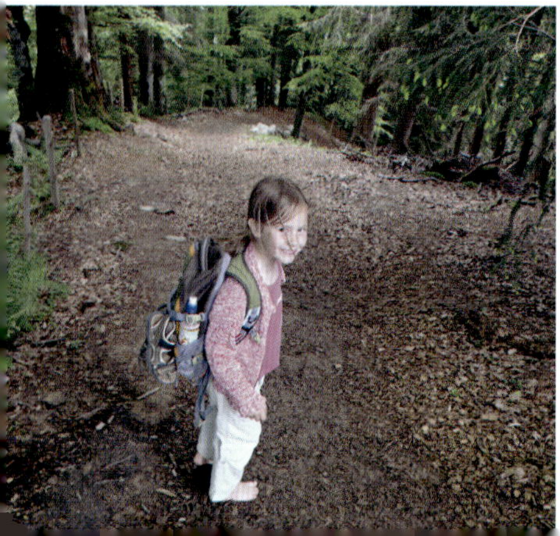

Weicher Hackschnitzelweg.

ter. Auf anfangs schmalem Erdweg geht es danach abwärts in den Wald (»Premium Wanderweg«). Wir treten wieder aus dem Wald heraus, wandern weiter über eine Bergweide hangabwärts, stoßen auf einen breiten Wanderweg, in den wir nun nach links einschwenken (»Moosalpe, Schwandalpe«), und erreichen 5 Min. später die **Moosalpe**, 1009 m. Vor dieser biegen wir links ab und gelangen auf einer kleinen Asphaltstraße, an der **Schwandalpe** (DAV-Sektion Ulm) vorbei, zum **Schwändle**, 926 m. Hier lässt es sich auf der sonnigen Terrasse gut einkehren.

Weiter geht es oberhalb des Brotzeit-Stüberls auf dem breiten Weg hinauf. Nach etwa 100 m müssen wir aufpassen, denn die kommende Weggabelung ist auf der Holztafel nicht verzeichnet. Wir gehen den linken Weg bergauf in Richtung »Hündle Bergstation« (der rechte Weg endet nach etwa einem Kilometer), kommen in den Wald und wandern an der nächsten Weggabelung geradeaus weiter. Hier treffen wir wieder auf den Detektivweg, der nun auch noch mit einigen weiteren Stationen des alten Erlebnisweges aufwartet. Wir befinden uns nun auf dem **»Waldweg«** des Erlebniswanderweges, der zwar vom Wegverlauf nicht sehr abwechslungsreich, aber durch zahlreiche liebevoll und

HIGHLIGHTS

- ★ 850 m lange Sommerrodelbahn an der Talstation der Hündle-Erlebnisbahn mit 16 Steilkurven und zwei Jumps (Auffahrt mittels Schlepplift, Kinder ab 8 Jahren dürfen alleine fahren). Daneben befindet sich ein Erlebnisspielplatz mit Kletterturm und -netz, Vogelnestschaukel, Rutschen, Seilbahn, Sand-Bagger und Elektroautos sowie ein Streichelzoo mit Hasen, Hühnern, Ziegen und Esel und eine Minigolfanlage (Schläger und Bälle an der Kasse der Hündlebahn erhältlich).
- ★ Kleiner Spielplatz unterhalb der Bergstation.
- ★ Zusehen beim Kasen von zwei großen Laibern zwischen 9 und 10 Uhr auf der Sennalpe Oberes Hündle.
- ★ Der Detektivweg Mounteens führt über den Hündlekopf von der Bergstation zur Talstation mit vielen spannenden Mitmachstationen.
- ★ Nach der Tour: Bademöglichkeiten im beheizten Freibad in Thalkirchdorf oder im nahe gelegenen Großen Alpsee (siehe auch S. 193).

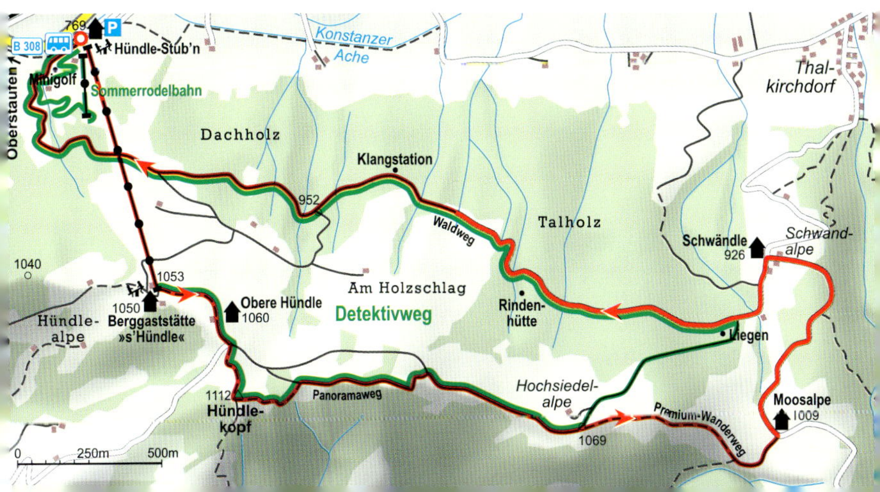

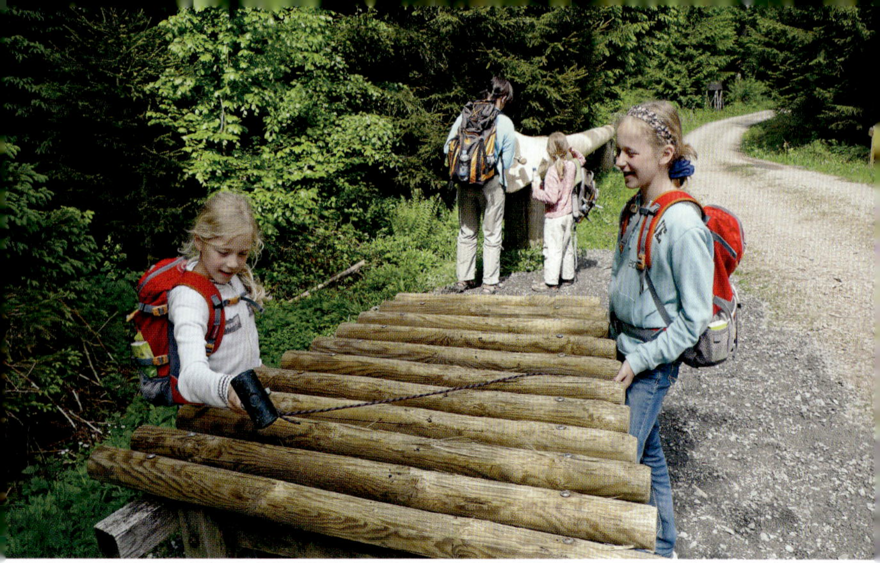

Riesenxylophon an der Klangstation.

aufwendig gestaltete Stationen äußerst kurzweilig verläuft. Wir kommen an vielen Ratetafeln vorbei, eine riesige Fichtenscheibe erzählt ein Stück bewegte Weltgeschichte, auf einer Weitsprunganlage springen wir mit den Tieren um die Wette, rasten in einer echten Rindenhütte und lassen uns dort unsere Brotzeit schmecken. Kurzzeitig kann man den breiten Weg nach rechts verlassen, hier führt eine kleine Holzbrücke über den Bach, in dem sich ein kleines Wasserrad dreht. Wir kommen zum Baumtelefon und zu einem Holzxylophon und erreichen schnell die nächste Weggabelung, 952 m. Hier halten wir uns rechts. Der Weg steigt noch einmal kurz an, bevor es dann abwärts und nochmals kurz aufwärts geht. Wir stoßen auf eine Asphaltstraße, schwenken nach rechts und marschieren die Straße hinunter. An einem Abzweig zu einer kleinen Brücke gehen wir geradeaus weiter, biegen aber wenige Meter später nach rechts in einen Schotterweg ein. Wir kommen an der Minigolfanlage vorbei und erreichen schnell wieder die **Talstation** mit ihrem schönen Spielplatz.

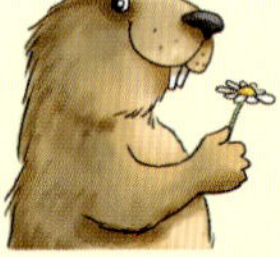

Hallo Kinder,

auf dem Waldweg, dem zweiten Teil des Mounteens Detektivwegs, kommt ihr auch an einer nachgebauten Rindenhütte vorbei! Solche Hütten bauten sich früher die Holzarbeiter, wenn sie in entlegenen Gebieten arbeiten mussten. In diesen behaglichen Hütten übernachteten die Männer und fanden Schutz, wenn das Wetter schlecht wurde. Die Hütten hatten eine umlaufende Bank zum Sitzen und eine offene Feuerstelle, auf der sich die Arbeiter, jeder in seiner eigenen Pfanne, ihr Essen kochten.

Alpsee Bergwelt und Eckhalde, 1425 m

Über die Alpe Obere Kalle

ab 4 J.

Familienspaß mit Gipfelerlebnis

Am Großen Alpsee bei Immenstadt warten auf 1100 Meter Höhe mit dem »Alpsee Coaster« Deutschlands längste wetterunabhängige Rodelbahn und Bayerns größter Hochseilgarten »Bärenfalle« und eine riesige Abenteuer Alpe mit sechs Spielbereichen (Eintritt!) auf die Besucher. Die superlange schienengeführte Rodelbahn lässt die Herzen der Kinder und aller rodelbegeisterten Eltern höherschlagen. Der Besuch der Attraktionen der Alpsee Bergwelt lässt sich von der Bergstation des Sesselliftes gut mit einer nicht allzu langen Wanderung zur Alpe Obere Kalle und weiter zum Gipfelkreuz der Eckhalde verbinden. Wer danach ungetrübtes Rodelvergnügen genießen will, dem empfehlen wir, früh dran zu sein oder erst am Abend zu fahren (teils bis 22 Uhr geöffnet). Am Nachmittag, wenn viele Besucher gleichzeitig wieder ins Tal wollen, ist an der Rodelbahn mit längeren Wartezeiten zu rechnen.

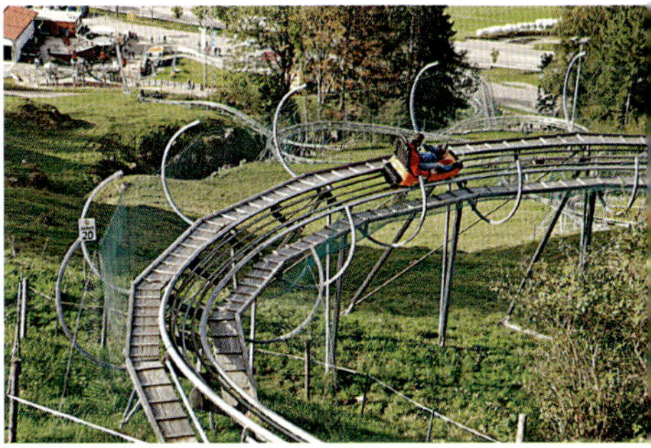

Holzbänke und eine schöne Gipfelwiese laden an der Eckhalde zum Rasten ein.

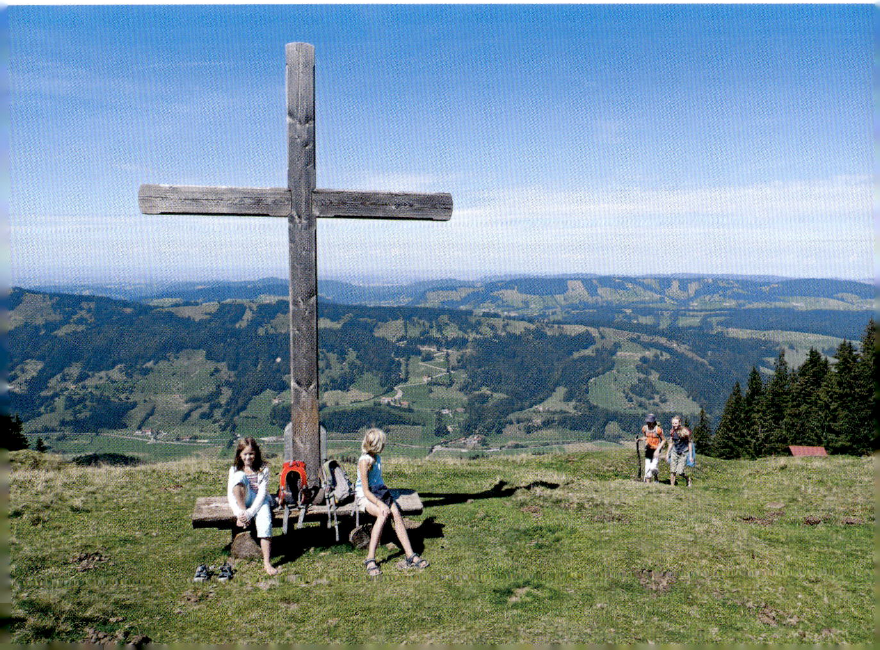

KURZINFO

Ausgangspunkt: Großer kostenloser Parkplatz direkt an der B 308 zwischen Immenstadt und Oberstaufen, 725 m (Navi: 87509 Immenstadt, Ratholz 24). Von der B 19 Ausfahrt »Immenstadt Nord« oder »Immenstadt Süd«, durch Immenstadt hindurchfahren und der Beschilderung nach Oberstaufen folgen.
Mit Bahn und Bus: Mit der Bahn bis Immenstadt. Von dort mit dem Bus Linie 39 (Immenstadt – Oberstaufen) bis zur Haltestelle »Ratholz, Alpsee Bergwelt«. Der Bus hält direkt an der Talstation des Sesselliftes. Von Immenstadt kommend besteht eine Fußgängerunterführung unter der B 308. Fahrpläne unter alpsee-bergwelt.de/infos/anreise/ oder rba-bus.de.
Gehzeit: 2 Std. Bitte zusätzliche Zeit für Auf- und Abfahrt mit der Bergbahn und den Hochseilgarten (3–4 Std.) einplanen.
Höhenunterschied: 325 m.
Ausrüstung: Gut profilierte Trekkingsandalen oder Bergschuhe.
Anforderungen: Ab 4 Jahren. Die Wanderung verläuft auf einer kleinen Asphaltstraße, Wiesenpfaden und einem breiteren Bergweg ohne Absturzgefahr.
Bergbahn und Attraktionen: Alpsee Bergwelt, Infos unter Tel. +49 8325 252 und alpsee-bergwelt.de. Von Ende April bis Anfang Nov. ist die Doppelsesselbahn täglich mindestens 9–16.30 Uhr und alle Attraktionen täglich mindestens 10–16.30 Uhr geöffnet. In den warmen Monaten verlängerte Öffnungszeiten. In der Hauptsaison jeden Mittwoch und Samstag Nachtrodeln bei Flutlicht bis 22 Uhr. Aktuelle Öffnungszeiten siehe Homepage, hier kann man auch die

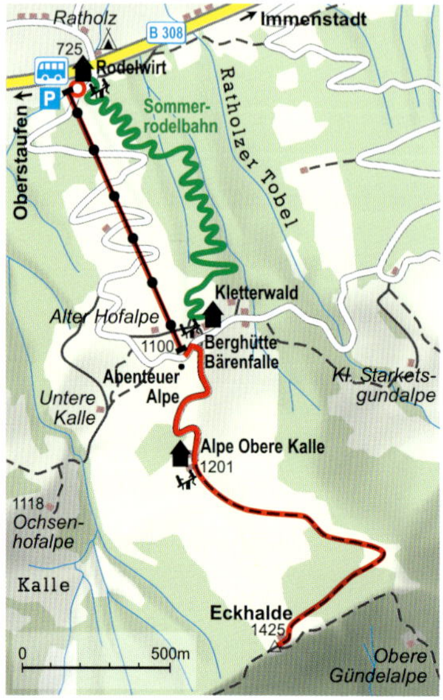

Winteröffnungszeiten der Rodelbahn ersehen. Der Kletterwald ist im Winter nur für Gruppen nach Anmeldung geöffnet. Kinder bis einschließlich 5 Jahren fahren in Sessel- und Rodelbahn in Begleitung eines Erwachsenen gratis, zusammengeklappte Kinderwägen werden kostenlos nach oben transportiert.
Einkehr: Rodelwirt, 725 m, Öffnungszeiten wie Rodelbahn und Sessellift, Tel. +49 8325 926585. Berghütte Bärenfalle, 1100 m, von April bis 1. Novemberwochenende täglich geöffnet, im Nov. nur an Wochenenden, 1.–24. Dez. Betriebsruhe, im Winter (ab 25. Dez.) in den Ferien täglich, sonst nur an Wochenenden geöffnet, Tel. +49 8325 960580, berghuette-baerenfalle.com.
Alpe Obere Kalle, 1201 m, Montag Ruhetag (außer in den bayerischen Ferien und an Feiertagen), geöffnet von Mai bis Oktober, Winteröffnungszeiten siehe Homepage, Übernachtungsmöglichkeit (46 Lager), Tel. +49 8325 487, obere-kalle.de.

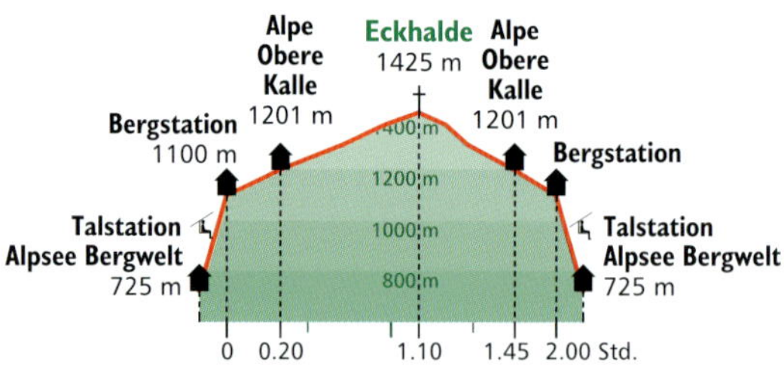

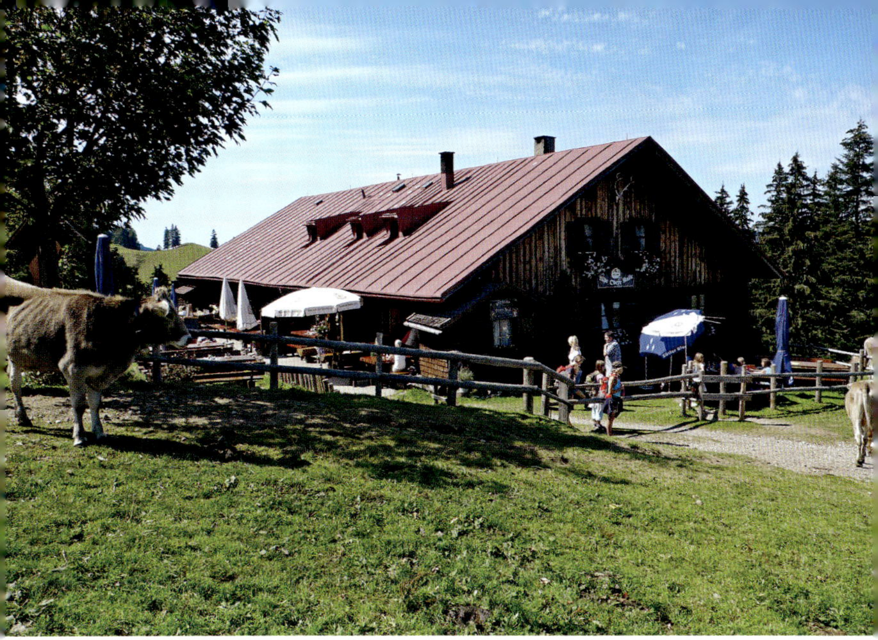

In der Alpe Obere Kalle kann man gemütlich einkehren.

Während der Fahrt mit der Doppelsesselbahn haben wir einen wunderschönen Blick auf den Großen Alpsee und sehen hinunter auf die Streckenführung der Rodelbahn, die wir nachher hinuntersausen werden. An der **Bergstation**, 1100 m, wenden wir uns links, sehen bereits die etwas unterhalb beginnende Sommerrodelbahn und das 6-Felder-Trampolin, während die Kinder schon die Schaukeln neben dem gemütlichen Wirtsgarten der Berghütte Bärenfalle erstürmt haben. Geradeaus geht es weiter zum Hochseilgarten, wir biegen aber gleich bei der **Berghütte Bärenfalle** nach rechts in den asphaltierten Weg ein (Wegweiser: »Alpe Obere Kalle«) und befinden uns nach 20 Min. steilen Anstiegs

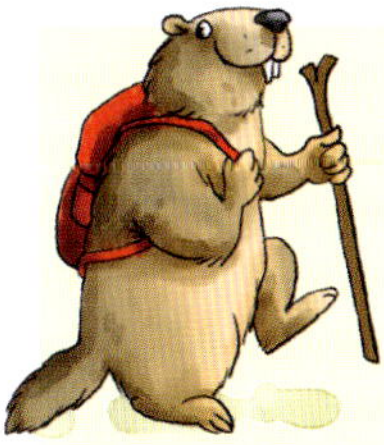

Hallo Kinder,

nach der Wanderung wartet auf euch an der Bergstation des Sesselliftes ein ganz besonderes Vergnügen. Auf Deutschlands längster Allwetterrodelbahn geht es auf einer Länge von 2,8 Kilometern über 23 Wellen, sieben Jumps und vier Brücken hinab ins Tal, dabei werden 355 Höhenmeter überwunden. Die rasante Fahrt durch die 68 Kurven dauert sage und schreibe sechs bis zehn Minuten – je nachdem wie schnell ihr seid –, dabei fühlt man sich eher wie in einer richtigen Achterbahn als in einer Rodelbahn. Da die Schlitten auf Schienen fahren, kann man aber nicht umkippen oder aus der Bahn fallen.

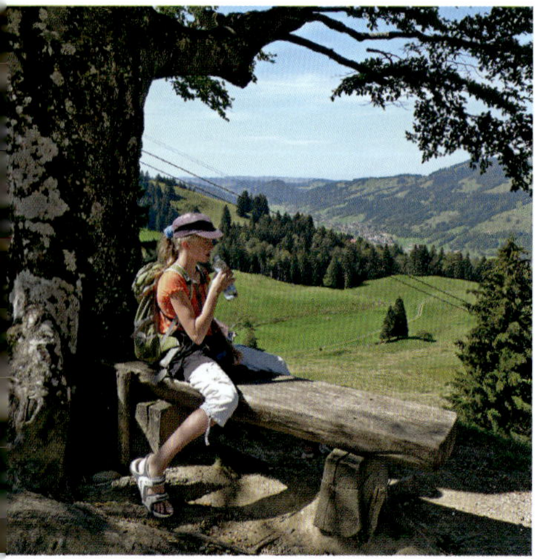

Verschnaufpause auf dem Weg zur Alpe Obere Kalle.

plötzlich mitten auf einer herrlichen Almfläche mit vielen Kühen und einer gemütlichen Einkehrmöglichkeit in der **Alpe Obere Kalle**, 1201 m, einem wunderschönen Ort , den wir hier – in der Nähe zur Bergstation des Sesselliftes – so nicht vermutet hätten. Auf der Alpe werden einfache Gerichte, Getränke und Steckerleis angeboten und es gibt auch einen kleinen Spielplatz.
Für den Weiterweg gehen wir bergwärts durch das Gatter, sehen geradeaus hoch oben am Ende des Wiesenhangs bereits das Gipfelkreuz an der Eckhalde und marschieren über einen kleinen Erd-Wiesenpfad halb links über die Almwiesen bergan. Links könnte man auch auf einer Bank eine Brotzeitpause mitten auf der Weide einlegen, wir folgen aber weiter dem angenehmen Pfad, auf dem man auch ein Stück barfußlaufen kann. Nach etwa 10 Min. wird der Weg breiter und steiniger, wir wandern nun am schattigen Waldrand, kommen an einer Rastbank

HIGHLIGHTS

- ★ Ziegen und Schafe sowie kleiner Spielplatz an der Talstation.
- ★ 6-Felder-Trampolin (kostenpflichtig) und kleiner Spielplatz an der Bergstation.
- ★ Wunderschön gelegene Alpe Obere Kalle (hier gibt es auch Eis!) mit vielen Kühen und einem kleinen Spielplatz.
- ★ Kurzer abwechslungsreicher Aufstieg zur Eckhalde. Hinter dem Gipfelkreuz gibt es im August viele Heidelbeeren.
- ★ Einzigartige Fahrt auf Deutschlands längster Ganzjahresrodelbahn von der Bergstation des Sesselliftes zur Talstation. Kinder ab 3 Jahren dürfen als Beifahrer mitfahren, ab 8 Jahren und einer Größe von 1,40 m alleine fahren und ab 14 Jahren einen Beifahrer mitnehmen (Betriebszeiten siehe Kurzinfo, Daten zur Bahn im Kinderkasten).
- ★ »Kletterwald Bärenfalle« an der Bergstation des Sesselliftes mit 16 verschiedenen Parcours und 177 Kletterelementen in einer Höhe von 2–20 m. In Bayerns größtem Hochseilgarten dürfen Kinder ab 6 Jahren und einer Größe von 1,20 m in direkter Begleitung eines Erwachsenen klettern. Ein Erwachsener kann dabei bis zu fünf Kinder begleiten. Ab 14 Jahren dürfen Jugendliche mit dem Einverständnis der Erziehungsberechtigten alleine klettern. Einweisung in die Sicherungstechnik zu Beginn durch einen Trainer. Tel. +49 8323 968050, Öffnungszeiten siehe alpsee-bergwelt.de.
- ★ An der Bergstation wartet zudem die neu angelegte »Abenteuer-Alpe«, Deutschlands größter Bergspielplatz (Eintritt: 7,50 € für Kinder und 5,50 € für Erwachsene) mit sechs großen Spielbereichen und über 70 Tieren auf die Familien (Infos siehe alpsee-bergwelt.de).

vorbei und marschieren auf dem bald nach rechts in den Wald drehenden Weg weiter. Eine Dreiviertelstunde nach Verlassen der Alpe treten wir wieder aus dem Wald und spazieren auf einem kleinen Pfad zur Gipfelwiese und zum großen Gipfelkreuz der **Eckhalde**, 1425 m, mit ihrem Gipfelbankerl.

Weitere Sitzmöglichkeiten und ein Brotzeittisch befinden sich ein paar Meter dahinter in südlicher Richtung, wenn wir durch das Viehgatter gehen. Wir erfreuen uns hier an den vielen Heidelbeersträuchern, die dicht an dicht mehrere Hundert Meter lang auf dem Grat Richtung Osten wachsen und im August reichlich Früchte tragen. Von der Eckhalde sieht man schön Richtung Norden, sie ist aber kein besonderer Aussichtsberg. Geht man aber ein Stück die Heidelbeerfelder entlang, kann man zwischen den Bäumen hindurch einige Gipfel im Süden entdecken.

Nach einer ausgiebigen Rast wandern wir auf dem Anstiegsweg wieder zurück zur **Bergstation** und fahren von dort mit der **Rodelbahn** rasant zurück ins Tal.

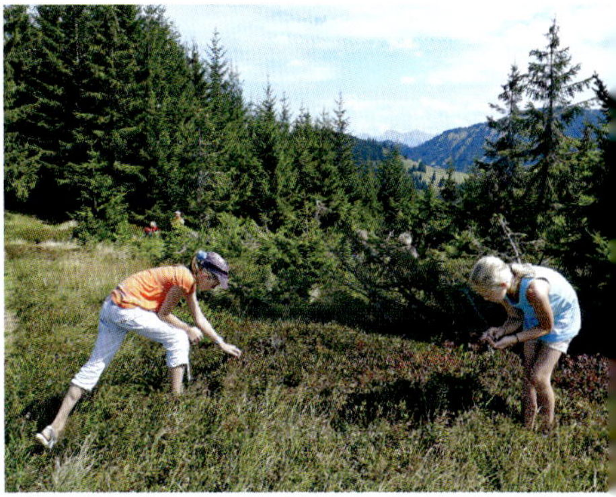

Am Gipfel der Eckhalde findet man große Heidelbeerfelder.

Kletterspaß in Bayerns größtem Waldseilgarten »Bärenfalle«.

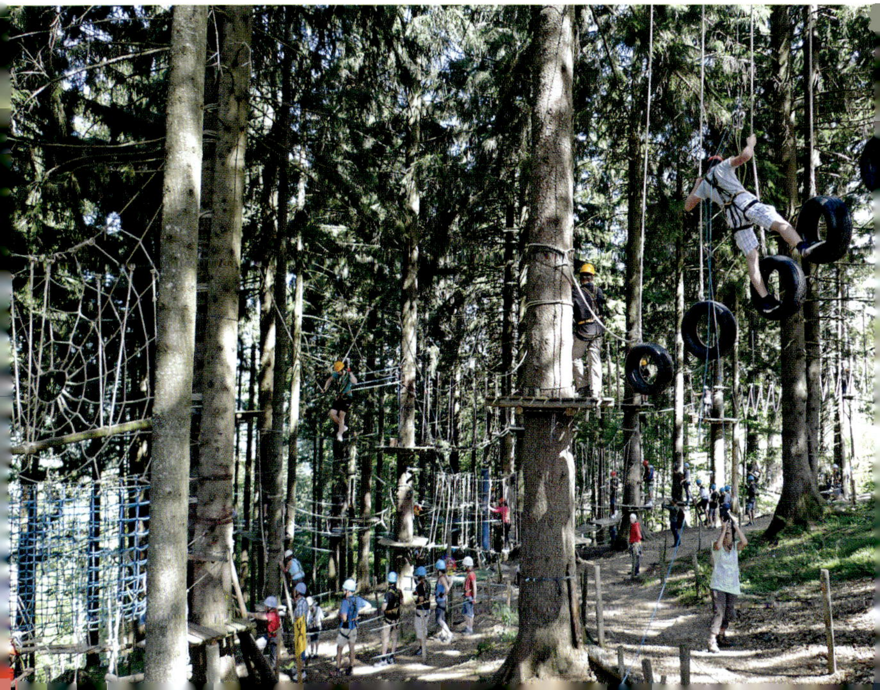

9 Steineberg, 1660 m

Vom Mittag über das Bärenköpfle — ab 8 J.

Nervenkitzel auf der Leiter

Mit größeren Kindern lockt vom Mittag der Aufstieg über das Bärenköpfle zum Steineberg, der mit einer ganz besonderen Herausforderung aufwartet. Klettererfahrene, trittsichere und schwindelfreie Familien können hier kurz unterhalb des Gipfels auf einer 17 Meter hohen Metallleiter fast senkrecht zum Gipfelkreuz hinaufsteigen. Es besteht aber auch eine leichtere Umgehungsmöglichkeit um den Berg herum, die man auf jeden Fall für den Abstieg wählen sollte. Mit kleineren Kindern wandert man nur bis zum Bärenköpfle, hier kann der Nachwuchs ohne Absturzgefahr auf den Felsen am Gipfelkreuz herumklettern, bevor man zu einem wunderschönen Wiesenplatz spaziert, der zum Entdecken, Toben und Picknicken einlädt. Über die bewirtschaftete Alpe Oberberg kehren wir dann auf einem abwechslungsreichen Weg wieder zur Berg- oder Mittelstation zurück. Von letzterer kann man – wenn noch Kraftreserven bei den Kleinen vorhanden sind – zu Fuß erst über Asphalt, dann auf dem Steigbachtobelweg mit einer schönen Spielmöglichkeit am Bach oder über die Alpe Hochried wieder ins Tal gelangen (siehe auch Variante).

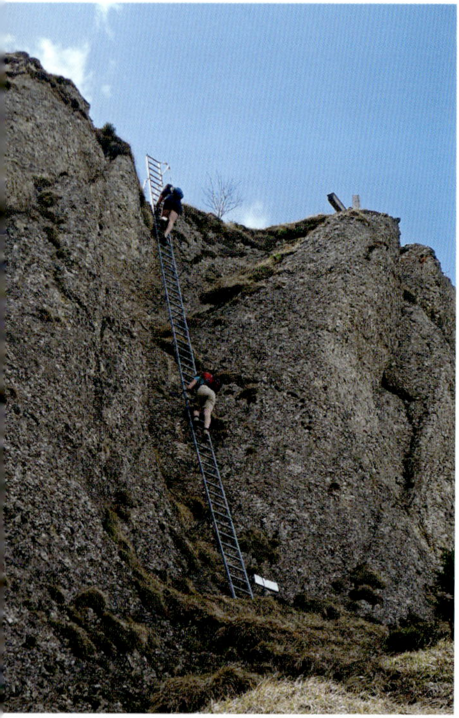

Beim Gipfelanstieg über die Leiter müssen alle schwindelfrei sein.

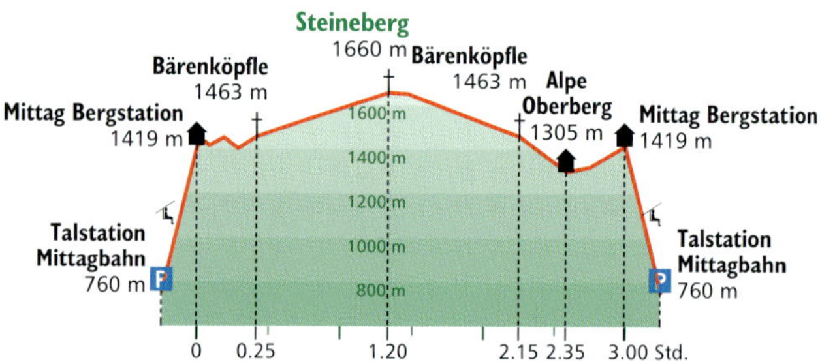

KURZINFO

Ausgangspunkt: Großer Parkplatz an der Talstation der Mittagbahn in Immenstadt, 760 m (Navi: 87509 Immenstadt, Mittagstraße 30). Bei Benützung der Bergbahn wird die Parkgebühr erstattet. Von der B 19 Ausfahrt »Immenstadt Süd« der Beschilderung zur Bergbahn folgen.
Mit der Bahn: Fahrt bis Bahnhof Immenstadt. Der Fußweg zur Mittagbahn ist vom Bahnhof ausgeschildert (Gehzeit 15 Min.).
Gehzeit: 3 Std. (von der Mittelstation ins Tal zusätzlich 1 Std.).
Höhenunterschied: 420 m.
Ausrüstung: Bergschuhe, für die Variante mit kleineren Kindern eventuell Wechselkleidung mitnehmen.
Anforderungen: **Ab 8 Jahren.** Bis zum Bärenköpfle breiter Kiesweg (Einteilung »blau«). Danach bis zum Steineberg und hinunter zur Alpe Oberberg auf abwechslungsreichen Wald- und Bergpfaden. Bei Nässe Rutschgefahr. Trittsichere und schwindelfreie Familien können auf einer 17 m langen Leiter (leichtere Umgehungsmöglichkeit vorhanden, auf der im Frühjahr allerdings recht lange Schnee liegt) zum Steineberg aufsteigen. Ohne Benutzung der Leiter handelt es sich um eine mittelschwere, also »rote« Tour.
Bergbahn: Mittagbahn, in Betrieb täglich vom 1. Mai bis zum Ende der bayerischen Herbstferien 8–17 Uhr (November bis 16 Uhr), nach den Herbstferien im November nur am Wochenende bei schönem Wetter geöffnet, Tel. +49 8323 6149, mittagbahn.de.
Einkehr: **Rasthaus am Mittag**, 1060 m, geöffnet wie Bergbahn, bei schlechtem Wetter Ruhetag, 14 Stockbettlager, Tel. +49 8323 8790, rasthaus-am-mittag.de. **Gasthaus Gipfelwirt**, 1419 m, geöffnet wie Bergbahn, Tel. +49 8323 3555. **Alpe Oberberg**, 1305 m, geöffnet 1. Mai bis Ende der bayer. Herbstferien, kein Ruhetag, Tel. +49 8323 6784, alpe-oberberg.de. **Alpe Hochried**, 900 m, Ende Mai bis Ende Sept. geöffnet, kein Ruhetag, Tel. +49 8323 51850.

Variante: Ab 6 Jahren. Kleine Runde über Steigbachtobel und Alpe Hochried (Gehzeit 1.30 Std.). Vom Parkplatz an der Talstation gehen wir unter der Seilbahn hindurch und folgen der Beschilderung zum Steigbachtal. Nach 10 Min. überqueren wir auf der überdachten Holzbrücke den Steigbach, wenden uns links (»Hölzerne Kapelle«) und wandern den breiten, wenig ansehnlichen Kiesweg steil hinauf. Wir kommen an einer Gedenktafel für Kaiser Wilhelm vorbei, dann werden wir für unsere Mühen entschädigt, zweigt doch links ein kleiner Pfad zum Steigbachtobel ab. Nun sehr schön, teilweise direkt am Bach entlang auf dem Tobelweg, bis wir 15 Min. später zu einem tollen Platz mit großen Felsklötzen kommen, die unterhalb eines Wasserfalls die größeren Kinder zum Klettern einladen. Danach geht es wieder auf den Schotterweg und zur Hölzernen Kapelle, an der wir uns links wenden (»Sennalpe Hochried«). Wir überqueren auf einer Brücke den Bach, halten uns dahinter links und biegen bei nächster Gelegenheit links zur 5 Min. entfernt liegenden Alpe Hochried (bewirtschaftet) ab. Wir gehen am Almgebäude vorbei und schwenken am Wegweiser nach links hinunter. Über einen Pfad erreichen wir, uns an einer Verzweigung rechts haltend und auf einer Brücke über ein Wasserrohr steigend, nach 30 Min. wieder die Talstation.

Knabenkraut vor dem Steineberg.

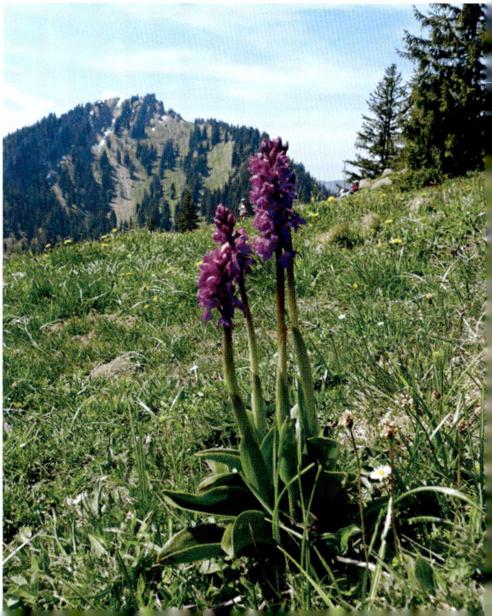

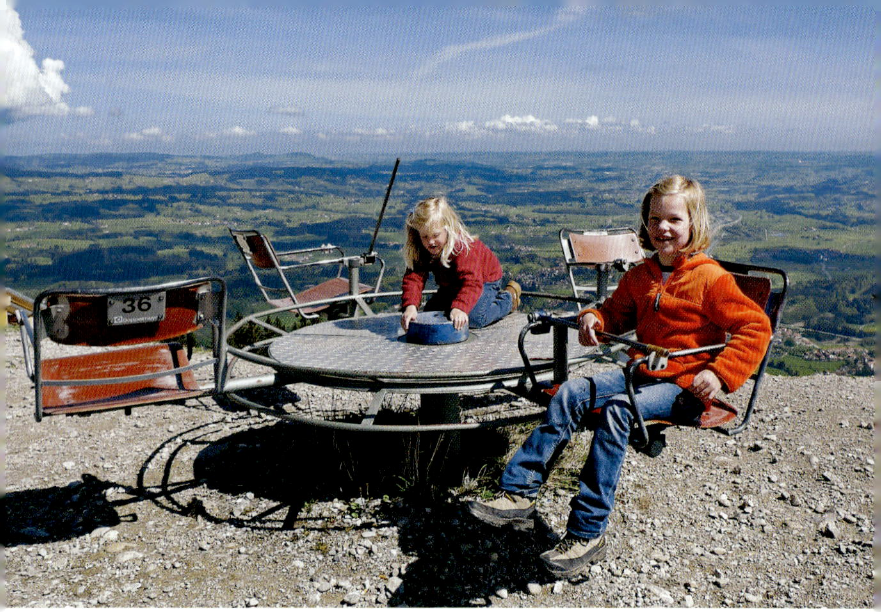

Drehkarussell aus ausrangierten Sesselliftteilen an der Mittag-Bergstation.

Der Beginn unserer heutigen Wanderung wird allen Kindern sicherlich gut gefallen, geht es doch erst einmal mit dem Doppelsessellift hinauf zum **Mittag**, 1419 m. An der Mittelstation müssen wir umsteigen, was aber dem Nachwuchs gar nichts ausmacht, wartet hier doch ein ganz besonderer Spielplatz (siehe Kinderkasten) auf die kleinen Wanderer. Oben an der **Bergstation** schnell noch mal ins Drehkarussell gleich neben dem Mittag-Gipfelkreuz oder aufs Trampolin gestiegen, dann wandern wir Richtung »Bärenkopf, Steineberg« auf dem breiten Weg in einem leichten Auf und Ab bei einem fantastischen Bergblick in 25 Min. zum großen Kreuz des **Bärenköpfle**, 1463 m, das direkt neben dem Weg liegt und die Kinder zum Klettern auf den Fel-

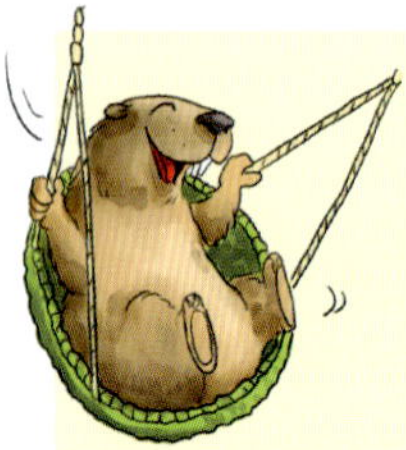

Hallo Kinder,

an der Mittelstation der Mittagbahn wartet ein einzigartiger Spielplatz auf euch. Aus ausrangierten Sesselliftteilen nebst Stützpfeilern und einer Gondel wurde hier sehr ideenreich ein spannender Spielplatz aufgebaut, bei dem man im Doppelsessellift hoch hinausschaukeln oder in der Gondel einen Drehwurm bekommen kann. Eine Tarzan-Seilbahn findet ihr, wenn ihr ein kleines Stück von der Mittelstation auf dem Teerweg Richtung Tal geht, hier ist noch ein weiterer Schaukeldoppelsessellift. Oben an der Bergstation gibt es ein kleines Drehkarussell aus alten Sesselliftsitzschalen – mit Original-Sicherheitsbügel versteht sich – und ein großes Trampolin.

sen unterhalb einlädt. Gemäß einem Schild wurde hier im Jahr 1764 der letzte Bär der Region erschossen, was dann zur Namensgebung dieses Mini-Gipfels geführt hat. Wer nicht zum Steineberg weiterwandern möchte, folgt hier dem beginnenden Erdpfad (wer möchte, barfuß) nach halb links in 5 Min. zum Bärenkopf, der eigentlich gar keinen richtigen Gipfel, dafür aber eine schöne Bergwiese zum Brotzeitmachen zu bieten hat.

Wir wollen aber weiter zum Steineberg und halten uns deshalb nach dem Bärenköpfle-Kreuz rechts. Nun geht es auf einem barfußgeeigneten Pfad über die Wiesen leicht ansteigend weiter, bevor wir in den Wald treten. Über einen schönen Erdpfad wandern wir jetzt steil bergan, gewinnen schnell an Höhe, kommen eine halbe Stunde nach dem Bärenköpfle wieder ins Licht und sehen direkt vor uns den felsigen Aufbau unseres Ziels. Der Weg wird steiniger, nun heißt es mit Bergschuhen weitermarschieren. Wir kommen am Abzweig eines gesperrten kleinen Klettersteigs vorbei, auf dem vor Kurzem Geröll abgegangen ist. Da die Gefahr besteht, dass sich weiteres Material aus dem instabilen Aufbau in diesem Bereich lösen könnte, muss dieser Weg nach Auskunft der Bergbahn wohl dauerhaft geschlossen bleiben.

10 Min. später stehen wir bereits vor der Leiter, die sich in bestem Zustand befindet und zudem mit einem Festhalteseil ausgestattet ist. Von unten sieht diese Aufstiegshilfe machbar aus, wer unsicher oder nicht schwindelfrei ist, bleibt einfach auf dem Weg, wandert unterhalb der Felswände auf einem kleinen Pfad weiter, auf dem im Frühjahr aber oftmals noch längere

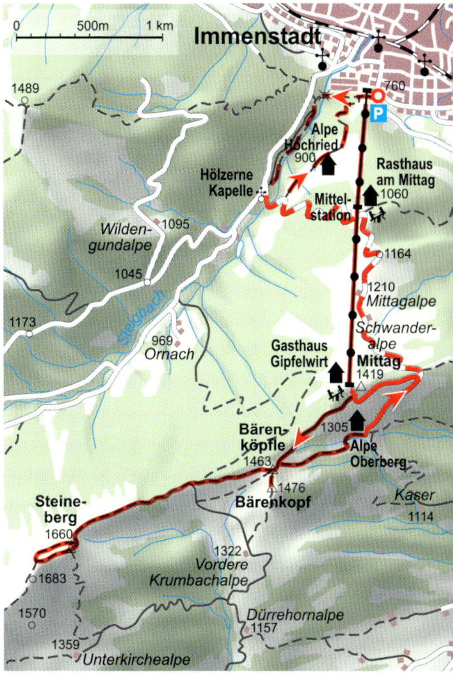

Kletterspaß auf den Nagelfluhfelsen am Bärenköpfle ohne Absturzgefahr.

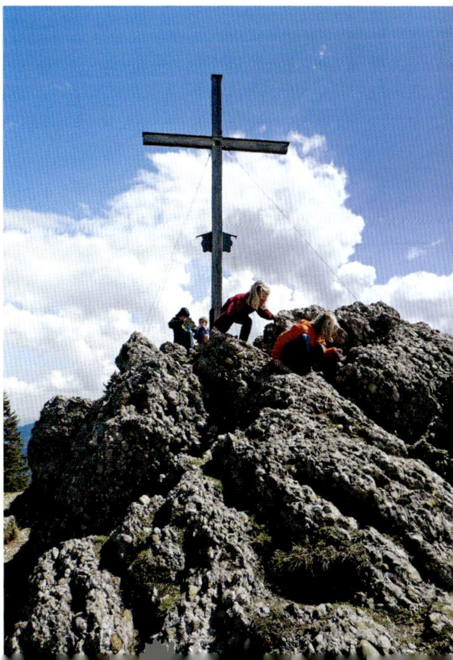

HIGHLIGHTS

★ Abwechslungsreiche Wanderung für größere Kinder mit tollem Panoramablick vom Mittag zum Steineberg mit der Möglichkeit, über eine 17 m hohe Metallleiter direkt zum Gipfel aufzusteigen.
★ Für kleine Kinder Wanderung zum Bärenköpfle mit Klettermöglichkeit und viel Platz zum Toben. Ebenfalls herrlicher Blick in die Allgäuer Alpen.
★ Bei Abstieg zu Fuß: nach breiten Wegen schöner Pfad entlang des Steigbachtobels.
★ Ideenreiche Spielgeräte aus ausrangierten Liftteilen insbesondere an der Mittelstation, Drehkarussell und Trampolin an der Bergstation.

Zeit Schnee liegt, schwenkt oben an einem Sattel nach links und erreicht etwa 15 Min. später als diejenigen, die die Leiter gewählt haben, den **Steineberg**, 1660 m, mit seiner wunderbaren Aussicht.
Schaut man nun die Leiter hinunter, wird so manch einer weiche Knie bekommen und freiwillig für den Abstieg (wieder) die Umgehungsmöglichkeit wählen, was mit Kindern auf jeden Fall anzuraten ist. Bergab folgen wir deshalb dem lang gezogenen Bergrücken des Steinebergs, schwenken bei erster Gelegenheit nach rechts hinunter (»Mittag Bergstation«), queren den Steineberg unterhalb des Felsaufbaus und kommen wieder zum unteren Ende der Leiter. Nun wandern wir auf dem Hinweg zurück, gehen am **Bärenköpfle-Kreuz** vorbei und biegen nach ca. 50 m nach rechts in den barfußgeeigneten Wiesenweg (Beschilderung »Alpe Oberberg«) ein.
Vergnügt spazieren wir den wunderschönen Pfad hinunter, kommen in den Wald, steigen über viele Wurzeln und erreichen eine Wiese, an deren unteren Ende wir uns links halten. Kurz darauf sind wir an der bewirtschafteten **Alpe Oberberg**, 1305 m. Wir gehen durch den Gastgarten, kommen auf einen breiten Weg und folgen diesem bei nochmals herrlichem Panorama etwa 10 Min., bis wir auf eine Weggabelung treffen. Hier müssen wir uns entscheiden, ob wir jeweils auf breitem Weg nach links aufwärts zurück zur **Bergstation** (ca. 15 Min.) oder rechts hinunter zur **Mittelstation** (ca. 20 Min.) wandern wollen, um dann wieder ins Tal zu schweben.
Von der Mittelstation kann man aber auch mit lauffreudigem Nachwuchs die Asphaltstraße (Vorsicht, Mountainbikefahrer!) hinuntermarschieren und dann nach 20 Min. sich rechts wendend über die bewirtschaftete Alpe Hochried (siehe auch Variante) nach unten gelangen. Oder man wandert auf der Straße am Abzweig zur Alpe Hochried vorbei und über die Hölzerne Kapelle und den Steigbachtobel hinunter. An dem Holzkircherl wenden wir uns dazu rechts und gehen dann, den Fahrweg verlassend, nach rechts über den schönen Tobelweg mit Zugang zum Wasser bergab. Der Tobelweg ist allerdings nicht besonders lang, nach 15 Min. stoßen wir wieder auf den Fahrweg, gehen diesen noch ein Stück hinunter und marschieren rechts über die überdachte Holzbrücke, um dann geradeaus auf einem Kiesweg zur **Talstation** des Sesselliftes zurückzukehren (Dauer ca. 1 Std. ab Mittelstation).

Das zwischen den Felsen hindurchrauschende Wasser im Steigbachtobel weckt die Abenteuerlust der Kinder (Variante).

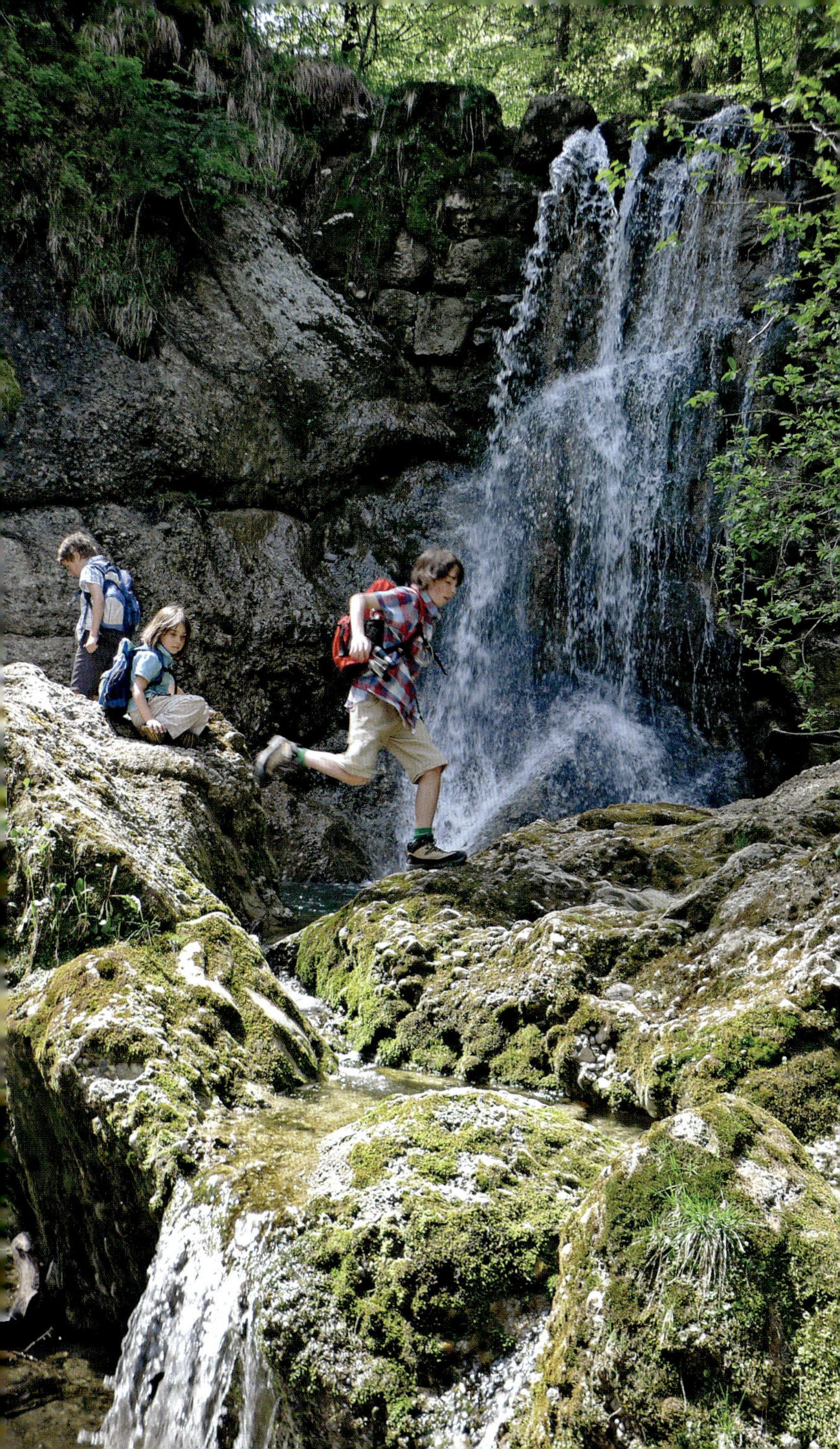

10 Rangiswanger Horn, 1616 m

Von Ofterschwang über das Ofterschwanger Horn ab 10 J.

Blütenzauber im Frühjahr

Die meisten Wanderer fahren mit der Bergbahn hinauf zum Ofterschwanger Horn, um von dort die Hörnertour nach Bolsterlang (siehe Variante) oder gar bis zum Riedberger Horn zu beginnen. Dabei ist der wenig bekannte Aufstieg auf kleinen Wald- und Wiesenpfaden über die Buchenschwandalpe zum Gipfel wunderschön und sogar zur Freude der Kinder bestens für eine Barfußwanderung geeignet. Unterwegs freuen wir uns im Frühjahr über die bunten Blumenwiesen und oben über eine herrliche Wiesenkuppe mit Sitzbänken und einer guten Aussicht in die Allgäuer Berge. Über den erst breiten Hörner-Panoramaweg, der sich aber schnell zu einem gut gepflegten, naturbelassenen kleinen Pfad mit stellenweise fantastischer Vegetation mausert, erreichen wir das Rangiswanger Horn und können Anfang/Mitte Juni über die blühenden Alpenrosenfelder staunen und vom Gipfel eine perfekte Rundumsicht genießen.

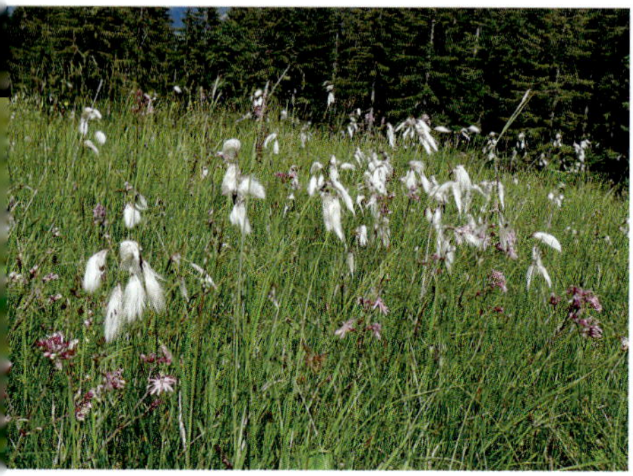

Wollgras zeigt ein Hochmoor an.

Barfußgeeigneter Aufstiegsweg zum Ofterschwanger Horn (im Hintergrund der Grünten).

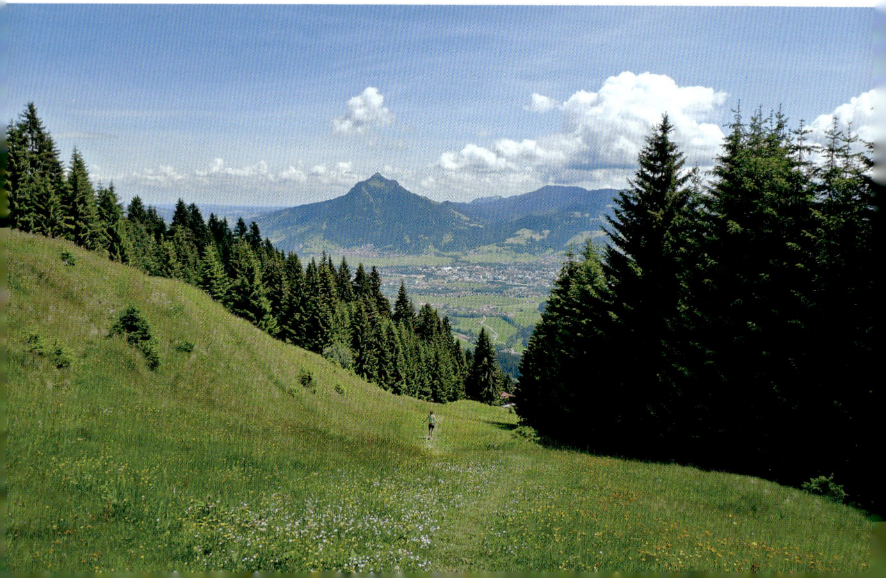

KURZINFO

Ausgangspunkt: Kostenloser Parkplatz an der Talstation des Weltcup-Express in Ofterschwang, 890 m (Navi: 87527 Ofterschwang, Panoramaweg 7). Von Norden auf der B 19 kommend bis Ausfahrt »Sonthofen Süd« und der Beschilderung über Sigishofen nach Ofterschwang folgen. Im Ort rechts in den Leitenweg und wieder rechts zum Parkplatz.
Mit Bahn und Bus: Vom Bahnhof Sonthofen mit Bus 47 bis Ofterschwang. Fahrplan unter rvo-bus.de.
Gehzeit: 6 Std. für die gesamte Runde; viele kürzere Varianten möglich.
Höhenunterschied: 810 m.
Ausrüstung: Bergschuhe, eventuell Handtuch zum Füße abtrocknen.
Anforderungen: Ab 10 Jahren wegen der Länge der Tour, kürzere Varianten ab 4 Jahren. Abwechslung zwischen kleinen Bergpfaden (nach Regen teils rutschig) und breiten Wirtschaftswegen.
Bergbahnen: Weltcup-Express Vierer-Sesselbahn Ofterschwang, Sommerbetrieb von Anfang Juni bis Anfang Nov. (Ende der bayerischen Herbstferien) täglich 9–16.30 Uhr (Hochsaison bis 17 Uhr), Tel. +49 8321 67030, Infotelefon: +49 8321 670333, go-ofterschwang.de.
Hörnerbahn Bolsterlang (Variante 4), Sechser-Kabinenbahn, Sommerbetrieb von der zweiten Maiwoche bis Anfang Nov. (Ende der bayer. Herbstferien) 8.30–16.30 Uhr (in der Hauptsaison von der zweiten Juliwoche bis Anfang September bis 17 Uhr), Tel. +49 8326 9091, hoernerbahn.de.
Einkehr: Fahnengehrenalpe, 1340 m, von Juni bis September geöffnet, kein Ruhetag, Tel. +49 8321 82276. Weltcuphütte, 1300 m, geöffnet wie Bergbahn, Tel. +49 8321 608989. Hochbichlhütte (auch »Canapé-« oder »Sofa-Hütte«), 1209 m, geöffnet Mitte Mai bis 1. November, Dienstag Ruhetag, Tel. +49 8321 723989. Wurzelhütte, 932 m, Montag und Dienstag Ruhetag, Tel. +49 8321 724438. Ristorante-Pizzeria Cortina, 890 m, Montag Ruhetag ab 17 Uhr,

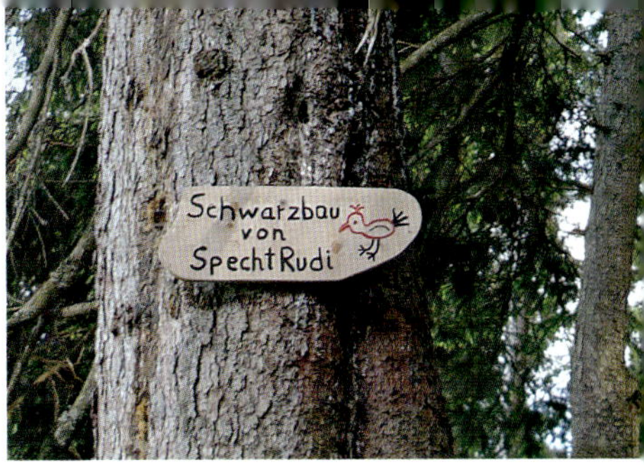

Originelles Hinweisschild beim Abstieg zur Canapé-Hütte.

Tel. +49 8321 7873059.
Variante 1: Auf- und/oder Abfahrt aufs Ofterschwanger Horn mit der Vierer-Sesselbahn – hierdurch verkürzt sich die Tour um 1.30 Std. (Aufstieg) und weitere 1.10 Std (Abstieg).
Variante 2: Mit ganz kleinen Kindern kann man nach der Auffahrt mit der Sesselbahn von der Bergstation auf dem Panoramaweg Richtung Fahnengehrenalpe wandern und nach ca. 800 m rechts hinauf über den Wiesenweg in 5 Min. zum Gipfelkreuz des Ofterschwanger Horns steigen. Abstieg dann zur Fahnengehrenalpe und auf dem Panoramaweg zurück oder vom Gipfelkreuz erst rechts hinauf zu zwei Bänken, links daran vorbei und dann, sich rechts haltend, auf einem kleinen Pfad wieder hinunter zum Panoramaweg (Gehzeit ca. 1 Std.).
Variante 3: Mit Kinderwagen Umrundung des Ofterschwanger Horns (Gehzeit ca. 1 Std.) auf breiten Wegen (z. T. geteert, schöne Aussicht – für laufende Kinder aber eher uninteressant).
Variante 4: Beschreitung des Panoramaweges nach dem südseitigen Abstieg vom Rangiswanger Horn weiter über den Weiherkopf bis zur Bergstation der Hörnerbahn (von Bergstation zu Bergstation Gehzeit 3 Std.). Von hier mit der Kabinenbahn ins Tal nach Bolsterlang. Zu Fuß ist der Abstieg nicht zu empfehlen, da dieser ausschließlich auf einem sehr breiten, teilweise geteerten Weg erfolgt. Zurück nach Ofterschwang mit dem Bus (Bus hält nicht an der Bergbahn, sondern in der Ortsmitte; Fahrplan siehe unter »Ausgangspunkt«).

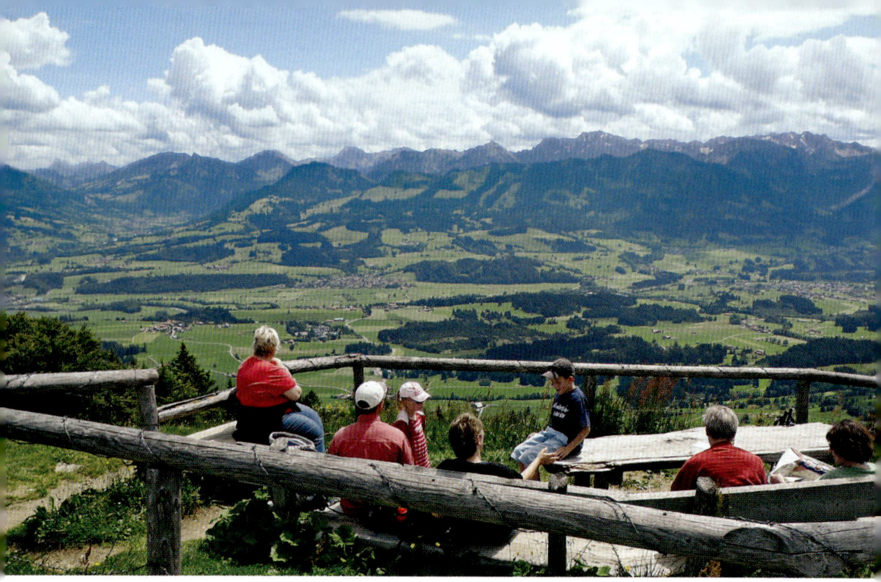

Brotzeitplatz mit Gebirgspanorama am Gipfel des Ofterschwanger Horns.

Vom **Parkplatz** oberhalb der Talstation des Vierer-Sesselliftes gehen wir bergab an dem Liftgebäude vorbei, überqueren auf der Zufahrtsstraße den **Lußbach** und schwenken gleich dahinter nach rechts in den Kiesweg. Wir wandern neben dem Bach bergan, kommen auf eine Asphaltstraße und verlassen diese bald wieder, indem wir an der nächsten Verzweigung geradeaus weitergehen – Schild »Ofterschwanger Horn (steiler Aufstieg)«. Der Weg ist jetzt sehr steinig, wir kommen an einen weiteren Abzweig, gehen wieder geradeaus weiter und nun wandelt sich der Weg schnell in einen wunderschönen Pfad. Bei trockenem Untergrund können wir auf ganz weichem Waldboden barfuß weitermarschieren. Der Pfad ist an einigen Stellen nicht allzu deutlich, im Zweifel orientieren wir uns am rechts von uns fließenden Bach, dessen Plätschern wir stets im Ohr haben sollten, wenn wir ihn auch nicht sehen können. Es dauert nicht lange, dann ist der Pfad wieder bestens zu erkennen, ein fast völlig naturbelassener Weg, der Kindern und Erwachsenen Spaß macht. Wir empfehlen, ihn nur bergauf zu gehen, da er beim Abstieg wegen der Steilheit des Geländes rutschig sein kann (besonders nach Regen).

Nach etwa einer Stunde Aufstieg verlassen wir den Wald durch ein Viehgatter, jetzt geht es auf einem perfekten Wiesenpfad weiter. Hier muss man einfach – wenn nicht bereits unten schon geschehen – seine Schuhe an den Rucksack hängen und auf blanken Sohlen weitermarschieren. Welch ein Vergnügen für Groß und Klein! Auf diesem herrlichen Untergrund geht es nun über die nicht bewirtschaftete **Buchenschwandalpe**, 1250 m, (der Weg führt oberhalb des Hauses halb links aufwärts) bis zum Ofterschwanger Horn mit seiner herrlichen Aussicht auf die Allgäuer Berge weiter. Lediglich einmal muss der geteerte Hörner-Panoramaweg überquert wer-

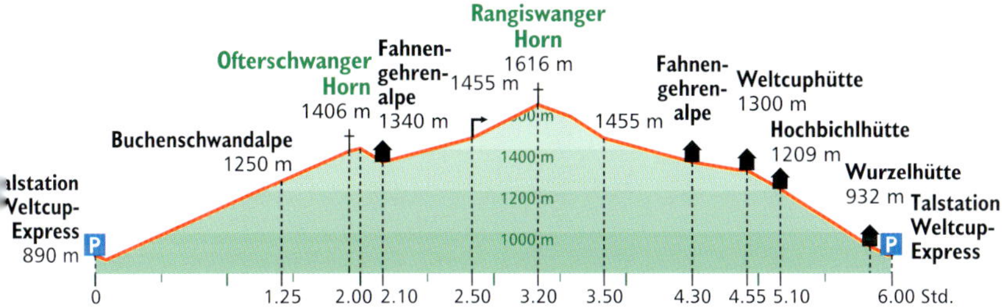

den, dahinter können wir aber weiter barfuß bis zum **Gipfelkreuz**, 1393 m, wandern. Hier warten Bänke und ein Tisch zum Brotzeitmachen. Man kann aber auch rechts den Wiesenpfad etwa 50 m bis zu zwei weiteren Bänken unterhalb des unspektakulären Gipfels, 1406 m, des **Ofterschwanger Horns** (Wiesenkuppe) hinaufmarschieren und dort rasten.

Gestärkt wandern wir nun auf einem Pfad nach Süden hinunter zur bereits sichtbaren **Fahnengehrenalpe**, 1340 m, wobei wir kurz vorher wieder auf den Hörner-Panoramaweg treffen. Die Alpe lädt zur gemütlichen Käse- und Milchbrotzeit ein. Dann geht es weiter nach Süden auf dem breiten Hörner-Panoramaweg, der aber nach etwa 300 m wieder in einen barfußfreundlichen Pfad (bei trockenem Boden – bei Nässe besteht Rutschgefahr) mit natürlichem Waldboden und teilweise dazwischen gelegten großen Steinplatten übergeht. Nun auf dem abwechslungsreichen, leicht ansteigenden Weg durch schönen Mischwald, immer wieder tauchen hier auch Farne auf, die dem Pfad einen ganz besonderen Reiz verleihen.

Nach 25 Min. treten wir wieder aus dem Wald und folgen dem natürlichen Erd- und Wiesenweg bis zur **Kammhöhe**, 1455 m, unterhalb des Rangiswanger Horns. An der Wegverzweigung wenden wir uns halb rechts aufwärts, überqueren einen Bach und wandern in einer halben Stunde vorbei an Anfang / Mitte Juni (je nach Vegetationsfortschritt) herrlich blühenden Alpenrosenfeldern (barfuß nur für geübte Barfußläufer, im oberen Bereich steinig) hinauf zum **Rangiswanger Horn**, 1616 m, mit fantastischer Rundumsicht und Blick auf Nebelhorn, Höfats, Großen Krottenkopf, Trettachspitze und Mädelegabel.

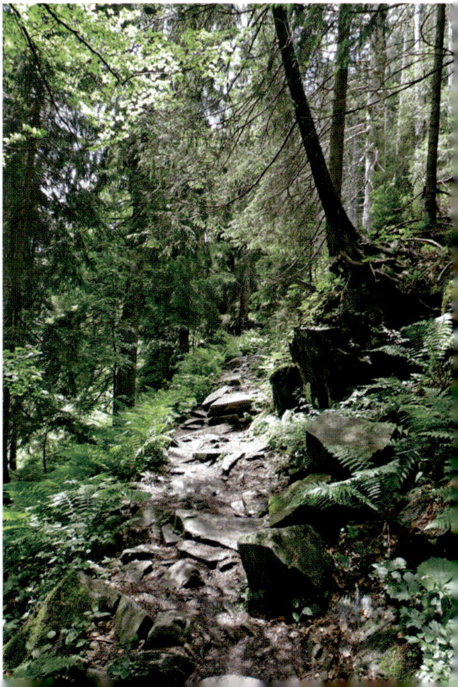

Üppige Vegetation auf dem Verbindungsweg zwischen Ofterschwanger- und Rangiswanger Horn.

HIGHLIGHTS

- ★ Aufstieg auf einem kleinen, barfußtauglichen Wald- und Wiesenpfad.
- ★ Herrlicher Rundumblick vom Rangiswanger Horn.
- ★ Kühe und Esel an der Fahnengehrenalpe.
- ★ Spielplatz an der Hochbichlhütte (Eis!) mit einem betretbaren Kaninchengehege.
- ★ Ziegen und Rehgehege an der Wurzelhütte (Eis!).
- ★ Spielplatz am Gasthof Dorfblick.
- ★ An der Bergstation des Weltcup-Express stehen 50 Verleih-Downhillroller (zwei verschiedene Modelle) für eine Talfahrt (letzte Abfahrt 15.30 Uhr) zur Verfügung (Helm wird gestellt, Mindestgröße 1,50 m, kleinere Kinder dürfen nicht fahren, auch nicht zusammen mit den Eltern auf einem Roller). Unabhängig von der Größe halten wir eine Fahrt vor Vollendung des 14. Lebensjahres für nicht empfehlenswert.
- ★ Frisbee-Disc-Golf am Allgäuer Berghof (Rabatt bei Auffahrt mit der Bergbahn), geöffnet 1. Mai bis 31. Okt. Donnerstag und Freitag 13–18 Uhr, Samstag und Sonntag 10–18 Uhr, go-ofterschwang.de/frizbee-golf.html.

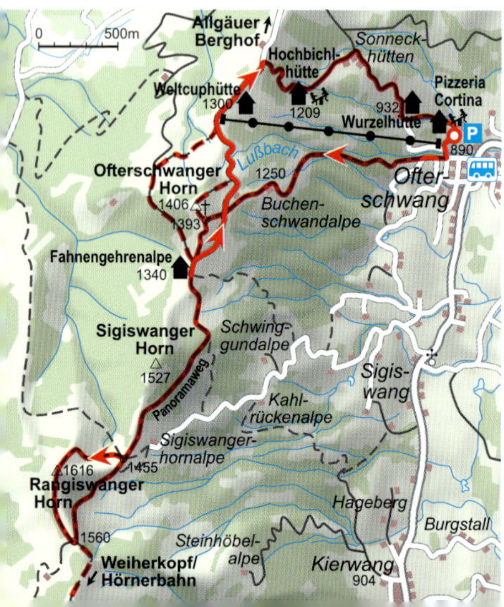

Vom Gipfel steigen wir nach Süden abwärts, ziehen spätestens unten an der Verzweigung wieder unsere Schuhe an, schwenken nach links und wandern erst auf rutschigem, steinigem Untergrund, bald aber wieder auf besserem Boden unterhalb des Rangiswanger Horns zurück zur **Kammhöhe**, an der wir eben zum Gipfel abgebogen sind.

Nun auf dem Hörner-Panoramaweg zurück zur **Fahnengehrenalpe** und weiter an der dahinterliegenden Abzweigung halb rechts auf dem breiten geteerten Weg (oder diesen über das Ofterschwangerhorn abkürzend; siehe auch Variante 2) bis zur Bergstation der Weltcup-Express-Bahn, an der sich wagemutige Erwachsene und Kinder ab 1,50 m Körpergröße einen Roller für eine rasante Talfahrt ausleihen können (siehe »Highlights«). Wir halten allerdings – unabhängig von der Größe der Kinder – eine Benutzung der Roller vor Vollendung des 14. Lebensjahres für nicht geeignet.

Zu Fuß wandern wir an der **Weltcuphütte**, 1300 m, die zu einer Einkehr auf der großen, sonnigen Holzterrasse einlädt, vorbei und schwenken nach 300 m rechts in den kleinen Pfad. Wir passieren einen Zaundurchlass und gehen nun auf einem Waldpfad – uns an der nächsten Verzweigung rechts haltend – vorbei an »Specht Rudis Schwarzbau« in 10 Min. bis zur **Hochbichlhütte**, 1209 m (auch bekannt als Canapé-Hütte – siehe Kinderkasten), mit ihrem großen Kinderspielplatz.

Nach dem Gebäude folgen wir auf dem breiten Wirtschaftsweg dem Wegweiser nach Ofterschwang und zur Wurzelhütte, halten uns an der nächsten Abzweigung rechts, kommen an den **Sonneckhütten**, einem renovierungsbedürftigen, zurzeit

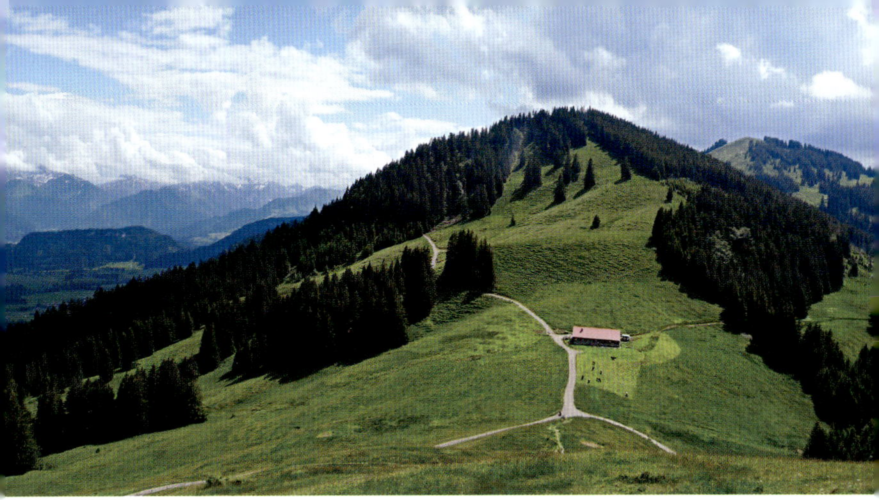

Blick vom Ofterschwanger Horn hinunter zur Fahnengehrenalpe.

leer stehenden Landschulheim, vorbei und wandern weiter zur bewirtschafteten **Wurzelhütte**, 932 m, mit ihren Reh- und Ziegengehegen. Dort schlagen wir an der Verzweigung den linken Weg ein und kommen schließlich entlang des Leithenbaches nach **Ofterschwang**. Hier wenden wir uns rechts, gehen am **Gasthof Dorfblick** vorbei und erreichen in wenigen Minuten wieder den Parkplatz.

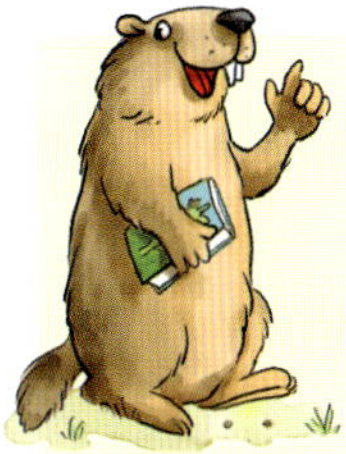

Hallo Kinder,

wisst ihr, was ein Canapé ist? Jetzt sollen wir auch noch Fremdsprachen kennen, werdet ihr euch denken. Stimmt aber nicht, denn Canapé ist ein urbayerisches Wort, sieht man einmal davon ab, dass es eigentlich aus dem Französischen stammt. Dazu müsst ihr wissen, dass es im Bayerischen einige französische Wörter gibt – das kommt daher, dass sich die Bayern mit den Franzosen im Verlauf der Napoleonischen Kriege verbündet hatten und die Bayern, die auch so fein sein wollten wie die Franzosen bei Hofe, einige französische Wörter übernommen haben. Apropos Canapé, was das bedeutet, werdet ihr gleich wissen, wenn ihr heute beim Abstieg an der »Canapé-Hütte« vorbeikommt. Der findige Wirt von der Hochbichlhütte schafft es nämlich immer wieder, »neue« ausrangierte Ledersofas zu organisieren, auf denen müde Wanderer und Skifahrer draußen im Freien auf der Almwiese recht kommod (»gemütlich«) sitzen können. Da kann sich dann die ganze Familie ein kühles Getränk schmecken lassen, wenn es auch viele Kinder partout (»durchaus«) nicht lange auf dem Canapé halten wird, weil es ihnen pressiert (»sie es eilig haben«), zu dem vis-à-vis (»gegenüber«) gelegenen Spielplatz und zum Hasenstall zu kommen.

11 Riedberger Horn, 1787 m

Rundweg von der Berggasthütte Grasgehren — ab 8 J.

Moorlandschaft unterm Wannenkopf

Das Riedberger Horn ist wegen des kurzen Aufstiegs vom Gasthaus Grasgehren und der fantastischen Rundumsicht vom Gipfel einer der beliebtesten Allgäuer Vorgebirgsgipfel. Weniger bekannt ist der daneben liegende Wannenkopf – völlig zu Unrecht, denn kurz unterhalb dieses Gipfels überrascht eine faszinierende Moorlandschaft mit kleinen Tümpeln und Heidelbeersträuchern – ein unvermittelt auftauchendes Kleinod, das wir dort oben nicht vermuten würden. Besonders schön ist das Moor im Frühherbst, wenn es sich in leuchtenden Orange- und Rottönen zeigt. Wer gerne auf blanken Sohlen läuft, kann sich dieses Vergnügen auf über der Hälfte der Wegstrecke gönnen, besonders im Bereich des Hochmoors auf den erdigen, weichen und bisweilen federnden Pfaden ist dies ein Hochgenuss und ermöglicht der ganzen Familie ein neues und gesundes Naturempfinden und -erleben. Die Besteigung beider Gipfel kann man zu einer schönen Rundtour kombinieren, die bereits für Kinder ab 8 Jahren gut geeignet ist.

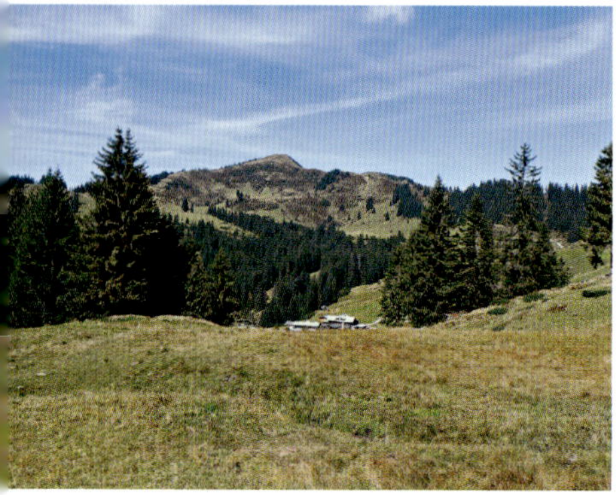

Vom Anstiegsweg sieht man hinüber zum Riedberger Horn.

KURZINFO

Ausgangspunkt: Großer Parkplatz an der Berggasthütte Grasgehren, oberhalb der Riedberg(pass)straße, 1447 m (Navi: 87538 Bolsterlang, Grasgehren 1).
Auf der B 19 bis Fischen. Dort – von Norden kommend – rechts einbiegen und auf der Riedberg(pass)straße über Obermaislstein zur Passhöhe und rechts hinauf zum Gasthaus Grasgehren.
Mit Bahn und Bus: Vom Bahnhof Oberstdorf oder vom Bahnhof Fischen mit der Buslinie 46 mehrmals täglich bis zur Haltestelle »Riedbergpass« oder zur Haltestelle »Grasgehren« (letztere wird nicht immer angefahren). Fahrplan unter rvo-bus.de.

Gehzeit: 3.30 Std.
Höhenunterschied: 480 m.
Ausrüstung: Gut profilierte Trekkingsandalen oder Bergschuhe.
Anforderungen: Ab 8 Jahren. Die unschwierige Tour verläuft im Aufstieg und beim Übergang zum Riedberger Horn überwiegend auf barfußfreundlichen, stellenweise feuchten Erd- und Wiesenpfaden. Im Bereich des Riedberger Horns steiniger Bergpfad, der beim Abstieg in einen Erdweg übergeht.
Einkehr: Berggasthütte Grasgehren, 1447 m, im Sommerhalbjahr geöffnet von ca. 20. Mai bis Anfang November (Ende der bayerischen Herbstferien), kein Ruhetag, Kindergerichte, 55 Betten, Tel. +49 8326 7773, www.berghuette-grasgehren.de.

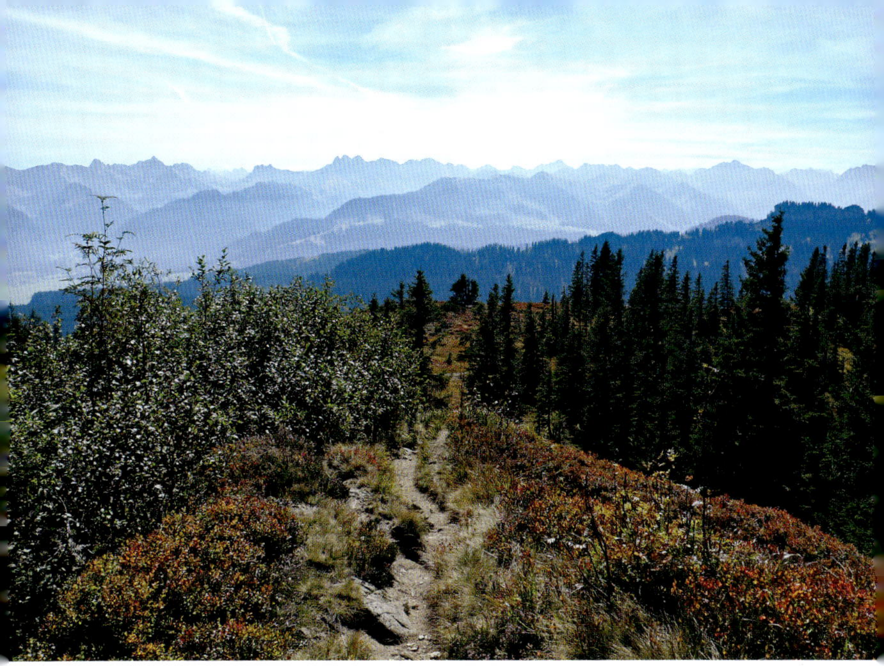

Fantastisches Gebirgspanorama am Wannenkopf.

Unser Weg beginnt unterhalb der **Berggasthütte Grasgehren** direkt an der rechten Parkplatzseite (von unten kommend) auf einem breiten, steinig-sandigen Weg (Beschilderung »Wannenkopf«), der uns an der Talstation der im Sommer geschlossenen Bolgengratbahn (Sessellift) vorbeiführt. Kurzzeitig wird es noch etwas steiniger, wer im Barfußlaufen geübt ist, schafft aber auch dieses kurze Stück problemlos ohne Schuhe und Strümpfe.

Nach etwa 10 Min. geht der Weg in einen erdigen Wiesenpfad über. Auf der linken Seite sehen wir nun schön zum Riedberger Horn hinüber und steigen über die Bergwiesen, teilweise auf reinen Wiesenpfaden, die mitunter etwas feucht und matschig sein können, zwischen vielen Kühen (zur Almzeit) weiter hinauf. Wir kommen zum sogenannten **Steinhaufen**, 1596 m, folgen weiter der Beschilderung zum Wannenkopf und erreichen 15 Min. später den **Bolgengrat**, 1687 m. Wir wenden uns rechts, ein Wiesenpfad führt hier ganz leicht abwärts. Wir passieren einen Zaundurchlass und sind 400 m später bereits mitten in der faszinierenden **Moorlandschaft** und staunen über die Natur, die hier

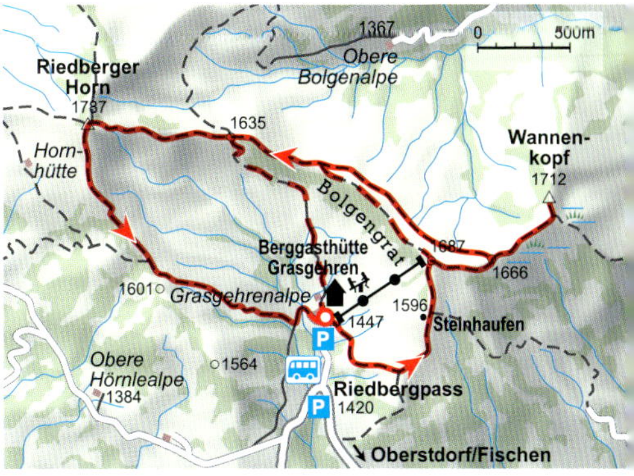

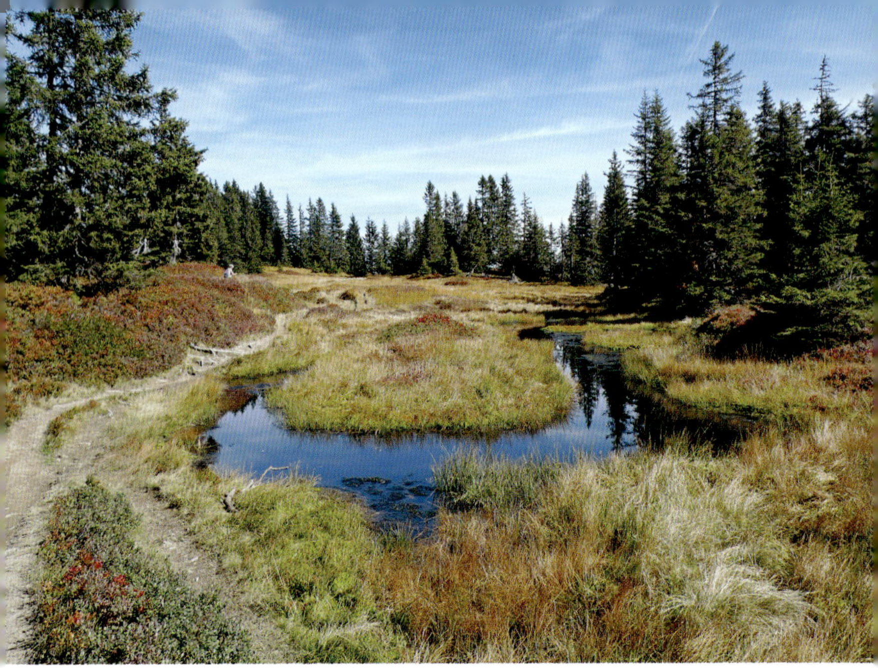

Großartige Hochmoorlandschaft auf 1500 m Höhe ein Stück unterhalb des Wannenkopfs.

im Herbst geradezu verschwenderisch mit ihren Farben umgeht. Fast völlig ebenerdig wandern wir auf einem erdigen Pfad an den kleinen Tümpeln vorbei, dann steigt der Weg am Waldrand leicht an. Wieder auf einer freien Fläche stoßen wir an einem Schilderbaum auf einen Pfad und entdecken etwas unterhalb einen weiteren wunderschönen Moorweiher – darüber reihen sich die versammelten Allgäuer Berge auf. An dem Wegweiser wurde ein Hinweis auf den Wannenkopf schlichtweg vergessen, wir wenden uns links und steigen in wenigen Minuten zu dem etwas versteckt liegenden, unspektakulären Gipfelkreuz des **Wannenkopfes**, 1712 m, auf.

Nach einer Rast gehen wir wieder auf dem Hinweg durchs Moor zurück, müssen aber gegen Ende des Moores, nachdem wir die Tümpel passiert haben, gut aufpassen: Etwa 40 m vor ein paar in der Landschaft quer zum Weg stehenden Zaunpfosten zweigt nach rechts ein unbeschilderter, leicht zu übersehender

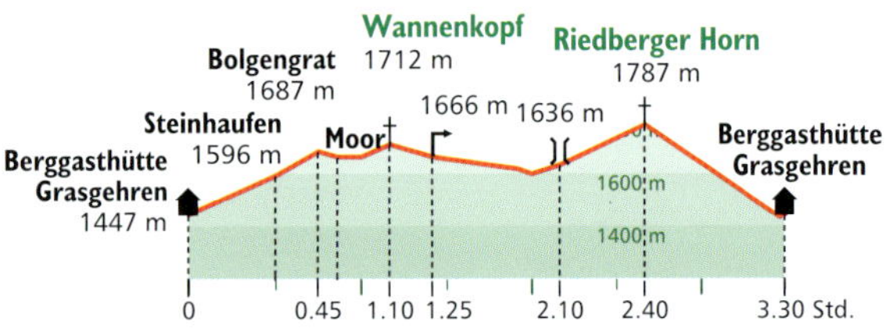

Pfad, 1666 m, ab, der uns bald abwärts durch einen Zaundurchlass führt. Wir kommen auf eine große Weidefläche und wandern auf dem Trampelpfad auf das Riedberger Horn zu. Im Zweifel halten wir uns links, kommen an den Waldrand, 1620 m, und treffen auf diejenigen, die im Moor nicht rechts abgebogen, sondern zurück zum Bolgengrat gegangen sind und dort der Beschilderung zum Riedberger Horn am Waldrand entlang auf dem Grat gefolgt sind. Auf dem Grat, auf dem wir uns jetzt ebenfalls befinden, ist es bisweilen feucht und rutschig, hier empfiehlt es sich, mit gut profilierten Schuhen unterwegs zu sein. Wenige Minuten später erreichen wir einen kleinen **Sattel**, 1635 m. Hier könnte man auch die Tour abkürzen und nach links hinunter auf einem Schotterweg in 20 Min. zum Parkplatz zurückkehren.

Wir wollen uns aber die prächtige Aussicht nicht entgehen lassen und steigen daher auf dem zunehmend steiniger werdenden Bergsteig in einer halben Stunde bis zum Gipfelplateau des **Riedberger Horns**, 1787 m, auf. Von hier oben haben wir eine fantastische Rundumsicht in die Allgäuer Bergwelt, bei klarem Wetter kann man im Westen sogar bis zu den Schweizer Alpen mit dem Säntis schauen.

Für den Abstieg wandern wir den anfangs steinigen Pfad Richtung Süden (»Grasgehren Alpe«) hinunter, der sich aber bald zu einem schönen Erd-/Wiesenweg mausert und uns – im unteren Bereich gestuft – schnell wieder nach unten bringt. Zuletzt geht es auf einer Teerstraße noch mal kurz steil bergauf, dann stehen wir nach 50 Min. Abstieg wieder am Parkplatz, wo wir in der **Berggasthütte Grasgehren** mit ihrem Spielplatz gemütlich einkehren oder uns ein Eis kaufen können.

HIGHLIGHTS

- ★ Zum Barfußlaufen geeigneter Aufstiegsweg über Wiesenpfade, wenn es vorher ein paar Tage trocken war.
- ★ Zur Almzeit Kühe auf den Weiden.
- ★ Hervorragendes Gebirgspanorama vom Wannenkopf und insbesondere vom Riedberger Horn.
- ★ Faszinierende Moorlandschaft unterhalb des Wannenkopfs – besonders im Herbst, wenn Rot die beherrschende Farbe im Moor ist.
- ★ Ideenreicher Spielplatz mit Kletterwand, Slackline, Balance-Skateboard und Vogelnestschaukel an der Berggasthütte Grasgehren (hier auch Eis).

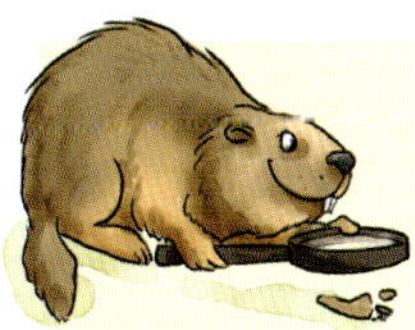

Hallo Kinder,

auf dem Weg zum Wannenkopf kommen wir heute kurz unterhalb des Gipfels an einem wunderschönen Hochmoor vorbei. Die Bezeichnung Hochmoor hat aber nichts damit zu tun, dass sich dieses Moor hoch oben am Berg befindet, denn Hochmoore gibt es auch unten im Tal. Das Hochmoor heißt so, weil es – ganz langsam – im Laufe der Zeit immer mehr in die Höhe wächst und schließlich sogar uhrglasmäßig gewölbt über das angrenzende Umland hinausragt. Ursache dafür sind die Torfmoose, die nach oben wachsen und nach unten hin absterben und so eine immer mächtiger werdende Torfschicht bilden.

12 Besler, 1679 m

Von der Riedberg(pass)straße ab 10 J.

Kletterpartie für bergerfahrene Gipfelstürmer
Die spannende Rundwanderung zum felsigen, aus Schrattenkalk aufgebauten Besler hat für die ganze Familie einiges zu bieten: einen markanten Gipfel mit ungewöhnlichen Felsformationen, versteinerte Schnecken und Muscheln, kleine abwechslungsreiche Pfade, eine schöne Einkehrmöglichkeit in der Schönbergalpe mit ihren Tieren und natürlich den Miniklettersteig kurz unterhalb des Gipfels, für den man schon über eine Portion Mut und Klettererfahrung verfügen muss. Es gibt aber auch eine leichtere Umgehungsmöglichkeit, auf der man etwas länger zum Gipfel braucht.

Der Klettersteig auf den Besler darf nur von klettererfahrenen Kindern und Erwachsenen begangen werden – die Verwendung eines Klettersteigsets ist empfohlen.

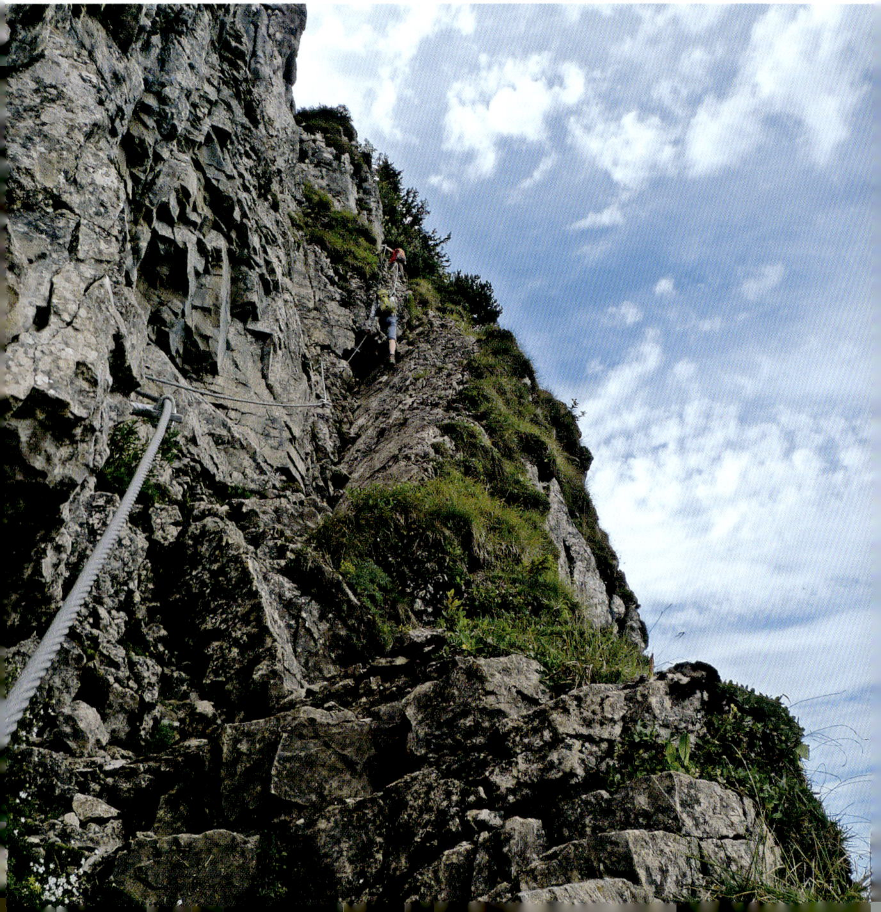

KURZINFO

Ausgangspunkt: Kleiner Parkplatz an der Riedberg(pass)straße, Abzweigung zur Wannenkopfhütte, 1210 m (Navi: N 47.433908, E 10.200462). Neben dem Parkplatz befindet sich eine kleine Holzhütte, auf der anderen Straßenseite gegenüber die Bushaltestelle und ein hölzerner Turm.
Auf der B 19 bis Fischen. Dort – von Norden kommend – rechts einbiegen und auf der Riedberg(pass)straße über Obermaislstein zum Parkplatz. Ist der Parkplatz belegt, kann man die Straße weiter bis zur Passhöhe hinauffahren und ca. 500 m danach – abwärtsfahrend in Richtung Balderschwang – am Straßenrand parken, 1380 m. Von dort erreicht man in 15 Min. die Schönbergalpe und kann die Tour von hier angehen. Wenn nicht anders möglich, kann man auch am großen Parkplatz der Passhöhe, 1420 m, parken und zu Fuß entlang der Straße zum alternativen Parkplatz gelangen.
Mit Bahn und Bus: Vom Bahnhof Oberstdorf oder Bahnhof Fischen mit dem Bus 46 mehrmals täglich bis zur Haltestelle »Abzweigung Wannenkopfhütte«. Fahrplan unter rvo-bus.de.
Gehzeit: 3.30 Std. (bei Umgehung des Klettersteigs 25 Min. länger).
Höhenunterschied: 580 m.
Ausrüstung: Gut profilierte Bergschuhe sind Pflicht! Bei Begehung des Klettersteigs Klettersteigset empfohlen.
Anforderungen: **Ab 10 Jahren.** Die Wanderung verläuft größtenteils auf kleinen Bergsteigen, die im Aufstieg vereinzelt mit Drahtseilen gesichert sind. Trittsicherheit ist auch bei Umgehung des Klettersteigs erforderlich. Der Schlussanstieg über den Klettersteig ist nur für Erwachsene und Kinder mit Klettererfahrung geeignet. Der durchgängig mit einem dicken Drahtseil gesicherte Steig ist an mehreren Stellen stark ausgesetzt, man kraxelt teilweise direkt am Abgrund die Felsen hinauf. Absolute Trittsicherheit und Schwindelfreiheit sind hier unerlässlich, auch Armkraft ist erforderlich. Wir empfehlen, Kinder mit kurzem Seil zu sichern oder ein Klettersteigset zu verwenden. Dieser Steig stellt mit Abstand das schwierigste Wegstück des Buches dar. Es ist ratsam, ihn nur bei trockenem Fels (bei Nässe Rutschgefahr!) und nur bergauf zu begehen und für den Abstieg auf jeden Fall den Weg um den Berg herum zu wählen. Der Weg von der Schönbergalpe zur Herzbergalpe ist überwiegend barfußfreundlich.
Einkehr: **Herzbergalpe**, 1190 m, geöffnet Mitte Juni bis Mitte September. **Obere Gundalpe**, 1496 m, geöffnet nur ca. 20. Juli bis 20. August. **Schönbergalpe**, 1346 m, geöffnet Mitte Juni bis Mitte September.

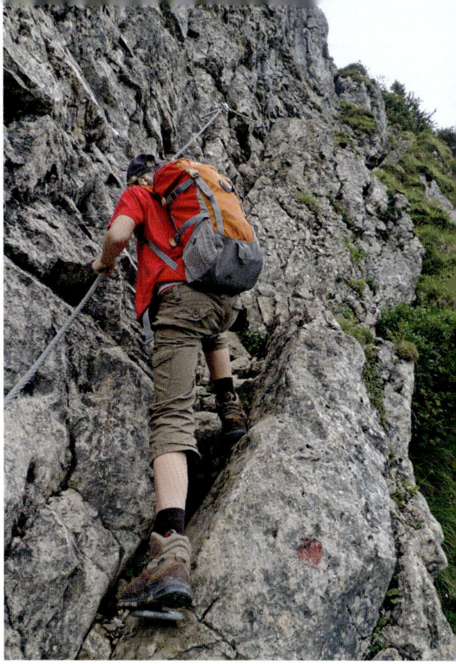

HIGHLIGHTS

- ★ Versteinerte Schnecken und Muscheln zu Beginn der Wanderung.
- ★ Viele Kühe auf den Weiden, Pferde und Enten an der Schönbergalpe.
- ★ Abwechslungsreicher Bergsteig mit einfachen Drahtseilsicherungen auf der Normalroute.
- ★ Spannender kleiner Klettersteig zum Gipfel für berg- und klettererfahrene Kinder und Erwachsene.

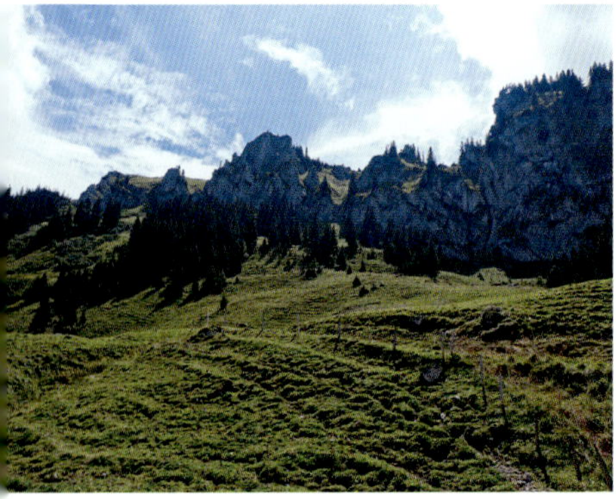

Blick von der Schönbergalpe hinauf zum markanten Beslerkopf. Der Besler selbst ist von dort nicht zu sehen.

Vom **Parkplatz »Abzweigung Wannenkopfhütte«** gehen wir ein paar Meter die Straße hinunter und schwenken unmittelbar nach der Holzhütte rechts in den kleinen Pfad (Beschilderung »Besler«, »Herzbergalpe«, »Beslerrunde«), der uns abwärtsführt. Nach 5 Min. stoßen wir auf eine Teerstraße, wenden uns rechts und gehen über eine Brücke. Wir kommen zu einem Wegweiser und müssen uns nun entscheiden, in welche Richtung wir die Beslerrunde laufen wollen. Es empfiehlt sich, die Tour im Uhrzeigersinn zu begehen, da wir so beim Aufstieg ohne Umweg am Abzweig zum kleinen Klettersteig vorbeikommen und erst gegen Ende der Wanderung die herrlich gelegene Schönbergalpe erreichen, an der wir nach getaner Arbeit wunderbar einkehren können. Wir wenden uns daher links aufwärts und wandern an der ebenfalls bewirtschafteten **Herzbergalpe**, 1190 m, vorbei auf einem Almweg bergan. Bald weist uns ein Wegweiser rechts in einen kleinen Pfad, nun geht es erst durch Wald, dann über den freien Hang Richtung Schwarzenberg. Wer genau hinschaut, kann am Weg Steine mit versteinerten Muscheln und Schnecken finden (siehe Kinderkasten). Nach 40 Min. Gesamtgehzeit kommen wir zu einem Schilderbaum, 1323 m, hier wenden wir uns rechts Richtung »Obere Gund Alpe« und wandern nun auf dem »Königsweg« weiter. Eine knappe halbe Stunde später treten wir aus dem lichten Wald und treffen bald auf einen breiteren Weg. Hier gehen wir geradeaus und erreichen in 5 Min. die nur etwa fünf Wochen im Jahr (ca. 20. Juli bis 20. August) bewirtschaftete **Obere Gundalpe**, 1496 m. Hinter der Alpe wenden wir uns nach

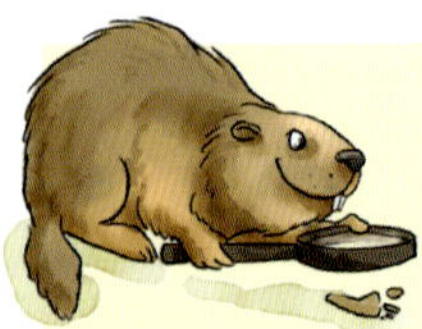

Hallo Kinder,

vor 120 Millionen Jahren gab es im Allgäu noch keine Berge – das ganze Gebiet war von einem Meer bedeckt. Am Meeresgrund lagerten sich damals Muscheln und Schnecken ab, die von Sedimenten wie Sand und Schlamm überdeckt wurden und im Laufe der Zeit unter dem wachsenden Druck dieser Ablagerungen versteinerten. Mit der Entstehung der Alpen wurde dieses Gestein in die Höhe gehoben, sodass man es heute in den Bergen finden kann. Wenn ihr am Besler unterwegs seid, müsst ihr euch unbedingt am Anfang der Wanderung zwischen der Herzbergalpe und dem Schwarzenberg die Steine direkt am Weg genau ansehen, dann könnt ihr diese Versteinerungen zuhauf entdecken.

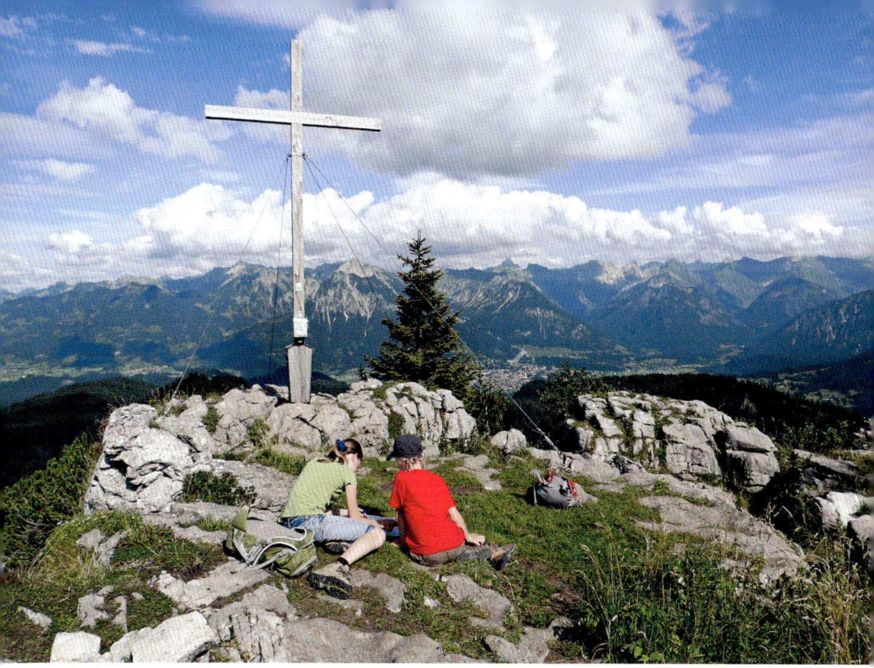

Herrlicher Panoramablick vom Besler.

rechts (»Besler«) und wandern auf einem Bergsteig mit einigen harmlosen drahtseilgesicherten Stellen bergan, um 30 Min. später auf einem Gratweg – bald das Gipfelkreuz unseres Ziels vor Augen – zum Fuß des Gipfelaufbaus des Besler zu gelangen. Links zweigt hier der kleine, etwa 35 m lange **Klettersteig** ab, den man erst einmal von unten begutachten kann. Für Anfänger und kleinere Kinder ist dieser Steig nicht geeignet und zu gefährlich! An drei stark ausgesetzten Stellen muss man auf dem durchgängig mit einem Drahtseil gesicherten Steig direkt am Abgrund auf der Felskante hinaufkraxeln. Das erfordert eine gehörige Portion Überwindung. Wir empfehlen, den Klettersteig nur mit Bergerfahrung und bei trockenem Fels zu begehen und die Kinder mit kurzem Seil zu sichern oder ein Klettersteigset zu verwenden. Wer bereits an der ersten schwierigen Stelle unsicher ist oder

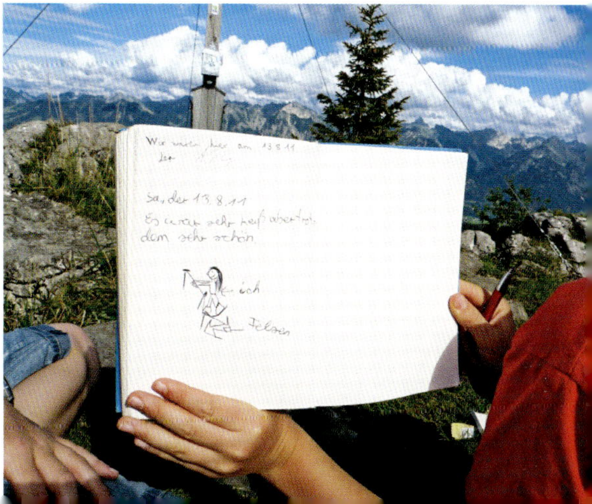

Verewigung im Gipfelbuch des Besler.

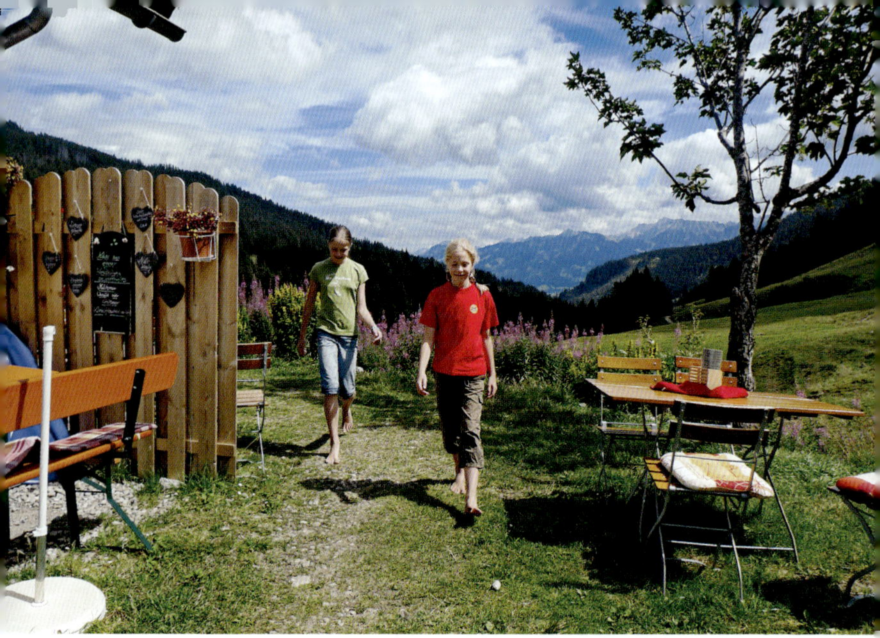

An der Schönbergalpe gibt es vorzügliche Käse und Kuchen.

gar Nervenflattern bekommt, der sollte unbedingt umkehren und die leichtere Umgehung wählen. Auch für solch eine Entscheidung benötigt man Mut! Haben wir uns für den Direktaufstieg am Drahtseil entschieden, stehen wir bereits 5 Min. später am Gipfelkreuz des **Besler**, 1679 m.

Bei Umgehung des Klettersteigs brauchen wir 25 Min. länger. Hierzu wandern wir zuerst ebenerdig geradeaus unterhalb des Felsaufbaus, dann weist uns ein Schild nach links aufwärts. Nach Erreichen der Anhöhe führt uns der Bergsteig erst einmal hinunter, um dann den Besler umrundend in 10 Min. bergauf, am (unbeschilderten) oberen Einstieg

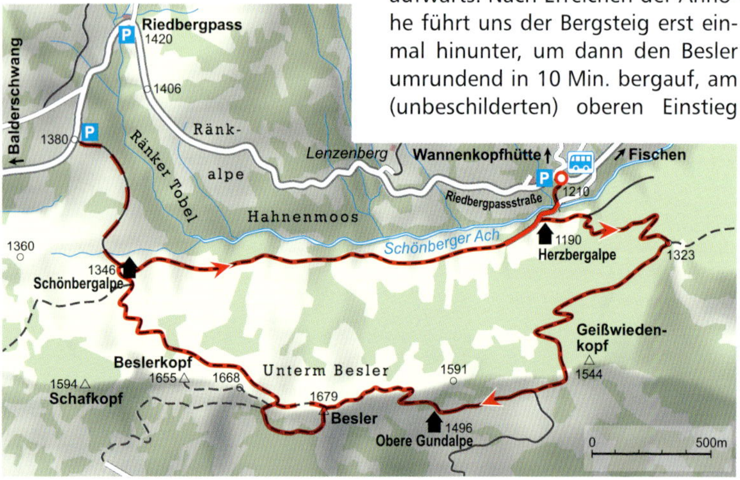

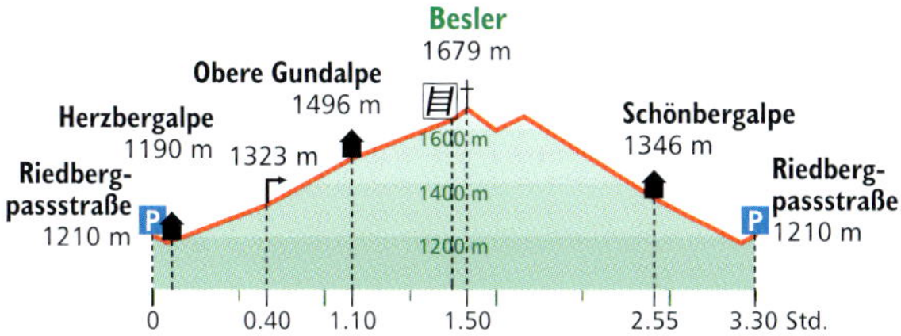

des Klettersteigs vorbei, den Gipfel mit seiner markanten Felslandschaft zu erreichen. Hier suchen wir uns eine ameisenfreie Sitzgelegenheit auf den Steinen und freuen uns über den herrlichen Blick auf die Allgäuer Berge. Nachdem wir uns im Gipfelbuch verewigt haben, machen wir uns an den Abstieg. Mit Kindern sollte man nun auf jeden Fall den Umgehungsweg wählen – abwärts ist der Klettersteig für den Nachwuchs zu gefährlich.

Der Abstiegspfad führt an der oberen Einmündung des Klettersteigs vorbei, nun halten wir uns links und umrunden auf dem wurzeligen und steinigen Pfad erst abwärtsgehend, dann stetig ansteigend den Besler und folgen an einem **Schilderbaum**, 1624 m, dem Wegweiser nach Grasgehren. Wir erreichen eine Anhöhe, gehen hier nicht nach rechts Richtung unterer Einstieg zum Klettersteig, sondern marschieren geradewegs hinunter und biegen in den querenden Pfad (»Grasgehren«) links ein. Wir wandern auf einem abwechslungsreichen Pfad entlang des mehrgipfligen Beslerkamms immer bergab und erreichen nach gut einer Stunde Abstieg die **Schönbergalpe**, 1346 m. Hier wenden wir uns nach rechts, gehen zwischen den beiden Gebäuden hindurch und stehen nach 20 m im gemütlichen Gastgarten der Alpe, der vom Weg gar nicht richtig zu sehen war. Bei feinem Kuchen, Käse aus eigener Herstellung oder einer kräftigen Brotzeit können wir zum Beslermassiv hinaufschauen und staunen, wie weit oben wir vor Kurzem noch waren, während sich die Kinder über die Pferde, Enten und Kühe freuen, die auf der Alpe den Sommer lang zu Hause sind.

Nach der Rast wandern wir in östlicher Richtung über einen überwiegend barfußfreundlichen Wiesenweg bei geringem Gefälle in 30 Min. zurück zum Wegweiser unterhalb der Herzbergalpe, an dem wir unsere wunderschöne Besler-Runde beschließen. Auf dem Hinweg geht es von dort in 5 Min. zum **Parkplatz** zurück.

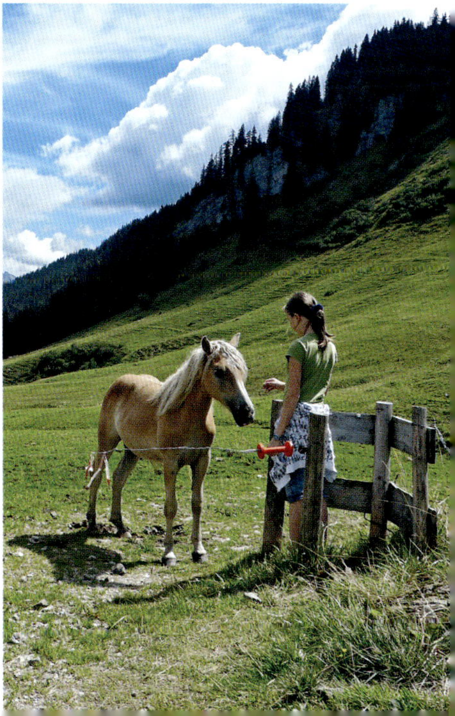

Pferdestreicheln an der gastfreundlichen Schönbergalpe.

13 Hoher Ifen, 2229 m

Von Riezlern

ab 10 J.

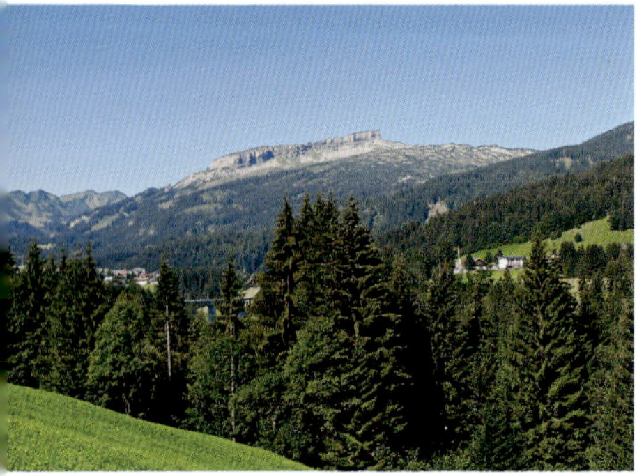

Kraxeleinlage über dem Gottesackerplateau

Von den vorgelagerten Bergen aus betrachtet, durchpflügt der Rumpf eines riesigen Schiffes die aufgebrachte See der Allgäuer Alpen. Die schräg gestellte, mächtige Felsplatte des Hohen Ifen kämpft sich dabei bei näherem Hinsehen durch das steinerne Meer des Gottesackerplateaus. Genauso beeindruckend wie die einzigartige Form des aus Kalkbänken aufgebauten Berges ist der abwechslungsreiche Aufstieg auf diesen fantastischen Aussichtsgipfel, den man mit bergerfahrenen Kinder ab 10 Jahren, die keine Angst vor ein paar drahtseilgesicherten Felsstufen haben, angehen kann.

KURZINFO

Talort: Riezlern im Kleinwalsertal.
Ausgangspunkt: Großer gebührenpflichtiger Parkplatz an der Auenhütte, 1273 m (Navi: A-6992 Hirschegg, Auenalpe 1). Von Sonthofen auf der B 19 kommend am Kreisverkehr kurz vor Oberstdorf (direkt nach dem Mc Donald's) rechts ins Kleinwalsertal abbiegen und auf der B 19 nach Riezlern hineinfahren. Direkt nach der Breitachbrücke (am südlichen Ortsrand) rechts in die Schwarzwassertalstraße einbiegen und der Beschilderung zur Ifenbahn folgen.
Mit Bahn und Bus: Mit dem Zug nach Oberstdorf und von dort bei guter Verkehrsanbindung mit der Walserlinie 1 bis »Riezlern Post«. Dort umsteigen in die Walserlinie 5 bis Haltestelle »Ifen« (Endstation). Busfahrpläne unter kleinwalsertal.com/aktuell/walserbus.html.
Gehzeit: 4.20 Std.
Höhenunterschied: 640 m.
Ausrüstung: Gut profilierte Bergschuhe sind Pflicht!
Anforderungen: **Ab 10 Jahren** und nur für bergerfahrene Kinder (eventuell mit kurzem Seil sichern). Bis unterhalb der Ifenmauer leichte Wanderung. Danach Aufstieg durch einen reinen Geröllhang, bei dem man besonders beim späteren Abstieg auf dem losen Gestein aufpassen muss (Rutschgefahr!). Im Anschluss drahtseilgesicherter Steig über einige Felsstufen, für den Trittsicherheit und etwas Schwindelfreiheit erforderlich sind. Auf dem Ifenplateau einfache Wege bis zum Gipfelkreuz. Vorsicht: Der Hohe Ifen fällt auf dem Plateau stellenweise ein Stück neben dem Weg sowie am Gipfel senkrecht ab. Aufstieg mit Kindern nur bei völliger Schneefreiheit (in der Regel ab Anfang Juli; Information bei der Ifenbahn einholen)!
Einkehr: **Berggasthof Auenhütte**, 1273 m, im Sommer geöffnet von Anfang Juni bis ca. 20. Oktober (warme Küche bis 16.30 Uhr, Freitag bis Sonntag Pizza bis 18 Uhr), Montag Ruhetag, Tel. +43 5517 5265, auenhuette.at. **Bergrestaurant Ifenhütte**, 1586 m, Sommersaison Ende Juni bis ca. 20. Oktober, geöffnet nur bis 17 Uhr, kein Ruhetag, Tel. +43 5517 52745923, ifenhuette.at.
Bergbahn: Ifenbahn (10er-Gondel), Betriebszeiten im Sommer von Ende Juni bis

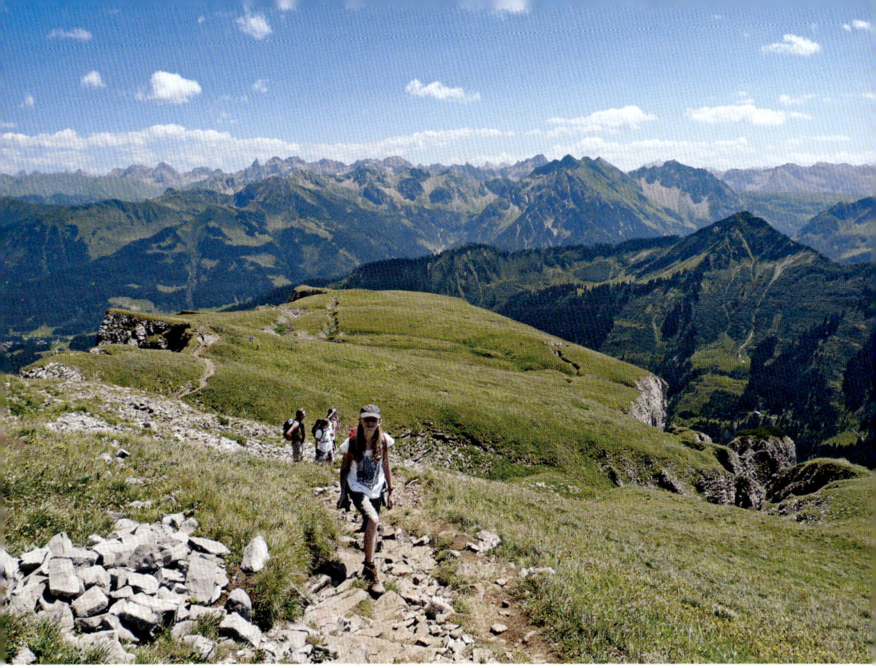

Auf dem grünen Gipfelplateau des Hohen Ifen mit fantastischem Bergpanorama im Hintergrund.

ca. 20. Oktober 8.30–16.45 Uhr (im Herbst bei Schnee in den Hochlagen ab 9 Uhr), Tel. +49 8322 96000, Infotelefon 0700 55533888, ok-bergbahnen.com/bergbahnen.

Variante: Abstieg über Ifersguntalpe, Schwarzwasserhütte und Alpe Melköde (alle bewirtschaftet). Wegen der Länge und Schwierigkeit des Weges (Gesamtgehzeit Rundweg 6.30 Std.) erst für Kinder ab 12 Jahren geeignet. Trittsicherheit, Schwindelfreiheit und Bergerfahrung auf dem mit Drahtseilen und Eisen gesicherten Eugen-Köhler-Weg erforderlich. Kinder eventuell mit kurzem Seil sichern. Nicht bei Nässe begehen, es besteht bei Feuchtigkeit erhebliche Rutschgefahr auf der Steiganlage! Kurz unterhalb des Ifengipfels zweigt von oben kommend rechts der Eugen-Köhler-Weg Richtung Ifersguntalpe und Schwarzwasserhütte ab. Zuerst über einen kleinen Erdpfad, später über mit Drahtseilen gesicherte Steinstufen und eine längere Querung (mit eisernen Steighilfen und Drahtseilen gesichert) hinunter zur Ifersguntalpe. 5 Min. unterhalb der Alpe links und 30 Min. später nochmals links zur Schwarzwasserhütte. Von dort bald auf dem Erlebnispfad »Schwarzwasser« entlang des Schwarzwasserbaches durch eine sumpfige Hochebene und nach einem Wasserfall hinunter zur Alpe Melköde. Von dort im Rechtsbogen um ein Sumpfgebiet und später entlang großer Steinblöcke abwärts. Links zweigt bald unser Weg zur Auenhütte und zum Parkplatz ab.

Eisenhut in verschiedenen Blautönen.

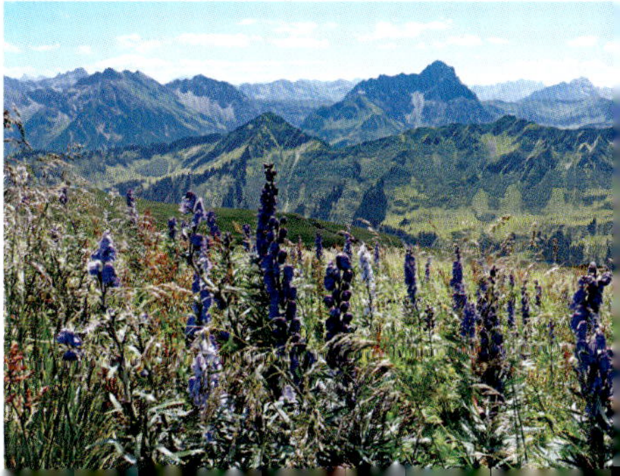

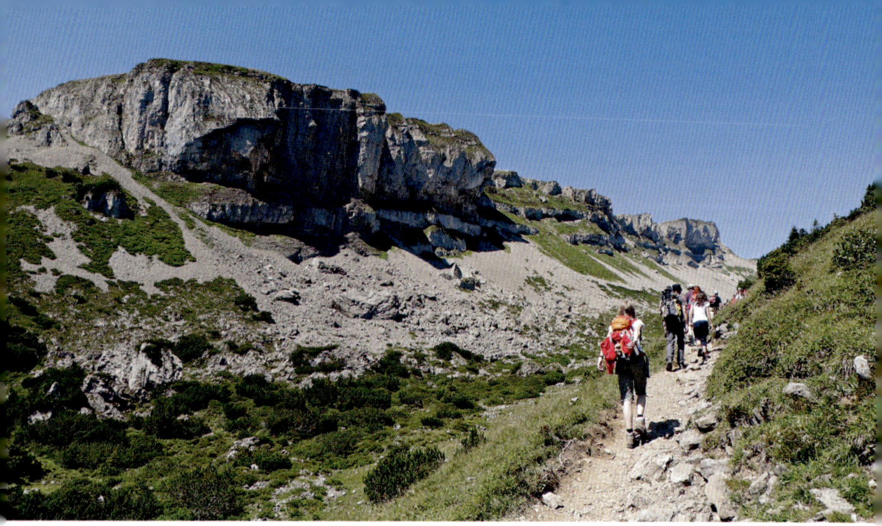

Der sonnige Weg führt uns ein ganzes Stück an der Ifenmauer entlang.

Die Tour beginnt mit der Gondelbahnfahrt von der Auenhütte zur **Bergstation**, 1580 m, der Ifenbahn. Oben halten wir uns links, marschieren an der **Ifenhütte**, 1586 m, mit ihrem Spielplatz für Kleinkinder und dem Kneippbecken vorbei und wandern nun bergan (Beschilderung »Hoher Ifen«). In den auf dem Schild angegebenen 2 Std. Gehzeit bis zum Gipfel werden wir mit Kindern den Aufstieg nicht ganz schaffen, zumal der Weg äußerst schweißtreibend ausschließlich in der Sonne liegt. Ganz klar im Vorteil ist hier, wer an warmen Tagen früh unterwegs ist. Bis zum Beginn der **Ifenmulde**, 1720 m, geht es erst einmal steil bergan, dann führt der Weg entlang der **Ifenmauer** gemächlich auf einem schönen Bergsteig aufwärts. Wenn wir uns nun umdrehen, erwartet uns bereits jetzt bei gutem Wetter ein atemberaubendes Bergpanorama. An einer Verzweigung halten wir uns links (»Hoher Ifen«) und folgen fortan der weiß-blau-weißen Markierung.

Nach 1.15 Std. Gesamtgehzeit erreichen wir einen **Schilderbaum**, 1914 m. Hier wenden wir uns links und steigen nun durch ein Geröllfeld auf losen Steinen, die durch Tausende von Wanderstiefeln zu einem erkennbaren Steig verdichtet wurden, erst gemächlich, dann stei-

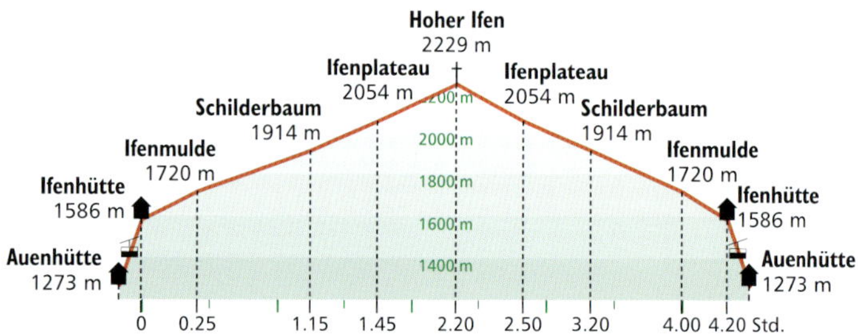

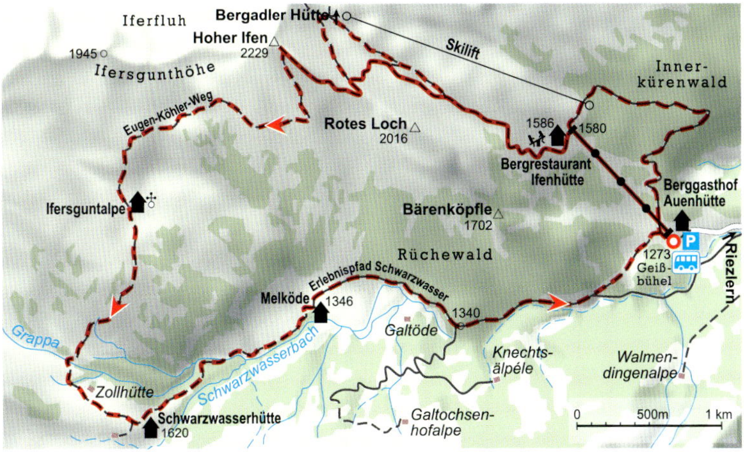

ler ansteigend hinauf, bis wir auf den Weg treffen, 1997 m, der von der Bergadlerhütte (nur im Winter bewirtschaftet) herüberführt. An dieser Stelle, unmittelbar unter der Ifenmauer, können wir eine kurze Rast einlegen, um uns für den drahtseilgesicherten Aufstieg auf das Ifenplateau noch einmal zu stärken, dann gilt es, in einer leichten Kraxelei einige Felsstufen zu überwinden. Oben herrscht nur noch Staunen! Nach einem letzten Drahtseilakt betreten wir die breite, grüne **Hochfläche** des Hohen Ifen und müssen erst einmal innehalten. So fantastisch ist der Fernblick auf die unzähligen Gipfel, so überraschend das sanft ansteigende Plateau mit den vielen majestätisch blühenden Eisenhut-Pflanzen, so außergewöhnlich der Blick hinunter auf das riesige, bizarre Gottesackerplateau. Ein Bild für Götter!

Nun bitte aufpassen, dass man z. B. beim Fotografieren nicht zu nah an den Rand des Plateaus (Steilabfall!) kommt, der weitere Weg die schräge Hochfläche hinauf ist aber überhaupt kein Problem mehr. Kurz unterhalb des Gipfels zweigt links der ebenfalls spannende Eugen-Köhler-Weg ab (siehe Variante).

Zum **Hohen Ifen**, 2229 m, gehen wir hier geradeaus weiter und stehen 5 Min. später am hölzernen Gipfelkreuz. Achtung, auch hier fällt das Massiv nicht weit vom Kreuz steil ab. Um die Mittagszeit können sich bei schönem Wetter schon mal einige Dutzend Wanderer hier am »Schiffsbug« tummeln. Wem das zu viel Trubel ist, der findet auf dem

Zum Plateau geht es über drahtseilgesicherte Felsstufen hinauf.

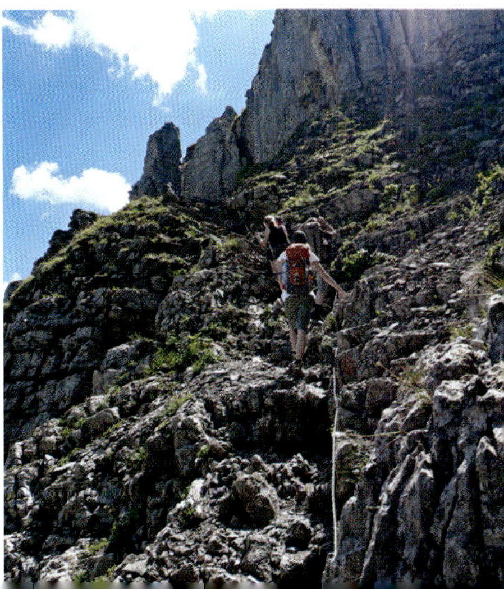

HIGHLIGHTS

★ Spannender, sehr abwechslungsreicher Weg mit einigen drahtseilgesicherten Passagen für bergerfahrene kleine Abenteurer.
★ Nach einem steinigen Aufstieg einzigartiges, sanftes Wiesenplateau mit überwältigendem Bergpanorama und faszinierendem Blick hinunter auf das riesige Gottesackerplateau.
★ Auf dem Ifenplateau: im Sommer in verschiedenen Blautönen blühende Eisenhutpflanzen.
★ Jungvieh auf den Weiden.
★ Kneippbecken an der Ifenhütte.

riesigen Plateau bestimmt auch ein ruhigeres Plätzchen. Die Aussicht ist phänomenal. Bei klaren Sichtverhältnissen erkennt man im Südwesten den Bodensee, weiter südlich bauen sich am Horizont die eisbedeckten Schweizer Hochalpen auf, während im nahen Süden der mächtige Große Widderstein den anderen Gipfeln die Schau stiehlt. Nach einer ausgiebigen Rast wandern wir rechtzeitig wieder auf dem Anstiegsweg talwärts, um die letzte Gondel noch zu erreichen. Vorsicht bitte im Geröllfeld, hier besteht im Abstieg Rutschgefahr! Alternativ kann man unmittelbar unterhalb der Ifenmauer einen Umweg (zusätzlich 45 Min. Gehzeit) in Kauf nehmen und (um das steile Geröllfeld zu umgehen) geradeaus Richtung Bergadler Hütte weiterwandern. Unterhalb des Hahnenköpfle schwenkt man dann rechts und stößt oberhalb der Ifenmulde wieder auf die Wanderer, die sich das Geröllfeld herunter gewagt haben. Kommen wir, weil wir uns oben nicht losreißen konnten, zu spät zur **Ifenhütte,** besteht von dort die Möglichkeit, in 45 Min. auf einem breiten Fahrweg (von oben kommend an der Bergstation links halten) wieder zur **Auenhütte** und zum Parkplatz zu gelangen.

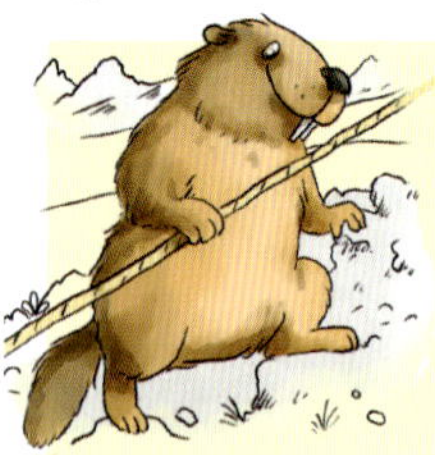

Hallo Kinder,

vom Hohen Ifen könnt ihr hinunter auf das riesige Gottesackerplateau blicken, eine unter Naturschutz stehende Steinlandschaft aus Schrattenkalk mit messerscharfen Furchen, tiefen Spalten und großen Höhlen. Die Leute sagen auch zu einem Friedhof »Gottesacker«, deshalb glauben viele, dass das Plateau so heißt, weil es dort so einsam und trostlos wie auf einem Friedhof aussieht. Tatsächlich wachsen hier aber viele seltene Pflanzen, die sich zwischen den Felsen angesiedelt haben. Durch Regen und Schneeschmelze sind in der Felslandschaft viele Rinnen und Rillen entstanden, die man »Karren« nennt. Hier kommt niemand so leicht hin, sodass die Pflanzen ganz ungestört wachsen können. Von oben sieht diese Steinwüste tatsächlich aus wie ein gerade gepflügter riesiger Acker. Da er 2000 Meter hoch liegt, ist das schon ganz schön nahe beim lieben Gott, sodass der Name vielleicht gar nichts mit einem Friedhof zu tun hat, sondern durch das besondere Aussehen dieser Hochfläche entstanden ist.

Senkrecht fällt der Hohe Ifen am Gipfelkreuz zum Gottesackerplateau ab.

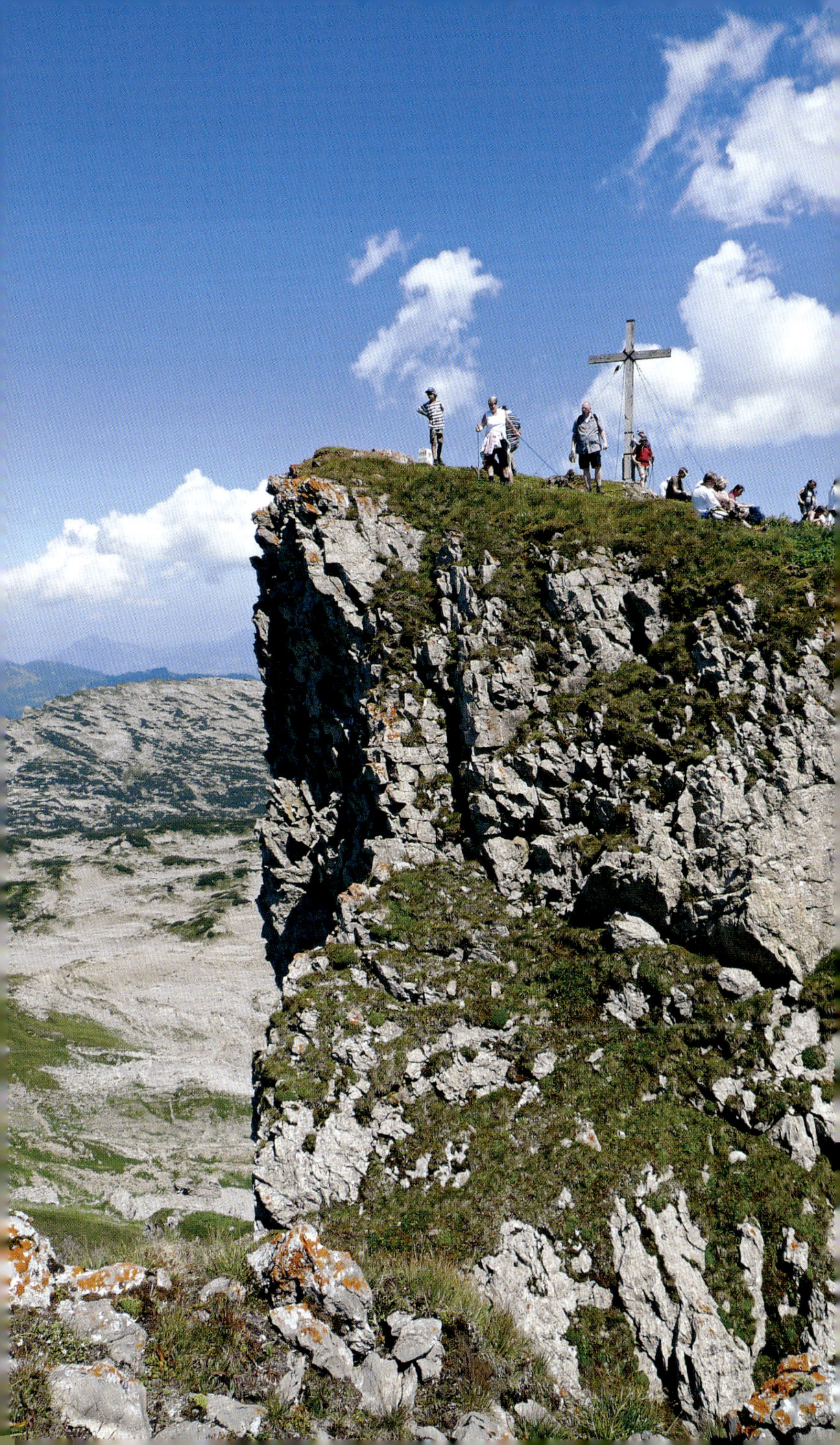

14 Kanzelwand, 2058 m

Von der Kanzelwand-Bergstation ab 8 J.

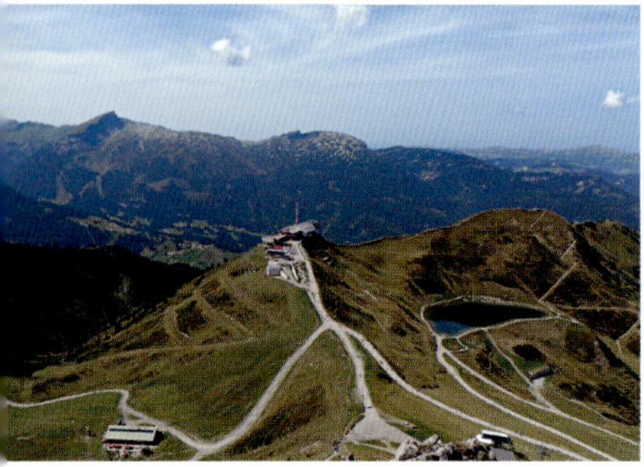

Burmiwasser und Gipfelparade

Wasser marsch! Dieser Ruf schallt den Erlebnispfad »Burmiwasser« rauf und runter, sogleich werden scheinbar in einer Kettenreaktion von den kleinen Schleusenwärtern zahlreiche Wassersperren geöffnet, sodass sich das angestaute Wasser neben dem Wanderweg die Holzrinnen entlang ergießen kann. Keine Frage, für's Burmiwasser mit seinen Wasserrinnen, Schleusen, Wasserrädern und Wasserläufen braucht man Zeit, das erfrischende Nass begleitet uns hier auf Schritt und Tritt von der Bergstation bis zum Riezler Alpsee. Aufgrund der Höhenlage präsentiert sich uns bereits auf dem Erlebnisweg ein Bergpanorama wie aus dem Bilderbuch, das nur noch von dem sensationellen Rundumblick von der Kanzelwand, auf die man unbedingt mit Kindern ab 8 Jahren einen Abstecher machen sollte, übertroffen wird.

Fantastischer Blick in die Allgäuer Alpen und hinunter zur Bergstation.

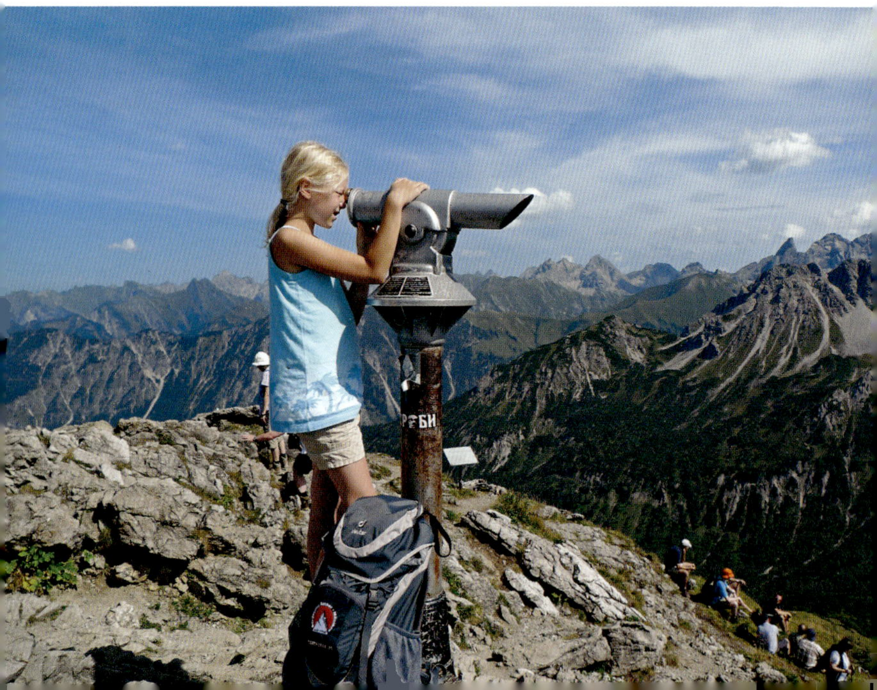

KURZINFO

Ausgangspunkt: Kostenpflichtige Parkplätze an der Kanzelwandbahn-Talstation in Riezlern, 1086 m (Navi: A-6991 Riezlern, Walserstraße 77).
Von Sonthofen auf der B 19 kommend am Kreisverkehr kurz vor Oberstdorf (unmittelbar nach dem Mc Donald's) rechts ins Kleinwalsertal abbiegen und auf der B 19 weiter bis nach Riezlern fahren. Die Bergbahn liegt direkt an der Durchgangsstraße.
Mit Bahn und Bus: Mit der Bahn bis Oberstdorf und weiter in 20 Min. mit der Linie 1 des Walserbusses (verkehrt alle 10–20 Min.) bis zur Haltestelle »Kanzelwandbahn«. Fahrplan unter oberstdorf.de/anreise-verkehr/busfahrplaene.html.
Gehzeit: 2.15 Std. bei kurzem Aufenthalt an den einzelnen Stationen.
Höhenunterschied: 230 m.
Ausrüstung: Gut profilierte Wanderstiefel, Handtuch zum Füße abtrocknen, Wechselkleidung. Bei Bedarf können im Panoramarestaurant an der Bergstation Kinderkraxen entliehen werden.
Anforderungen: Aufstieg zur Kanzelwand ab 8 Jahren, Bergsteig über die »Rote Wand« ab 6 Jahren, nur Besuch des Burmiwassers auch für Kleinkinder und Kinderwagen (wird kostenlos nach oben transportiert) geeignet. Der Weg von der Bergstation zum Riezler Alpsee verläuft auf breitem Kiesweg. Aufstieg zur Kanzelwand auf steinigem Bergpfad, neben dem es auf einer Seite steil hinuntergeht – einige Drahtseilsicherungen, die den Abstieg etwas erleichtern. Trittsicherheit erforderlich. Weg über die Aussichtsplattform »Rote Wand« auf erdigem Bergpfad.
Bergbahn: Gondelbahn Kanzelwandbahn, Sommerbetrieb von Mitte/Ende Mai bis Mitte Oktober, erste Bergfahrt um 8.30 Uhr (Mitte/Ende Mai bis Ende Juni sowie im Herbst bei Schnee in den Hochlagen erst um 9 Uhr), letzte Bergfahrt 16.45 Uhr (16.15 Uhr), Tel. +49 8322 96003422 oder Tel. +43 5517 52743422, ok-bergbahnen.com/bergbahnen.

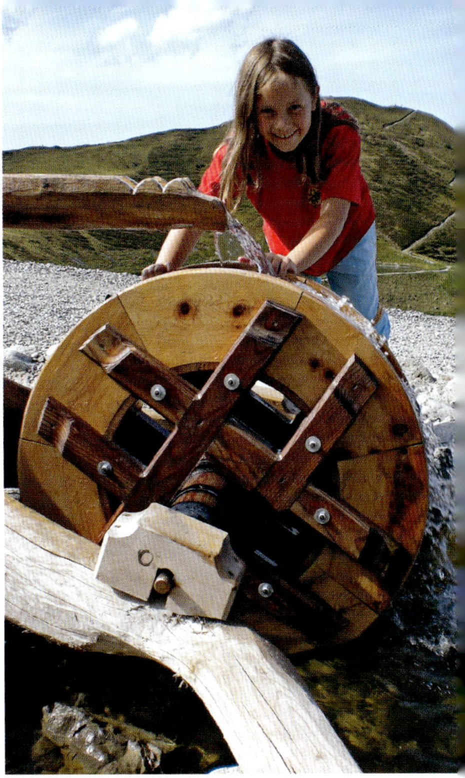

Wasserrad am »Burmiwasser«.

Einkehr: Panoramarestaurant Kanzelwand, 1950 m, Selbstbedienungsrestaurant mit großer Sonnenterrasse, Kindermenü, geöffnet im Sommer von Ende Mai bis Mitte Oktober, kein Ruhetag, Tel. +43 5517 52740. Adlerhorst-Hütte, 1880 m, Sonnenterrasse, im Sommer geöffnet von Ende Mai bis Mitte Oktober, kein Ruhetag, Tel. +43 5517 54660.
Tipp: Unterhalb des Nachbargipfels Fellhorn, zu dem man ausgeschildert von der Kanzelwand über den Aussichtspunkt Rote Wand und den Wasserspeicher hinüberwandern kann, blühen in der Zeit von Mitte Juni bis Mitte Juli (je nach Vegetationsfortschritt) ganze Felder von Alpenrosen pink-rot an den Berghängen.
An der Mittelstation der Fellhornbahn wartet ein schöner Spielplatz (mit langer Röhrenrutsche) und mit dem Schlappoldsee ein toller Natursee.

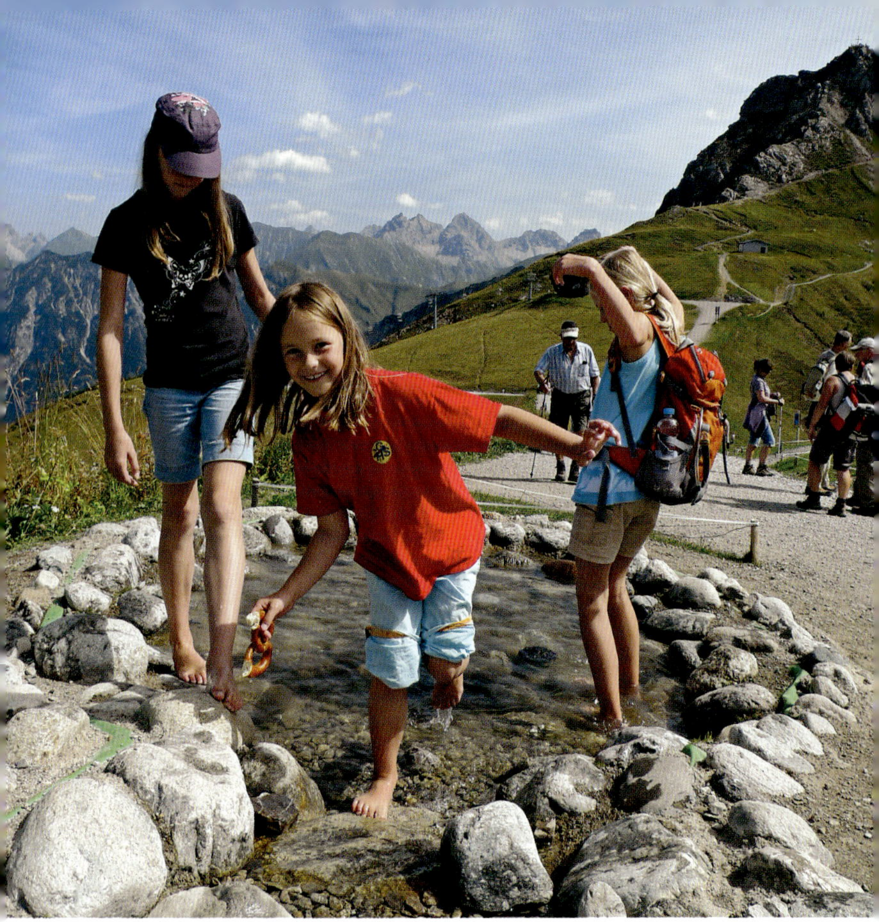

Das feuchte Element begeistert alle Kinder (hinten rechts die Kanzelwand).

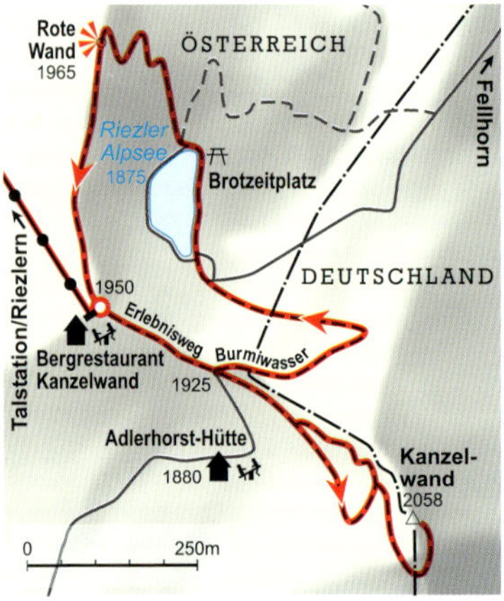

Bequem gondeln wir mit der Kanzelwandbahn auf 1950 m Höhe hinauf, während durch das offene Fenster das Geläut von Kuhglocken an unser Ohr dringt. An der **Bergstation** angekommen zieht es uns erst einmal auf die von der Bergbahn direkt zugängliche Sonnenterrasse des Bergrestaurants, auf der nicht nur kostenlose Liegestühle zum Ausruhen, sondern auch die im Südwesten aufgereihten Gipfel mit dem Großen Widderstein und dem Hohen Ifen aufwarten. Unmittelbar nach Verlassen des Gebäudes beginnt auch schon das **»Burmiwasser«**. Beim Anblick des plätschernden Wassers fällt es schwer, bei warmen Temperaturen die Schuhe anzubehalten, und so genießen wir schon bald das kühle Nass an unseren Füßen und steigen durch den Wasserlauf – bei bester Massage unserer Fußsohlen – auf den runden Kieseln abwärts bis zu einem Spielplatz, von dem es wiederum durch einen Wasserlauf hinunter zu einem großen Wasserrad geht. Hier ziehen wir unsere Bergschuhe wieder an, wandern noch etwa 50 m auf dem breiten Weg hinunter und stehen an einer Wegverzweigung, 1925 m, mit drei Alternativen: Links läuft der Wasserweg weiter, rechts könnte man in 5 Min. hinunter zur Adlerhorst-Hütte (kleiner Spielplatz und Trampolin) absteigen, wir wählen aber den mittleren Weg und machen uns an den Anstieg zur Kanzelwand. Am Ende des breiten Weges halten wir uns rechts, wandern auf einem Bergweg aufwärts, treffen auf einen anderen Weg (auf diesem gehen wir auf dem Rückweg abwärts) und gewinnen auf dem bisweilen gestuften Weg schnell an Höhe. Nach wenigen Minuten wird der Weg steiler und felsig, einige Drahtseile geben zusätzlichen Halt. Der Steig führt nun um den Berg herum und wir erreichen – zuletzt auf felsigem Untergrund – nach 30 Min. Aufstieg den zu fast allen Seiten hin steil abfallenden (Bitte die Kinder zur Vorsicht mahnen!) Gipfel der **Kanzelwand**, 2058 m, mit fantastischer Rundumsicht auf sämtliche Allgäuer Berge. Neben dem Gipfelkreuz befindet sich ein Fernrohr, ein Stück weiter unten können wir auf einer Gipfelbestimmungstafel die Namen der einzelnen Berge finden.

Der Abstiegsweg verläuft weitgehend auf dem Aufstiegsweg. Nun gehen die Eltern voraus, man muss ein bisschen aufpassen, auf dem teilweise losen Gestein nicht ins Rut-

HIGHLIGHTS

- ★ Erlebnispfad »Burmiwasser« mit zahlreichen Wasserrinnen, Schleusen, Bachläufen, Wasserrädern.
- ★ Fantastisches Gebirgspanorama auf dem Erlebnisweg und von der Kanzelwand.
- ★ Kleiner Spielplatz an der Bergstation mit Rutsche, Kletterturm, Klettergerüst und Vogelnestschaukel; kleiner Spielplatz mit Trampolin an der Adlerhorst-Hütte.
- ★ Nach der Tour: Besuch des gegenüber der Kanzelwandbahn-Talstation gelegenen Freibads Riezlern mit 59-m-Wasserrutsche und Sprungturm, geöffnet Pfingsten bis Sept. 9–20 Uhr (bei entspr. Witterung), Tel. +43 5517 6125.

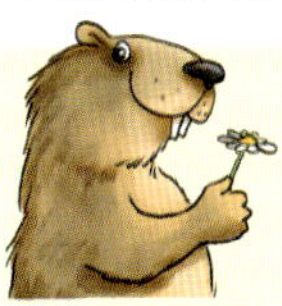

Hallo Kinder,

wenn ihr euren Freunden zu Hause von eurem Urlaub im Allgäu erzählt, könnt ihr die Zahl der von euch selbst bestiegenen Gipfel ganz leicht um einen Gipfel erhöhen, ohne dass ihr auch nur einen Meter mehr gewandert seid. Die Kanzelwand heißt nämlich nur in Österreich so, von der deutschen Seite bei Oberstdorf wird derselbe Gipfel Warmatsgundkopf genannt. So habt ihr also mit der Besteigung nur eines Berges gleich zwei Gipfel bestiegen – das muss euch erst einmal einer nachmachen!

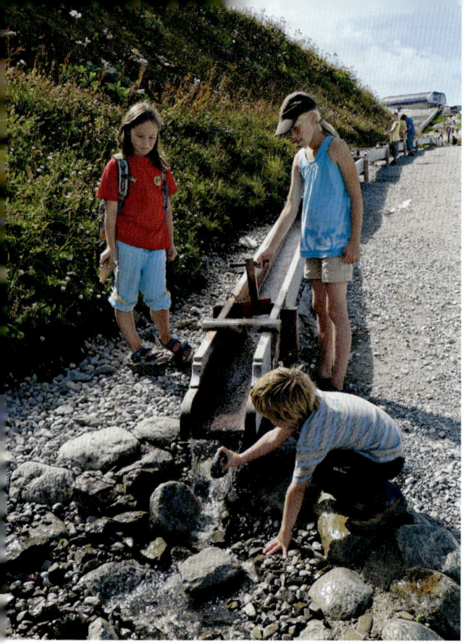

Schleusenwärter.

schen zu kommen – die Seilsicherungen leisten hier aber gute Hilfe. Fast unten marschieren wir geradeaus weiter und erreichen schnell wieder, an einem Brotzeittisch und zwei Holzliegen vorbeikommend, die Dreier-Verzweigung. Wir wenden uns rechts, treffen wieder auf das **»Burmiwasser«** und wandern nun begleitet von einer hölzernen Wasserleitung abwärts. Diese Wasserrinne mit ihren zahlreichen kleinen Schleusentoren ist so lang, dass der unterste den obersten der kleinen Schleusenwärter kaum ausmachen kann. Zahlreiche helfende Hände machen den angestauten Wassermassen den Weg frei, um die Tore gleich darauf wieder zu verschließen und beim nächsten Mal vielleicht eine noch größere Wassermenge durch die Leitung zu jagen. Eifrig laufen die Kinder zwischen den Schleusen hin und her und lassen sich nur mühsam zum Weitergehen überreden. An den nächsten Stationen verpassen wir »Burmi«, dem Maskottchen des Kleinwalsertals, einen gehörigen Drehwurm, öffnen wieder Schleusen und halten mit Holzfernrohren Ausschau nach imaginären kleinen »Burmis«, bevor wir den **Riezler Alpsee**, 1875 m, erreichen, einen künstlich angelegten See, der in schneearmen Wintern die Beschneiungsanlagen füttert.
Wir wandern am rechten Ufer entlang und gönnen uns eine kleine Pause am Brotzeitplatz oder auf einer Holzliege. Nach der Rast gehen wir noch ein paar Meter am Wasser entlang, dann wenden wir uns nach rechts und steigen (unbeschildert) den gestuften Bergweg hinauf zur **Aussichtsplattform »Rote Wand«**, 1965 m, von der man einen schönen Blick hinunter nach Riezlern und ins Kleinwalsertal hat.
Auf einem Gratweg geht es nun in 15 Min. wieder zurück zur **Bergstation der Kanzelwandbahn**.

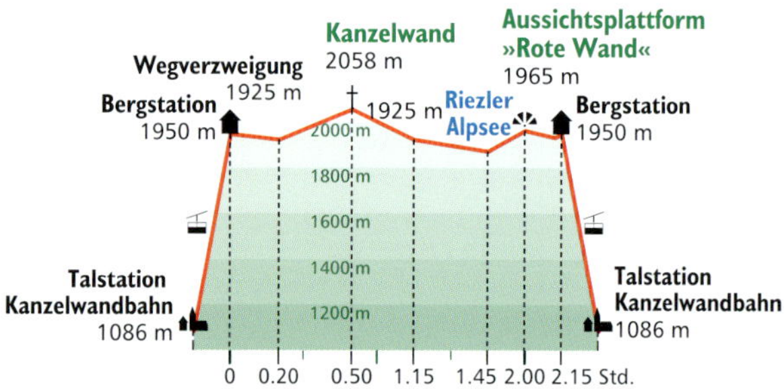

Runde am Söllereck

Von der Bergstation über Berghütte Hochleite ab 6 J.

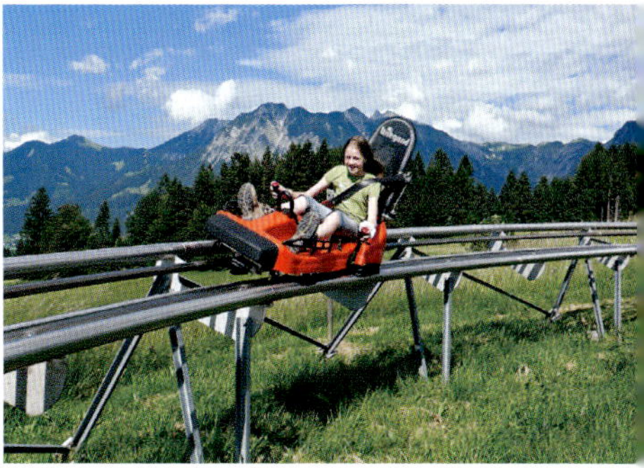

Rodelvergnügen und Kletterspaß am Familienberg

Das Söllereck ist ganz auf Familien eingestellt. Gondelfahrt, Spielplätze, Erlebnisweg und nicht zuletzt der Kletterwald an der Bergstation mit seinem tollen Sicherheitssystem für Kinder (siehe Kinderkasten) lassen den Tag wie im Flug vergehen. Die Attraktionen kann man mit einer kurzweiligen Wanderung von der Bergstation der Söllereckbahn über den Berggasthof Hochleite hinunter zur Talstation verbinden. Da es bis auf ein kurzes Stück zu Beginn der Tour überwiegend bergab geht und auch einige Erlebnisstationen am Weg liegen, werden die Eltern oftmals staunen, welches Tempo die Kinder vorlegen – schließlich muss man ja auch rechtzeitig wieder zurück im Tal sein, denn dort wartet noch die mit Spannung erwartete Sommerrodelbahn auf die Familien.

Fortgeschrittene Kletterer balancieren freihändig über die spannenden Elemente im Waldseilgarten.

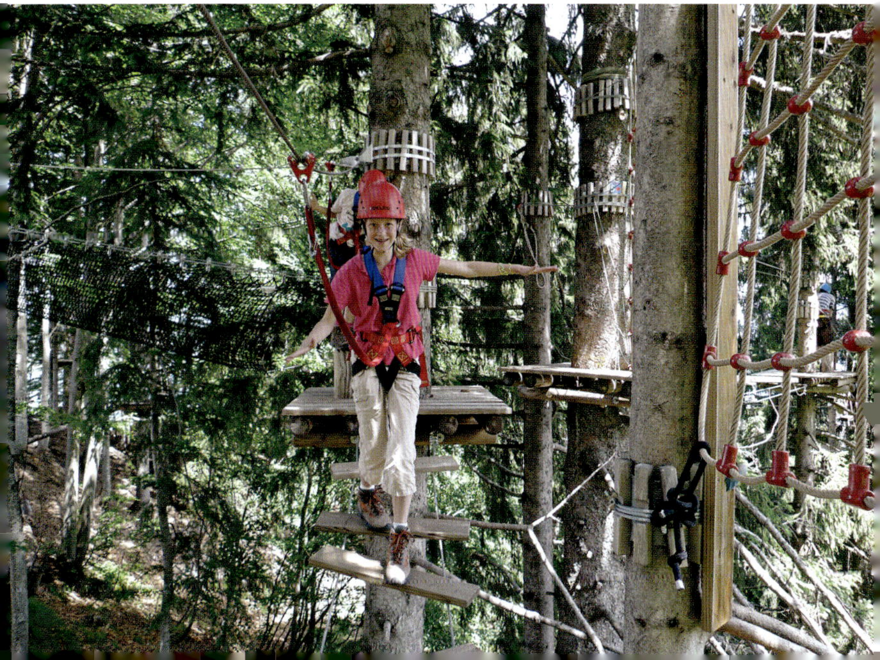

KURZINFO

Talort: Oberstdorf.
Ausgangspunkt: Großer kostenloser Parkplatz der Söllereckbahn links und rechts der B 19 (Navi: 87561 Oberstdorf, Kornau-Wanne).
Von Sonthofen auf der B 19 kommend am Kreisverkehr kurz vor Oberstdorf (unmittelbar nach dem Mc Donald's) rechts ins Kleinwalsertal abbiegen, auf der B 19 nach ca. 3 km unter der Sommerrodelbahn hindurchfahren und ca. 400 m später zum Parkplatz. Von dort zu Fuß in 5 Min. die Teerstraße aufwärts zur Talstation der Söllereckbahn.
Mit Bahn und Bus: Mit der Bahn bis Oberstdorf und weiter mit dem Walserbus 1 im 10–20 Minutentakt bis zur Station »Söllereckbahn« (Fahrzeit mit dem Bus 10 Min.). Fahrplan unter oberstdorf.de/anreise-verkehr/busfahrplaene.html.
Gehzeit: 2.40 Std.
Höhenunterschied: 155 m im Aufstieg, 550 m im Abstieg.
Ausrüstung: Gut profilierte Trekkingsandalen oder Bergschuhe; im Kletterwald sind geschlossene Schuhe Pflicht. Evtl. Badesachen für Abstecher zum Freibergsee.
Anforderungen: **Ab 6 Jahren.** Die Wanderung verläuft überwiegend auf breiten Kieswegen, aber auch kurzzeitig auf einem kleinen Bergpfad. Nicht kinderwagengeeignet.
Bergbahn: Gondelbahn Söllereckbahn, Sommerbetrieb von Anfang/Mitte Mai bis Anfang November (bis zum Ende der bayerischen Herbstferien) täglich 8.30–16.45 Uhr, Tel. +49 8322 98756, ok-bergbahnen.com/bergbahnen.
Einkehr: **Berghaus Schönblick**, 1358 m, im Sommerhalbjahr täglich geöffnet von Mitte Mai bis Anfang Nov. (Ende der bayer. Herbstferien) 10–16.30 Uhr, Übernachtungsmöglichkeit, Tel. +49 8322 96007710, ok-bergbahnen.com/genusssinne/gastronomie.
Berghaus am Söller, 1380 m, ganzjährig geöffnet, kein Ruhetag, Tel. +49 8322 3341, berghaus-am-soeller.de.
Berghütte Hochleite, 1186 m, Dienstag Ruhetag, ganzjährig geöffnet, April, Mai, Nov., Dez. zeitweise geschlossen, Tel. +49 8322 3390. **Berggasthof Bergkristall**, 1047 m, Montag Ruhetag, Tel. +49 8322 7059940. **Berggasthof Seeweg**, 1013 m, kein Ruhetag, Sommerbetrieb von Anfang/Mitte Mai bis Anfang November, Übernachtungsmöglichkeit, Tel. +49 8322 2245, seeweg.de.
Variante: Söllis Kugelrennen. Von der Söllereckbahn-Bergstation kann man über den sogenannten Schönblickweg auf einer breiten Fahrstraße (ab 4 Jahren, Gehzeit 1.15 Std.) hinab zur Talstation wandern. Neben dem Weg verläuft auf drei Abschnitten eine insgesamt 200 m lange Holzkugelbahn. Die Kugeln bahnen sich ihren Weg über Elemente wie Trichter, Spirale, Xylophon, Wellenbahn, Glockenspiel, Säulenlabyrinth oder Kugelslalom auf ineinander verschlungenen und sich kreuzenden Wegen talwärts. Auf welcher Bahn ist wohl die Kugel am schnellsten unterwegs ins Tal? Die Kugeln können sowohl an der Kasse der Talstation der Söllereckbahn als auch am Startportal der Kugelbahn erworben werden und als Souvenir mit nach Hause genommen werden.

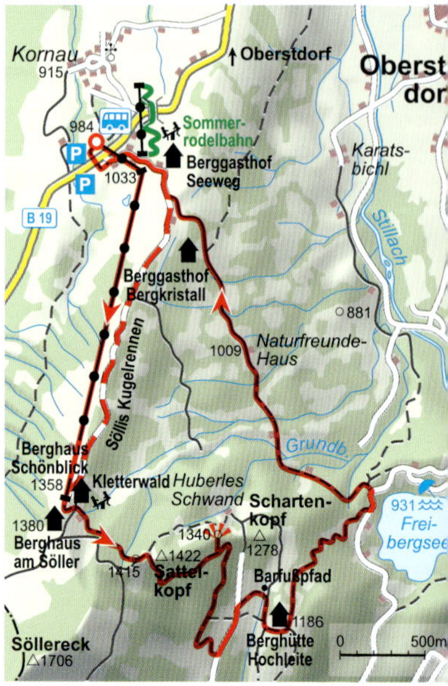

An der **Bergstation** der Gondelbahn wenden wir uns links und gehen über die Terrasse des **Berghauses Schönblick**, 1358 m. Links abwärts kommt man zu Deutschlands höchst gelegenem Hochseilgarten, wir wenden uns aber rechts und wandern links am kleinen Spielplatz vorbei der Beschilderung »Naturerlebnisweg« folgend bergan. An der nächsten Wegkreuzung geht es rechts zum Berghaus am Söller, wir schwenken aber nach links und steigen nun auf dem Kiesweg steil aufwärts. Gute 10 Min. später ist der Aufstieg bereits geschafft und wir erreichen den Beginn des **Hühnermooses**, 1415 m. Hier kann man an einer Säule Dias von den im Moos lebenden Tieren ansehen und mittels großer Trichter in den Wald hineinhorchen. Wer Lust hat, zieht schnell seine Schuhe aus – es ist ein

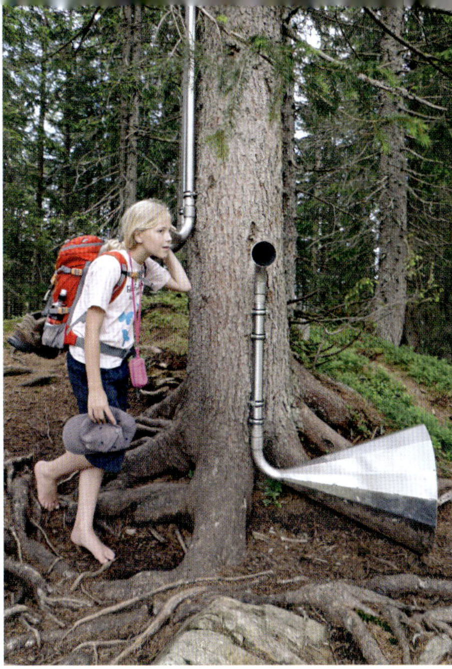

Hörtrichter im »Hühnermoos«.

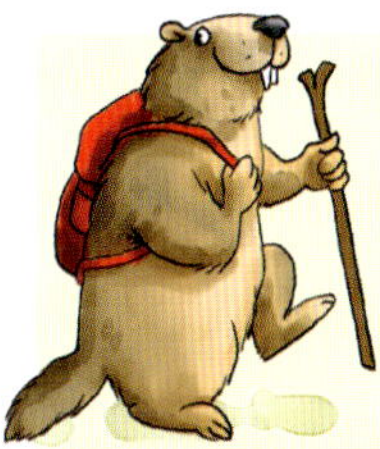

Hallo Kinder,

wolltet ihr auch schon immer einmal zwischen den höchsten Bäumen im Wald klettern oder mit einer Seilbahn direkt durch den Wald rauschen? Ja? Dann geht es euch genauso wie vielen Erwachsenen, die vielleicht sogar davon träumen, wie Tarzan und Jane auf einer Liane von Baum zu Baum zu schwingen. Nicht eure Eltern? Da könntet ihr euch aber ganz schön täuschen. Die spannenden Elemente in einem Waldseilgarten machen den meisten Leuten Spaß, man muss ja nicht gleich mit dem schwierigsten Parcours beginnen.

In einem Hochseilgarten bekommt ihr die professionelle Kletterausrüstung gestellt, ihr seid dort immer mit zwei Karabinern gesichert. Im Kletterwald Söllereck gibt es sogar auf einem der acht Parcours insbesondere für Kinder ein tolles Umlaufsicherungssystem, das man nur ganz selten findet. Diese spezielle Sicherung braucht ihr nicht umzuhängen, ihr seid jederzeit gesichert und könnt euch ganz auf die Kletterelemente konzentrieren. Aber auch die anderen Parcours sind mit einem modernen Sicherungssystem ausgestattet, bei dem es unmöglich ist, den zweiten Sicherungskarabiner zu öffnen, wenn der erste ausgehängt ist. Und das mit der Liane kann man bei Parcours 5b »Widderstein« ausprobieren, aber dazu muss man erst einmal den Absprung wagen …

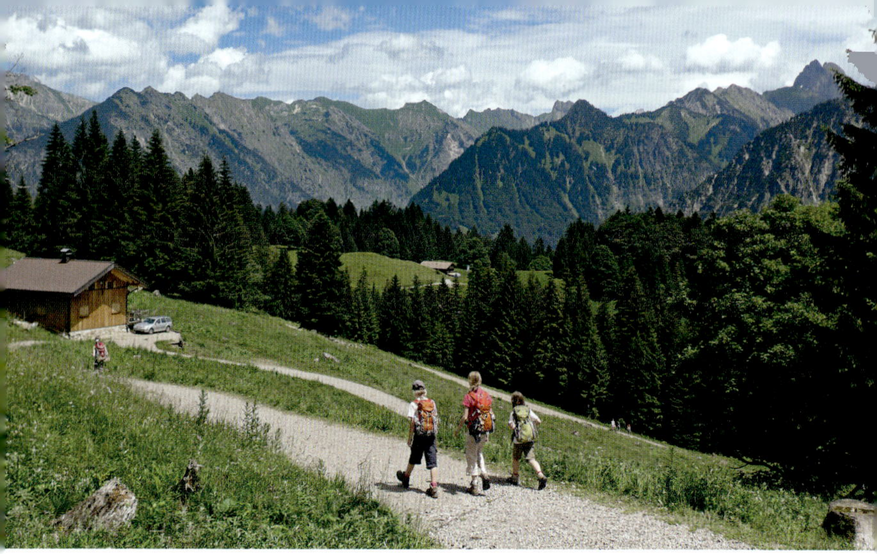

Bei dieser Tour geht es meist bergab (am rechten Bildrand die Höfats).

herrliches Gefühl, neben dem durchs Filz führenden Bohlenweg barfuß den schwankenden feuchten Boden unter seinen Füßen zu spüren. Hier aber bitte auf im Moos lebende giftige Kreuzottern achten. Am Ende des kurzen Bretterweges weist uns ein Schild nach rechts, nun heißt es wieder die Schuhe anziehen, da der Weg wieder steinig wird. Wir kommen an einer Wippe vorbei, die einen Specht an einen Baumstamm klopfen lässt, dann geht es steil abwärts zu einer **Klangstation**. Wir wandern weiter hinunter, 10 Min. später zweigt links ein Hackschnitzelpfad (»Aussichtspunkt Kanzel«) nach oben ab. Hier biegen wir ein und machen einen kurzen Abstecher zu einem **Aussichtsplatz**, 1340 m, mit drei Sitzbänken, von denen man eine wunderschöne Aussicht auf die Berge hat. Eine Bestimmungstafel zeigt uns, wie die einzelnen Gipfel heißen. Wieder zurück am Abzweig schwenken wir links und folgen weiter dem breiten Kiesweg abwärts. Der Weg dreht nach rechts, dann wird die Sicht frei auf das Dreiergespann Trettach, Mädelegabel und Hochfrottspitze, die wir jetzt aufgrund der Gipfelbestimmungstafel am Aussichtpunkt schnell wiederfinden. Nun bald in Kehren abwärts, bis wir auf einen Teerweg, 1175 m, treffen. Hier wenden wir uns links (»Berggasthof Hochleite«), wandern ein Stück aufwärts und biegen am nächsten Wegweiser rechts ab. Vor der nächsten Weggabelung erreichen wir einen kleinen **Barfußpfad** mit einer Wasserstelle, in der wir unsere Füße kühlen können, wenden uns am Wegweiser

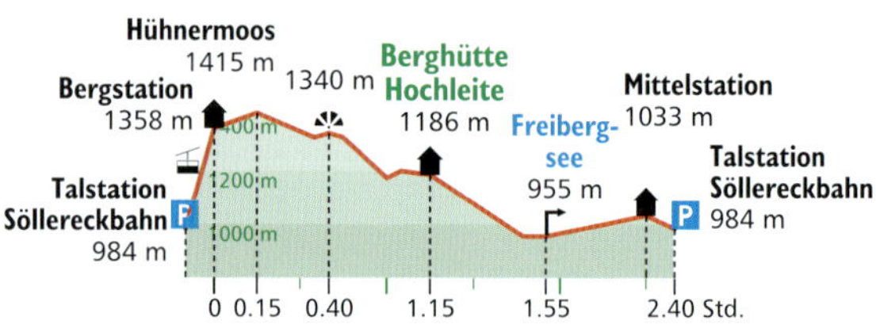

HIGHLIGHTS

- ★ Schönes Bergpanorama und Kühe auf den Weiden.
- ★ Rasante 850 m lange, schienengeführte Sommerrodelbahn mit Sprüngen, Wellen und 360°-Kreisel, Schlechtwetterbetrieb mit Plexiglashauben. Kinder von 3–4 Jahren fahren kostenlos in Begleitung eines Erwachsenen, Kinder von 5–7 Jahren gegen Gebühr in Begleitung eines Erwachsenen, Kinder ab 8 Jahren dürfen alleine fahren. Öffnungszeiten: Anfang/Mitte Mai bis Anfang Nov. 10–18 Uhr, im Juli und Aug. bis 19 Uhr.
- ★ Kletterwald an der Bergstation der Söllereckbahn (Auffahrt mit der Gondel für Gäste des Kletterwalds kostenlos). Der Hochseilgarten bietet acht verschiedene Parcours, zwei davon ab 6 Jahren (einer davon mit einem kontinuierlichen Sicherungssystem). Helm, Kletterausrüstung und Einweisung durch einen Trainer im Preis inbegriffen. Kinder bis 11 Jahre nur in Begleitung eines mitkletternden Erwachsenen, Kinder ab 12 Jahren dürfen mit Einverständniserklärung der Eltern alleine klettern. Informationen unter ok-bergbahnen.com/erlebnisspass/erlebniswelten/kletterwald-allgaeu oder unter Tel. +49 8322 96007591.
- ★ Spielplätze an der Bergstation und an der Sommerrodelbahn (hier u.a. Kletternetz, Tarzan-Seilbahn und Wasserspielplatz), kleiner Spielplatz und kleine Hüpfburg an der Berggaststätte Seeweg.
- ★ Erlebnisweg von der Bergstation der Söllereckbahn zur Berghütte Hochleite mit Dia-Säulen, Hörtrichtern, Spechtwippe, Klangstation und Barfußpfad.

Spannende Bilder-Guck-Station am Erlebnisweg.

rechts und erreichen schnell den **Bergasthof Hochleite**, 1186 m. Direkt dahinter schlagen wir links den kleinen Pfad (Beschilderung »Freibergsee«) ein und wandern erst ebenerdig, dann steil abwärts gestuft durch Wald bis zur Teerstraße, die etwas oberhalb des Freibergsees entlangführt. Hier biegen wir links ein und folgen nach 300 m der Beschilderung nach links (»Söllereckbahn Talstation«). Wer zum Naturfreibad am Freibergsee möchte, biegt ebenfalls links ab, um an der nächsten Wegverzweigung gleich wieder rechts der Beschilderung dorthin zu folgen.

Zur Söllereckbahn wenden wir uns aber wiederum links in den **»Edmund-Probst-Weg«** und wandern leicht ansteigend entlang eines Naturlehrpfades in einer guten halben Stunde vorbei am Berggasthof Bergkristall zur **Mittelstation der Söllereckbahn**. Dort können wir noch mit der Sommerrodelbahn fahren und im Berggasthof Seeweg einkehren. Von der Mittelstation erreichen wir über die Straße in wenigen Minuten die Talstation und den Parkplatz.

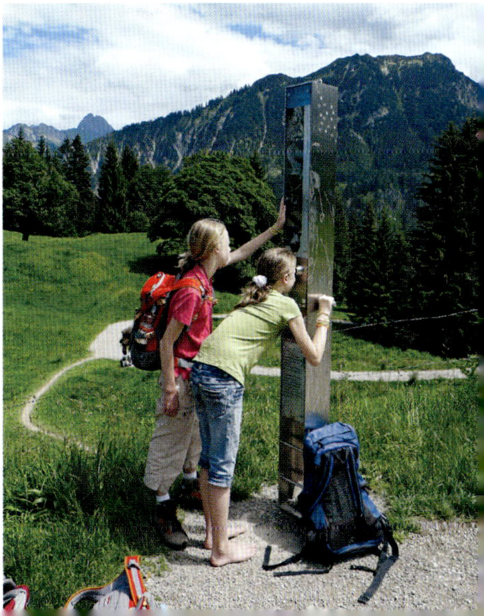

16 Breitachklamm

Von Tiefenbach über Müllers Alpe Hinterenge II ab 6 J.

Felzsturz und Wasserspektakel

Die Breitachklamm muss man gesehen haben: Hoch aufragende, senkrechte, zum Teil überhängende Felswände, einzigartige Gesteinsformationen, über die das Wasser besonders nach Regenfällen und der Schneeschmelze donnert, tiefe Gumpen, eine Felsbrücke, herabgestürzte Felsbrocken und die Felskanten hinuntertropfendes Wasser – in der Klamm erwartet uns tatsächlich eine wahre »Meisterleistung göttlicher Schaffenskraft«, wie Pfarrer Johannes Schiebel, dem die Erschließung der Breitachklamm maßgeblich zu verdanken ist, dieses Naturwunder treffend beschrieb. Es dauerte Jahrtausende, bis sich die Breitach hier zwischen Oberstdorf und dem Ausgang des Kleinwalsertals auf einer Länge von 2,5 Kilometern bis zu 150 Meter tief in den Schrattenkalk des Engenkopfes hineingraben und damit eine der schönsten Schluchten der Alpen schaffen konnte. Dabei ist die Klamm aber immer noch ständigen Veränderungen unterworfen. Erst 1995 kam es zu einem dramatischen Felssturz (siehe Kinderkasten) und nach jedem Hochwasser präsentiert sich die Klamm den Besuchern in einem neuen Gewand. Besonders auch im Winter, wenn die Felswände mit aus gefrorener Gischt geformten gigantischen Eisvorhängen überzogen sind, weiß sie ihre großen und kleinen Besucher zu verzaubern! Der Besuch der Klamm lässt sich in einen sehr schönen Rundweg zu mehreren bewirtschafteten Alpen integrieren, den wir hier beschrieben haben. Es bestehen aber auch Abkürzungsmöglichkeiten, die ebenfalls als Rundweg ausgelegt sind und als Varianten in der Kurzinfo zu finden sind.

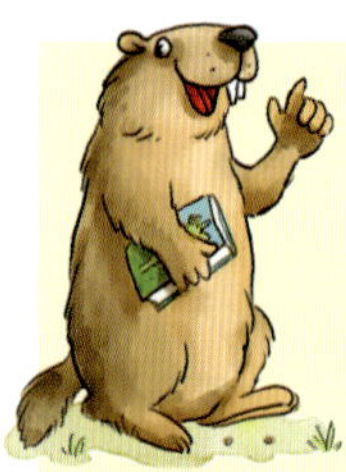

Hallo Kinder,

unterhalb des oberen Klammeingangs liegen im Wasser und am Hang riesige Felsblöcke. Diese stammen von einem großen Felssturz, der am 23. Mai 1995 um 6 Uhr früh die Breitachklamm mit 50.000 Kubikmeter Gestein und Geröll zuschüttete. Das Wasser der Breitach konnte damals nicht mehr richtig abfließen und staute sich zu einem See auf. Während der Schneeschmelze im März 1996 strömten so große Wassermengen die Breitach hinunter, dass sich in dem See 300 Millionen Liter Wasser sammelten. Am 23. März 1996 wurde der Druck des Wassers auf den Gerölldamm so groß, dass er gegen 11.30 Uhr brach und eine 35 Meter hohe Flutwelle durch die Klamm schoss. Dabei wurde der Klammweg total verwüstet, es entstand ein Schaden von über 150.000 Euro.

Die Breitachklamm mit ihren einzigartigen Gesteinsformationen ist eine der faszinierendsten Schluchten der Alpen.

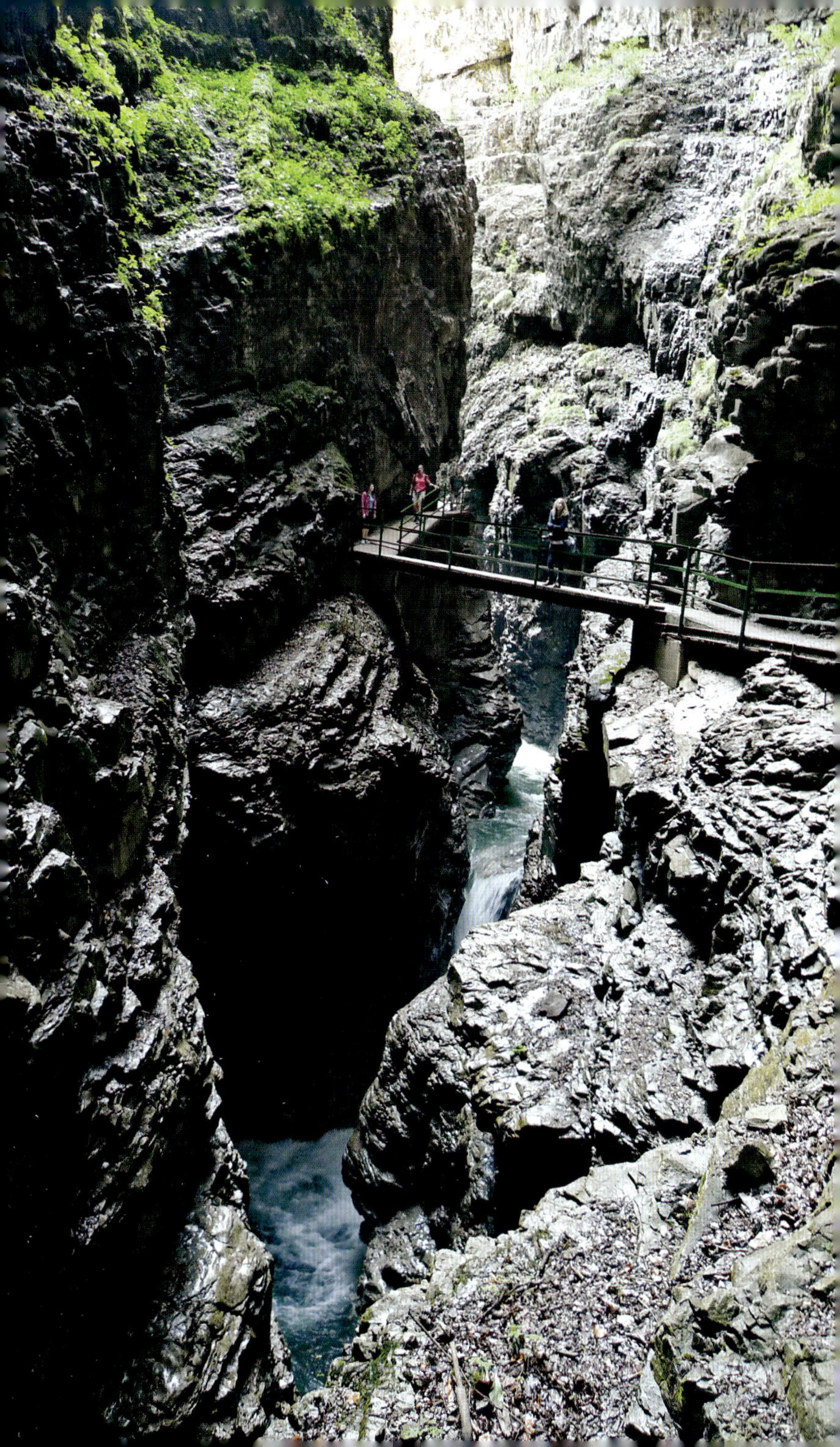

KURZINFO

Ausgangspunkt: Gebührenpflichtiger Großparkplatz in Tiefenbach beim Gasthaus Breitachklamm, 826 m (Navi: 87561 Oberstdorf, Klammstr. 45).
Auf der B 19 von Norden kommend bis kurz vor Oberstdorf fahren. Am Ortseingang vor dem Mc Donald's rechts abbiegen und beschildert entlang der Breitach zum Parkplatz.
Mit Bahn und Bus: Vom Bahnhof Oberstdorf mit Bus 44 zum unteren Klammeingang bis »Tiefenbach/Breitachklamm« oder der Linie 1 Richtung Kleinwalsertal (Verbindung in der Hauptsaison mehrmals stündlich) zum oberen Klammeingang. Fahrpläne unter oberstdorf.de/anreise-verkehr/busfahrplaene.html.
Gehzeit: 3 Std.
Höhenunterschied: 315 m.
Ausrüstung: Trekkingsandalen; nach Starkregen Regenschutz für die Klamm empfehlenswert; Wechselkleidung.
Anforderungen: Ab 6 Jahren, kürzere Varianten ab 4 Jahren. Gesicherte Wege und Stege in der Klamm, die allerdings nicht kleinkindsicher sind – kleine Kinder müssen hier an die Hand genommen werden. Die übrigen Wege verlaufen überwiegend im Wechsel zwischen Kies und Asphalt (großteils für den Verkehr gesperrt). Bis zum Felssturz ist der Weg in der Klamm für Kinderwagen geeignet.
Breitachklamm: Während der Schneeschmelze im Frühjahr (variiert jährlich je nach Wetterlage) ist die Klamm gesperrt. Sonst geöffnet von Mai bis Oktober 9–17 Uhr (letzter Einlass) und von November bis April 9–16 Uhr (letzter Einlass). Eintrittspreise: Erwachsene 7,50 €, Kinder 2,50 €. Tel. +49 8322 4887, breitachklamm.com.
Einkehr: Müllers Alpe Hinterenge II, 1020 m, geöffnet Ende Mai bis Anfang Oktober, kein Ruhetag, hinterenge.de. Alpe »Hinter der Enge«, 1072 m, geöffnet Mai bis Okt., Mittwoch Ruhetag, Tel. +49 8322 8748. Gasthaus Alpe Dornach, 1000 m, im Sommer vom 1. Mai bis Anfang Nov. (Ende Ferien Bayern) kein Ruhetag, im Winter (ca. 20. Dez. bis eine Woche nach Ostern) Montag Ruhetag, Ferienwohnungen und Zimmer, Tel. +49 8322 6630, alpe-dornach.de. Berggasthof Sesselalpe, 1000 m, geöffnet von Anfang Mai bis Mitte Oktober, Donnerstag Ruhetag, Winterbetrieb ab Mitte Dezember, Übernachtungsmöglichkeit, Tel. +49 8322 4864, sesselalpe.de.
Variante 1: Ab 4 Jahren – Abkürzung des Rückwegs: Am oberen Kassenhäuschen durch dieses hindurch und über viele Stufen hinauf zum Zwingsteg. Über diesen und auf dem Weg weiter, bis wir auf die Asphaltstraße stoßen, auf der die Wanderer der Hauptroute hinunterkommen. Hier rechts und weiter wie bei der Hauptroute beschrieben. Gehzeit ab der oberen Kasse 1 Std.
Variante 2: Ab 4 Jahren. Nach dem oberen Klammeingang weiter flussaufwärts über einen im Fels verankerten Bretterweg bis zu einer Brücke. Hier links steil hinauf entlang eines Baches in 10 Min. zur Bushaltestelle Walserschanz und weiter links 300 m auf einem Fußweg entlang der B 19, bis links der Weg hinunter zum Zwingsteig abzweigt. Von hier wie in Variante 1 beschrieben. Gehzeit ab der oberen Kasse 1.30 Std.

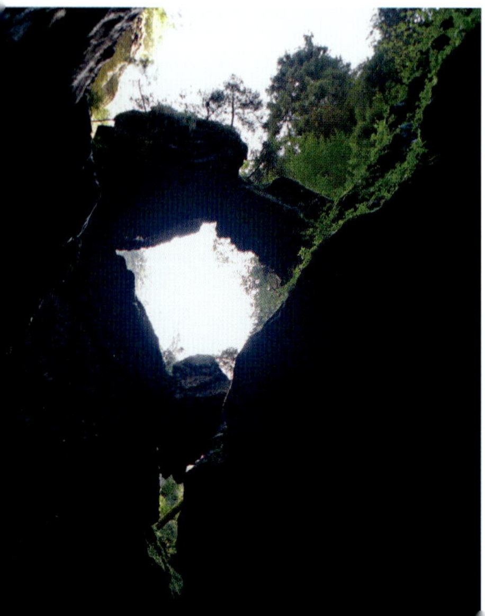

Felsenbrücke.

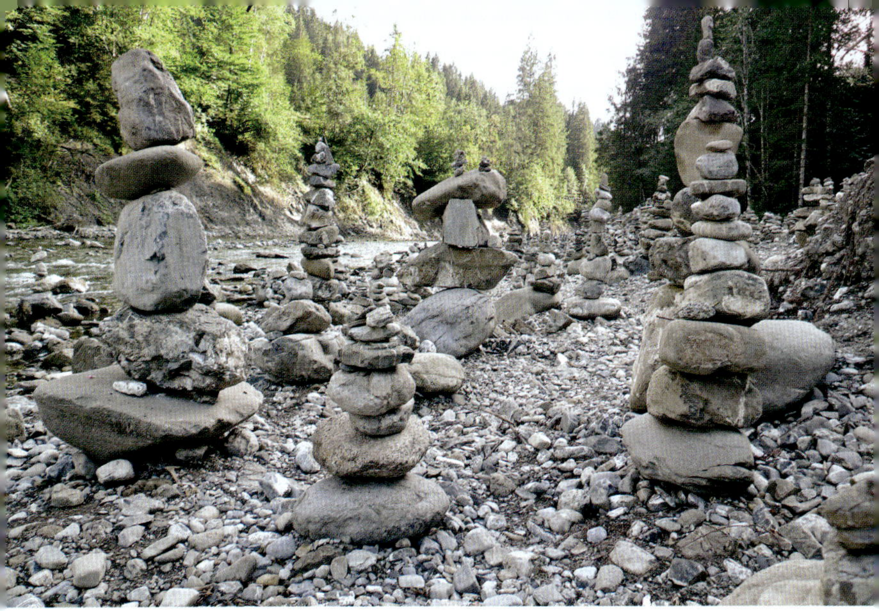

Die riesige Schar von Steinmännchen freut sich ständig über Zuwachs.

Direkt am Parkplatz in Tiefenbach betreten wir das **Eingangsgebäude** der Klamm – hier können wir an einem Modell ausprobieren, wie sich die Breitach bei Hochwasser in der Klamm verhält, Tierfotos in einem Projektor betrachten und nach Bezahlung des Klammeintritts einen 15-minütigen Film über die Breitachklamm ansehen. Auf einem kleinen Asphaltweg erreichen wir danach schnell die **Breitach** und wandern auf einem Kiesweg im Flusstal leicht bergan. Es dauert nicht lange, dann verengt sich das Bachbett. Wir gehen durch einen Tunnel, marschieren über erste Stege, wechseln die Flussseite und befinden uns plötzlich mitten in der **Breitachklamm**. Unter uns rauscht das Wasser in dem engen Felskanal von Strudelloch zu Strudelloch, nach der Schneeschmelze und starken Regenfällen tobt es richtiggehend durch die imposante Schlucht. Wir staunen über eine Felsenbrücke und über einen hinabgestürzten Felsbrocken, der sich zwischen den engen Felswänden über uns verkeilt hat. Nach den schier unglaublichen Hochwassermarkierungen wechseln wir erneut die Flussseite, um kurz darauf – über dem tosenden Wildbach – wieder auf die östliche Klammseite hinüberzuspazieren. Wir kommen an der Stelle vorbei, an der im Jahr 1995 große Gesteinsmengen in die Klamm gestürzt sind (siehe Kinder-

HIGHLIGHTS

- ★ Spannender Besuch der faszinierenden Breitachklamm mit ihrem tosenden Wasser und sensationellen Felskompositionen.
- ★ Spielmöglichkeit an der Breitach.
- ★ Bestaunen von Hunderten von Steinmännchen im Sommer an der Breitach und Bau von eigenen abenteuerlichen Steinfiguren.
- ★ Schöne Einkehrmöglichkeiten mit Spielplätzen an der Alpe »Hinter der Enge« und der Alpe Dornach.

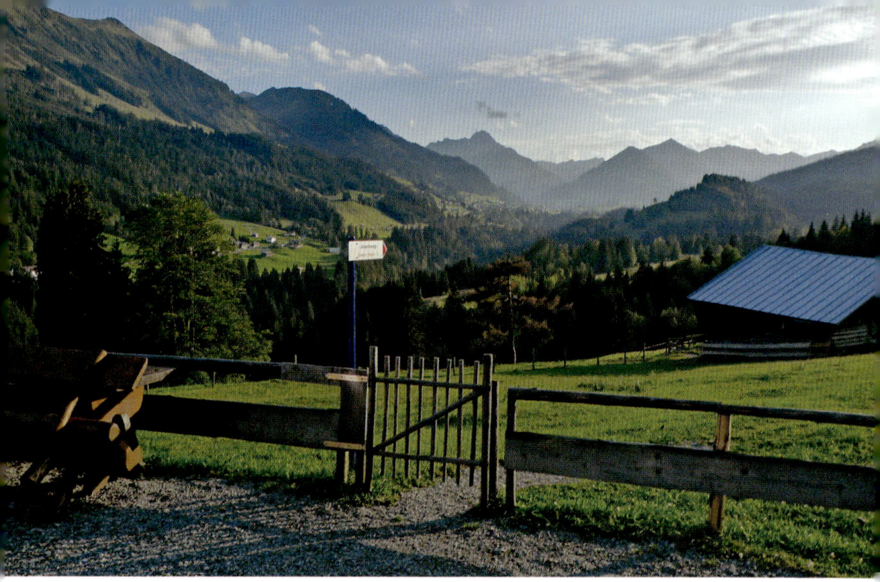

Blick von der Alpe »Hinter der Enge« ins gesamte Kleinwalsertal.

kasten), dann geht es über 50 Treppenstufen hinauf zum Kassenhäuschen des oberen Klammeingangs, nach links durch dieses hindurch (Achtung: Der Weg wird im Sommer wie die Klamm um 17.30 Uhr verschlossen, im Winter bereits um 16.30 Uhr, letzter Einlass in die Klamm jeweils eine halbe Stunde vorher) und in 5 Min. über viele weitere Stufen hinauf zum **Zwingsteg**, der in 90 m Höhe über die Klamm führt und uns einen beeindruckenden Blick in die Tiefe ermöglicht.

Wer die Tour stark abkürzen möchte, kann nun auf diesem Weg weiterwandern und über die Alpe Dornach in einer Stunde wieder zum Parkplatz zurückkehren (siehe Variante 1). Wir entscheiden uns aber für die längere Runde, marschieren wieder zum oberen Kassenhäuschen zurück und nun flussaufwärts über einen an den Felswänden befestigten Bretterweg – hier heißt es bisweilen für die Erwachsenen die Köpfe einziehen – bis zu einer **Brücke**. Links könnte man hinauf zur Bushaltestelle Walserschanz gehen (siehe Variante 2), wir überqueren aber die Breitach auf der Brücke und wandern auf der anderen Seite über eine in den Felsen verankerte Metallkonstruktion flussaufwärts weiter. Der Steg mündet bald in einen breiten Wanderweg. 30 m später kann man auf einem kleinen Pfad einen Abstecher zur Breitach zu einem wunderschönen Platz mit im Wasser liegenden großen und kleinen Steinen machen, die zum Spielen und Staudämme bauen einla-

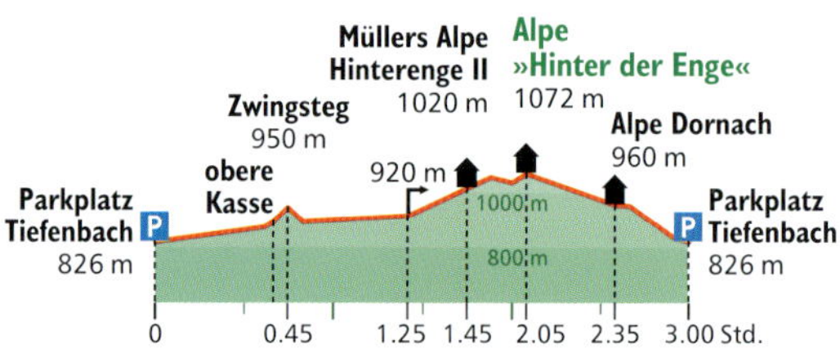

den. Wieder auf dem Weg kommt man 500 m später aus dem Staunen nicht mehr raus! Im Sommer reihen sich dort am Kiesstrand der Breitach Hunderte von **Steinmännchen** auf, die jedes Jahr nach dem Hochwasser im Frühjahr von vielen Wandererhänden wieder neu errichtet werden. Es versteht sich von selbst, dass nun jeder sein eigenes Steinmanderl bauen möchte. Wer schafft wohl das Größte und wer die originellste Konstruktion?

Erneut auf dem Weg erreichen wir 5 Min. später eine weitere Kiesbank, hier dreht der Weg nach rechts und führt uns vom Ufer weg. Wir kommen zu einem Wegweiser und halten uns rechts, 920 m, Richtung Müllers Alpe Hinterenge II. Der Weg steigt nun erst sanft an, dann erkennen wir oberhalb einer Weidefläche bereits die **Müllers Alpe**, 1020 m, zu der es am Schluss steil hinaufgeht. In dem gemütlichen kleinen Biergarten kann man spätnachmittags noch herrlich in der Sonne sitzen. Auf einer kleinen Asphaltstraße wandern wir weiter aufwärts, stoßen auf eine weitere Asphaltstraße und wenden uns hier rechts (»Tiefenbach«). Nun noch ein Stück hinauf, dann marschieren wir abwärts, gehen an der Einmündung einer Straße geradeaus und kommen bald linker Hand zum Abzweig zur Alpe »Hinter der Enge«. Hier müssen wir unbedingt in den kleinen bergauf führenden Pfad einbiegen – auch wenn wir nicht einkehren wollen – denn oben erwartet uns ein wunderschöner, einzigartiger Blick ins Kleinwalsertal. An der **Alpe »Hinter der Enge«**, 1072 m, gibt es leckere Brotzeiten und einen Spielplatz mit einem Trampolin.

Hinter der Alpe wenden wir uns rechts, kommen am eigentlichen Aussichtspunkt vorbei, wandern das Sträßchen hinunter und treffen wieder auf die Straße, die wir eben verlassen haben. Wir biegen links ein, wandern bald an einem Parkplatz vorbei und stoßen kurze Zeit später auf die Wanderer, die am Zwingsteg die Abkürzung gewählt haben. Eine Viertelstunde später erreichen wir den Abzweig, 960 m, zur etwas über dem Weg liegenden **Alpe Dornach** mit ihrer gutbürgerlichen Küche und dem kleinen Kinderspielplatz. Weiter geht es aber auf der Asphaltstraße, die wir wenige Minuten später nach rechts (»Breitachklamm unten«) – kurz vor Erreichen der Straße zur ebenfalls bewirtschafteten **Sesselalpe** – in einen Kiesweg verlassen. Bisweilen steil bergab wandernd, erreichen wir nach 15 Min. die Zufahrtsstraße zum Parkplatz, wenden uns rechts und sind kurze Zeit später wieder am **Ausgangspunkt**.

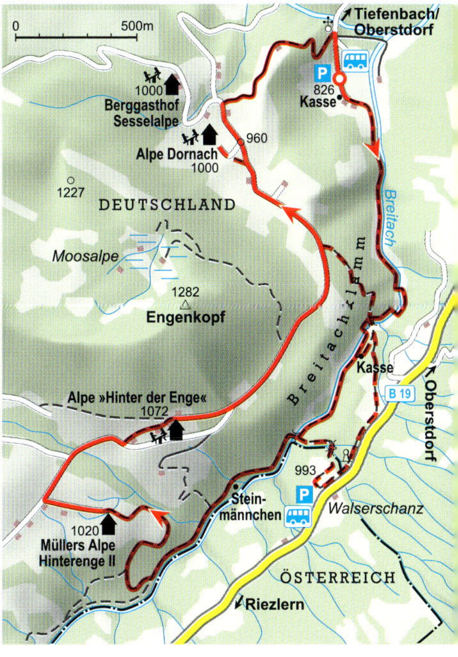

17 Unterer Gaisalpsee, 1508 m

Von Reichenbach über die Gaisalpe ab 8 J.

Wasserspaß mit Drahtseilsicherungen

Wasser – das feuchte Element ist bei unserer heutigen Tour allgegenwärtig. Zu Beginn der Wanderung fasziniert uns der wildromantische Weg durch den Reichenbachtobel entlang des sprudelnden Gaisalpbaches, später auf dem Bergsteig hinter der Gaisalpe müssen mehrere kleine Bäche passiert werden, die unmittelbar vor uns die Felsen hinunterstürzen und unseren Weg kreuzen, und schließlich staunen wir über den in der Sonne glitzernden Gaisalpsee, der im Hochsommer abgehärtete Wanderer zu einem kalten, aber erfrischenden Bad und zur Rast auf den sonnigen Wiesen einlädt. Sowohl im Tobel als auch auf dem Weg von der Gaisalpe zum Gaisalpsee erwarten uns einige drahtseilgesicherte Passagen, bei denen man trittsicher sein muss und vor allem beim Abstieg etwas aufpassen muss.

Gute Bergschuhe sind auf dem mit Drahtseilen gesicherten Steig Pflicht.

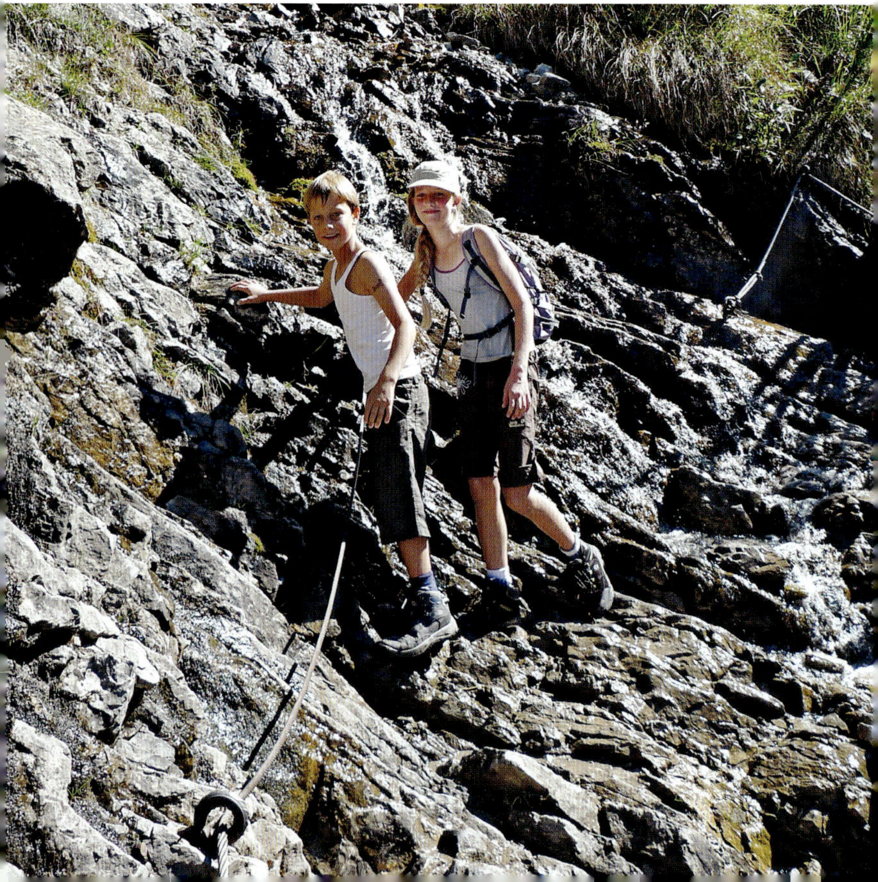

KURZINFO

Ausgangspunkt: Großer gebührenpflichtiger Parkplatz in Reichenbach bei Oberstdorf, 861 m (Navi: 87561 Oberstdorf, Reichenbach oder N 47.442309, E 10.296244). Entweder auf der B 19 bis Ausfahrt »Sonthofen Süd« und über Altstätten und Schöllang auf der OA 4 Richtung Oberstdorf oder auf der B 19 bis Fischen und dort über Burgegg, Obertalhofen und Schöllang bis Reichenbach. Im Ort weist ein Wegweiser von Norden kommend links hinauf, weiter ausgeschildert zum Parkplatz »Gaisalpe«.
Mit Bahn und Bus: Mit der Bahn bis Altstädten oder Oberstdorf. Von dort mit dem Bus 45 stündlich nach Reichenbach. Fahrplan unter oberstdorf.de/anreiseverkehr/busfahrplaene.html.
Gehzeit: 4 Std.
Höhenunterschied: 650 m.
Ausrüstung: Bergschuhe, Badesachen für Gaisalpsee.
Anforderungen: Ab 8 Jahren (bis zur Gaisalpe ab 4 Jahren – rot). Der Tobelweg Richtung Gaisalpe ist meistens feucht und etwas rutschig. Es gibt einige wenige Drahtseile und eine Felsstufe, die selbst für kleine Kinder im Aufstieg kein Problem darstellen. Kleine Kinder auf dem Tobelweg an die Hand nehmen! Der Weg von der Gaisalpe bzw. Unteren Richtersalpe erfolgt auf einem schmalen Bergsteig mit einigen Drahtseilsicherungen. Der Weg fällt zu einer Seite hin teilweise steil ab. Absolute Trittsicherheit unerlässlich. Rückweg von der Gaisalpe auf geteerter, aber schöner und für den Verkehr gesperrter Straße.
Einkehr: Berggasthof Gaisalpe, 1149 m, im Sommerhalbjahr vom 1. Mai – 31. Okt., Montag und Dienstag Ruhetag, Tel. +49 8326 7917, berggasthof-gaisalpe.de. Untere Richtersalpe, 1140 m, derzeit geschlossen (Stand 2024), Infos unter Tel. +49 8322 606431, gaisalpe.de.
Variante: Mit kleineren Kindern kann man die Tour stark abkürzen, indem man nur bis zur Unteren Richtersalpe oder bis zur Gaisalpe geht (Gehzeit hin und zurück knapp 2 Std).

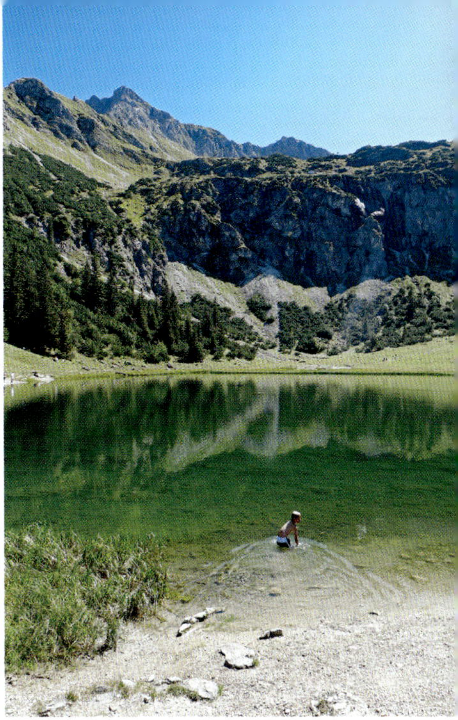

Erfrischung im eiskalten Gaisalpsee.

HIGHLIGHTS

- ★ Spannender Weg zur Gaisalpe durch den Reichenbachtobel mit einigen Drahtseilsicherungen.
- ★ Viele Kühe im Bereich der Gaisalpe.
- ★ Bäche kreuzen mehrfach den spannenden, teilweise drahtseilgesicherten Bergsteig zum Gaisalpsee.
- ★ Wunderschöner Gebirgssee mit eiskalter Bademöglichkeit im Sommer.
- ★ Viele Fische im Unteren Gaisalpsee.
- ★ Eis und kleiner Spielplatz (für jüngere Kinder) am Berggasthof Gaisalpe; Spielplatz an der Unteren Richtersalpe.
- ★ Waldspielplatz Wichteltreff unterhalb des Parkplatzes P2 in Bachnähe.
- ★ Nach der Tour: Moorschwimmbad in Reichenbach mit Spielplatz und Einkehrmöglichkeit, Reichenbach 70, 87561 Oberstdorf, Tel. +49 8326 1509, moorstueble.de.

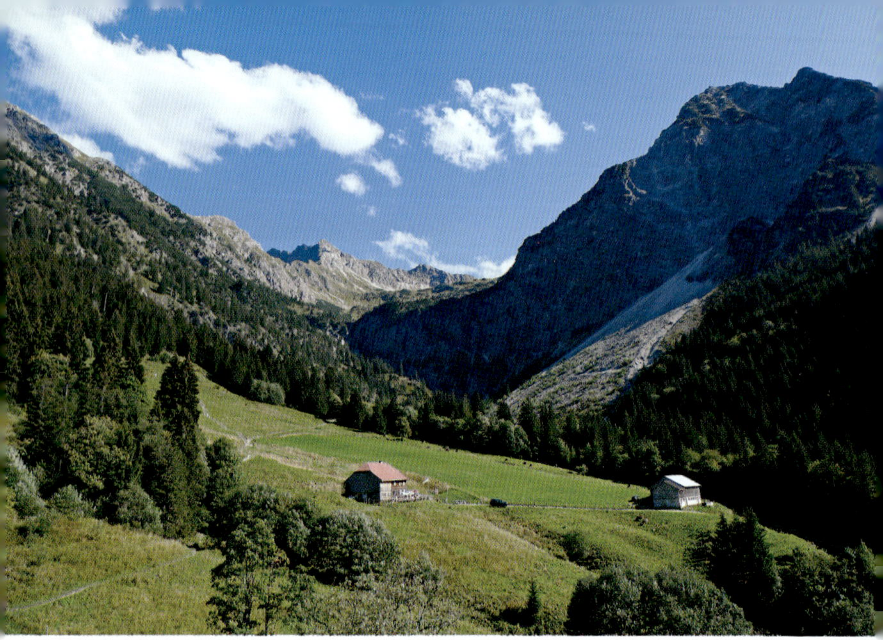

Blick von der Gaisalpe zur Unteren Richtersalpe und auf das Rubihorn.

Vom **Parkplatz** wandern wir die Asphaltstraße aufwärts, passieren eine Schranke und kommen kurze Zeit später an einen Schilderbaum. Hier müssen wir unbedingt die Straße nach links verlassen (»alle Ziele über Tobelweg«) und auf dem erst breiten Kiesweg am **Gaisalpbach** hinaufmarschieren. Das Wasser plätschert munter zwischen den Steinen durch das Bachbett, der Weg führt gestuft hinauf, wird schmaler und geleitet uns auf einer Brücke auf die andere Bachseite. Nun geht es auf einer Metallgittertreppe direkt am Bachbett bergan. Begeistert klettern die Kinder bald über kleine Felsstufen und so manch einer kommt sich bei den kurzen Stücken mit Drahtseilsicherung bestimmt schon wie ein richtiger Bergsteiger vor. Rechts taucht plötzlich ein sehenswerter Wasserfall zwischen den Bäumen auf, unser Weg führt uns nun erneut gestuft weiter. Dann wird der Weg wieder breiter und eben, und wir erreichen die Asphaltstraße, von der wir eben abgezweigt sind. Hier biegen wir links ein, verlassen aber bereits nach einigen Metern an einer Abzweigung erneut die Straße, indem wir dem Wegweiser »Untere Richtersalpe« nach rechts folgen. An der gleich darauf folgenden Wegeinmündung halten wir uns links und erreichen die **Untere Richtersalpe**, 1140 m. Hier wenden wir uns rechts und steigen über einen schönen Wiesenpfad aufwärts, stoßen auf

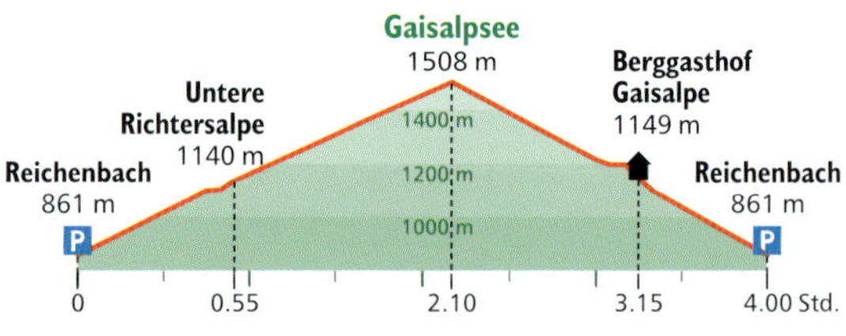

einen Almweg, gehen rechts und verlassen den Weg bereits nach etwa 30 m wieder nach links in einen kleinen Pfad, der uns den Wiesenhang hinaufführt. 5 Min. später treffen wir auf den querenden Pfad, der vom Berggasthaus Gaisalpe kommt, und biegen rechts ein. Schnell gelangen wir in den Wald, dann schlängelt sich der Weg wieder über die Almwiesen hinauf. Es dauert nicht lange, dann wird das Gelände felsiger, es taucht die erste Drahtseilsicherung auf diesem Bergsteig auf. So mancher mag denken, dass man auf diese getrost hätte verzichten können, im Abstieg werden sie uns aber später gute Dienste erweisen. Steil geht es weiter aufwärts, wir queren eine Felspassage mit Drahtseilsicherung, während von oben das Wasser die Felsen hinunterschießt und über unseren Weg läuft. Hier bitte Vorsicht, die nassen Felsen können rutschig sein.

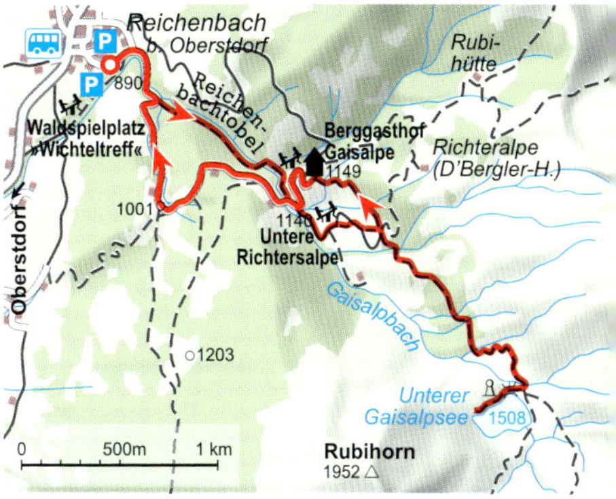

Auf dem in der Sonne liegenden Weg gewinnen wir schnell an Höhe, nun ist im Sommer im Vorteil, wer früh aufgebrochen und nicht in der Mittagssonne unterwegs ist. Plötzlich entdecken wir den wunderschön unterhalb des Rubihorns liegenden **Unteren Gaisalpsee** und staunen über den kleinen Bach, der aus dem See fließt und bereits nach wenigen Metern als Wasserfall 20 m

Beim Aufstieg meist entbehrlich, sind die Drahtseile aber beim Abstieg auf dem felsigen Bergsteig eine gute Hilfe.

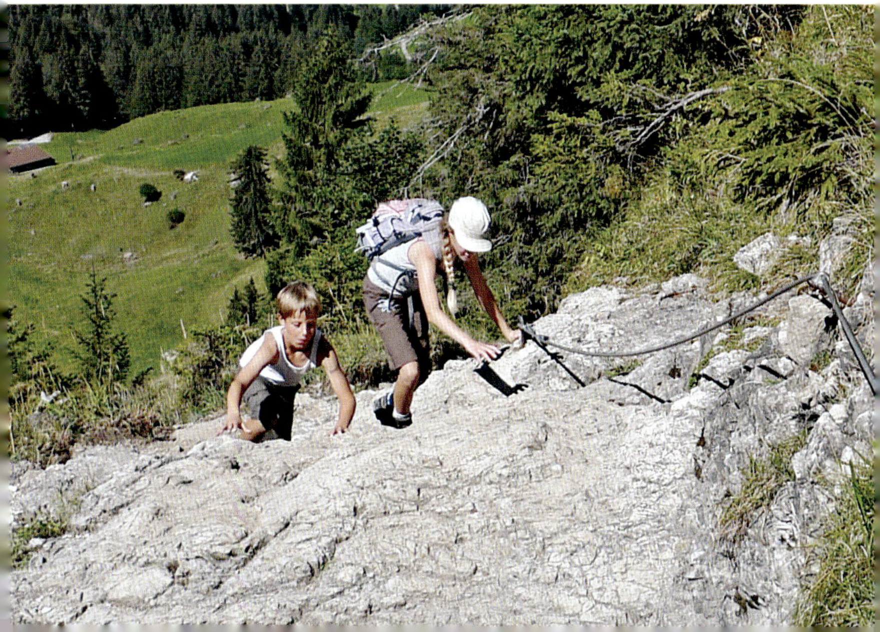

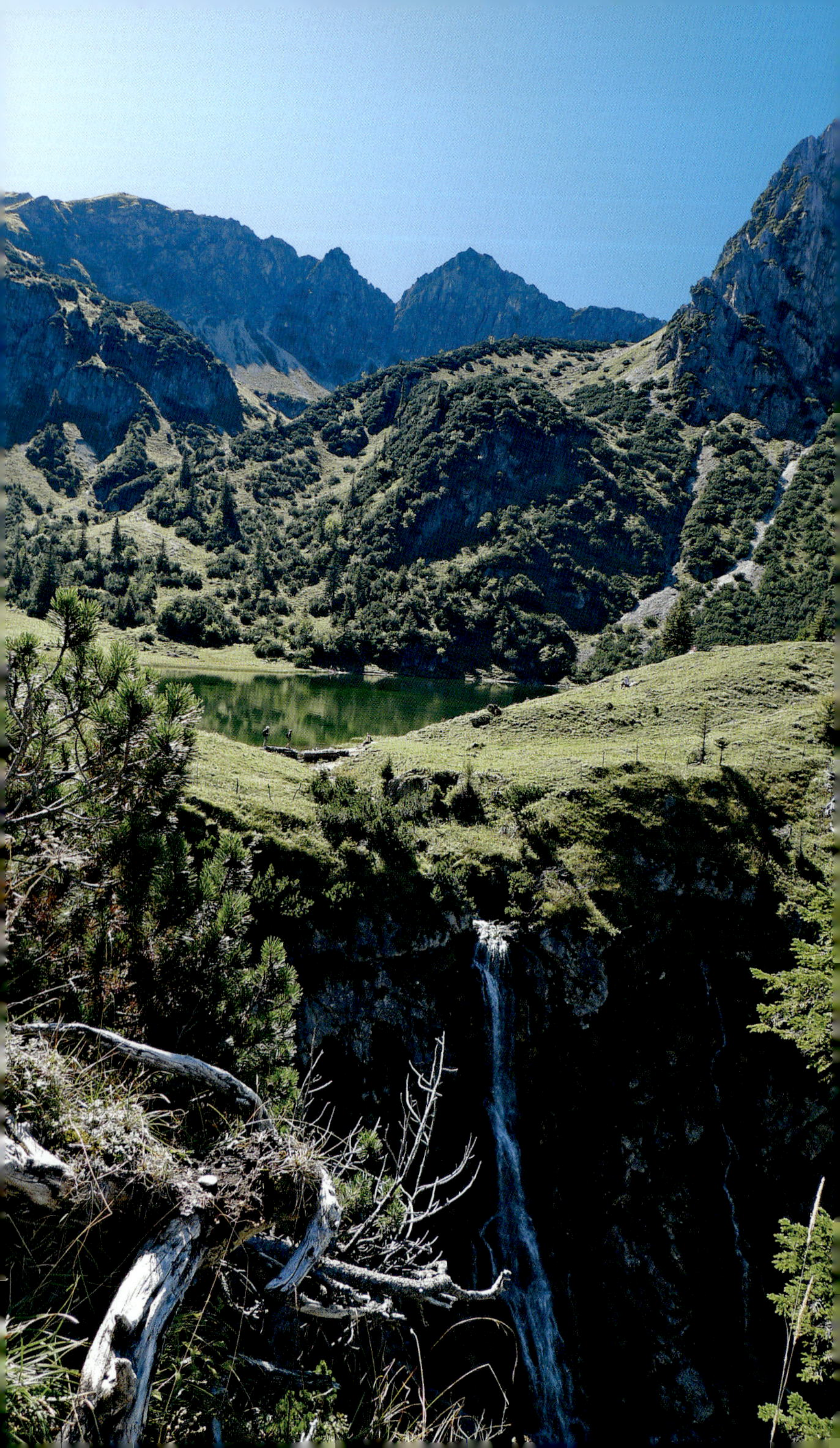

in die Tiefe fällt. Am See warten an der Nord- und Ostseite große Bergwiesenflächen, die zu einer langen Rast und einem schönen Familienpicknick einladen.

Auf dem Anstiegsweg wandern wir frisch gestärkt zurück bis zur Abzweigung zur Unteren Richtersalpe. Dabei gehen am besten die Eltern voraus, um den Kindern zu zeigen, wie man mit der gebotenen Vorsicht den zur linken Seite abfallenden Steig mit seinen Drahtseilen bergab am besten meistert. An der Abzweigung wandern wir auf dem kleinen Pfad geradeaus weiter, passieren einen den Weg kreuzenden Bach und erreichen etwa 10 Min. später den **Berggasthof Gaisalpe**.

Von hier gehen wir die Asphaltstraße hinunter, schlagen diesmal aber nicht den Tobelweg ein, sondern wandern auf dem für den Verkehr gesperrten Sträßchen vorbei an einigen Sitzbänken in 30 Min. gemütlich bergab zum **Parkplatz**. Hier lohnt unterhalb des unteren Parkplatzes P2 ein Besuch des in Bachnähe gelegenen **Waldspielplatzes »Wichteltreff«** mit seinen vielen ideenreichen Spielgeräten.

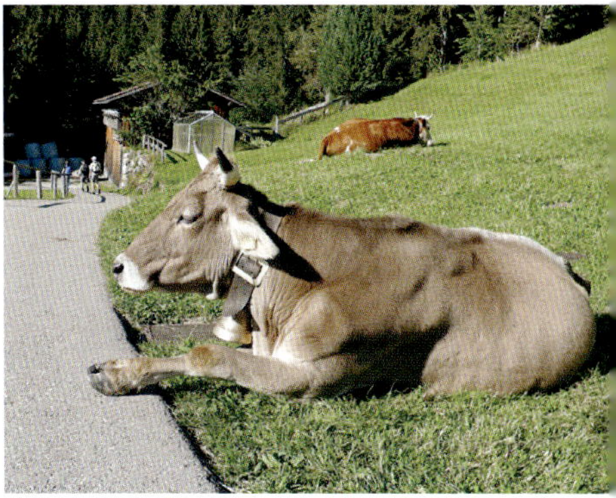

»Ich bleib hier liegen und ruh' mich aus!«

Hallo Kinder,

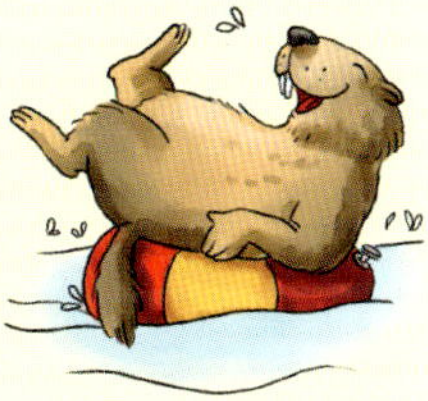

im über 1500 Meter hoch gelegenen Unteren Gaisalpsee schwimmen viele kleine und auch einige große Fische, die man mit (winzig) kleinen Brotstücken füttern kann. Wisst ihr wie die Fische in den See hineingekommen sind? Der Bach, der in den See fließt, entspringt nur ein Stück höher und der Bach, der aus dem See fließt, stürzt direkt nach dem See 20 Meter die Felsen senkrecht hinunter. Eine Zuwanderung durch die Bäche scheidet somit aus. Menschen haben meines Wissens die Fische auch nicht im See ausgesetzt. Aber woher kommen dann die Fische? Vögel, insbesondere am Seeboden grundelnde Enten nehmen in ihrem Gefieder bei der Nahrungssuche ungewollt Fischeier mit auf. Fliegen sie dann in einen anderen See, wie z. B. den Gaisalpsee, und tauchen erneut, werden die Eier wieder freigegeben und die kleinen Fischlein können in ihrem neuen Zuhause schlüpfen, wachsen und sich vermehren. Genauso funktioniert das übrigens auch mit den Fröschen oder Molchen. So bleibt kein neu entstandener See lange unbewohnt.

Aus dem Unteren Gaisalpsee fließt ein kleiner Bach, der kurz darauf spektakulär die Felsen hinunterstürzt.

18 Schnippenkopf, 1833 m

Rundweg vom Berghotel Sonnenklause — ab 10 J.

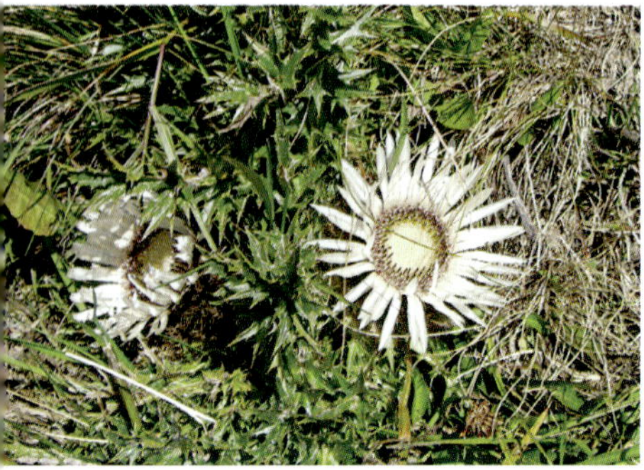

Silberdistel.

Paradetour über die Sonnenköpfe

Als Sonnenköpfe bezeichnet man die drei Vorgebirgsgipfel Sonnenkopf, Heidelbeerkopf und Schnippenkopf, die über einen Kamm miteinander verbunden sind und sich bestens für eine Überschreitung mit Kindern ab 10 Jahren eignen. Die als Rundwanderung angelegte Tour mit ihrem herrlichen Panoramablick in die gesamten Allgäuer Alpen ist nicht besonders anspruchsvoll, setzt aber bei einer Gehzeit von fünf Stunden Kondition, Ausdauer und eingelaufene Wanderschuhe voraus. Geübte große und kleine Barfußwanderer können aber auch bei trockenem Boden nach Verlassen der breiten Wege zu Beginn der Wanderung bis zum Sonnenkopf, im Bereich des Schnippenkopfs und gegen Ende zurück zur Sonnenklause jeweils ein gutes Stück auf blanken Sohlen zurücklegen und so ganz nebenbei sich und ihren Füßen etwas Gutes tun.

Rast am Sonnenkopf (hinter dem Gipfelkreuz der Grünten).

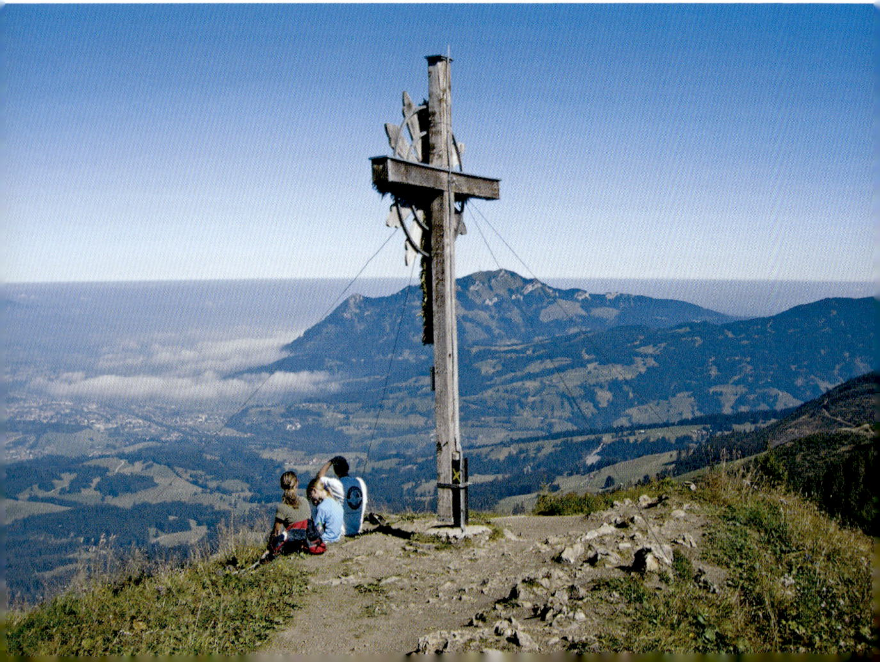

KURZINFO

Ausgangspunkt: Berghotel Sonnenklause, 1045 m. Es bestehen einige wenige Parkmöglichkeiten (ca. zehn) rechts und links der Straße beim Berghotel (Navi: 87527 Sonthofen, Hinang 48). Der Parkplatz unmittelbar vor dem Hotelgasthof ist Gästen vorbehalten. Ein großer öffentlicher Parkplatz befindet sich etwa 800 m vor dem Berghotel rechts der Straße (von unten kommend).
Auf der B 19 bis Ausfahrt »Sonthofen Süd« und auf der OA 4 über Altstätten Richtung Hinang. Nach einem Parkplatz nicht nach Hinang hineinfahren, sondern auf der Ortsumfahrung OA 4 in Richtung Oberstdorf bleiben und nach 750 m rechts (beschildert) zur Sonnenklause abbiegen. An der Feuerwehr vorbei, nach links über die Brücke über die OA 4 und der Bergstraße 2,5 km folgen.
Gehzeit: 5 Std.
Höhenunterschied: 870 m.
Ausrüstung: Bergschuhe.
Anforderungen: Ab 10 Jahren. Route verläuft überwiegend auf barfußgeeigneten, kleinen Wiesen-, Wald-, und Bergpfaden, zu Beginn und nach der Entschenalpe auch jeweils 15–20 Min. auf breiten Fahrwegen. Wegen der Länge der Tour ist die Wanderung für kleinere Kinder nicht geeignet.

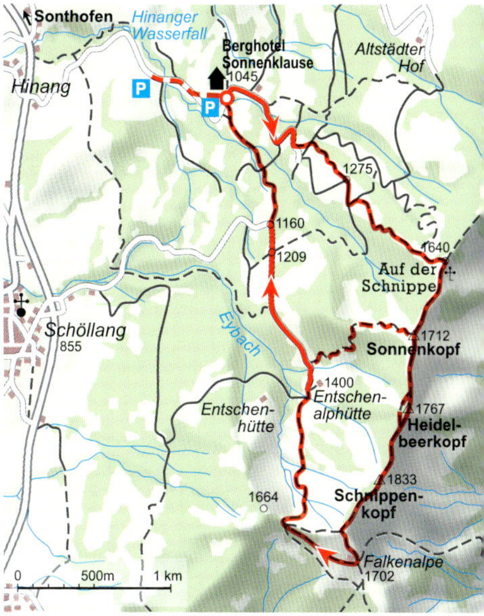

Einkehr: Berghotel Sonnenklause, Mittwoch und Donnerstag Ruhetag, für abends Voranmeldung erforderlich, Übernachtungsmöglichkeit, Tel. +49 8321 3614, sonnenklause.de.
Variante: Bei einem direkten Abstieg vom Gipfelkreuz des Sonnenkopfs nach Westen unbeschildert hinunter zur Entschenalpe verkürzt sich die Wanderung um ca. 1.15 Std.

Diejenigen, die 800 m unterhalb der Sonnenklause am **großen Parkplatz** parken, gehen ein Stück die Asphaltstraße hinauf und biegen kurze Zeit später etwa 10 m nach einer unter einem Baum stehenden Bank halb links in einen unbeschilderten, bisweilen undeutlichen Wiesenweg ein, der schnell – die Straße abkürzend und in einen Waldweg übergehend – zur **Sonnenklause**, 1045 m führt. Von dort marschieren wir auf der Asphaltstraße (Wegweiser »Sonnenköpfe«) bergan. Wir halten uns nach 5 Min. an einer Verzweigung rechts, wandern über den Bach und gehen bei der nächsten Verzweigung nach links. Nach etwa 20 Min. Gesamtgehzeit ab der Sonnenklause biegen wir links in einen kleinen Pfad, 1125 m, ab (»Wanderwege«), gehen durch einen Zaundurchlass und wandern auf einem Wiesenweg an einer Holzhütte vorbei hinauf. Wir kommen in den Wald, queren einen breiteren Weg und wenden uns vor einem Gatter rechts in einen geradewegs nach oben führenden Waldpfad. Die Kinder freuen sich über den abwechslungsreichen Wurzelweg, der schon wenige Minuten später wieder aus dem Wald

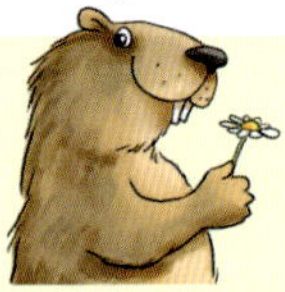

Hallo Kinder,

wie könnte es anders sein – am Heidelbeerkopf, dem mittleren der drei Sonnenköpfe, wachsen tatsächlich viele Heidelbeeren. Manche sagen auch wegen ihrer Farbe Blaubeeren zu diesen wohlschmeckenden Früchten, beim Naschen sind blaue Zähne, Zungen und Finger vorprogrammiert. Die Heidelbeeren kann man in den Bergen im August und September ernten, danach verfärbt sich das Laub dieses Heidestrauchgewächses in leuchtenden Rottönen von orange bis scharlachrot. Besonders eindrucksvoll kann man dies in der Moorlandschaft unter dem Wannenkopf (Tour 11) Anfang Oktober bestaunen.

herausführt. Nun geht es über einen Wiesenhang steil aufwärts, bis wir auf einen breiteren Almweg stoßen, 1275 m, den wir, den mächtigen Grünten im Rücken, hinaufmarschieren. Nach einer Kehre zweigt rechts ein kleiner Pfad ab, der uns über eine Kuh- und Pferdeweide steil bergan in 20 Min. erneut in den Wald bringt. Wir folgen dem Schild »Sonnenköpfe« und den verblassten Markierungen durch das Gehölz und treten neben einem großen Baumstumpf 5 Min. später wieder ins Licht.

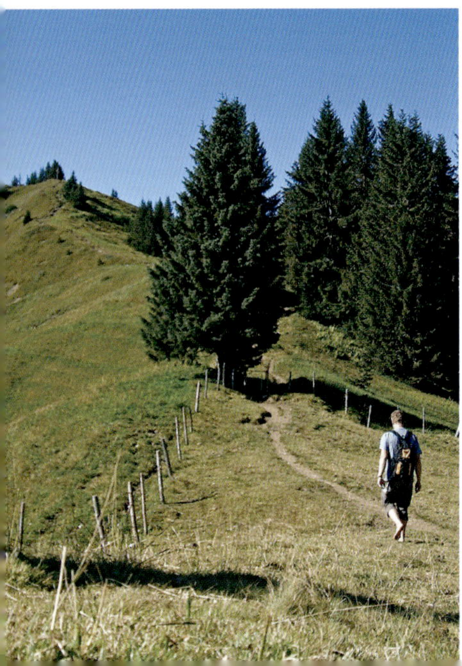

Nun steigen wir über einen freien Hang hinauf und erblicken bald eine kleine Hütte, an der wir rechts vorbeigehen. 10 Min. später stehen wir bereits oben an der wunderschönen Grathöhe **»Auf der Schnippe«**, 1640 m, wenden uns rechts, genießen die schöne Aussicht auf die vielen Gipfel mit der Rotspitze und dem Großen Daumen und freuen uns über den naturbelassenen Wiesenpfad. Wir kommen an einem Wegkreuz vorbei, passieren einen Zaundurchlass und steigen auf dem Pfad, zuletzt über Stufen, zum großen Gipfelkreuz des **Sonnenkopfs**, 1712 m, hinauf. Schon von diesem niedrigsten der drei Sonnenköpfe-Gipfel haben wir eine fantastische Sicht in die Allgäuer Berge.

Nach einer ausgiebigen Rast müssen wir uns entscheiden, ob wir die Tour um eine gute Stunde abkürzen wollen, indem wir direkt vom Gipfelkreuz gleich (unbeschildert) auf einem kleinen Pfad nach Westen zur Entschenalpe absteigen (siehe Variante), oder ob wir uns noch die größere Runde über den Heidel-

Absolut barfußtauglich: »Auf der Schnippe« Richtung Sonnenkopf.

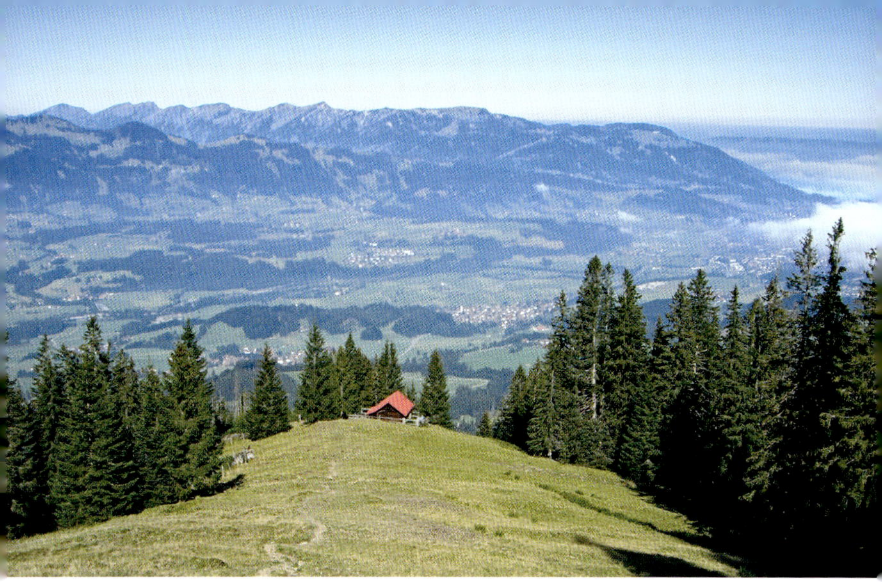

Blick beim Aufstieg auf die Hörnergruppe (links im Vordergrund), Mittag, Steineberg und Stuiben dahinter von rechts.

beerkopf und den Schnippenkopf zutrauen. Für letztere Möglichkeit wandern wir auf einem erdigen Gratweg leicht absteigend Richtung Süden, dann steigt der Pfad wieder an. Nun können wir wieder wählen und entweder zum kreuzlosen **Heidelbeerkopf**, 1767 m, aufsteigen, der seinem Namen alle Ehre macht (siehe Kinderkasten), oder uns rechts haltend den steilen und steinigen Aufstieg zum Gipfel sparen, indem wir auf gleichbleibender Höhe den Hang durch den Wald queren. Im folgenden Sattel vereinen sich beide Pfade wieder, bevor der Pfad noch mal stark ansteigt und uns in gut 20 Min. zum hölzernen Gipfelkreuz des **Schnippenkopfs**, 1833 m, führt. Hier können wir auf dem Bankerl oder der Gipfelwiese bei einer fantastischen Sicht rasten und uns den Gratweg ansehen, der uns schneller als noch am Sonnenkopf gedacht, hier heraufgeführt hat.

Für den Abstieg wandern wir weiter auf einem wunderschönen, erdigen

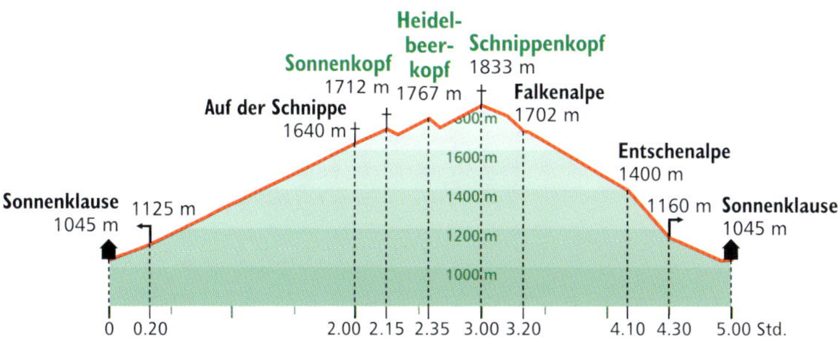

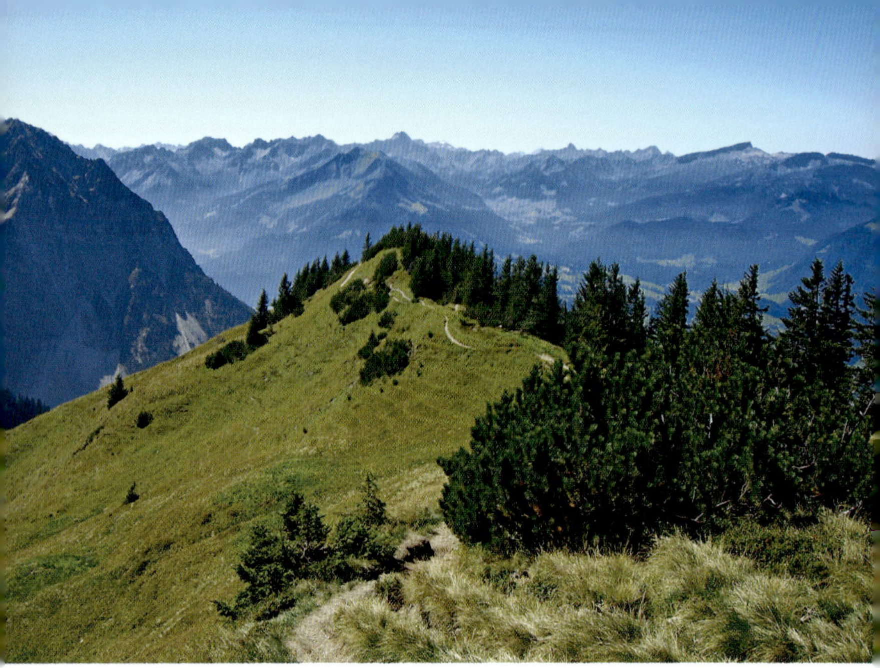

Vom Schnippenkopf schaut man in die aufgereihten Allgäuer Alpen.

und gemächlich abfallenden Gratrücken Richtung Süden weiter, bevor der Pfad nach links dreht (»Falkenalpe«) und uns nun steil den Hang hinunter zur unbewirtschafteten **Falkenalpe**, 1702 m, führt. Unmittelbar am Gebäude (hier auch Schild) zweigt rechts ein kleiner Pfad Richtung Entschenalpe ab, dem wir zuerst über Wiesen, später durch Bergwald – den Schnippenkopf querend – nach Nordwesten folgen. Bald dreht der Weg nach Osten und führt uns schließlich recht steinig auf einen Wirtschaftsweg. Wir kommen an der unbewirtschafteten **Entschenalphütte**, 1400 m, vorbei und treffen bald auf die Wanderer, die direkt vom Sonnenkopf abgestiegen sind. Wir folgen nun auf dem geteerten Weg der Beschilderung Richtung Hinang. 20 Min. später führt uns in einer starken Linkskurve ein Wegweiser (»Sonnenklause«) geradeaus in einen Waldpfad und auf einem schönen, abwechslungsreichen Weg zuletzt über eine Almwiese hinunter zur Straße, die zur Sonnenklause führt. Hier biegen wir rechts ein und erreichen 50 m später das **Berghotel Sonnenklause**, in dem wir gemütlich einkehren oder zumindest dem tapfer gewanderten Nachwuchs ein Kugeleis spendieren können.

HIGHLIGHTS

- ★ Überschreitung von drei Gipfeln bei einer einzigen Wanderung, abwechslungsreicher z. T. barfußtauglicher Wegverlauf.
- ★ Kühe und Pferde auf dem Anstiegsweg, Kühe an der Entschenalpe.
- ★ Fantastischer Blick in die Allgäuer Bergwelt.
- ★ Einkehr (Kinderkarte) und Kugeleis im Berghotel Sonnenklause.

Berghotel Sonnenklause, 1045 m

Von Hinang über die Hinanger Wasserfälle **ab 6 J.**

Wasserfall und Barfußwiesen

Besonders auch im Frühjahr und Herbst, wenn auf den Gipfeln noch oder schon Schnee liegt, bietet sich diese schöne Runde als Familienwanderung zum Berghotel Sonnenklause an. Auf halber Höhe kann man barfuß über einen Wiesenweg einen herrlichen Abstecher zu einem Aussichtspunkt auf der Weide machen und dort picknicken. Danach führt der Weg abwechslungsreich am Hinanger Bach entlang zur Sonnenklause, die auch Ausgangspunkt unserer Wanderung zu den Sonnenköpfen ist (Tour 18). Im Berghotel kann man gut einkehren oder sich ein Kugeleis kaufen, bevor wir über den kleinen Ort Hochweiler wieder zum Ausgangspunkt zurückkehren.

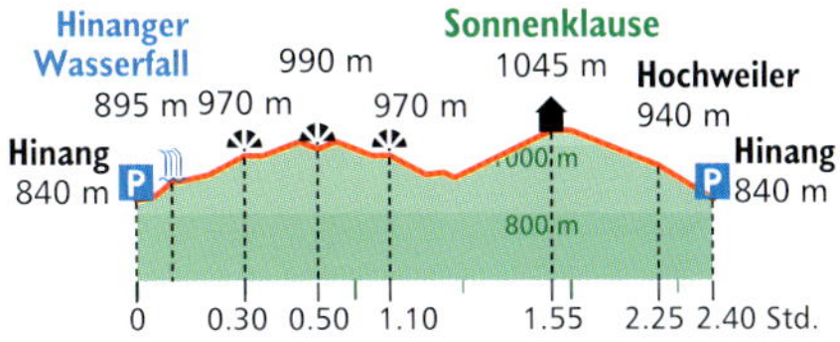

Barfuß über die weichen Almwiesen zum Aussichtspunkt.

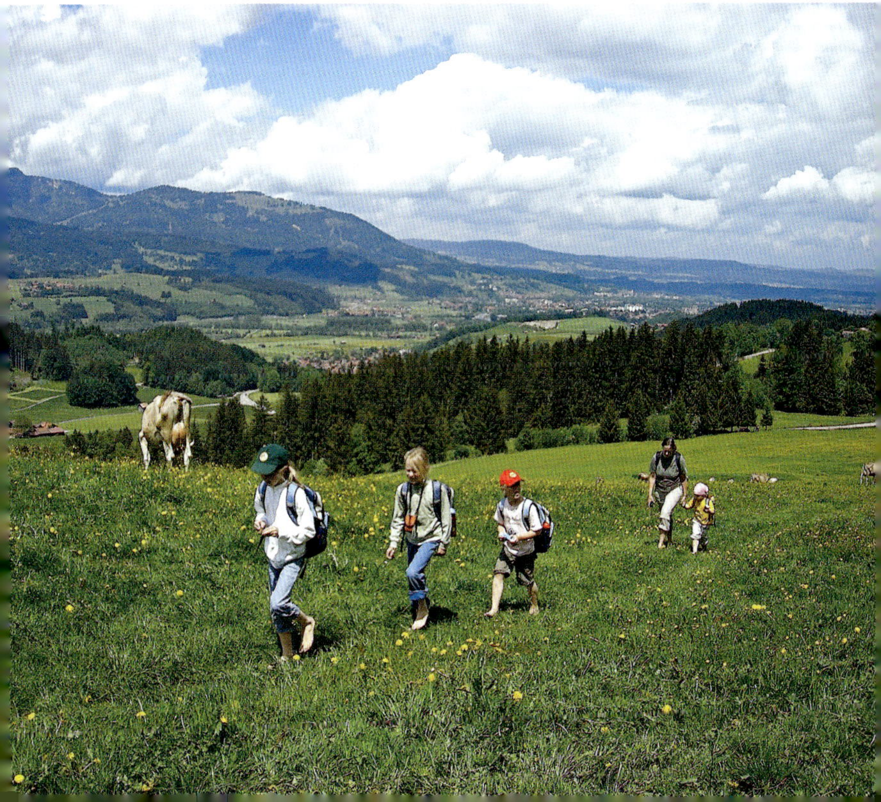

KURZINFO

Ausgangspunkt: Parkgelegenheit, 840 m, neben der Straße (ca. 8 PKW), die von Hinang nach Hochweiler führt (Navi: N 47.475752, E 10.295799 oder 87527 Sonthofen, Hinang).
Auf der B 19 bis Ausfahrt »Sonthofen Süd« und über Altstätten auf der OA 4 Richtung Hinang. Nach einem Parkplatz auf der rechten Straßenseite (hier alternative Parkmöglichkeit, zum Ausgangspunkt dann zu Fuß wie hier für PKW beschrieben) rechts nach Hinang. Vor der Kirche links hinauf Richtung Hochweiler und unmittelbar, nachdem man unter der OA 4 durchgefahren ist, an der rechten Straßenseite parken.
Mit Bahn und Bus: Mit dem Zug bis Sonthofen oder Oberstdorf und weiter mit dem Bus 45 (verkehrt meist stündlich) bis Haltestelle »Hinang Ort«. Fahrplan unter oberstdorf.de/anreise-verkehr/busfahrplaene.html.
Gehzeit: 2.40 Std.
Höhenunterschied: 340 m.
Ausrüstung: Gut profilierte Trekkingsandalen.
Anforderungen: Ab 6 Jahren. Die Wanderung verläuft überwiegend auf kleinen, barfußgeeigneten Pfaden in weitgehend ungefährlichem Gelände. Am und oberhalb des Hinanger Wasserfalls bitte kleine Kinder an die Hand nehmen. Der Rückweg führt teilweise über einen Schotterweg und eine Asphaltstraße.
Einkehr: Berghotel Sonnenklause, Mittwoch und Donnerstag Ruhetag, für abends Voranmeldung erforderlich, Übernachtungsmöglichkeit, Tel. +49 8321 3614, sonnenklause.de.

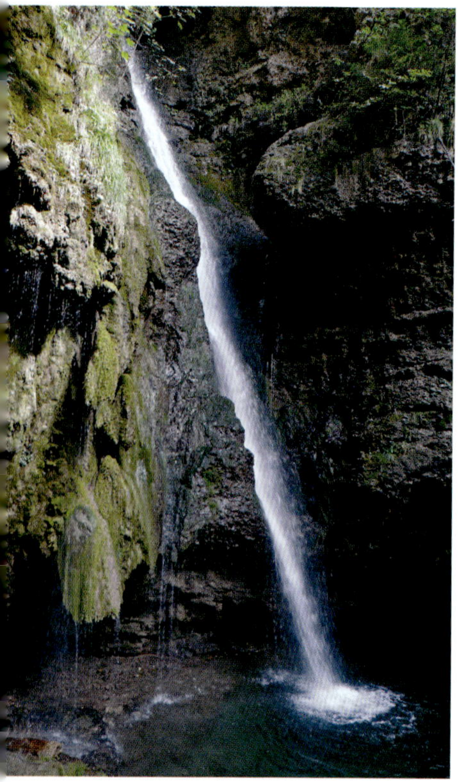

Von unserem **Parkplatz** neben der Straße gehen wir ein paar Meter die Straße hinauf, dann weist uns bereits ein Wegweiser nach rechts zu den Hinanger Wasserfällen in einen Kiesweg. Wenige Minuten später folgen wir dem Schild rechts über eine Brücke und wandern auf steinigem Weg fast eben am Bach entlang bis zum Beginn der **Hinanger Wasserfälle**. Nun über die neuen Metalltreppen, -stege und -brücken durch das beeindruckende Bachtal bis zu einer Felswand, von der nach Regenfällen eindrucksvoll die Wassertropfen als Schleierfall über die moosbedeckten Steine zu Boden fallen. Unmittelbar daneben schießt der Hinanger Bach in einer schmalen Felsrinne in eine grün schimmernde Gumpe mehrere Meter tief hinunter. Weiter geht es nun unterhalb einer mächtigen Felsmauer entlang, die gelegentlich von Kletterern bestiegen wird. Wir steigen ein paar Stu-

Das Wasser schießt am Wasserfall durch eine schmale Rinne hinunter.

fen hinauf, verlassen den Wald und kommen auf eine freie Wiese, von der man einen herrlichen Blick auf Fischen hat. Obwohl uns ein Schild nach links oben am Zaun entlang zur Sonnenklause weist, gehen wir erst einmal geradeaus ebenerdig weiter, um einen Abstecher (maximal hin und zurück 1 Std.) über die Weiden Richtung »Gaisalpe/Schöllang« zu ein paar Aussichtsbänken zu machen, von denen man einen fantastischen Blick auf die Allgäuer Berge hat. Wir überqueren dazu die **Teerstraße** und passieren einen Zaundurchlass mit dem Hinweis: »Betreten auf eigene Gefahr«. Gemeint sind die Kühe, die zwar fast immer friedlich, aber manchmal neugierig sind, und denen man wie überall auf den Weiden mit dem nötigen Respekt und Abstand begegnen sollte. Bei warmem Wetter können wir nun unsere Schuhe an den Rucksack hängen und marschieren auf einem reinen Wiesenweg barfuß

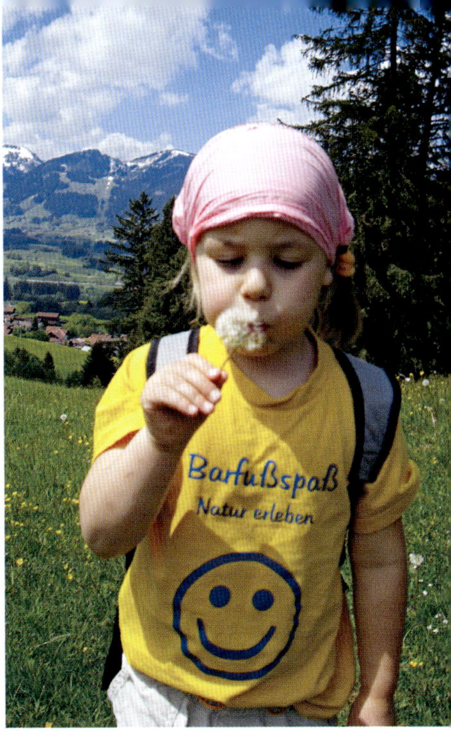

Im Frühling sind die Wiesen mit Löwenzahn übersät.

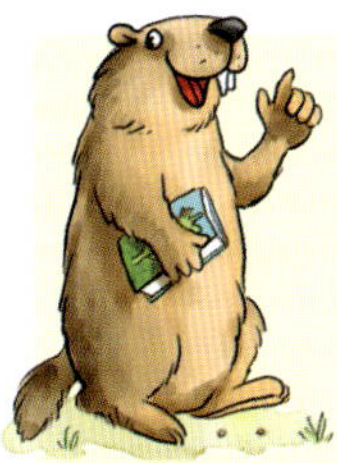

Hallo Kinder,

wenn ihr euch eure Füße einmal genauer anschaut, werdet ihr feststellen, dass sie – vorausgesetzt sie sind gesund – auf der Innenseite der Fußsohle einen Bogen machen und an dieser Stelle der Fuß den Boden beim Gehen gar nicht berührt. Was ihr hier seht, ist das Fußlängsgewölbe. Hierbei handelt es sich aber nicht um einen gebogenen Knochen, sondern um eine tolle Konstruktion, die nur von den Sehnen, Muskeln und Bändern des Fußes aufgespannt wird. Das Fußgewölbe federt beim Gehen und Laufen Stöße ab und entlastet dabei die Knie und die Bandscheiben. Um dieses Fußgewölbe zu erhalten, ist es ganz wichtig, im Sommer viel barfuß zu laufen, denn nur hierdurch werden die Sehnen, Bänder und Muskeln für ihre Aufgabe gestärkt. Im Allgäu gibt es viele Wege, auf denen man ohne Schuhe und Strümpfe laufen kann, so auch bei unserer heutigen Tour ein langes Stück über die Weiden zu einem schönen Aussichtsplatz. Welche Touren sich für euch und eure Eltern sonst noch gut zum Barfußlaufen eignen, seht ihr ganz vorne im Buch im Klappumschlag. Also schnell mal nachgeguckt und dann: Aus die Strümpfe – fertig – los!

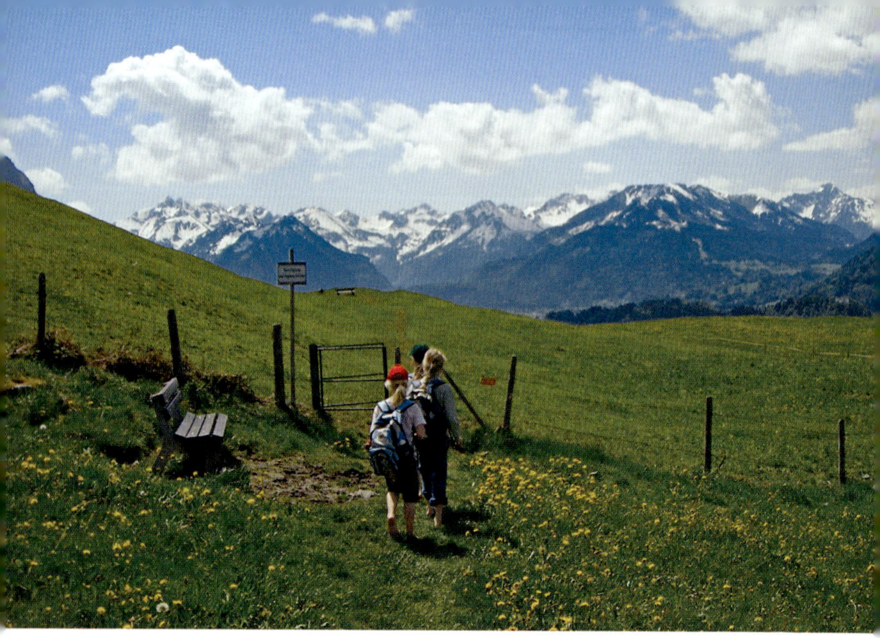

Auf der Weide laden mehrere Bänke zu einer Pause ein.

leicht ansteigend mitten über die Weide. Dann steigt der Weg steiler an und plötzlich wird der Blick nach Süden frei auf die Allgäuer Alpen. Wir erreichen eine Rastbank, etwa 150 m weiter steht eine zweite, jetzt sieht man auch Oberstdorf im Tal

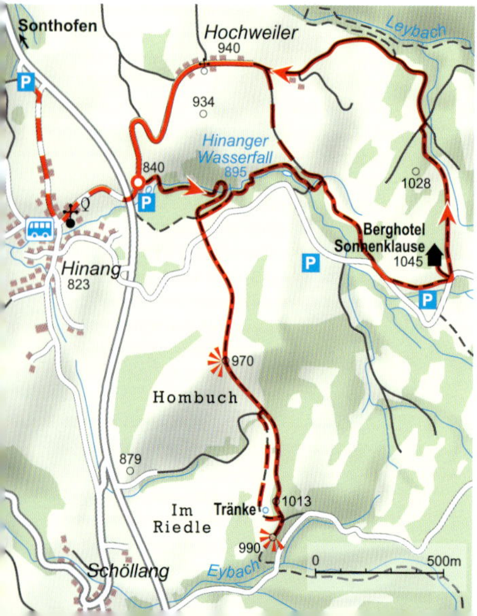

schlummern. Ein wirklich wunderbarer **Aussichtspunkt**, 970 m, mitten auf der Weide! Jetzt können wir uns Zeit nehmen und die Gipfel ausmachen, die wir vielleicht schon bestiegen haben. Rechts auf der anderen Talseite erkennen wir die Hörnergruppe mit dem Ofterschwanger- und dem Rangiswanger Horn (Tour 10), links davon den durch seinen zerklüfteten Felsaufbau sofort zu erkennenden Besler (Tour 12) und im Südwesten den wie ein Schiffsbug aus dem Meer ragenden Hohen Ifen (Tour 13).

Wer möchte, geht auf dem Wiesenweg noch weiter Richtung Süden und überquert auf einer kleinen Brücke bald einen Bach. Nun entweder auf dem Weg an weiteren Rastbänken vorbei durch den Wald, bis wir nach weiteren 10 Min. auf einen breiteren Weg stoßen, uns rechts halten und durch einen **Zaundurchlass** gehen. Oder direkt nach der kleinen Brücke rechts über das kleine Wiesenstück zu dem breiten Wiesenweg unterhalb (wenn das Vieh weidet, kann dieser Verbindungsweg aber abgezäunt sein) und nach links auf diesem leicht ansteigend Richtung Süden, bis wir nach etwa 10 Min. – etwas oberhalb – eine in Beton eingefasste Tränke sehen. An dieser gehen wir vorbei bis kurz vor den Zaundurchlass, durch den die Wanderer kommen, die durch den Wald gegangen sind. Nun auf der Weide am Zaun entlang noch ein Stück Richtung Süden zu zwei weiteren **Bänken**, 990 m, an denen wir unseren Ausflug in die herrliche Weidelandschaft beenden und nach einer Rast in 30 Min. wieder zurückwandern.

Wir überqueren wieder die **Teerstraße**, die zur Sonnenklause führt, gehen 50 m geradeaus über die Wiesen und stehen wieder an dem Wegweiser, der uns am Waldrand entlang hinauf zur Sonnenklause weist. Nun auf dem natürlichen Pfad leicht bergan, dann führt der Weg in den Wald und es geht steil hinunter. Wir kommen wieder zum Bach und sind jetzt genau an der Stelle, an der das Wasser in die Rinne einschießt, um dann als Hinanger Wasserfall nach unten zu rauschen. Wir folgen dem Bachlauf, überqueren bald das Gewässer und kommen zu einer weiteren Holzbrücke, die wir aber nicht überqueren. Geradeaus weitergehend freuen sich die Kinder bald über einen Zugang zum Bach, dann geht es noch ein Stück am Wasser entlang, bevor der Weg vom Bach wegdreht und wir zu einer Verzweigung gelangen. Nach links könnten wir hier die Tour abkürzen und über Hochweiler zum Ausgangspunkt zurücklaufen. Wir wenden uns aber nach rechts in den

HIGHLIGHTS

- ★ Sehenswertes Bachtal mit einem schönen Wasserfall sowie (nach Regen) einem beeindruckenden Schleierfall.
- ★ Abwechslungsreiche Wegführung zum Teil am Bach entlang.
- ★ Barfußlaufen auf einem Wiesenweg über die Weide (zur Almsaison viele Kühe) mit herrlichem Gebirgspanorama und Blick bis nach Oberstdorf.
- ★ Einkehr (Kinderkarte) und Kugeleis im Berghotel Sonnenklause.

Wiesenweg, kommen nach 200 m in den Wald und stoßen 5 Min. später auf die Teerstraße, die zur Sonnenklause führt. Wir biegen nach links ein, folgen ein Stück der Straße, verlassen diese jedoch 10 m nach einer unter einem Baum stehenden Bank gleich wieder halb links in einen unbeschilderten, bisweilen undeutlichen Wiesenweg (Achtung: nicht im spitzen Winkel links durch das Gatter auf den Holzstadl zugehen). Am Waldrand wird der Weg wieder deutlich, nun geht es direkt am Bach entlang, die Straße abkürzend, direkt zum **Berghotel Sonnenklause**, 1045 m, in dem es auch Kugeleis für die Kinder gibt.

Für den Rückweg gehen wir vom Berghotel zurück zur Straße und biegen direkt oberhalb des Gasthauses in einen kleinen Wiesenpfad ein (Schild »Hochweiler ½ Stunde«). Nach etwa 10 Min. wird der Weg breiter und wir erreichen bald eine Wegkreuzung. Hier wenden wir uns links Richtung **Hochweiler**. In dem nur aus wenigen Bauernhöfen bestehenden Ort angekommen, spazieren wir die fast nicht befahrene Asphaltstraße hinunter und erreichen 15 Min. später wieder direkt unseren **Ausgangspunkt**.

20 Zu den Zipfelsfällen

Vom Parkplatz »Auf der Höh« in Hinterstein **ab 6 J.**

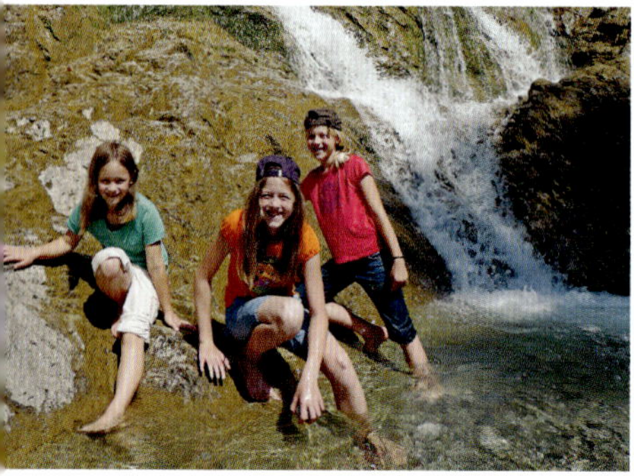

Rast am unteren Wasserfall.

Prinze Gumpe und Kutschenmuseum

In Hinterstein wartet eine kurze, aber wunderschöne Runde auf die Familien, die uns zu zwei ganz besonders faszinierenden Wasserfällen und zum kostenlosen Naturfreibad »Prinze Gumpe« führt. Wer danach noch Lust hat, kann über den Hintersteiner Spielplatz zu dem wirklich ungewöhnlichen Kutschenmuseum wandern, in dem wir in eine faszinierende und zugleich unheimliche Märchenwelt entführt werden. Im Museum ist man gehalten nicht zu sprechen, wir lauschen gespannt der Sphärenmusik, wandeln durch enge verspiegelte Gänge vorbei an großen ausgestopften Tieren. Das Museum ist eine Gratwanderung aus Kitsch, Skurrilem und perfekt inszenierten Landschaften, in die die mit lebensgroßen Puppen bestückten Schlitten und Kutschen eingebettet sind. Gespannt bewegt man sich von Raum zu Raum, die Kinder drängen sich nah an die Eltern, sind aber so fasziniert von dem unwirklichen Szenario, dass sie nach dem Verlassen des Museums gleich noch eine schaurig-schöne Runde darin bestehen wollen.

Hallo Kinder,

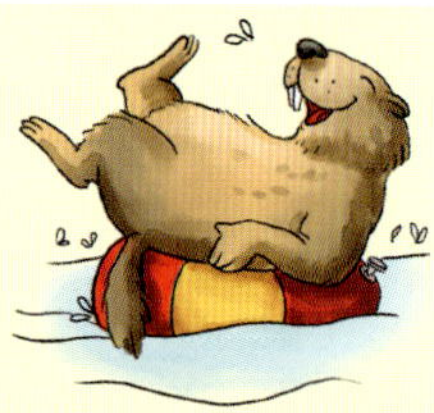

bei unserer Wanderung kommen wir direkt an dem Naturschwimmbad »Prinze Gumpe« vorbei, in dem wir uns kostenlos abkühlen und eine Runde schwimmen können. Das Wasser im Bad kommt aus dem Zipfelsbach, unterliegt einem ständigen Austausch und reinigt sich durch die Pflanzen und die Steine im Wasser selbst, sodass kein Chlor benötigt wird. Die hügeligen Wiesenflächen, Badestege, ein Flachwasserbereich und ein Kneippbecken machen der ganzen Familie Spaß und in der Gaststätte im Bad gibt es Eis. Der Name des Bades kommt übrigens daher, dass früher in Hinterstein der Prinzregent Luitpold gerne im Zipfelsbach in einer Gumpe gebadet hat. Wem's im Bad gefallen hat, der darf gern eine kleine Spende in die dafür angebrachten Kästen werfen. Im Winter kann man auf der Eisfläche Schlittschuhlaufen.

Am sensationellen oberen Wasserfall kann man nur noch staunen!

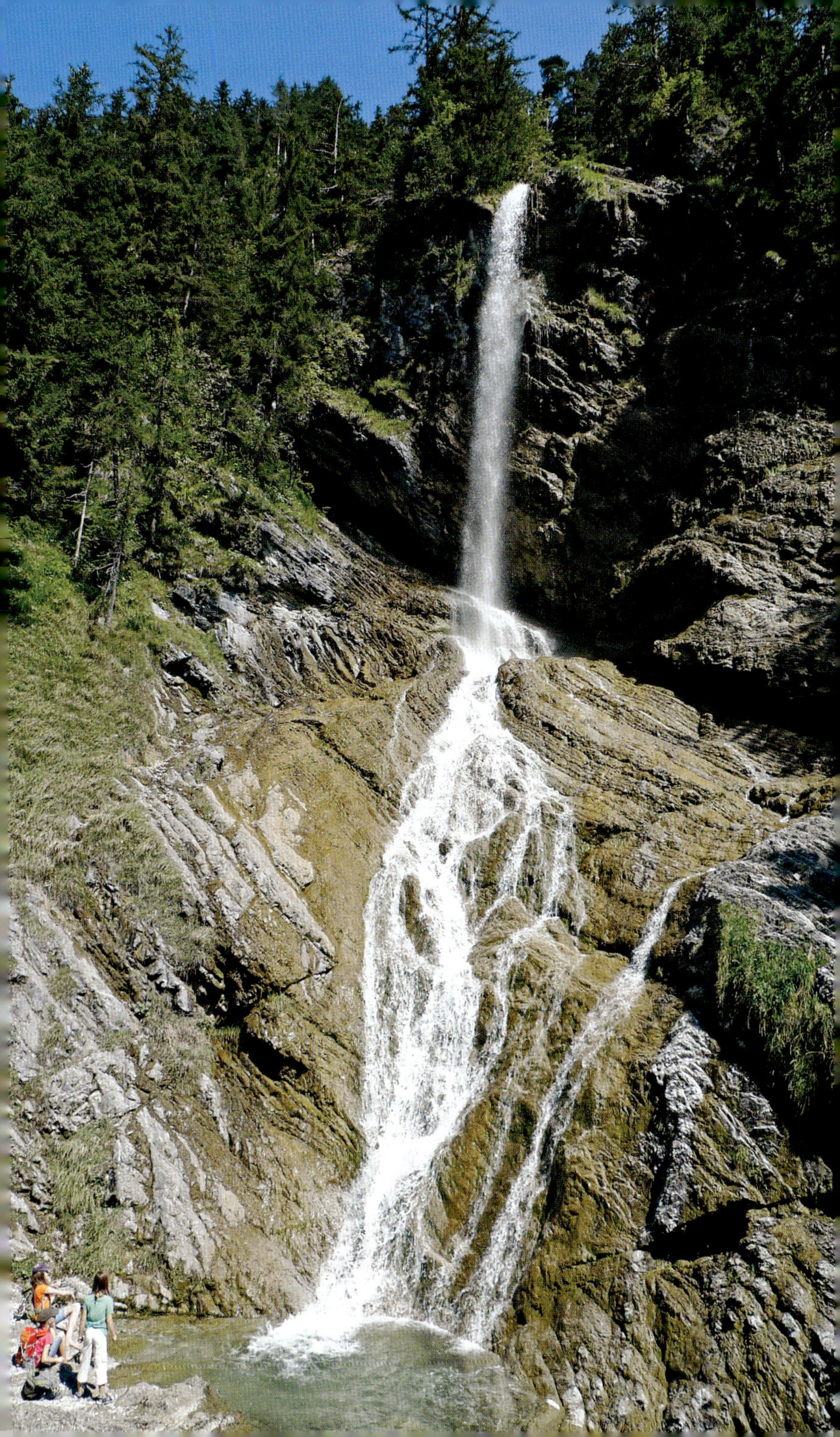

KURZINFO

Ausgangspunkt: Großer, gebührenpflichtiger Wanderparkplatz »Auf der Höh« am südlichen Ortsende von Hinterstein, 875 m (Navi: 87541 Hinterstein, Rauhornweg 8).
Auf der B 19 bis Ausfahrt »Sonthofen« und beschildert weiter in östlicher Richtung bis zum Ortsanfang von Bad Hindelang. Im Kreisel die erste Abfahrt nach Hinterstein nehmen, durch den Ort hindurch und bis zum am südlichen Ende von Hinterstein gelegenen Parkplatz. Alternativ kann man Bad Hindelang auch auf der B 310/B 308 über Oberjoch auf einer sehr kurvigen Passstraße (7 km) anfahren. Durch Bad Hindelang hindurch und am Kreisverkehr am Ortsende die vierte Abfahrt nach Hinterstein nehmen.
Mit Bahn und Bus: Mit dem Zug bis Sonthofen und weiter mit dem Bus 48 im Stundentakt nach »Bad Hindelang Busbahnhof«. Von hier direkter Anschluss an den Bus 49 nach Hinterstein. Fahrplan unter oberstdorf.de/anreise-verkehr/busfahrplaene.html.
Gehzeit: 1.15 Std.
Höhenunterschied: 190 m.
Ausrüstung: Bergschuhe, Badesachen, Wechselkleidung.
Anforderungen: Ab 6 Jahren. Die Wanderung verläuft größtenteils auf kleinen Bergsteigen. Achtung, an den Wasserfällen jeweils nicht zu weit an den Steilabfall wagen, die im Wasser liegenden Steine sind sehr glitschig!
Einkehr: Café-Restaurant »Prinze-Gumpe«, Auf dem Buck 6, 87541 Bad Hindelang, geöffnet von Weihnachten bis Ende Oktober, in den Sommermonaten kein Ruhetag, Tel. +49 8324 952999. Kiosk auf der Höh, Tel. +49 8324 1532.
Variante: Erweiterungsrunde zum Kutschenmuseum (1 Std.): Vom »Grünen

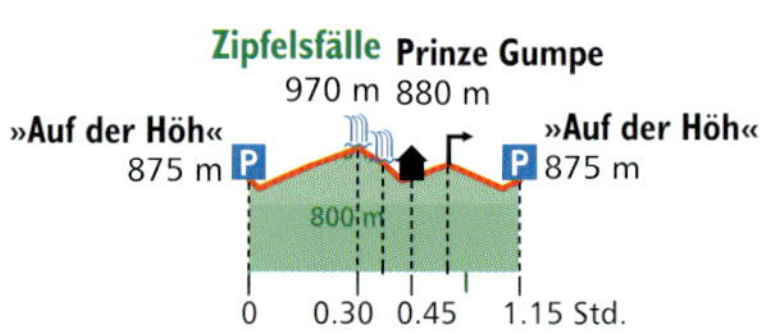

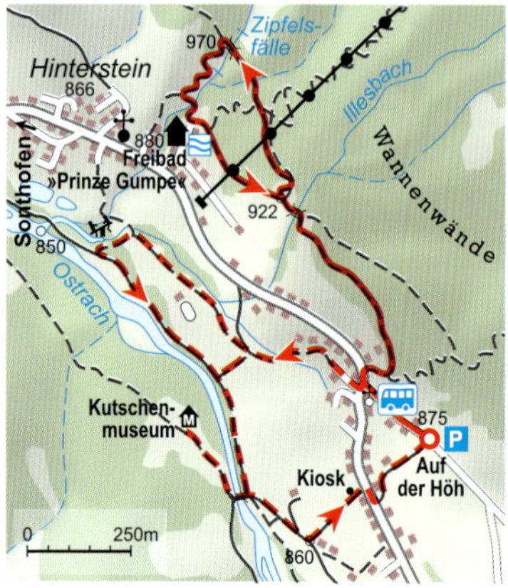

Hut« kommend biegen wir an der Bushaltestelle rechts in die erste kleine Straße ein (»Spielplatz Hinterstein«). An alten Bauernhäusern vorbei, wird der Weg schnell zum Kiesweg und führt durch einen Zaundurchlass links hinunter. An einem Wegweiser müssen wir uns entscheiden, ob wir geradeaus zum Hintersteiner Spielplatz weitergehen oder gleich (hier fehlt ein Hinweisschild) nach links an der Bank vorbei im spitzen Winkel über einen zuerst undeutlichen Weg zur Ostrach abkürzen wollen. Geht man geradeaus weiter, erreicht man nach 5 Min. eine Brücke und den dahinterliegenden Spielplatz. Für den Weiterweg gehen wir über die Brücke zurück und schlagen nun, vom Spielplatz kommend, rechts den kleinen unbeschilderten Pfad ein, der uns entlang des Baches auf einen breiten Weg führt. Hier wenden wir uns links und marschieren an der Ostrach weiter, kommen an der Einmündung des Abkürzungsweges vorbei und erreichen schnell eine große hölzerne Brücke. Flussaufwärts gibt es hier eine Rast- und Spielmöglichkeit auf einer Flussinsel. Wir spazieren aber über die Brücke, schwenken danach nach rechts und erreichen 5 Min. später das Kutschenmuseum. Zurück gehen wir wieder über die Holzbrücke, folgen nun aber dem Wegweiser zum »Parkplatz Hinterstein« halb rechts, gehen an der nächsten Verzweigung links und nach dem Kiosk rechts in die Asphaltstraße. Nach 35 m zweigt von dieser links ein kleiner Weg zum Parkplatz ab.

Vom **Parkplatz** gehen wir ein Stück Richtung Dorf die Straße hinunter zur Bushaltestelle, von dort weist ein Schild nach rechts. Direkt hinter dem Alpengasthaus »Grüner Hut« (derzeit nicht bewirtschaftet) biegen wir nach rechts in einen kleinen Pfad ein (Beschilderung »Wasserfälle«). Nach wenigen Metern verzweigt sich der Pfad, hier halten wir uns links. Nun wandern wir durch schattigen, im Sommer angenehm kühlen Wald, halten uns am nächsten Schilderbaum links und spazieren auf einer Brücke über einen kleinen Bach. Auf einem kleinen Steig gelangen wir bald zu einem breiten Schotterweg – auf diesem kommen wir von unten auf dem Rückweg. Wir überqueren den Schotterweg und wandern auf einem kleinen Pfad geradeaus weiter. Der Pfad dreht bald nach rechts und führt uns wieder auf den Schotterweg. Wir gehen ein Stück steil bergan, um nach wenigen Metern links in einen nur leicht ansteigenden Weg abzuzweigen. Wir kommen an einer Rastbank mit Blick auf Hinterstein vorbei, dann zu einer weiteren oberhalb der Wasserfälle.

Bald spazieren wir auf einer Brücke über den Zipfelsbach, von der wir sowohl nach oben wie nach unten auf den hinunterschießenden Gebirgsbach schauen. Rechts hinter der Brücke geht es direkt zu dem faszinierenden ersten **Wasserfall**, an dessen Fuß man jedoch nur gelangen kann, wenn der Zipfelsbach wenig Wasser führt. Hier ist allerdings auch bei Niedrigwasser immer größte Vorsicht geboten, da der Bach nach wenigen Metern erneut in die Tiefe stürzt und die Steine im Wasser glitschig sein können.

Für den Rückweg schlagen wir hinter der Brücke direkt den Weg nach

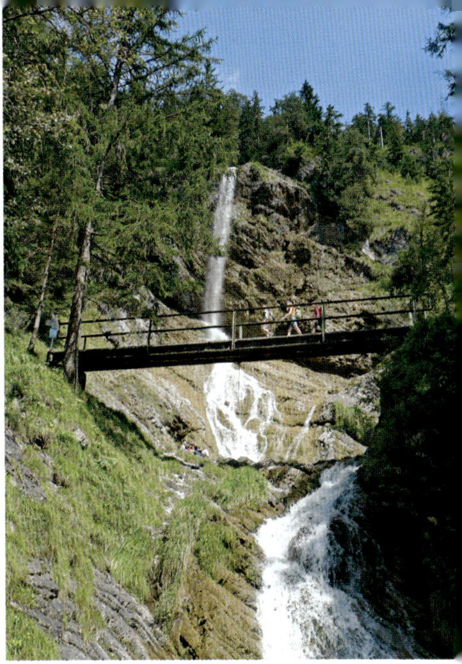

Brücke über den Zipfelsbach und eiskaltes Wasservergnügen.

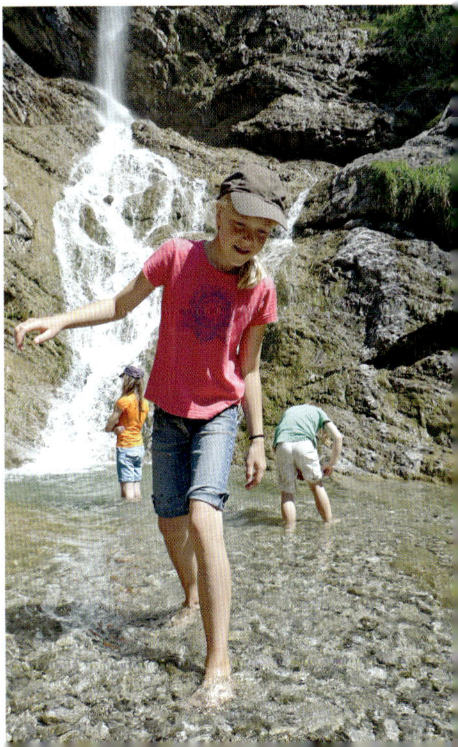

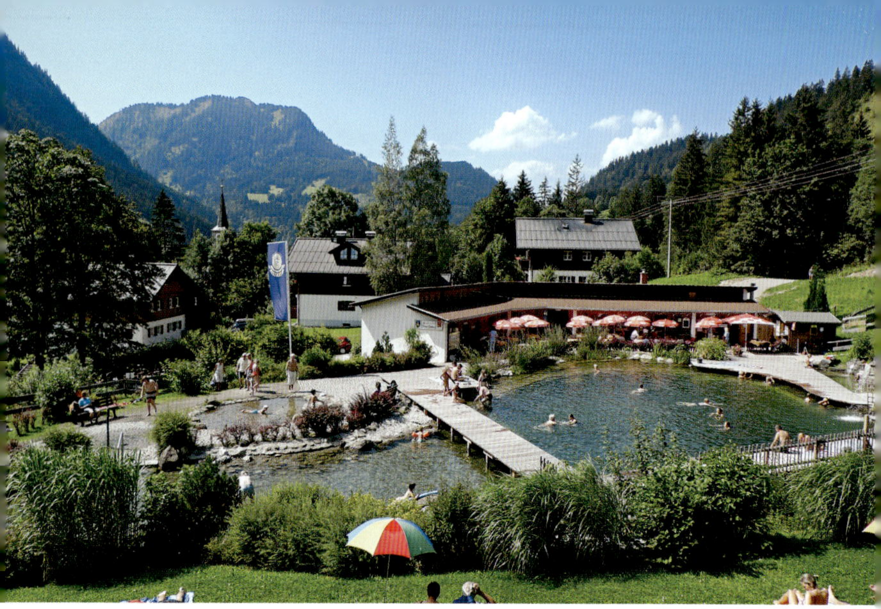

Am Naturbad »Prinze Gumpe« kommen wir am Rückweg direkt vorbei.

unten ein (»Kirche Hinterstein«). Schon nach wenigen Metern verzweigt sich der Weg unbeschildert. Beide Wege führen bald wieder zusammen, wir wählen aber den linken, weil wir hier noch einmal einen lohnenswerten Blick auf den Wasserfall werfen können. Nun wandern wir auf dem steilen Weg weiter abwärts, dann taucht auch schon links der zweite **Wasserfall** auf, zu dem wir über einen kleinen Pfad ebenfalls hinabsteigen können. Ein wunderschöner Platz – einfach herrlich, wie sich hier der Bach über die Felsen ergießt und in einer flachen Gumpe sammelt. Auch hier gilt es zu beachten, dass man nur bei Niedrigwasser hinabsteigen darf und der Bach nach wenigen Metern (Vorsicht, Steine können glitschig sein!) wiederum in die Tiefe stürzt.

Wieder zurück am Weg wandern wir weiter abwärts, halten uns an einer Verzweigung links und marschieren über eine kleine Brücke. Nun geht es erst eben, dann leicht ansteigend zur **»Prinze Gumpe«**, 880 m, einem Naturfreibad mit Café-Restaurant.

Nach der Erfrischung führt der Weg oberhalb des Bades auf einem breiten Schotterweg steil aufwärts, bis wir zu dem Wegweiser kommen, den wir schon vom Hinweg kennen. Hier wenden wir uns rechts und wandern auf dem bekannten Weg zum **Parkplatz** zurück.

HIGHLIGHTS

- ★ Kurze, abwechslungsreiche Wanderung zu zwei imposanten Wasserfällen.
- ★ Baden in der kostenlosen »Prinze Gumpe« (siehe Kinderkasten).
- ★ Großer Spielplatz auf dem Weg der Variante.
- ★ Besuch des schaurig-schönen Kutschenmuseums (ebenfalls Variante): Eintritt frei, um eine freiwillige kleine Spende wird gebeten. Öffnungszeiten täglich 8–20 Uhr.

Starzlachklamm

Rundweg vom Sonthofener Ortsteil Winkel — ab 6 J.

Gischtende Strudeltöpfe und steile Felswände

Die auf 1070 Metern Höhe zwischen dem Wertacher Hörnle und dem Grünten entspringende Starzlach hat eine der schönsten Klammen des Allgäus erschaffen. Dabei macht die 1932 erschlossene und seit 1951 unter Naturschutz stehende Starzlachklamm ihrem Namen, der so viel bedeutet wie »über Felsen springende Aach«, alle Ehre: Besonders nach längeren Regenfällen und zur Schneeschmelze warten in der wildromantischen Felsschlucht tosende Wasserfälle und gischtende, schäumende Wasserstrudel auf die Besucher. Vorbei an Felsüberhängen, über zahlreiche Brücken und Stege und durch einen engen Felsspalt führt uns der abenteuerliche Weg. Auch wenn der Steig entlang des sprudelnden Wassers mit seinen Strudeltöpfen und Gumpen nicht allzu lang ist, lohnt der Besuch der Starzlachklamm allemal, kann man ihn doch zu einer schönen Rundtour über den Berggasthof Alpenblick ausbauen, von dem sich auch ein Abstecher zur Erzgruben-Erlebniswelt (siehe S. 187) anbietet. Nach der Tour lockt noch ein Besuch des Vitalbads in Burgberg (siehe S. 190) mit Wasserrutsche, einer über das Wasser führenden Tarzanbahn und weichem, grünem Naturwasser.

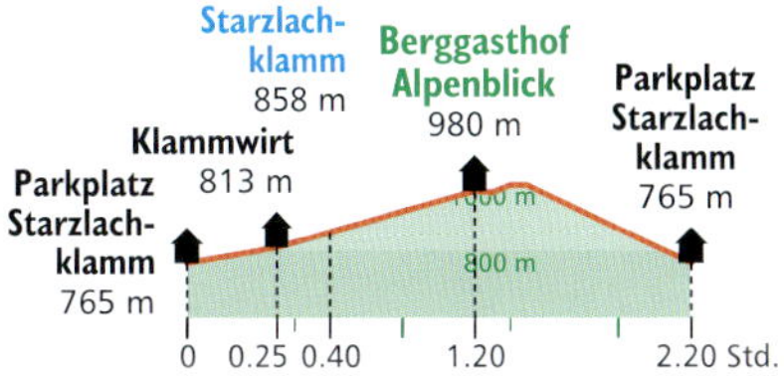

Die Auwaldlandschaft an der Starzlach ist ein herrlicher Naturspielplatz.

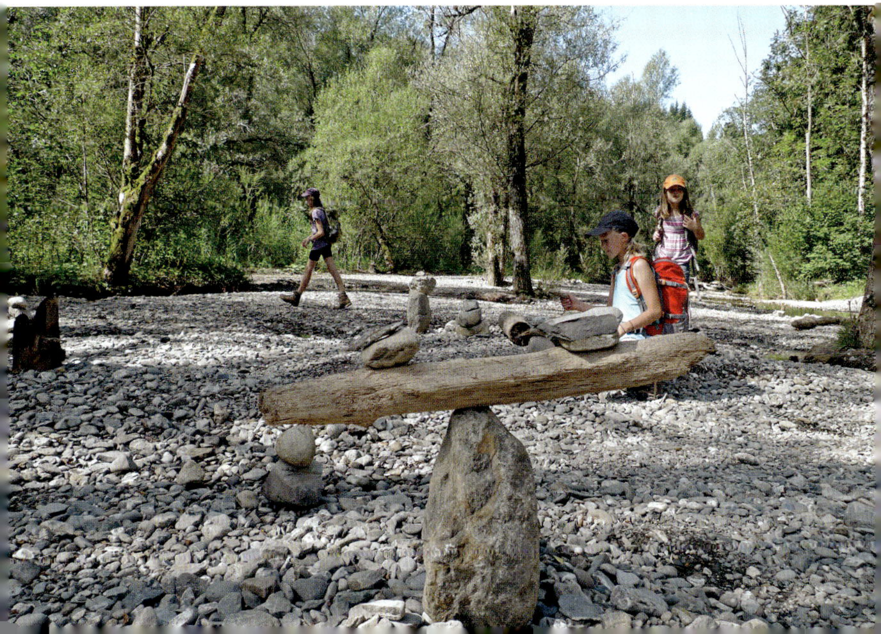

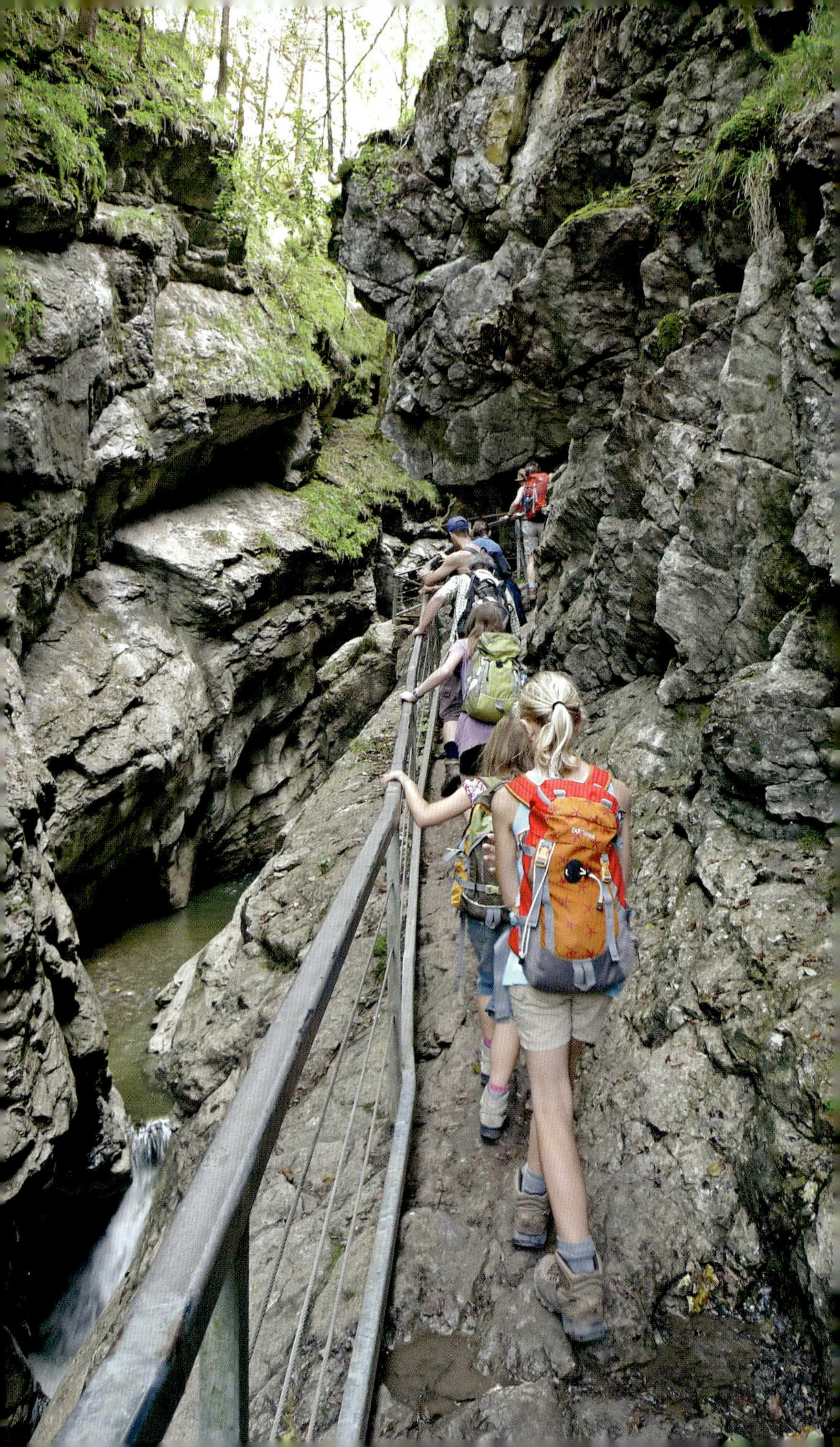

KURZINFO

Talort: Sonthofen.
Ausgangspunkt: Großer kostenpflichtiger Parkplatz im Ortsteil Winkel am Gasthaus Sepplwirt, 765 m (Navi: 87527 Sonthofen, Winkel 12a).
Von der B 19 an der Ausfahrt »Sonthofen Nord« Richtung Bad Hindelang und nach 1,5 km auf der B 308 links in die Berghofer Straße einbiegen. Nun immer geradeaus bis zum Sonthofener Ortsteil Winkel und dort vor Überquerung der Starzlach rechts zum Parkplatz.
Mit Bahn und Bus: Derzeit fährt vom Bahnhof Sonthofen kein Bus mehr zur Starzlachklamm. Ein Stadtbus fährt lediglich in diese Richtung (Ausstieg »Zimmerei Haberl«), von dort ca. 1,2 km zu Fuß entlang der Straße in Fahrrichtung zum Parkplatz.
Gehzeit: 2.20 Std.
Höhenunterschied: 260 m.
Ausrüstung: Bergschuhe, eventuell Wechselkleidung und Badesachen.
Anforderungen: Ab 6 Jahren. Die Tour verläuft überwiegend auf kleinen Bergpfaden, die im Aufstieg mitunter sehr steil sind. In der Klamm ist der felsige Untergrund oft rutschig. Kleinere Kinder hier an die Hand nehmen! Im Bereich des Berggasthofes Alpenblick Asphalt- und Wirtschaftswege.
Einkehr: Gasthof Sepplwirt, 765 m, Dienstag Ruhetag, Tel. +49 8321 787741. Klammwirt, 800 m, geöffnet Ende April bis Anfang Nov., kein Ruhetag, Brotzeiten, Eis, Tel. +49 8321 88988. Berggasthof Alpenblick, 980 m, Mittwoch und Donnerstag Ruhetag, ab ca. 7. Nov./Dez. Betriebsruhe (außer Adventwochenenden), 22 Betten, Tel. +49 8321 3354, alpenblick-burgberg.de. Alpe Topfen, 970 m, geöffnet Mitte Mai bis Okt., Brotzeiten, kein Ruhetag, Tel. +49 8321 71114, fewo-laemmerhofer.de.
Variante: Anstatt oberhalb der Alpe Topfen links auf der Straße hinunter zum Berggasthof Alpenblick zu gehen, kann man auch erst nach rechts (und die nächste wieder rechts; beschildert) in 20 Min. einen Abstecher zur Erzgruben-Erlebniswelt machen. Es besteht aber auch die Möglichkeit, mit der Erzgruben-Erlebnisbahn (Haltestelle unterhalb Berggasthof Alpenblick) dorthin zu fahren.

Spannender Felsenweg in der Starzlachklamm.

HIGHLIGHTS

- ★ Spannender Steig durch die Starzlachklamm, geöffnet (je nach Witterung) Ende April bis Anfang November, Erwachsene 3,50 €, Kinder 2 €. Info Gästeamt Sonthofen Tel. +49 8321 615291 und Tel. +49 8321 88988 (Klammwirt).
- ★ Tolle Spielmöglichkeit am Wasser in der Auwaldlandschaft der Starzlach kurz vor der Klamm.
- ★ Abwechslungsreicher Rundweg auf überwiegend kleinen Bergpfaden.
- ★ Variante: Besuch der Erzgruben-Erlebniswelt am Grünten (20 Min. zu Fuß vom Gasthof Alpenblick; s. Freizeittipp »H« S. 187).
- ★ Nach der Wanderung: Besuch des Vitalbads in Burgberg (siehe Freizeittipp »L« S. 190).
- ★ Tipp im nahen Sonthofen: Musikalischer Wanderweg (4,1 km) mit vielen, teils interaktiven Stationen und einem Waldspielplatz. Start an der Stadtbücherei, Marktstraße 1.

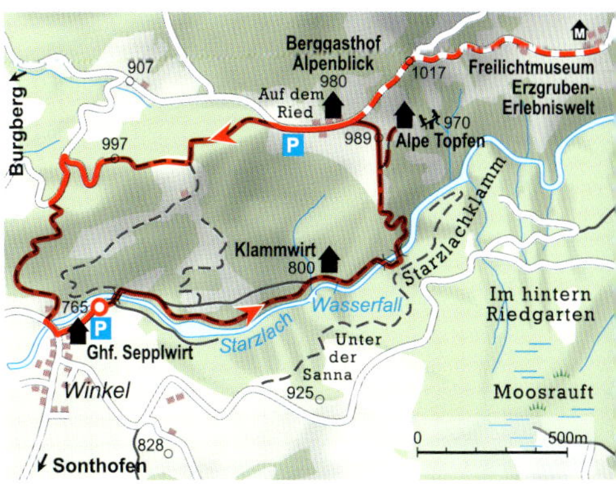

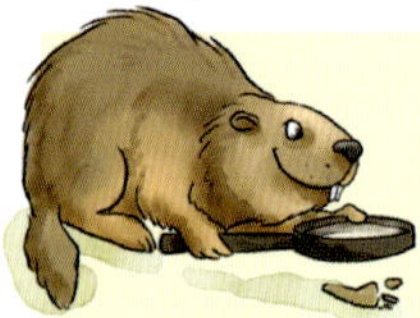

Hallo Kinder,

hier in der Starzlachklamm befinden sich einige Wassermühlen. Das sind aber keine von Menschenhand erbauten Mühlräder, sondern es handelt sich dabei um Felslöcher, in denen Tausende Jahre lang vom Wasser lose Steine herumgewirbelt wurden. Hierdurch sind immense Hohlräume in den Fels geschliffen worden. Diese ausgewaschenen Mühlen, die wie riesige Töpfe anmuten, findet ihr in der Klamm nach Überquerung der ersten Brücke. An heißen Tagen können gute Schwimmer unter Aufsicht der Eltern übrigens in der großen Gumpe (Vorsicht vor Strömungen!) unterhalb des Wasserfalls (direkt vor dem Klammeingang) ein wunderbar erfrischendes Bad genießen. Badesachen nicht vergessen!

Vom **Parkplatz** laufen wir in Anfahrtsrichtung weiter, überqueren auf einer Brücke die Starzlach, wenden uns rechts (»Starzlachklamm 15 Min.«) und wandern auf dem breiten Kiesweg leicht bergan. Kurze Zeit später zweigt rechts ein Waldpfad ab, der uns über zwei kleine Holzbrücken und viele Wurzeln abwärts zur **Starzlach** führt, die sich hier in mehreren Verästelungen durch die kiesige Auenlandschaft schlängelt. Ein wunderschöner Platz zum Rasten und Spielen.

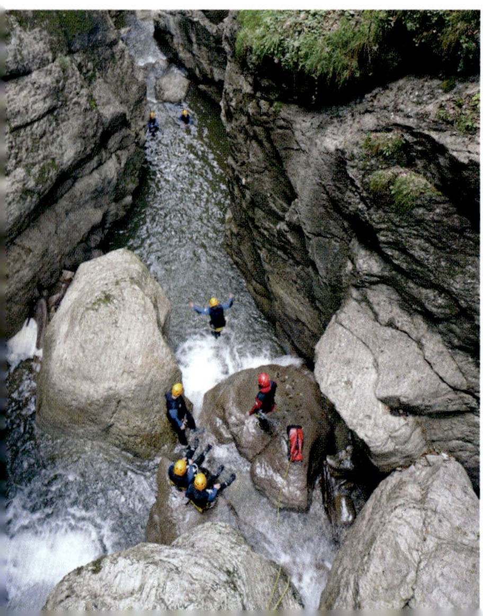

Canyoning-Gruppe beim Sprung.

Gehen wir weiter, kommen wir nach einigen Minuten zum Klammeingang beim **Klammwirt**, 800 m, wo wir einen Obolus zur Erhaltung der Klammanlagen berappen müssen. Gleich neben dem Klammwirt können wir über einen großen **Wasserfall** staunen. Hier rauscht das Wasser über 10 m schräg die Felsen hinunter – eine perfekte Rutsche für die vielen Canyoning-Gruppen, die hier (mit Schutzkleidung) direkt in die darunterliegende Gumpe sausen, in der man auch baden kann.
Der Weg durch die **Starzlachklamm** verläuft auf stellenweise sehr rutschigem und unebenem Felsboden, ist aber mit Geländern und Stahlseilen gesichert. Der schmale Steig führt uns über Brücken und Stege, unter überhängenden Felswänden hindurch und erlaubt ständig neue Blicke auf kleinere Wasserfälle, Gumpen und große Felsbrocken, über die sich die Starzlach ihren Weg bahnen muss. Nach einer Brücke, von der man herrlich in die enge Klamm hinunterschauen und die bald ängstlichen, bald wagemutigen Canyoning-Teilnehmer bei ih-

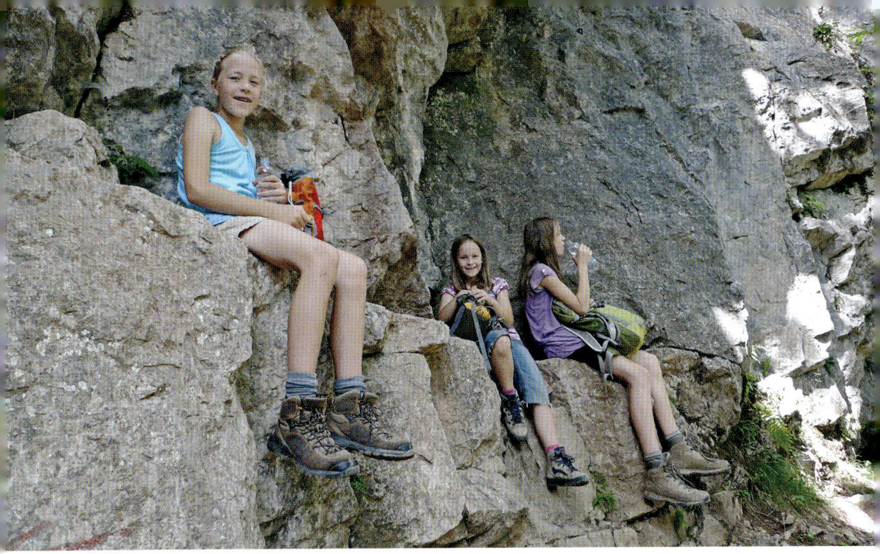

Rast oberhalb der Klamm auf einer natürlichen Felsstufe.

ren Sprüngen in die Gumpen beobachten kann, wird es abenteuerlich. Nun geht es durch einen engen **Felsspalt** nach oben. Bevor der Weg nach links aufwärts dreht, nutzen viele ein Stück bachaufwärts die Gelegenheit, an der Starzlach auf den großen Steinen Pause zu machen, zumal es hier unten viel kühler ist, als später, wenn wir den Bach verlassen haben und mit jedem Meter, den wir höher steigen, auch die Temperatur ansteigt. Nach der Klamm schlängelt sich der Weg sehr steil, aber immer noch spannend – teils gestuft – den Waldhang hinauf. Wir stoßen auf eine **Felswand** mit zwei Rastbänken davor, wenden uns links und wandern unterhalb der Felswand weiter, bevor es wieder steil nach oben geht. Schließlich verlassen wir den Wald und wandern fast ebenerdig über eine Wiesenfläche weiter. Kurze Zeit später besteht die Möglichkeit, nach rechts zur **Alpe Topfen** (mit Spielplatz), 970 m, in 5 Min. hinunterzugehen, um dort einzukehren. Wir aber gehen geradeaus weiter und kommen auf eine Teerstraße. Rechts könnte man hier in 20 Min. zur Erzgruben-Erlebniswelt weiterwandern (s. Variante 1), wir wenden uns aber links und erreichen schnell den **Berggasthof Alpenblick**, 980 m, in dem es auch Eis zum Mitnehmen gibt. Wir folgen der Asphaltstraße abwärts und gehen an dem Parkplatz und an der Haltestelle der Erzgruben-Erlebnisbahn vorbei. Ein kleines Stück weiter unten verlassen wir die etwas nach rechts schwenkende Teerstraße, indem wir geradeaus auf einem breiten Kiesweg (»Parkplatz Winkel«) noch einmal ein Stück steil hinaufmarschieren. Nach 5 Min. ist auch das geschafft, und wir folgen der Beschilderung Richtung Ruine Burgberg. Nach etwa 800 m stoßen wir auf einen Weg, biegen links ein und zweigen 200 m später Richtung Parkplatz Winkel ebenfalls links ab. In Winkel spazieren wir auf einer Brücke über die Starzlach, wenden uns links und erreichen in wenigen Minuten wieder den **Parkplatz**.

22 Erlebnispfad Rettenberg

Rundweg vom Freibad

ab 4 J.

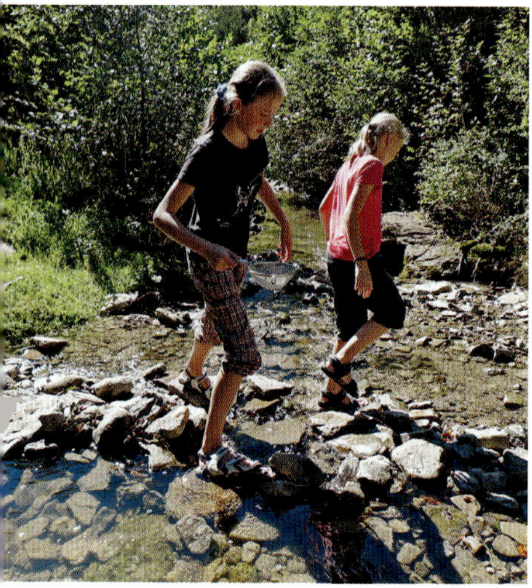

Kurzweil mit den Utensilien aus dem Forscherrucksack.

Spielstationen am Galetschbach

Der Erlebnispfad am Fuße des Grünten ist gut 2,6 Kilometer lang – ein kleiner Spaziergang, der schnell zum Halbtagesausflug wird. Forscherstation, Tierstimmenquiz und der »Naturspielplatz Hasengarten« sind nur vier von insgesamt 13 Stationen entlang des wildromantischen Galetschbaches, die zum Verweilen einladen. Da wird geschöpft, geplanscht, gebaut, gesprungen und geforscht, was das Zeug hält. Ausgerüstet mit Schüssel, Pinsel und Becherlupe (den »Forscherrucksack« gibt es nach Voranmeldung am Freibad; siehe Kurzinfo) erwacht bei den Kindern der Forscherdrang und sie machen sich begeistert auf die Suche nach den kleinsten unter den Bachbewohnern und erfahren, dass so ein Gewässer voller Leben steckt. Und da wir vom kühlen Nass nie genug bekommen, springen wir am Ende des Weges noch in die Fluten des beheizten Freibades von Rettenberg.

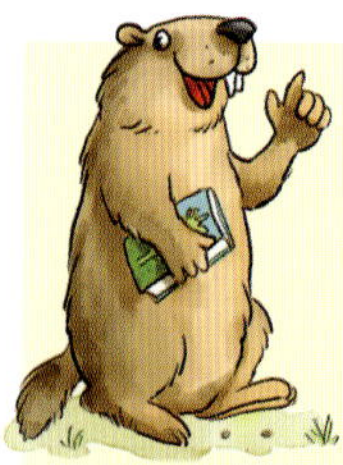

Hallo Kinder,

habt ihr gewusst, dass es unter den europäischen Singvögeln eine Wasseramsel gibt? Dieser Vogel ist aber gar keine richtige Amsel, sondern heißt nur so, weil er von seinem Körperbau einer Amsel ähnelt. Die Wasseramsel hat einen großen weißen Fleck auf der Brust und kann sogar tauchen! Mit Taucherbrille! Ja, ihr habt richtig gelesen, denn unter Wasser klappen zwei dünne Häutchen vor ihre Linsen. Am Bachgrund läuft sie flügelschlagend auf diesem entlang, um nach Beute zu suchen. Dabei kann sie bis zu 30 Sekunden die Luft anhalten. Wenn ihr wissen wollt, wie die Wasseramsel genau aussieht, schaut schnell in dem Naturführer nach, der in eurem Forscherrucksack steckt! Vielleicht endeckt ihr dann die Wasseramsel im Galetschbach.

Der Galetschbach bietet tolle Wasserspielmöglichkeiten.

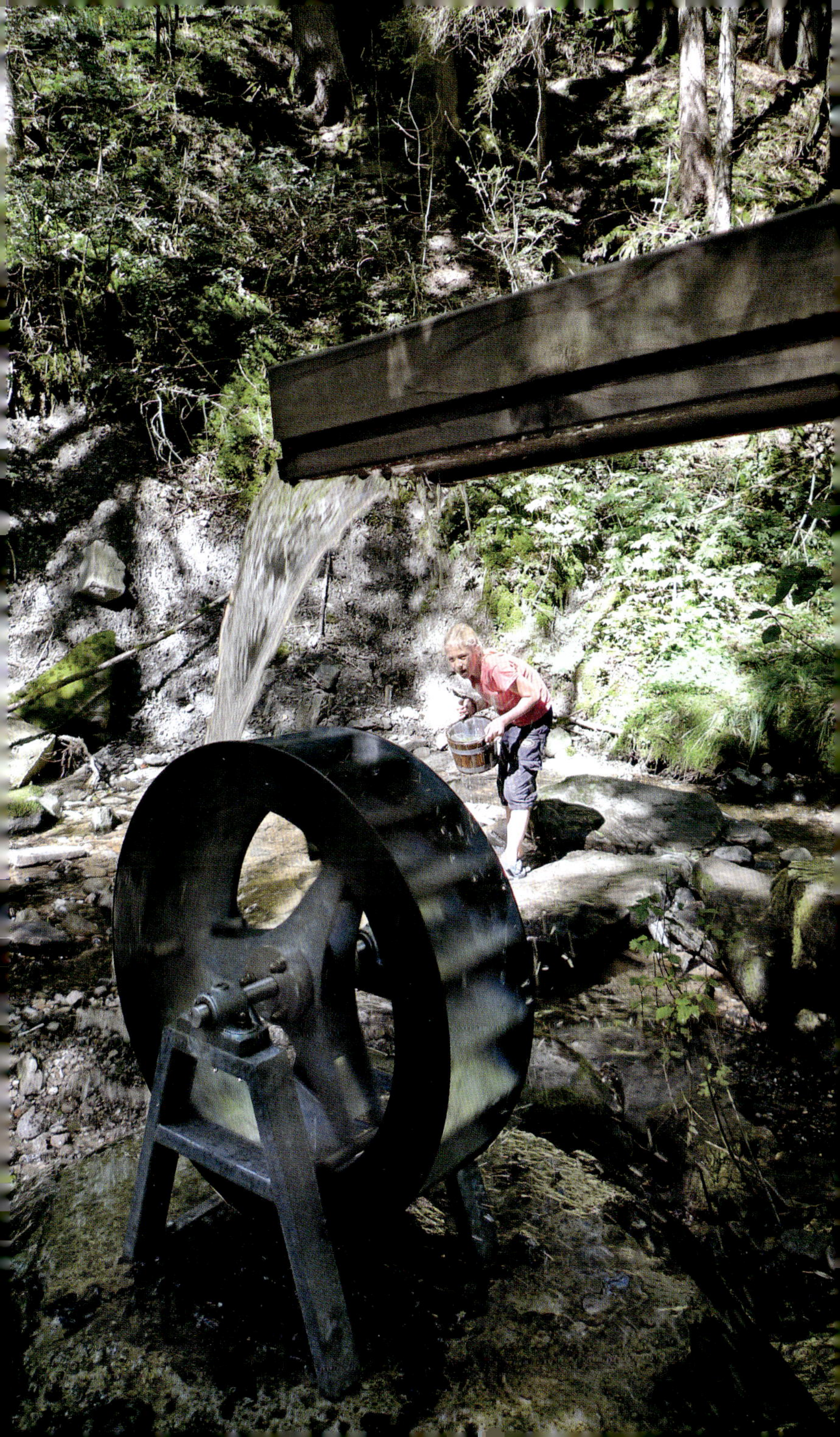

KURZINFO

Ausgangspunkt: Kostenloser Parkplatz am Rettenberger Freibad, 795 m (Navi: 87549 Rettenberg, Bichelweg 6). Mit dem Auto von Norden auf der B 19 kommend bis Ausfahrt »Immenstadt Süd/Rettenberg« und nach links weiter Richtung Rettenberg auf der St 2006 bis zum Kreisverkehr (2 km). Dort die zweite Abfahrt nach Rettenberg nehmen, durch den Ort, gegen Ortsende rechts in den Lärchenweg (Malermeister Martin) und gleich wieder rechts in den Ahornweg, der direkt hinab zum Freibad führt.
Mit Bahn und Bus: Vom Bahnhof Immenstadt mit Buslinie 81 bis »Rettenberg Ort«. Von dort ein Stück der Hauptstraße folgen und rechts über den Bichelweg zum Freibad. An Samstagen Busverkehr nur bis zum frühen Nachmittag, sonn- und feiertags verkehren keine Busse. Fahrplaninfos unter rvo-bus.de.
Gehzeit: 1.30 Std. reine Gehzeit bei kurzem Aufenthalt an den Stationen. Mit Forscherrucksack und Spielplatzaufenthalt etwa 2.30–3 Std. einplanen.
Höhenunterschied: 50 m.
Ausrüstung: Trekkingsandalen, eventuell Wechselkleidung und Badesachen. Der Forscherrucksack (enthält Forschermaterial für zwei Kinder: Sieb, Löffel, Pinsel, Becherlupe, Naturführer, Faltblatt und Fernglas) ist am Café im Freibad entleihbar; Verleih (nur nach telefonischer Voranmeldung mindestens einen Tag vorher unter Tel. +49 178 2362439, kein Verleih bei Schlechtwetter) vom 1. Mai bis Mitte September täglich, von Mitte September bis Ende Oktober nur an Wochenenden und feiertags.
Anforderungen: Ab 4 Jahren. Der Erlebnispfad ist ein einfacher, kinderwagengeeigneter Weg und verläuft überwiegend auf festem Kiesboden.
Einkehr: Café Viventus am Freibad Rettenberg, kleine Gerichte und Eis, Tel. +49 178 2362439, viventus-cafe.de. Einkehrmöglichkeiten in Rettenberg.

Vom **Freibad** folgen wir der Beschilderung der Wasseramsel »Burgel« den Ahornweg hinauf zum Lärchenweg. Hier biegen wir links ein, wenden uns an der Hauptstraße nach rechts und laufen ein kurzes Stück auf dem Fußweg neben der Straße Richtung Kranzegg. Bei nächster Gelegenheit biegen wir rechts ein, marschieren an der Brauerei vorbei steil hinunter und überqueren den **Galetschbach**.

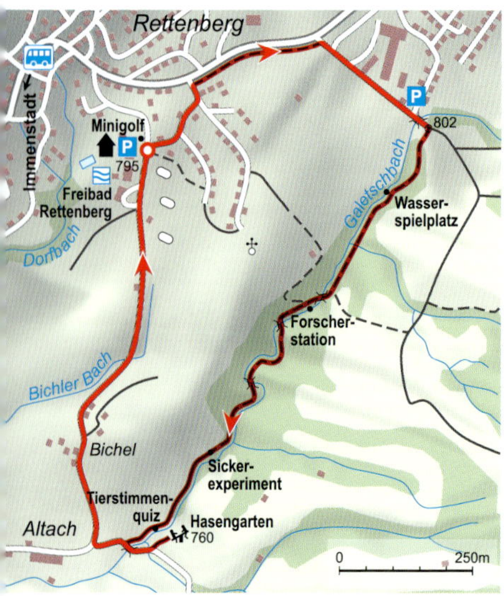

Gleich nach der Brücke wenden wir uns rechts und schon erwartet uns die erste Station: Auf einer Tafel wird durch Drücken der roten Knöpfe eindrucksvoll veranschaulicht, wie viel Wasser z. B. zum Herstellen einer Jeans oder eines Autos vonnöten ist. Begleitet vom Rauschen des Baches wandern wir den schattigen Hasengarten entlang. Woher der

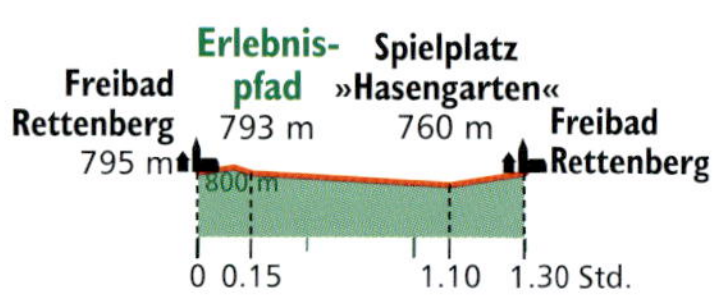

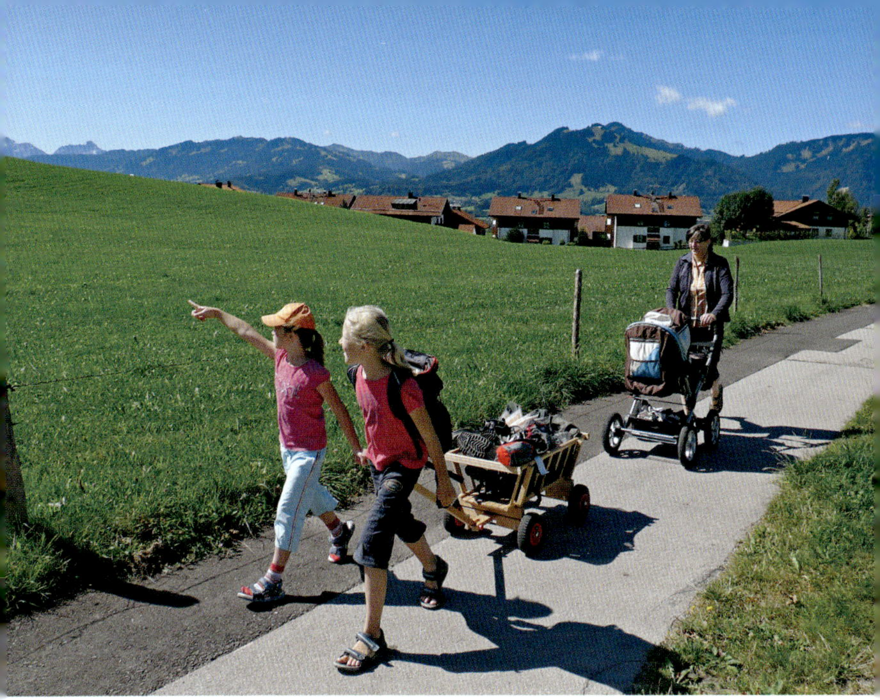

Die Tour ist auch gut für Kinderwägen geeignet.

lustige Name für dieses Tal kommt, weiß niemand mehr so genau, aber das stört uns nicht, denn schon erreichen wir den **Wasserspielplatz**. Wo früher eine Sägemühle mit großem Mühlrad stand, befinden sich heute zwei kleine Wasserräder. Begeistert schöpfen die Kinder mit einem Holzkübel Wasser aus dem Bach und füllen das kleine Holzbecken am Anfang der Holzrinne, bevor sie die Stöpsel ziehen und das angestaute Wasser sich auf die »Mühlräder« ergießen kann.
Wir wandern weiter, aber nur über die kurz darauf auftauchende Brücke, denn dahinter am **Tierweitsprung** gibt es nicht nur ein sonniges Plätzchen zum Picknicken, sondern auch einen flachen Zugang zum Bach (sogenannte **Forscherstation** – ohne Hinweisschild). Flugs haben sich die Kinder die Forscherrucksäcke geschnappt und staunen nicht schlecht, was da im Lebensraum »Bach« so alles kreucht

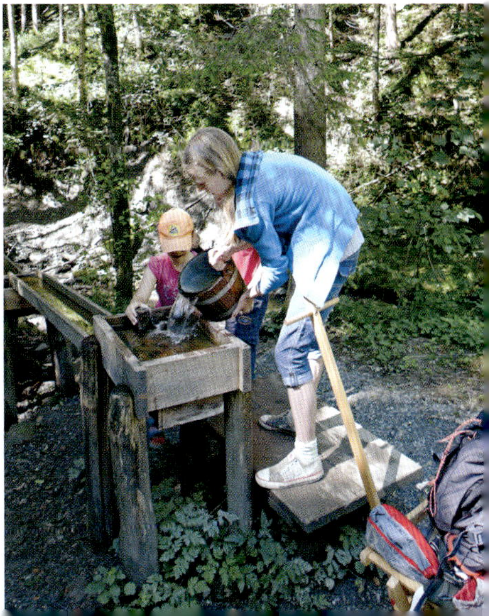

Am Wasserspielplatz.

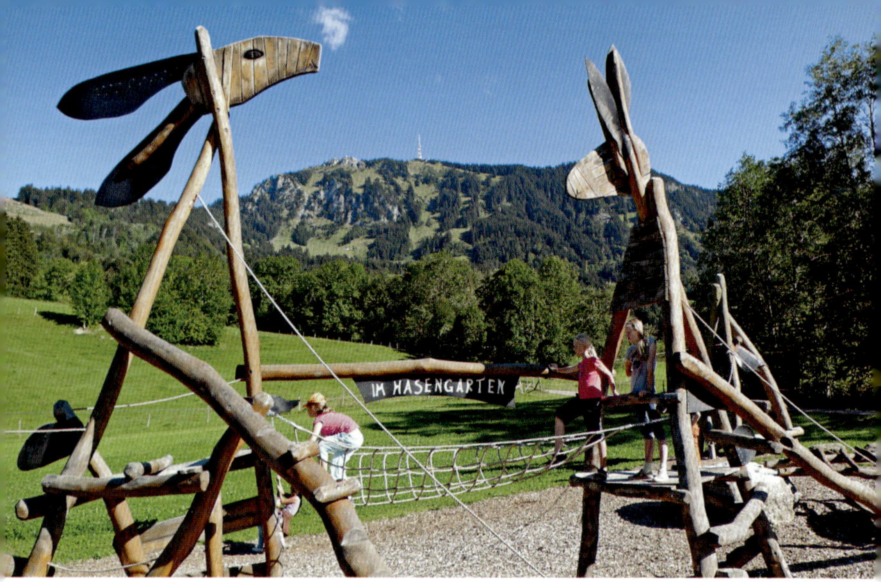

Klettervergnügen am Spielplatz »Hasengarten« (im Hintergrund der Grünten).

und fleucht. Die kleinen Lebewesen sind erst auf den zweiten Blick zu entdecken, denn um im fließenden Wasser (über-)leben zu können, verstecken sich die Tierchen unter den Steinen. Mit einem Pinsel kann man sie vorsichtig von den Steinen in die mit Wasser gefüllte Schüssel oder in die Becherlupe streichen und sie dann beobachten.

Nach der spannenden Rast schlängelt sich der Kiesweg eben weiter durch den Hasengarten – bald rechts, bald links des Baches – und schließlich erreichen wir, nachdem wir mit den Augen der Rehe gesehen und beim Tierstimmenquiz unser Wissen unter Beweis gestellt haben, den liebevoll gestalteten **Naturspielplatz »Hasengarten«.**

Nach der ausgiebigen Tobepause überqueren wir wieder den Galetschbach und wenden uns an der nächsten Verzweigung nach rechts. Nun wandern wir auf der Teerstraße, erst ansteigend, dann fast eben nach **Rettenberg** zurück, wo wir den Forscherrucksack zurückgeben und den schönen Tag im Freibad ausklingen lassen.

HIGHLIGHTS

- ★ Spannender Erlebnispfad mit insgesamt 13 Stationen, u. a. Wasserrad, Forscherstation am Bach, Tierstimmenquiz und Naturspielplatz »Hasengarten« mit Kletterparcours, Rutsche, Vogelnestschaukel, Seilbahn und Spielmöglichkeit am Bach.
- ★ Familienfreibad Rettenberg (26 °C) direkt am Ausgangspunkt mit großer Liegewiese, kleiner Wasserrutsche und Babyplanschbecken (Öffnungszeiten bei guter Witterung: Mai bis August 10–19 Uhr, Juli und August bis 20 Uhr, 1.–14. September 13–19 Uhr).
- ★ Minigolfplatz mit 18 Bahnen (direkt neben dem Freibad), Tel. +49 8327 93033917, bei guter Witterung von April bis Oktober täglich von 10–22 Uhr geöffnet.
- ★ Kneippanlage im hinter dem Freibad gelegenen Kurgarten.

Höfle-Alp, 1157 m

Rundweg vom Grüntenparkplatz in Kranzegg ab 4 J.

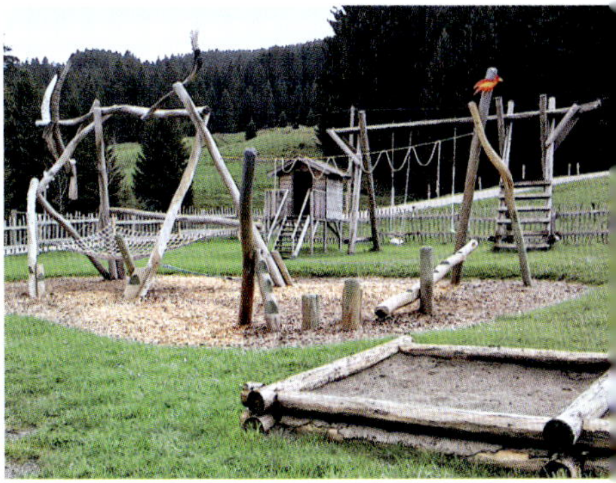

An der gemütlichen Höfle-Alp gibt es auch einen Spielplatz für die Kinder.

Durch ein schönes Bachtal

Am Fuß des Grünten wartet eine abwechslungsreiche Wanderung auf einem Waldpfad entlang eines Baches, durch ein tolles Bachtal, über eine Bergweide und schließlich auf breiteren Wegen zur Höfle-Alp mit ihrem Spielplatz. Die Wirtin Vreni ist Konditormeisterin und verwöhnt ihre Gäste mit täglich frischen Kuchen, handgeschöpfter Schokolade und leckeren Pralinen. Die Tour verläuft über größere Strecken auf natürlichem Untergrund und lädt daher immer wieder zum Barfußlaufen ein. Mit konditionsstarken, bergerfahrenen Kindern kann man über die Grüntenhütte weiter zum Grünten aufsteigen und beim Abstieg über die Alpe Kammeregg wieder auf den beschriebenen Hauptweg gelangen (siehe Variante).

Ob barfuß oder mit Schuhen – hier haben alle Spaß.

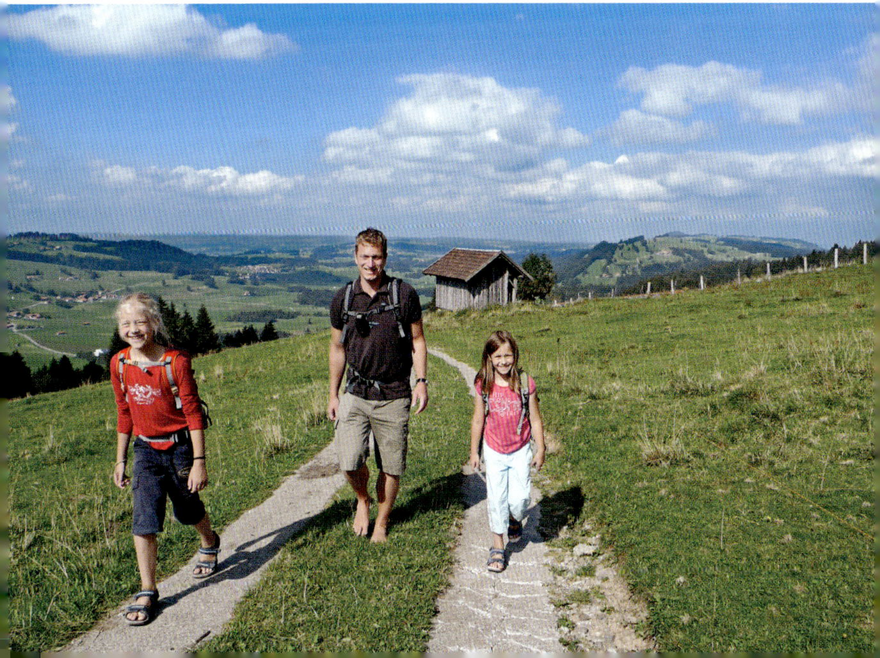

KURZINFO

Ausgangspunkt: Großer Parkplatz an der Talstation des Grüntenliftes in Kranzegg, 862 m (Navi: 87549 Rettenberg-Kranzegg, Liftweg 11).
Von Norden auf der B 19 kommend bis Ausfahrt »Immenstadt Süd / Rettenberg« und links weiter Richtung Rettenberg auf der St 2006 bis zum Kreisverkehr (2 km). Dort die zweite Abfahrt nach Rettenberg nehmen, durch den Ort fahren und nach 2 km am Ortsanfang von Kranzegg rechts hinauf zum ausgeschilderten Parkplatz.
Mit Bahn und Bus: Vom Bahnhof Immenstadt mit der Buslinie 81 bis »Kranzegg Ort«. Dort Einstieg in die Route an der Kirche. An Samstagen Busverkehr nur bis zum frühen Nachmittag, sonn- und feiertags verkehren keine Busse. Fahrplaninfo unter rvo-bus.de.
Gehzeit: 2.20 Std.
Höhenunterschied: 320 m.
Ausrüstung: Gut profilierte Trekkingsandalen oder Bergschuhe.
Anforderungen: Ab 4 Jahren. Die Wanderung verläuft überwiegend auf kleinen Bergsteigen und Wiesenwegen.
Einkehr: Höfle-Alp, geöffnet ab der zweiten Maiwoche bis Ende Oktober, Dienstag Ruhetag. Winteröffnungszeiten siehe Homepage, Übernachtungsmöglichkeit, Tel. +49 171 7506663, hoefle-alp.de.
Variante: Aufstieg zum Grünten, 1738 m, mit bergerfahrenen, konditionsstarken Kindern (ab 10 Jahren, »schwarze« Tour, Gehzeit zusätzlich ca. 4.30 Std., beim Gipfelanstieg sind Trittsicherheit und etwas Schwindelfreiheit erforderlich, Bergschuhe Pflicht, Weg teilweise barfußgeeignet): Von der Höfle-Alp folgen wir der Almstraße bergan und biegen nach wenigen Minuten an der im Sommer nicht bewirtschafteten Jörgalpe links in einen kleinen Pfad. Wir wandern über die Almwiesen bis zum Ende eines links von uns verlaufenden Skiliftes hinauf und rechts zur bewirtschafteten Grüntenhütte, 1477 m. Von hier erreichen wir in 45 Min. auf einem steinigen und sehr steilen Bergsteig das Übelhorn, 1738 m, den Hauptgipfel des Grüntenmassivs. Der Rückweg verläuft ein Stück auf dem Hinweg, dann wenden wir uns an einer Wegverzweigung auf einer Höhe von ca. 1640 m aber nach links zur bewirtschafteten Alpe Kammeregg. Dort folgen wir der Beschilderung »Kranzegg« nach rechts und gleich wieder links und stoßen nach ca. 20 Min. wieder auf den beschriebenen Hauptweg, dem wir nach links und weiter wie in der Hauptroute beschrieben zurück zum Parkplatz am Grüntenlift folgen.

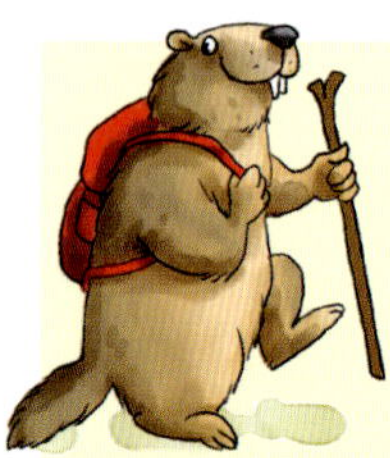

Hallo Kinder,

am Alpenrand im Allgäu steht ein wuchtiges Bergmassiv als Vorposten vor all den anderen Bergen mitten in der hügeligen Landschaft. Wegen dieser einmaligen Lage wird der Grünten auch als »Wächter des Allgäus« bezeichnet. Weil man von ihm das ganze Allgäu überblicken und erreichen kann, hat der Bayerische Rundfunk dort oben einen 94 Meter hohen Sendeturm nebst Sendeanlage errichtet. Zur Versorgung der Anlage wurde sogar eigens für die Mitarbeiter eine Seilbahn zum Grünten gebaut. Im Gegensatz zu den anderen Allgäuer Bergen wird der Grünten bereits seit einigen Hundert Jahren von Einheimischen und Gästen bestiegen. Auch der Augsburger Fürstbischof Clemens Wenzeslaus wollte im Jahr 1773 dort hinauf und ließ sich kurzerhand von 56 einheimischen Bauern in einem gepolsterten Tragsessel auf den Gipfel transportieren.

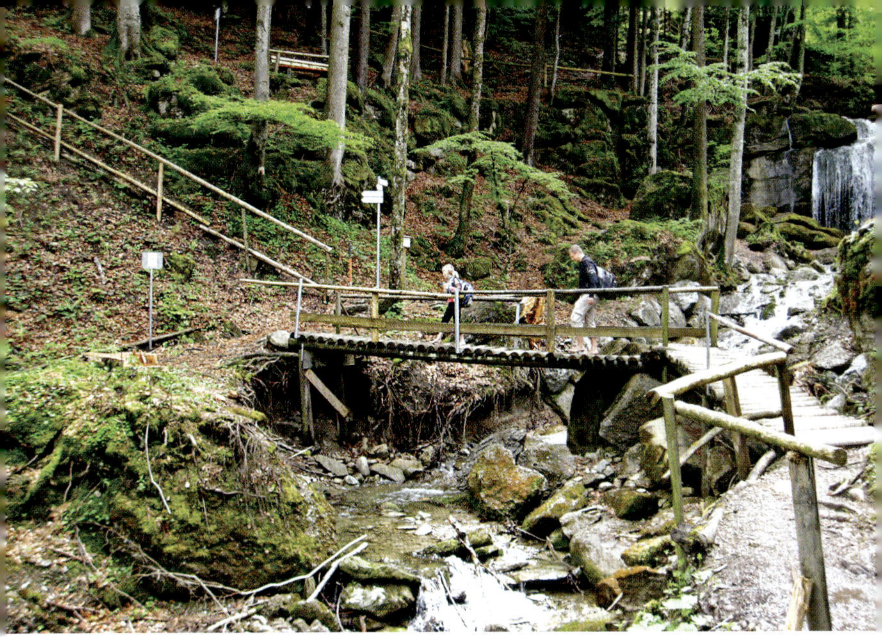

Der Aufstieg führt durch ein schönes Bachtal.

Vom **Parkplatz** gehen wir ein paar Meter die Zufahrtsstraße zurück, dann zweigt rechts ein kleiner geteerter Weg (Beschilderung »Lustiger Wanderweg«) zur Ortsmitte ab. Vor der Kirche führt uns ein Wegweiser nach rechts in den **Alpweg** aufwärts. Bald kommen wir am Automaten für die gebührenpflichtige Mautstraßenbenutzung vorbei und verlassen die Straße in einer Rechtskurve nach links in einen steil ansteigenden Weg. Kurz darauf halten wir uns rechts zu einer Bank (wer will, kann hier seine Schuhe ausziehen und barfuß weitermarschieren) und wandern nun auf einem kleinen Waldpfad bergan. Bald kommen wir zum **Wildbachtobel**, der allerdings nur während der Schneeschmelze und nach starken Regenfällen seinem Name alle Ehre macht, wandern ein paar Meter oberhalb am Bach entlang und kommen nach etwa 15 Min. in ein schönes **Bachtal**. Wir gehen über eine Brücke, dahinter führt uns der Pfad gestuft den Hang hinauf. An einer Rastbank mit Blick auf den kleinen Wasserfall

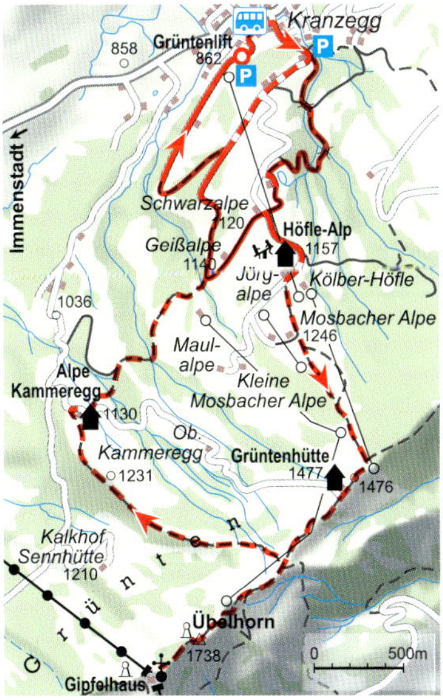

HIGHLIGHTS

★ Abwechslungsreicher, streckenweise barfußgeeigneter Rundweg über den Wildbachtobel auf überwiegend natürlichem Untergrund.
★ Kühe auf den Weiden.
★ Kleiner Spielplatz und selbstgemachte Schokolade an der Höfle-Alp.
★ Kleiner Spielplatz und Schafgehege am Berggasthof Riesen.

können wir eine Verschnaufpause einlegen, dann wandern wir weiter bergan. Am Ende des Tals wenden wir uns links, treten aus dem Wald, schwenken gleich wieder rechts und wandern auf Trittspuren die Weide hinauf. Kurz darauf kommen wir wieder durch einen Zaundurchlass in den Wald, folgen weiter dem barfußgeeigneten Pfad bergan, treten wieder ins Licht und überqueren einen Bach nach rechts auf einer Holzbrücke. Hier ziehen die Barfußwanderer ihre Schuhe wieder an, da es nun steinig weitergeht. Wir überqueren einen weiteren Bach, verlassen den breiten Kiesweg kurz nach rechts in einen kleinen Weg, gehen erneut über einen Bach und kommen wieder auf den Kiesweg. 100 m später schwenken wir in einen kleineren Weg nach links, wenden uns bei nächster Gelegenheit ebenfalls links, stoßen auf eine Teerstraße und wandern diese in wenigen Minuten hinauf zum kuku-Berghotel, in dem es leider keine Bewirtung für Tagesgaste gibt.

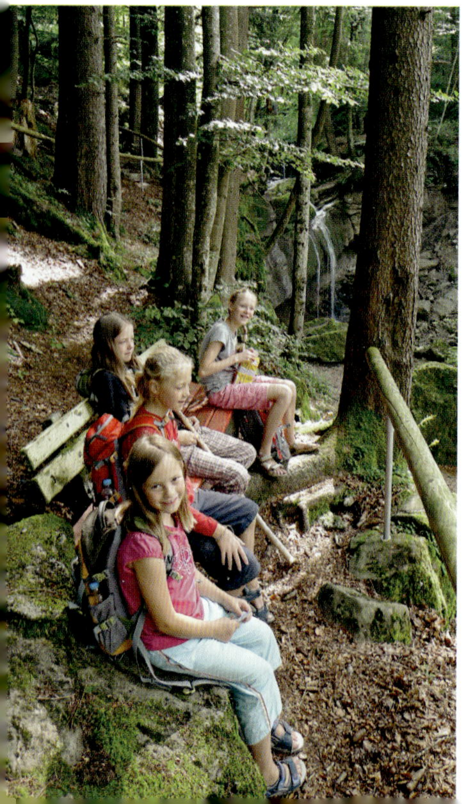

Unser Weg führt oberhalb des Hotels ein kurzes Stück die Asphaltstraße hinauf, die wir jedoch, sobald die Straße nach links schwenkt, nach etwa 50 m unbeschildert und weglos geradeaus in die Weide verlassen. Wir stoßen auf einen Zaun, wenden uns rechts und erreichen nach wenigen Minuten eine querende Asphaltstraße. Wir biegen links in diese ein und erreichen bergaufgehend nach etwa 10 Min. die bewirtschaftete **Höfle-Alp**, 1157 m, mit ihrem kleinen Spielplatz.

Für den Rückweg gehen wir wieder zu dem Punkt zurück, an dem wir in die Asphaltstraße eingebogen sind und wenden uns nun links. Alle die gern barfußlaufen, können nun wieder ihre Schuhe an den Rucksack hängen. Wir spazieren an der unbewirtschafteten **Schwarzalpe**, 1120 m, auf einem gepflasterten Weg erst noch ein Stück leicht bergan. Der Weg macht einen Linksknick, wird zu einem Almweg mit

Kurze Rast oberhalb des kleinen Wasserfalls.

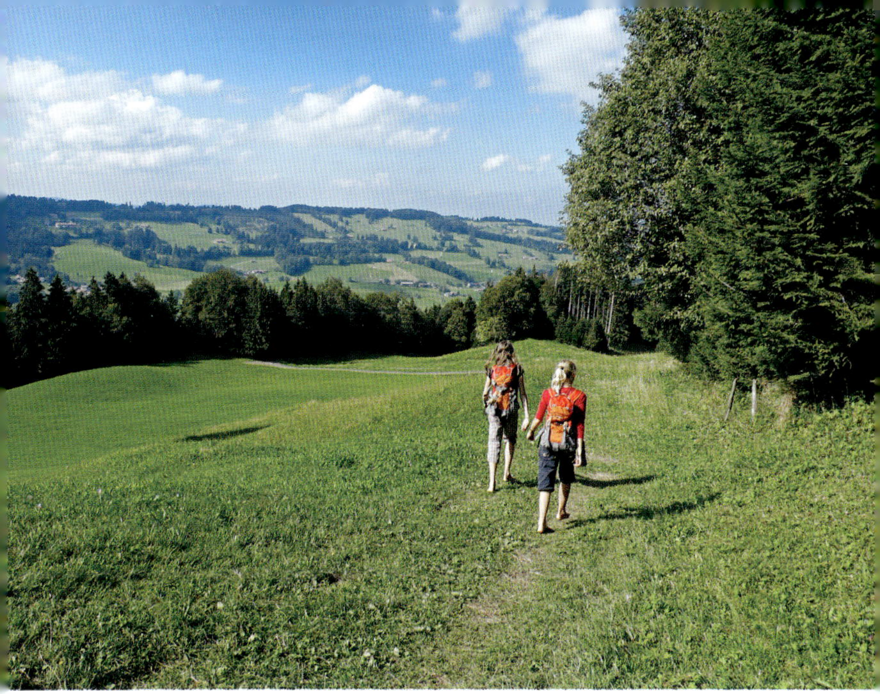

Weiche Barfußwege beim Abstieg.

breitem Wiesenmittelstreifen und führt uns unmittelbar an der ebenfalls unbewirtschafteten **Geißalpe**, 1140 m, vorbei.

Dahinter geht es abwärts, kurz vor dem Waldrand schwenken wir im spitzen Winkel nach rechts in einen reinen Wiesenweg und freuen uns als Barfußläufer über den herrlich weichen Untergrund. Die Kinder sausen die breite Stufe hinunter, passieren auf einem Erdweg ein Gatter, marschieren jetzt schnellen Schrittes wieder auf einem Wiesenweg abwärts und waren nicht mehr gesehen. Ein paar Meter weiter entdecken auch die Eltern die von oben nicht zu sehende Rastbank am Wegrand, auf der die Kinder schon warten und ihre letzten Brotzeitreste auspacken.

Ein kurzes Stück unterhalb kommen wir auf eine Teerstraße (Barfußanfängern empfehlen wir, hier wieder die Schuhe anzuziehen), machen mit dieser einen Rechtsknick und biegen nach 400 m nach links im spitzen Winkel in einen kleinen Pfad ein. Auf kurzzeitig steinigem Weg queren wir einen Hang, kommen in den **»Felsenwald«** und wandern auf einem Waldpfad abwärts. Der Weg wird noch einmal kurz zum Wiesenweg, dann erreichen wir eine grobkörnige Teerstraße, auf der auch geübte Barfußläufer die Schuhe noch einmal auspacken. 10 Min. später erreichen wir wieder den **Parkplatz**.

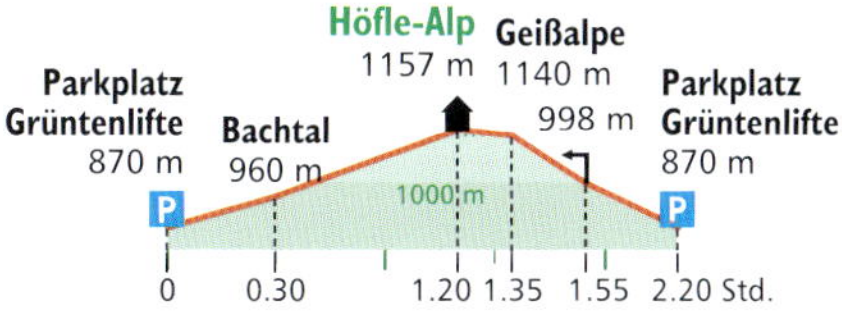

24 Burgruinen Hohenfreyberg und Eisenberg

Vom Wanderparkplatz bei Zell ab 5 J.

Zwei spannende Ritterburgen auf einmal
Heute wollen wir in das Reich der Burgfräulein und Ritter eintauchen. Hoch über dem kleinen Dorf Zell thronen gleich zwei sehr gut erhaltene Burganlagen, die in den letzten Jahrzehnten aufwendig renoviert wurden: die Burgruinen Hohenfreyberg und Eisenberg. Oben können die Familien in die Ruinen hineingehen und diese erkunden und über den großartigen Ausblick auf die Seenlandschaft des Königswinkels sowie die Pfrontener und Tiroler Berge staunen, bevor der Weg über die Schlossbergalm mit kleinem Kinderspielplatz und Tiergehegen mit Hasen und Ziegen wieder zum Ausgangpunkt zurückführt.

KURZINFO

Ausgangspunkt: Kostenloser Wanderparkplatz kurz hinter Zell, 906 m (Navi: N47.60812, E10.583922; bzw. 87367 Eisenberg-Zell/Dorfstraße 26, von dort ortauswärts 200 m Richtung Schweinegg weiterfahren). Von Füssen auf der B 310 kommend bis zum Kreisverkehr auf der Höhe von Pfronten, dort die erste Abfahrt Richtung Eisenberg nehmen. Auf der OAL 2 weiter, nach etwa 2 km links in die Dorfstraße von Zell einbiegen und dieser durch den Ort (am Burgenmuseum vorbei) Richtung Schweinegg folgen. Kurz hinter dem Ortsendeschild von Zell rechts zum ausgeschilderten Parkplatz. Weitere Parkmöglichkeiten am Ortseingang auf einem großen, rechts der Dorfstraße liegenden Parkplatz (Navi: 87637 Eisenberg-Zell/Dorfstraße 4) sowie an der Schlossbergalm (Navi: 87637 Eisenberg-Zell/Burgweg 50).

Mit Bahn und Bus: Mit dem Zug bis zum Bahnhof Pfronten-Ried und von dort mit dem Bus 56 bis Haltestelle »Zell, Abzw. Eisenberg«.

Gehzeit: 1.45 Std., bitte zusätzlich Zeit für die Burgruinen einplanen.

Höhenunterschied: 150 m.

Höchster Punkt: 1056 m.

Anforderungen: Ab 5 Jahren. Die Tour verläuft überwiegend auf gut zu begehenden, abwechslungsreichen Kieswegen. Im Bereich der Burgen Kinder nicht unbeaufsichtigt lassen, es besteht Absturzgefahr. Der mitunter steile Weg ist bei guter Kondition auch mit einem geländegängigen Kinderwagen durchführbar (Handbremse/Fangriemen erforderlich).

Ausrüstung: Profilierte Schuhe.

Einkehr: Schlossbergalm, Montag Ruhetag, im Juli, August und September kein Ruhetag, Mitte November bis einschließlich 24. Dezember Betriebsruhe, Wickeltisch, Spielplatz, Tel. +49 8363 1748, schlossbergalm.de.

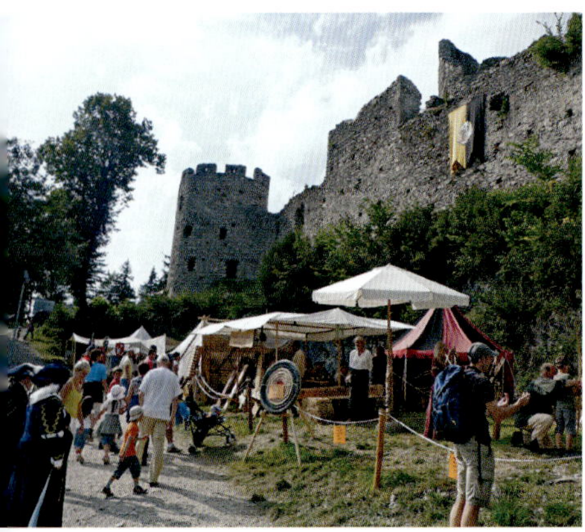

Alljährlich findet ein Mittelalterfest vor und innerhalb der Burgmauern statt.

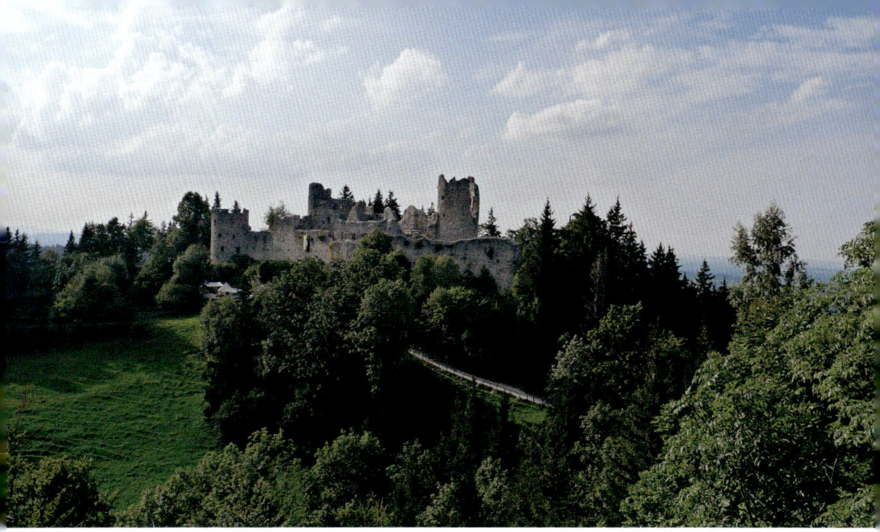

Ruine Hohenfreyberg von der Ruine Eisenberg aus gesehen.

Vom **Parkplatz** folgen wir der Ausschilderung zu den Burgruinen und wandern relativ steil auf einem Kiesweg bergan. Schauen wir nach ein paar Minuten nach rechts, haben wir schon einen schönen Blick hinunter nach Zell und auf die dahinterliegenden Berge. Wir kommen zu einem Wegweiser, biegen rechts ein und können schon kurz darauf die stattliche Burgruine Hohenfreyberg auf dem Hügel über uns entdecken. Wir ignorieren wenig später einen Abzweig nach links und passieren ein etwas versteckt am rechten Wegrand aufgestelltes Holzschild unter einem Wegweiser, das uns anzeigt, dass wir ein paar Meter weiter rechts zur Schlossbergalm abbiegen könnten. Hier gehen wir aber Richtung Burgruine geradeaus weiter – merken uns jedoch diese **Abzweigung** für unseren Rückweg. Bald darauf wandern wir entlang einiger Klapptafeln des hier weiterführenden Waldlehrpfades hinauf zu einem querenden Weg in der Senke zwischen den beiden Burgruinen, schwenken hier links (»Hohenfreyberg«) und erreichen schnell die große, bestens erhaltene **Burgruine Hohenfreyberg**. Wollen wir die Rui-

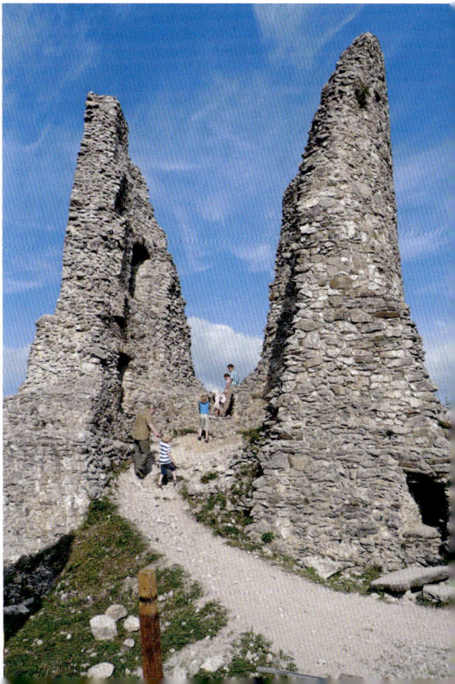

Gut erhaltene Reste des Bergfrieds (= Hauptturm) der Burg Hohenfreyberg.

HIGHLIGHTS

- ★ Schöne Wanderung zu zwei der besterhaltenen Burgruinen Bayerns mit toller Aussicht von den Burgen.
- ★ Einkehr in der Schlossbergalm mit kleinem Spielplatz sowie Hasen und Ziegen.
- ★ Besuch des Burgenmuseums in Zell (Dorfstraße 12, 87367 Eisenberg, in der Nähe der Kirche), in dem man auch viele Funde aus der Ritterzeit aus der Burg Eisenberg bestaunen kann. Mittwoch, Sonn- und an Feiertagen 14–17 Uhr geöffnet, der Eintritt ist frei, Infos auch zu den Burgruinen unter eisenberg-allgaeu.de/burgenmuseum-eisenberg.
- ★ Mittelalterfest: Jedes Jahr im Sommer (meist im August) findet in und um die Burgruinen ein zweitägiges Mittelalterfest mit Musikanten, Schelmentheater, Schaukämpfen, Kindertheater, Mittelaltermarkt, Schmiede, Bogenschießen usw. statt. In der Ruine Hohenfreyberg ist dann auch für das leibliche Wohl gesorgt. Der Eintritt ist kostenlos. Infos u. a. zum genauen Termin erteilt die Tourist-Info Eisenberg unter Tel. +49 8364 1237.

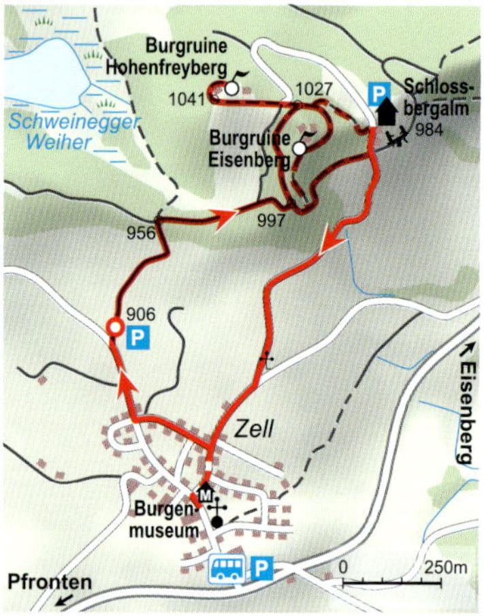

ne in allen Verwinkelungen erforschen, sollten wir hier mindestens 20 Minuten zusätzlich einplanen.

Um zur Ruine Eisenberg zu gelangen, wandern wir wieder ein Stück auf dem Hinweg zurück – vorbei an einer links abzweigenden Teerstraße (diese führt zur Schlossbergalm) – hinunter in die Senke. Wir gehen geradeaus an der Einmündung unseres Anstiegswegs weiter (dieser ist später der Beginn unseres Rückwegs) und kommen kurz darauf zu einem Wegweiser, der uns geradeaus in fünf Minuten wiederum steil aufwärts zur ebenfalls sehenswerten **Burgruine Eisenberg** leitet. (Anmerkung: An diesem Wegweiser weist uns ein Schild nach links in fünf Minuten zur Schlossbergalm; dieser nicht für Kinderwägen geeignete Weg bietet sich an, wenn man nicht über den Waldlehrpfad zur Schlossbergalm gehen möchte).

Die Ruine Eisenberg ist wesentlich größer, als es von der Ruine Hohenfreyberg aus den Anschein hat, auch hier kann man in die Burg hineingehen. In der Mitte wartet eine riesige Holzterrasse, von der man einen fantastischen Blick auf den Forggensee und die sich dahinter aufbauenden Ammergauer Alpen hat. Von einem vorgelagerten Turm blickt man fantastisch hinüber zur Burgruine Hohenfreyberg.

Für den Rückweg spazieren wir wieder zurück in die Senke, ignorieren vorher den von oben kommenden, nach rechts ausgeschilderten Weg zur Schlossbergalm (siehe oben)

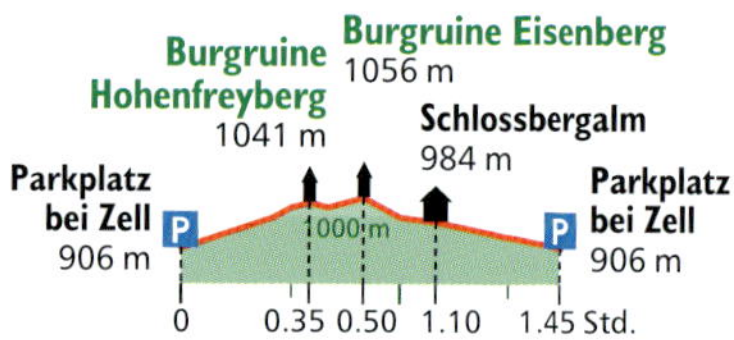

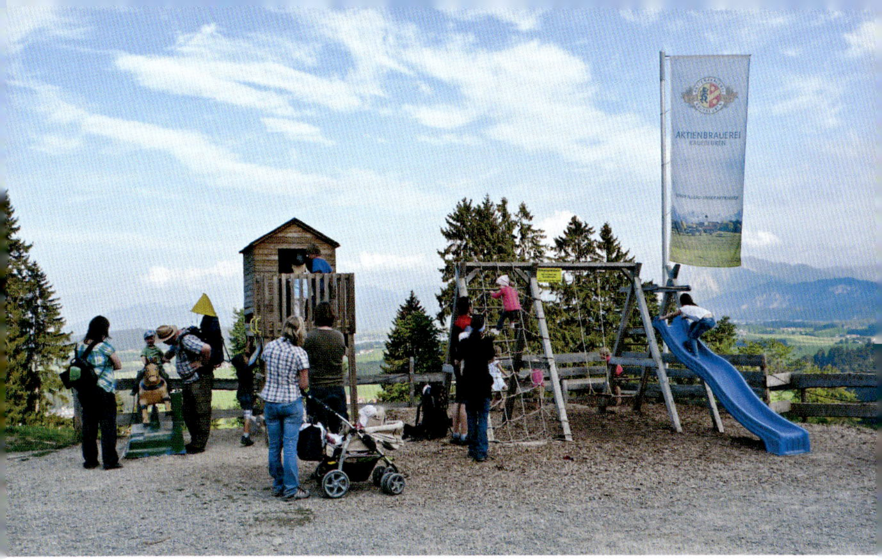

An der Schlossbergalm wartet ein kleiner Spielplatz auf die Kinder.

und biegen kurz darauf links in unseren Anstiegsweg ein (Beschilderung »Zell, Schlossweiher«). Wir marschieren diesen nicht allzu steilen Weg ein Stück bis zu der beim Aufstieg beschriebenen **Abzweigung** hinunter, halten uns dort links und folgen dem Waldlehrpfad direkt zur **Schlossbergalm**.
Der weitere Abstieg verläuft auf der direkt von der Gaststätte abwärtsführenden Asphaltstraße hinunter in den Ort **Zell**. Dort biegen wir – außer, wir wollen noch dem Burgenmuseum einen Besuch abstatten – in die erste abgehende Straße (»Am Melbacker«) nach rechts ein, folgen dieser bis zu deren Ende, halten uns rechts und kommen schnell wieder zu unserem **Parkplatz**.

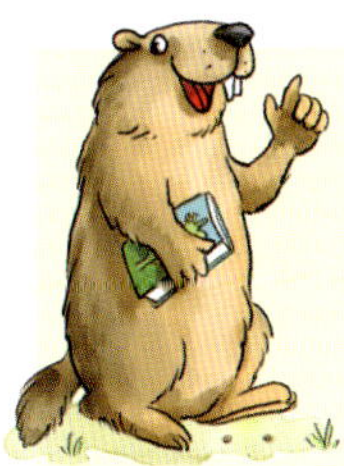

Hallo Kinder,

ihr werdet euch vielleicht fragen, warum die beiden Burgen so nah beieinander stehen. Die Burg Hohenfreyberg wurde im frühen 15. Jahrhundert vom Sohn des Burgherrn der Burg Eisenberg errichtet, weil die Burg Eisenberg dem Sohn nicht so richtig gefiel. Er wollte lieber in einer mächtigen Ritterburg wohnen und baute sich daher mit Burg Hohenfreyberg eine eigenes Zuhause. Aber es kam, wie es kommen musste: Obwohl das Geld für den Bau von Burg Hohenfreyberg teilweise auch aus einem Raubzug auf einen Kaufmannszug stammte, brachte der Neubau der Burg die Familie an den Rand des Ruins, sodass die nächste Generation verarmte und die Burg an Österreich-Tirol verkaufen musste. Tja, Übermut tut selten gut.

25 Alpspitz, 1575 m

Über Sportheim Böck und Kronenhütte ab 8 J.

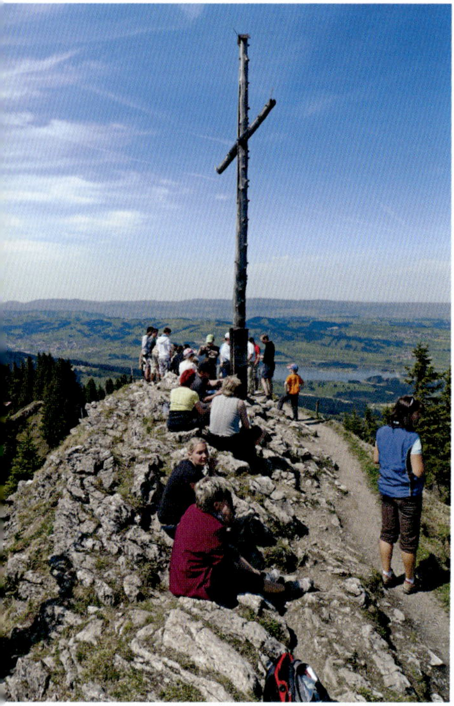

Am Gipfel der Alpspitz ist fast immer eine Menge los.

Wasserfallsteig und Alpspitz-COASTER

Die Allgäuer Alpspitz in Nesselwang ist ein Berg für die ganze Familie – mit verschiedenen Weglängen, einem faszinierenden Wasserfall (besonders im Frühjahr) nebst einem spannenden Steig über viele Brücken, herrlichen Picknickwiesen am Gipfel und dem tollen Alpspitz-COASTER. Leider wurde vor wenigen Jahren der Einstieg von Letzterem von der Mittel- zur Talstation verlegt, so dass man nicht mehr die Wanderung mit einer Abfahrt abkürzen kann. Es empfiehlt sich, ab der Mittelstation mit der Bergbahn zur Talstation hinunterzufahren, um den Abstieg auf der Teerstraße zu vermeiden. An der Talstation warten zudem ein Wasserlauf, ein Spielplatz mit Tarzanseilbahn und mehrere Trampoline. Für ganz Wagemutige gibt es den AlpspitzKICK, einen atemberaubenden Flying Fox, mit dem man mit »120 Sachen« von der Bergstation hinunter zur Mittelstation düsen kann.

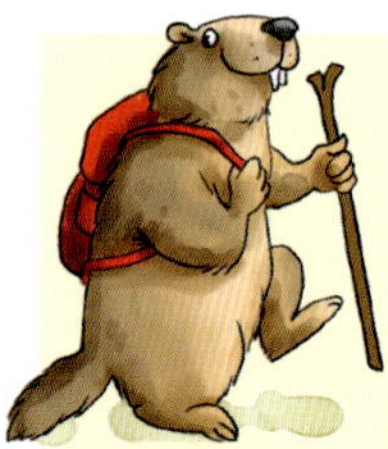

Hallo Kinder,

wir kommen heute gleich zu Beginn der Wanderung an einem großartigen Wasserfall vorbei – hier stürzt das Wasser aus 22 Metern Höhe über mehrere Stufen die Felsen in eine kleine Gumpe hinunter, in der man herrlich plantschen kann. Aber passt bitte auf, die Felsen drum herum sind ziemlich glitschig und nicht zum Klettern geeignet. Dann geht es über viele Holzstufen neben dem Wasserfall ganz steil nach oben. Mal sehen, wer hier die bessere Kondition hat – ihr oder eure Eltern?

Der faszinierende Wasserfall zieht alle in seinen Bann.

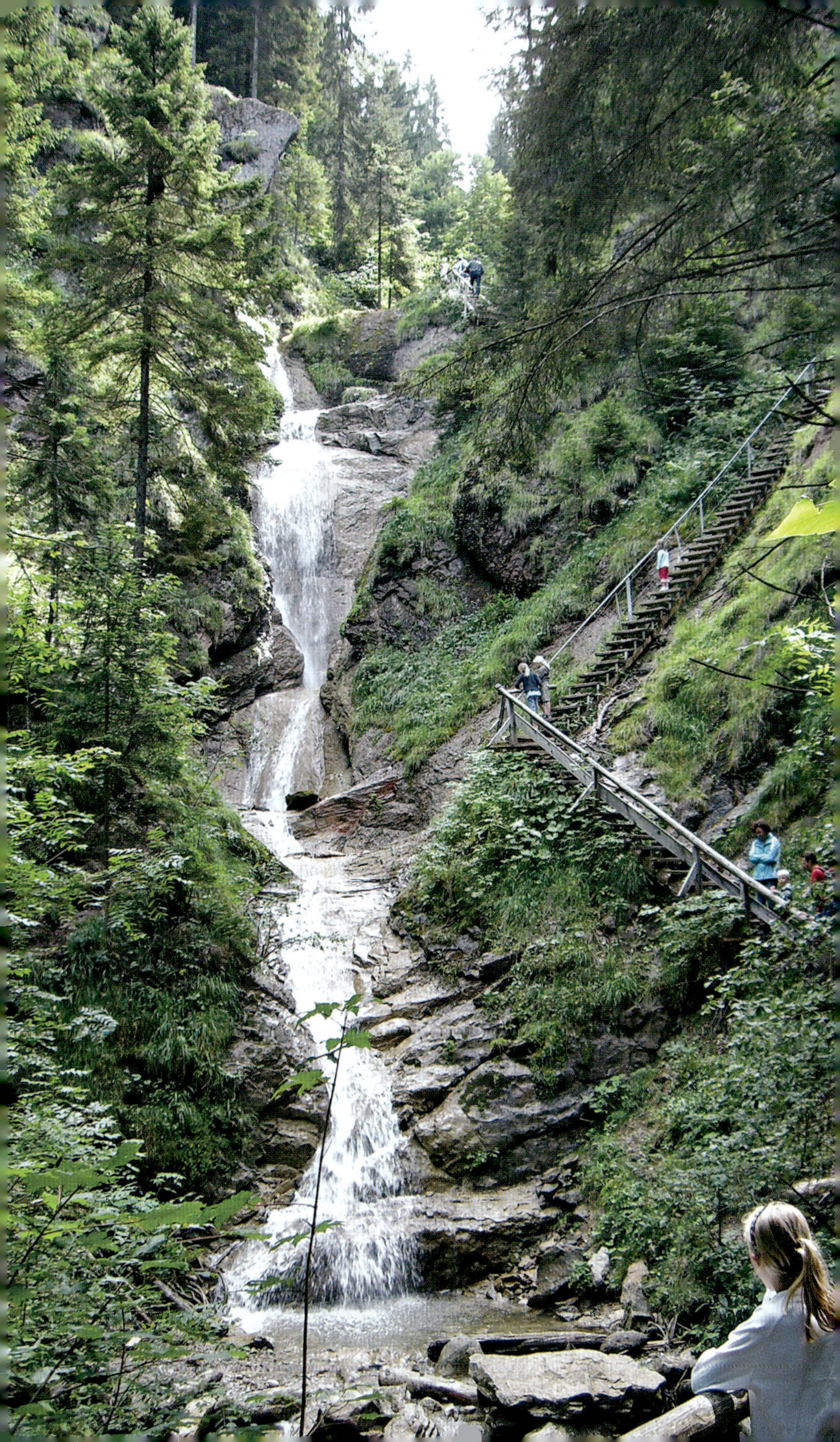

KURZINFO

Ausgangspunkt: Kostenpflichtiger Parkplatz P1 unterhalb der Alpspitzbahn-Talstation in Nesselwang, 890 m (Navi: 87484 Nesselwang, An der Riese 40).
In der Ortsmitte von Nesselwang von der Hauptstraße in südwestlicher Richtung (beschildert Parkplatz P1) in die Straße »An der Riese« einbiegen und weiter bis zum Parkplatz.
Mit der Bahn: Vom Bahnhof in Nesselwang zu Fuß über den Promenadeweg in südlicher Richtung bis zur Hauptstraße, hier rechts einbiegen und nach 250 m links in die Straße »An der Riese« und aufwärts bis zum Ausgangspunkt.
Gehzeit: 4.30 Std.
Höhenunterschied: 760 m.
Ausrüstung: Bergschuhe, eventuell Wechselkleidung.
Anforderungen: Ab 8 Jahren. Die Wanderung verläuft überwiegend auf kleinen Bergsteigen und ist nach dem Wasserfallsteig und den Metallgitterbrücken (nicht für Hunde passierbar) über weite Strecken barfußgeeignet. Beim steilen Abstieg vom Gipfel ist etwas Vorsicht geboten.
Bergbahn: Alpspitzbahn, Kombibahn (8er-Gondeln und 4er-Sessellift hängen abwechselnd am Seil), Tel. +49 8361 1270, Info-Telefon +49 8361 771, alpspitzbahn.de. In Betrieb vom 1. Mai bis einschließlich 1. Novemberwoche 9–17 Uhr (Kombibahn 2 – letzte Talfahrt 16.45 Uhr), die Sommerrodelbahn ist bei trockener Witterung 10–17 Uhr, im Aug. und Sept. bis 17.30 Uhr, ab Mitte Okt. bis 16.30 Uhr geöffnet. Winterbetrieb der Bergbahn von Anfang/Mitte Dez. bis Ostermontag 9–16 Uhr, ab Februar bis 16.30 Uhr. Ab Mittelstation im Winter Naturrodelbahn.

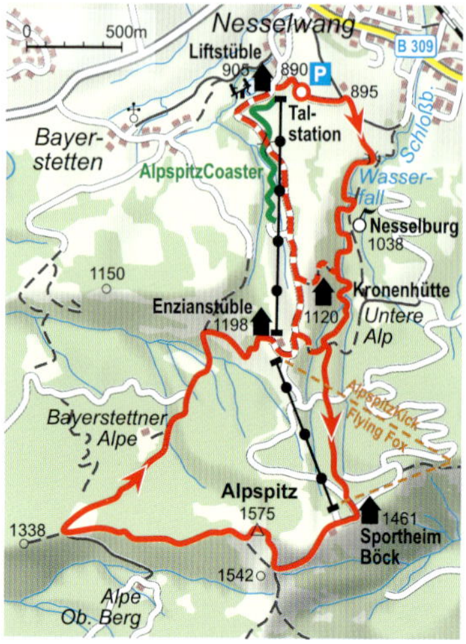

Einkehr: Berggaststätte Kronenhütte, 1120 m, Montag und Dienstag Ruhetag, 16 Betten, Tel. +49 8361 3170, kronenhuette.de. Sportheim Böck, 1461 m, Dienstag Ruhetag, vier Luxus-Appartements, Tel. +49 8361 3111, sportheim-boeck.de. Liftstüble, 905 m, kein Ruhetag, Tel. +49 8361 1599. Enzianstüble, 1198 m, Tel. +49 8361 922990. Alle Gasthäuser und Hütten haben von Anfang November (Ende der bayerischen Herbstferien) bis Anfang/Mitte Dezember und meist im April Betriebsruhe.
Varianten: 1. Auf- und/oder Abfahrt mit der Alpspitzbahn (Umsteigen an der Mittelstation) zum/vom Sportheim Böck. 2. Zwei Abkürzungswege über die Kronenhütte (beschildert) vom Wasserfallsteig aus (Abzweigungen in der Hauptroute beschrieben).

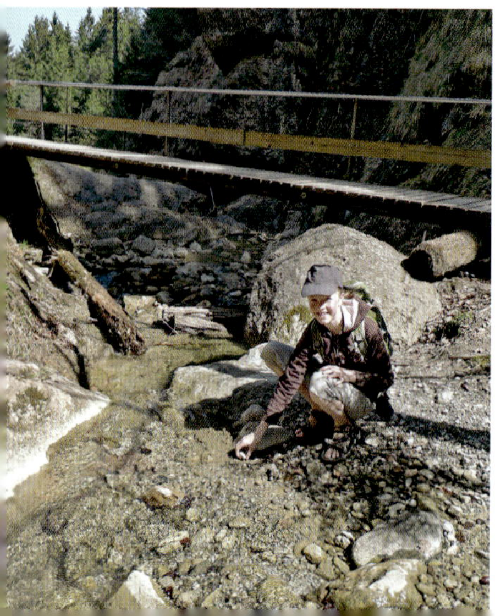

Spielmöglichkeit am Bach.

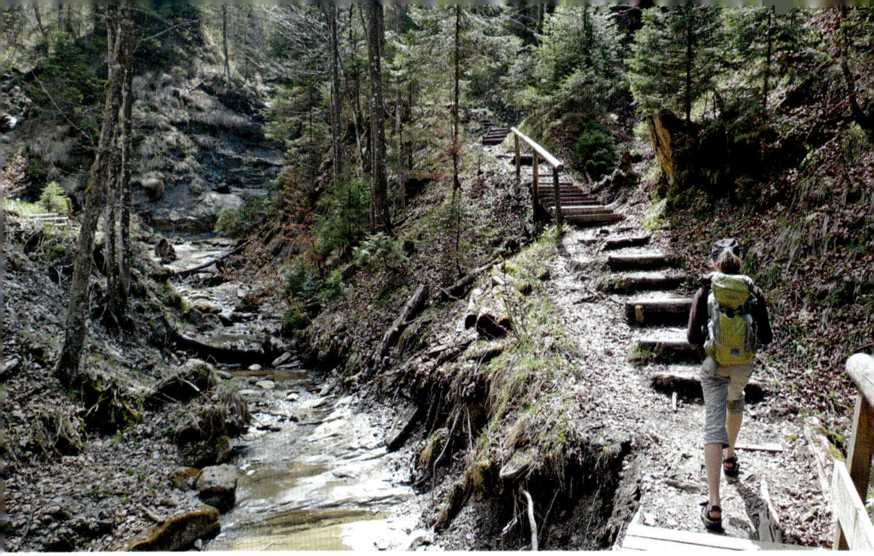

Der Weg führt abwechslungsreich durch ein Bachtal.

Vom **Parkplatz** wandern wir entlang der geparkten Autos auf der Asphaltstraße fast ebenerdig nach Osten, halten uns an deren Ende rechts Richtung »Wasserfallsteig, Alpspitz« und wandern leicht ansteigend auf einem Kiesweg weiter. Wir überqueren das **Schloßbächel**, kommen in den Wald, wenden uns rechts und gehen erneut über das Schloßbächel und an diesem entlang auf breitem Weg bergan. 5 Min. später staunen wir bereits über den großartigen **Wasserfall**, hier stürzt das Wasser besonders nach Regenfällen und zur Schneeschmelze eindrucksvoll die Felsen hinunter. Über viele Metallgitterstufen steigen wir jetzt direkt neben dem Wasserfall nach oben, wandern über Metallgitterstege weiter und können rechter Hand direkt an den kristallklaren Bach gelangen. An der nächsten Brücke besteht die Möglichkeit, die Schuhe auszuziehen, zum Bach hinunterzusteigen und ein Stück barfuß durch den Bach hinaufzumarschieren. Wieder auf dem Weg spazieren wir erst einmal erneut über eine Brücke und kommen zu einer Wegteilung. Links könnte man einen Abstecher zur Ruine Nesselburg machen, was aber nicht wirklich lohnt, da nicht mehr allzu viel von den Gemäuern vorhanden ist und der Innenbereich der Ruine versperrt ist.

Wir wenden uns daher nach rechts (»Alpspitz«), wandern auf dem schmalen Pfad leicht bergan weiter, überqueren wiederum den Bach und müssen uns kurz darauf zum ersten Mal entscheiden, ob wir die Tour nach rechts über die Kronenhütte abkürzen wollen. Wir gehen aber geradeaus weiter am Bach entlang, überqueren bald erneut das Gewässer und wandern nun zwischen zwei Bächen auf einem schönen, naturbelassenen Pfad bergan. Wir kommen an einer Rastbank vorbei, nun geht es über unzählige Wurzeln weiter. An der nächsten Weggabelung halten wir uns rechts und könnten kurz darauf ein weiteres Mal zur Kronenhütte abzweigen,

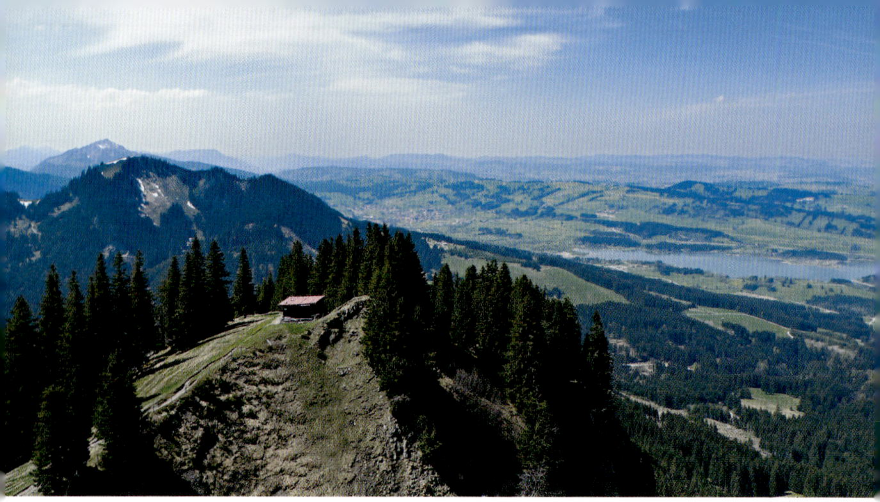

Blick von der Alpspitz ins Voralpenland (rechts der Grüntensee).

wir wenden uns aber links (»Alpspitz«) und wandern weiter durch lichten Wald aufwärts. 10 Min. später überqueren wir eine Forststraße, wandern auf der anderen Seite durch Wald steil bergan, überqueren nach 15 Min. erneut einen breiten Weg und marschieren auf der gegenüberliegenden Seite wiederum auf einem kleinen Pfad aufwärts. Wir kommen auf eine breite Forststraße und wandern diese ein kurzes Stück aufwärts, dann stehen wir schon fast vor der links liegenden Berggaststätte **Sportheim Böck**, 1461 m. Wir wenden uns aber an der Weggabelung rechts und spazieren bald mit den vielen Ausflüglern, die mit der Bergbahn hinaufgefahren sind – und dabei den Wasserfall und den spannenden Weg über die vielen kleinen Brücken verpasst haben – etwa 500 m leicht bergan (nach etwa 300 m könnte man auch rechts des Weges auf Trittspuren parallel zu dem breiten Schotterweg am Hang entlanglaufen). Wir kommen zu einem Wegweiser (»Alpspitz«), wenden uns rechts und gleich darauf unbeschildert in einen breiten Wiesenweg wiederum rechts. Nun wandern wir geradewegs die Wiesen hinauf, bevor wir durch ein kleines Waldstück den felsigen Gipfel der **Alpspitz**, 1575 m, mit ihrem großen Holzkreuz erreichen. Von hier oben hat man einen schönen Blick ins Voralpenland und auf die Allgäuer Berge. Auf dem Gipfel müssten oftmals eigentlich Platzkarten ausgegeben werden, so voll ist es hier bisweilen.

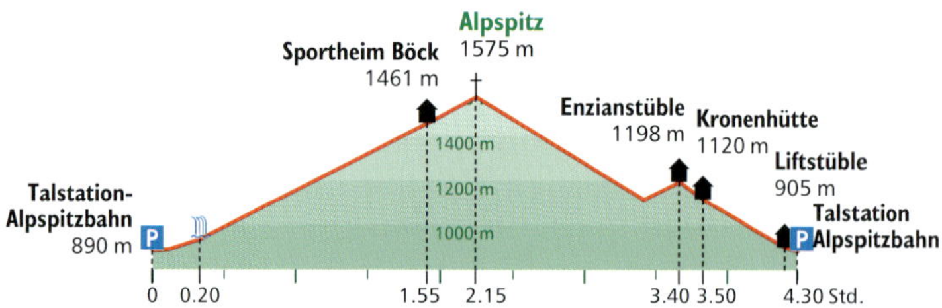

Dann empfiehlt es sich, am Gipfelkreuz vorbeizugehen und in Richtung Südwesten auf dem kleinen steilen Pfad (bitte Kinder hinter den Eltern gehen lassen) wieder auf die große Wiesenfläche hinabzusteigen, um dort Brotzeit zu machen.
Weiter geht es danach rechts (»Bayerstetten, Nesselwang«) Richtung Westen an einer Hütte vorbei auf einem natürlichen, barfußgeeigneten Erd-Wiesenpfad teilweise durch lichten Wald und bald auf einem Rücken abwärts. Nach etwa 30 Min. zweigt rechts in einem spitzen Winkel ein Erd-/Wiesenweg ab (»Bayerstetten, Nesselwang«). Hier biegen wir ein und wandern erst auf dem natürlichen Untergrund, dann auf einem Schotterweg (Schuhe!) gemütlich etwa 30 Min. abwärts, bis wir auf eine größere **Wiesenfläche** kommen, die sich noch einmal gut für eine Rast eignet. Hier müssen wir aufpassen, denn unser Weg führt gleich zu Beginn der Wiesenfläche ausgeschildert (»Mittelstation, Enzianstube«), aber praktisch weglos nach rechts den Wiesenhang hinauf. Auf halber Höhe gehen wir durch ein Gatter und nun auf einem deutlichen Weg, der sich allerdings bald wieder etwas verliert, über die Wiesen aufwärts. Wir wandern unter der Kombibahn durch und kommen auf einem Asphaltweg zur **Mittelstation**. Es empfiehlt sich nun, von dort mit der Kombibahn ins Tal zu fahren, da der weitere Abstieg auf einer schattenlosen Teerstraße erfolgt. Wer sich dennoch für den Abstieg zu Fuß entscheidet, kommt nach 10 Minuten am Abzweig zur Kronenhütte mit ihren Eseln vorbei und erreicht dann nach 40 Minuten auf der für den Verkehr gesperrten Straße die **Talstation** und den **Parkplatz**.

HIGHLIGHTS

- ★ Abwechslungsreiche kleine Bergsteige sowie barfußgeeignete Erd- und Wiesenpfade.
- ★ Spannender Wasserfallsteig.
- ★ Herrliche Aussicht vom Gipfel und schöne Picknickmöglichkeiten auf den Weiden unterhalb der Alpspitz.
- ★ 1110 Meter langer, schienengeführter AlpspitzCOASTER über Wellen, Jumps, Kreisel, Brücken und Tunnel. Der Einstieg erfolgt an der Talstation, von dort wird man erst 680 m hochgezogen, bevor es dann mit bis zu 40 km/h ins Tal geht. Für Kinder ab 3 Jahren (gemeinsam mit einer Person ab 8 Jahren und 135 cm Mindestgröße), Kinder ab 8 Jahren und einer Mindestgröße von 135 cm dürfen alleine fahren. Fahrer ab 8 Jahren. 9 €, Beifahrer (3–7 Jahre) zusätzlich 6 €. Infos siehe unter »Bergbahn« in der Kurzinfo.
- ★ An der Talstation: Spielplatz mit Wasserlauf, Tarzanseilbahn, Kletterelementen und zwei kostenlosen Trampolinen.
- ★ Nervenkitzel für Wagemutige: 1,2 Kilometer langer Flying Fox AlpspitzKICK (Zipline-Anlage), von der Bergstation zur Mittelstation. Flughöhe bis 60 m, max. 120 km/h. Mindestgröße 1,50 m. Eng anliegende Kleidung, geschlossene Schuhe und Tragen der gestellten Sicherheitsausrüstung (Helm, Brille, Gurtzeug) sind Pflicht. Erwachsene 45 €, Kinder 35 €, bei Auffahrt mit Bergbahn zusätzlich 6 €. In der Hauptsaison täglich 10–16.00 Uhr. Infos unter Tel. +49 8361 1270.
- ★ Schwimmender Kletterpark AlpspitzSPLASH in 1,80 m Höhe auf dem Speichersee an der Talstation. Ab 8 Jahren und 120 cm Körpergröße. Es kann mehrmals täglich ein 60-Minuten-Slot zu 12 € (bis 12 Jahre) bzw. 18 € (ab 13 Jahren) gebucht werden.

26 Kappeler Alp, 1350 m

Von Pfronten-Kappel

ab 7 J.

Durch die Höllschlucht

Besonders im Frühling und im Herbst, wenn anderenorts in den Bergen noch oder schon Schnee liegt, ist diese kurzweilige Wanderung für trittsichere Familien besonders zu empfehlen. An warmen Tagen laden die naturbelassenen Erd- und Wiesenwege unterhalb der Kappeler Alp zum Barfußlaufen ein, nachdem man über einen abwechslungsreichen Waldpfad, vorbei an einem sehenswerten Wasserfall (besonders zur Schneeschmelze und nach Regenfällen), entlang des Steinebachs durch die Höllschlucht aufgestiegen ist. Moorige Stellen werden mit Holzbohlen überbrückt, oben auf der Alp wartet eine leckere Brotzeit, und auch der Abstieg über den »Wiesenweg« ist schnell geschafft. Unten können wir dann noch dem Spielplatz sowie dem Waldseilgarten mit Bogenschieß- und Slackline-Parcours einen Besuch abstatten.

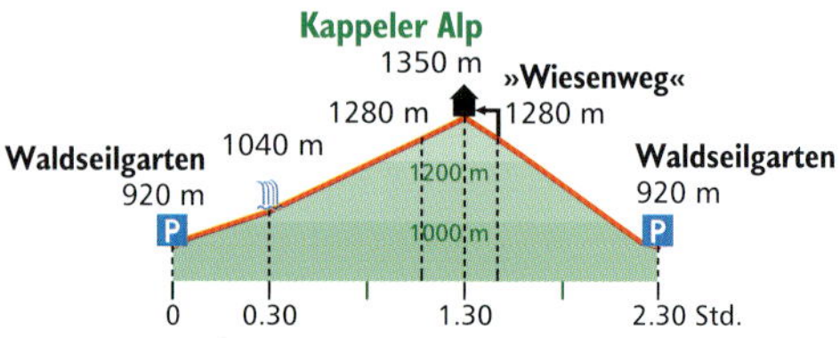

Feuchte Stellen auf den Bergweiden werden mit Holzbohlen überbrückt.

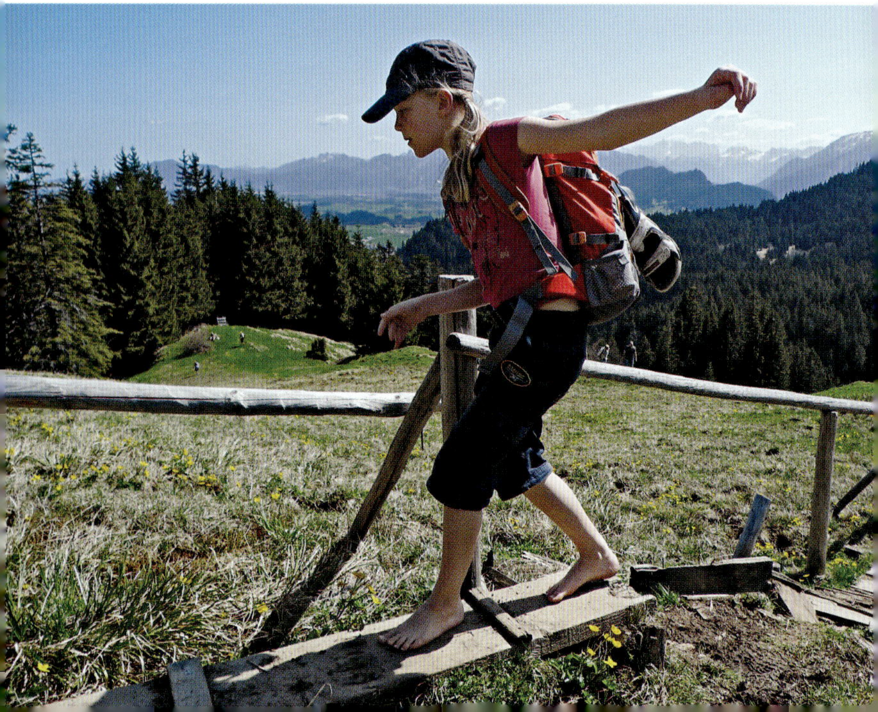

KURZINFO

Ausgangspunkt: Parkplatz P1 oberhalb Pfronten-Kappel direkt am Waldseilgarten, 920 m (Navi: 87459 Pfronten, Bürgermeister-Franz-Keller-Straße).
Von Pfronten kommend direkt hinter dem Gasthof Engel am Hl.-Wendelin-Brunnen links der Beschilderung über die Bürgermeister-Franz-Keller-Straße zum Parkplatz P1 neben dem Kinderspielplatz »Räubernest«. Weitere Parkplätze befinden sich am Kreuzleweg (P2) und am Ortsausgang von Kappel an der B 309 Richtung Nesselwang, von beiden sind es ca. 10 Min. bis zum Ausgangspunkt.
Mit Bahn und Bus: Vom Bahnhof Pfronten Ried mit dem Ortsbus 712 mehrmals täglich bis »Pfronten-Kappel, Brunnen« und von dort in 10 Min. zum Ausgangspunkt.
Gehzeit: 2.30 Std.
Höhenunterschied: 430 m.
Ausrüstung: Gut profilierte Trekking- oder Bergschuhe.
Anforderungen: Ab 7 Jahren. Ein Schild weist auf Steinschlaggefahr hin. Auf dem Schild befindet sich auch der handschriftliche Vermerk »Nur für Geübte!«, der Weg ist aber eigentlich nicht ausgesetzt, fällt allerdings in der Höllschlucht steil ab und kann bei Nässe sehr rutschig sein. Kinder bitte stellenweise an die Hand nehmen. Trittsicherheit erforderlich. Wir empfehlen den Weg durch die Höllschlucht nur bergauf zu begehen. Sonst verläuft die Tour überwiegend auf kleinen Wald- und Wiesenpfaden, die bei trockenem Boden teilweise barfußgeeignet sind.
Einkehr: Kappeler Alp, 1350 m, im Sommer von Mai bis Mitte Oktober geöffnet, Dienstag und Mittwoch Ruhetag, Übernachtung im Matratzenlager (16 Lager), Tel. +49 8361 925 1751, kappeleralp.de (ab 2025 neuer Pächter mit ggf. anderen Ruhetagen).

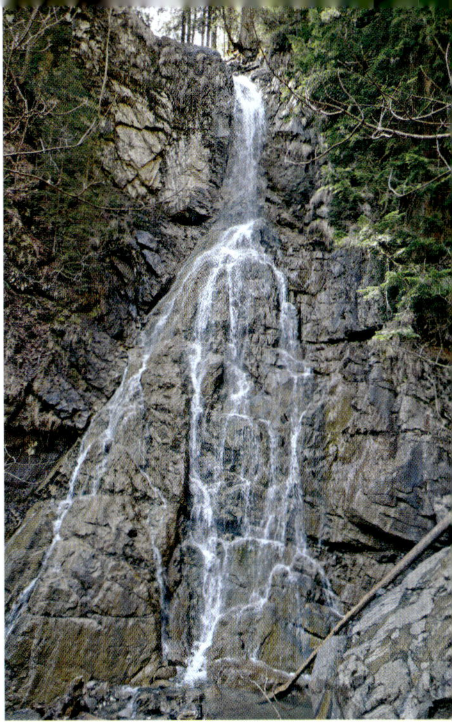

Sehenswerter Wasserfall beim Aufstieg durch die Höllschlucht.

Wir gehen vom **Parkplatz** am **Waldseilgarten** vorbei und wandern auf dem breiten Fahrweg (Beschilderung »Höllschlucht, Kappeler Alp«) etwa 100 m steil nach oben, dann zweigt in der zweiten Kehre rechts ein Kiesweg ab (»Höllschlucht«), in den wir einbiegen. Wir marschieren am **Steinebach** gemächlich aufwärts und kommen an einigen Stationen des Bogenschieß-Parcours vorbei, für den man beim Waldseilgarten Pfeil und Bogen ausleihen kann. Schon haben die Kinder die kleine Hängebrücke erstürmt, die für den Parcours über den Bach gespannt worden ist, wir bleiben aber auf der linken Bachseite (in Gehrichtung). Nach ca. 20 Min. Gesamtgehzeit wird der Weg schmaler und führt uns auf einer **Holzbrücke** auf die andere Bachseite der **Höllschlucht**.

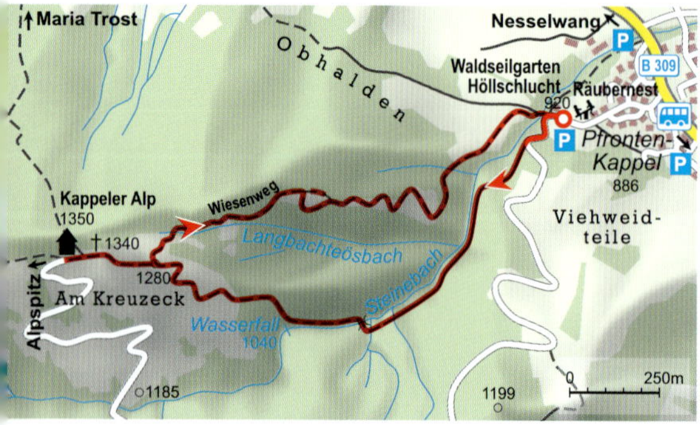

Nun weisen wir die Kinder darauf hin, vorsichtig zu sein, da der Weg bald auf der einen Seite steil abfällt. Wir gehen jetzt auf einem kleinen Pfad auf natürlichem Waldboden oberhalb des Steinebaches weiter, bevor wir zwischen einigen großen Felsklötzen hindurchsteigen, um dann auf dem sehr schmalen Pfad bis zum bald vor uns auftauchenden **Wasserfall** weiterzumarschieren. Hier schießt das Wasser in einer schmalen Rinne die Felsen hinunter, um sich sogleich über das darunterliegende Gestein zu ergießen. Der Pfad führt nun vom Wasser weg und steigt – befestigt und mit Holzgeländer versehen – durch lichten Wald steil bergan, bevor wir aus dem Wald auf die Weide treten. Jetzt kann es nichts Schöneres geben, als die Schuhe auszuziehen und an den Rucksack zu hängen und bei Sonnenschein barfuß über den weichen Wiesenweg zu spazieren. Schnell kristallisiert sich ein Pfad aus der Weide, der Erdweg ist angenehm warm. Die vorauslaufenden Kinder sind schon an der ersten

Hallo Kinder,

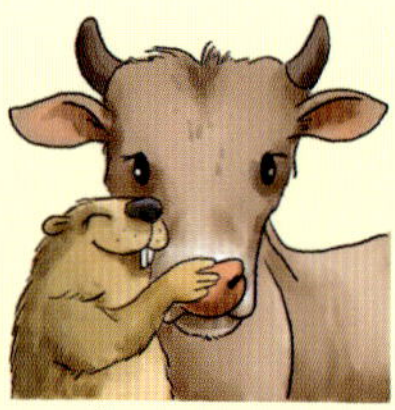

heute sind wir zu Gast auf einer Alpe, wisst ihr, worin der Unterschied zu einer Alm besteht? Beides sind Bauernhöfe, die in den Bergen liegen und fast immer einen Mutterhof im Tal haben oder wie bei der Kappeler Alp der Gemeinde gehören. Entstanden sind diese Weidegebiete in den Bergen, weil die Wiesen im Tal früher oft nicht ausreichten, um die Tiere das ganze Jahr über zu versorgen. Im Frühling trieb man das Vieh deshalb auf die Bergweiden, um die im Tal wachsenden Gräser und Blumen zu trocknen und diese den Tieren im Winter als Futter geben zu können. Alpe und Alm bezeichnen übrigens ganz genau das Gleiche, es ist aber so, dass man in Bayern und in Österreich fast überall von Almen spricht, während man diese hoch gelegenen kleinen Höfe im Allgäu, in Vorarlberg und in der Schweiz als Alpen bezeichnet. Auch heute noch wird das Vieh für den kurzen Bergsommer auf die Alp/Alm getrieben. Werden vom Bauern die Glocken geholt, sind die Tiere nach einem langen Winter im Stall ganz aufgeregt und in freudiger Erwartung. Im Spätsommer wird die Herde, die oft verschiedenen Bauern gehört, beim »Viehscheid« wieder gemeinsam nach unten geführt und, wie der Name schon sagt, im Tal wieder »geschieden«, also an ihre Besitzer verteilt.

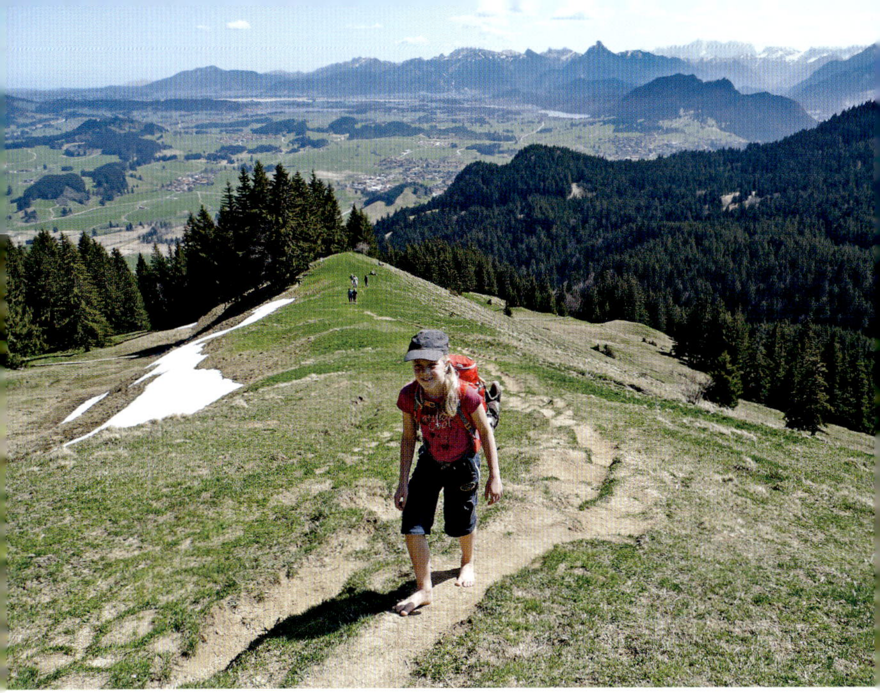

Der Wiesenrücken bietet beste Bedingungen für einen Barfußaufstieg.

morastigen Stelle angekommen, die mit einem schmalen Bretterweg überbrückt wird. Blicken wir nun nach links, tut sich bereits ein wunderschöner Blick auf das Ammergebirge auf. Links und rechts des **Bohlenweges** kann man im Frühjahr große Trollblumen bestaunen, die mit ihrem leuchtenden Gelb das Auge erfreuen, während an den trockeneren Stellen der »Schusternagel«, auch bekannt als Frühlingsenzian, herrlich blau blüht.

Nun noch zwei-, dreimal über sumpfige Stellen trockenen Fußes balanciert, dann geht es auf dem Erdweg wieder steiler hinauf und wir erreichen bald einen wunderschönen Wiesenrücken. Rechts zweigt bei einem Schilderbaum, 1280 m, der »Wiesenweg« ab, auf dem wir den Rückweg beschreiten wollen. An dieser Stelle kann man auf den schönen Wiesen bei einem herrlichen Bergblick gemütlich Brotzeit machen.

Oben erblicken wir bereits das große Kreuz, dass auf einem Hügel vor der noch nicht sichtbaren Hütte positioniert wurde. Wenige Minuten später stehen wir bereits vor dem Eingang zur **Kappeler Alp**, 1350 m,

Auf den letzten Metern zur gemütlichen Kappeler Alp.

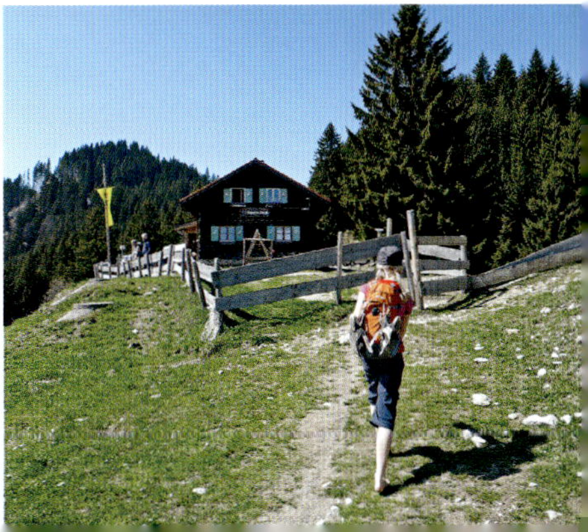

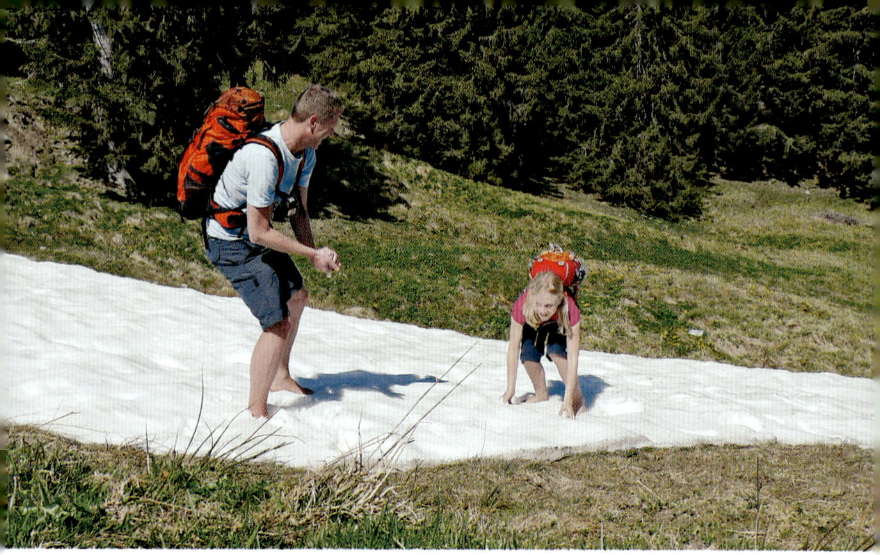

Barfußschneeballschlacht im Frühling unterhalb der Kappeler Alp.

HIGHLIGHTS

- ★ Abwechslungsreicher Weg über einen Waldpfad vorbei an einem Wasserfall. Im oberen Bereich laden Wiesen- und Erdwege zum Barfußlaufen ein.
- ★ Kühe an der Kappeler Alp.
- ★ Direkt am Ausgangspunkt schöner Wiesenspielplatz »Räubernest« mit Bänken, Hangrutsche, Vogelnestschaukel, Wippe und Drehkarussell.
- ★ Ebenfalls am Ausgangspunkt: Waldseilgarten (mit geschlossenen Schuhen!) mit elf Parcours und insgesamt 100 Aufgaben für Erwachsene und Kinder ab 6 Jahren, ein Bogenschieß-Parcours (ab 10 Jahren) sowie ein Slackline-Parcours mit kurzen und langen Distanzen. Keine Vorkenntnisse erforderlich. Ausrüstung und Einweisung im Preis inbegriffen. Öffnungszeiten: Osterferien und ab ca. Ende Mai bis zum Ende der bayerischen Herbstferien täglich geöffnet, nach den Osterferien bis ca. Ende Mai nur Sa., So. und an Feier- und Brückentagen. Infos unter Tel. +49 8363 9259896 oder im Internet unter waldseilgarten-hoellschlucht.de.

wo wir uns bei einem herrlichen Blick auf die Ammergauer Alpen und die Ostallgäuer Burgen- und Seenlandschaft mit dem frisch zubereiteten Essen stärken können.

Für den Rückweg wandern wir zurück zum Schilderbaum, an dem wir uns nach links in den **»Wiesenweg«** wenden. Bald geht der Weg in einen Erdpfad über, geübte Barfußläufer können auch den ersten Teil des Abstiegs bei trockenem Boden ohne Schuhe bewältigen. Wiederum hilft ein Brettlesweg über feuchte Stellen. Vor einem am Boden liegenden Baumstamm teilt sich der Weg, hier wählen wir den rechten Pfad. Ganz unten wartet noch einmal ein schöner Wiesenweg auf uns, bevor wir auf einen breiten Kiesweg treffen, in den wir nach rechts einbiegen. 5 Min. später erreichen wir wieder den **Steinebach**, den wir entweder auf einer kleinen Brücke oder durch eine Furt zur Erfrischung unserer Füße überqueren, und stehen schon wieder am **Ausgangspunkt**.

Burgruine Falkenstein, 1268 m

Von der Schlossanger Alp über die Mariengrotte ab 6 J.

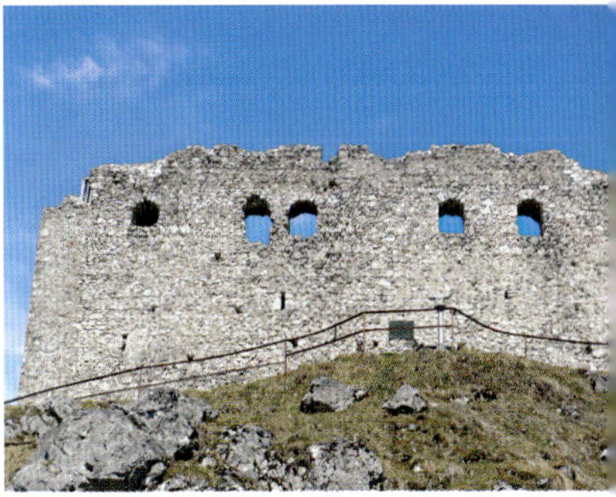

Alte Gemäuer und Erlebnisspielplätze
Oberhalb von Pfronten bietet sich eine kurze Rundwanderung auf kleinen Bergpfaden zur Burgruine Falkenstein an, die vor über hundert Jahren bereits König Ludwig II. von Bayern in seinen Bann gezogen hatte. Angetan von der außergewöhnlichen Lage der Burg, wollte er auf dem Platz der Burgruine ein zweites Schloss Neuschwanstein errichten. Dieses Projekt scheiterte allerdings nicht nur an den finanziellen Mitteln, sondern auch an der überbordenden Fantasie des ersten Zeichners, dessen Entwurf weder platz- noch bautechnisch durchführbar gewesen wäre. Der zweite beauftragte Architekt stutzte das Bauvorhaben auf ein angemessenes Maß zurecht, hatte so aber letztendlich »nur« eine schlossähnliche Villa vorzuweisen, womit er sich den königlichen Zorn einfing und fristlos entlassen wurde. Den dritten Entwurf, der eine Mischung aus den beiden ersten Plänen war, kann man heute als Modell in dem kleinen »Museum Falkenstein« (Eintritt kostenlos) unterhalb der Burg beim Burghotel besichtigen. Dieser konnte aber dann nicht mehr umgesetzt werden, da König Ludwig II. für verrückt erklärt worden war und kurz darauf auf ungeklärte Weise im Starnberger See ertrank. Alle drei Entwürfe finden sich als Zeichnungen im Inneren der Burgruine. Von hier gelangt man über eine Holztreppe zu einer Aussichtsplattform, die man geschickt zwischen den alten Gemäuern errichtet hat und von der man eine herrliche Aussicht auf die nahe gelegenen Tannheimer Berge und auf die Schlossanger Alp, den Startpunkt unserer Tour, hat. Dort befindet sich auch mit dem »Kuh-Kuh«-Spielplatz einer von sage und schreibe elf tollen Erlebnisspielplätzen in Pfronten (siehe Kinderkasten und Freizeittipps S. 195).

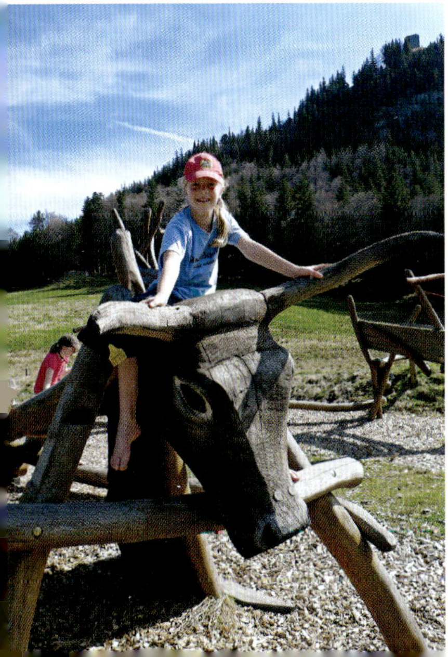

Stierbezwingerin auf dem »Kuh-Kuh«-Spielplatz.

KURZINFO

Talort: Pfronten.
Ausgangspunkt: Großer kostenpflichtiger Parkplatz an der Schlossanger Alp, 1127 m (Navi: Am Schlossanger 1, 87459 Pfronten-Meilingen).
Die Zufahrt zur Schlossanger Alp zweigt von der Meilinger Straße in Pfronten ab. Kommt man von der B310, fährt man am Kreisverkehr Richtung Pfronten und biegt nach etwa 250 m links Richtung Pfronten-Meilingen in den König-Ludwig-Weg ein. Kommt man von der B 309, überquert man in Pfronten-Ried die Bahnlinie, fährt auf der Meilinger Straße der abknickenden Vorfahrtstraße nach links folgend am Supermarkt vorbei und etwa 1 km bergauf, um direkt auf der Kuppe scharf rechts ebenfalls in den König-Ludwig-Weg (Richtung Pfronten-Meilingen) einzubiegen. Nun Meilingen durchfahren, am Ortsausgang an einem großen Parkplatz vorbei und links bergauf Richtung Ruine Falkenstein. Nach ca. 2 km erreicht man einen Parkplatz, hier vor der Ampel rechts abbiegen und über eine steile Straße nach 400 m zum Parkplatz der Schlossanger Alp.
Gehzeit: 1.30 Std.
Höhenunterschied: 270 m.
Ausrüstung: Bergschuhe.
Anforderungen: Ab 6 Jahren. Die Tour verläuft überwiegend auf kleinen Bergpfaden. Beim steilen Abstieg besteht stellenweise Rutschgefahr. Ein Schild warnt vor Steinschlaggefahr. Die Tour ist aufgrund vieler Waldameisen nicht barfußgeeignet.
Einkehr: Berghotel Schlossanger Alp, 1127 m, kein Ruhetag, gehobenes Ambiente, Tel. +49 8363 914550, schlossanger.de. Restaurant 1250 (gehobenes Ambiente), täglich bis 16 Uhr und ab 18 Uhr geöffnet, 1242 m, Tel. +49 8363 914540, blaueburg.com.
Variante: Wer gern eine längere Tour (zusätzlich 2 Std.) machen möchte, kann in Pfronten-Steinach (Bahnstation) gegenüber der Kirche St. Michael (liegt direkt an der B309/Tiroler Straße) zu Beginn des Römerweg-Süd (Navi: 87459 Pfronten, Römerweg-Süd 1) parken und von hier zu Fuß zur Schlossanger Alp aufsteigen. Hierzu der Tiroler Straße (B309) etwa 50 m Richtung Vils folgen, links in den Mühlweg (»Schlossanger Alp«) und nach Haus Nr. 10 rechts oder alternativ nach Haus Nr. 14 halb rechts schräg jeweils in einen Wiesenpfad. Die einspurige Bahnlinie an einem unbeschrankten Bahnübergang überqueren und nach 50 m links in den geteerten »Panoramaweg«, der uns kurze Zeit später über die Vils führt. Hinter der Brücke rechts aufwärts in die Straße abbiegen und hinauf zum ehemaligen Gasthof Manzenstube, der kürzlich zu Ferienwohnungen umgebaut wurde. Gegenüber der Rückseite des Gebäudes führt rechts eines Schuppens unbeschildert ein breiter Wiesenweg hinauf, der uns bald durch ein Gatter und sodann fast weglos über Wiesen hinaufführt. Wir stoßen auf einen Pfad mit Wegweiser, halten uns rechts, überqueren bald einen Bach (Zaundurchlass), stoßen erneut auf einen Weg und wenden uns links in Richtung »Schlossanger Alp«. Nun wandern wir auf kleinen Pfaden durch Wald bergan, bis wir nach 35 Min. zu dem in der Hauptroute beschriebenen Schilderbaum in der Nähe der Schlossanger Alp kommen. Es empfiehlt sich, nun nicht über die Mariengrotte (wie in der Hauptroute), sondern zur Burg in umgekehrter Richtung aufzusteigen, da man dann später auf einem anderen Weg als dem Aufstiegsweg nach Pfronten zurückkehren kann. Hierzu am Schilderbaum links, an der Schlossanger Alp vorbei und am Ende des Parkplatzes rechts auf einem breiten Kiesweg, der bald in einen steilen Pfad übergeht, hinauf zum Burghotel und weiter zur Burg. Zurück wieder zum Burghotel und nun der Beschilderung nach Pfronten-Steinach folgend rechts hinunter und am querenden Weg wiederum rechts über die Mariengrotte bis zu einer beschilderten Wegverzweigung. Hier gehen wir links hinunter Richtung Pfronten-Steinach. Unten stoßen wir auf die Vils, halten uns rechts und wandern ca. 1 km an dieser entlang, bis wir zur Brücke kommen, die wir auf dem Hinweg überschritten haben. Von hier auf bekanntem Weg zurück zum Parkplatz.

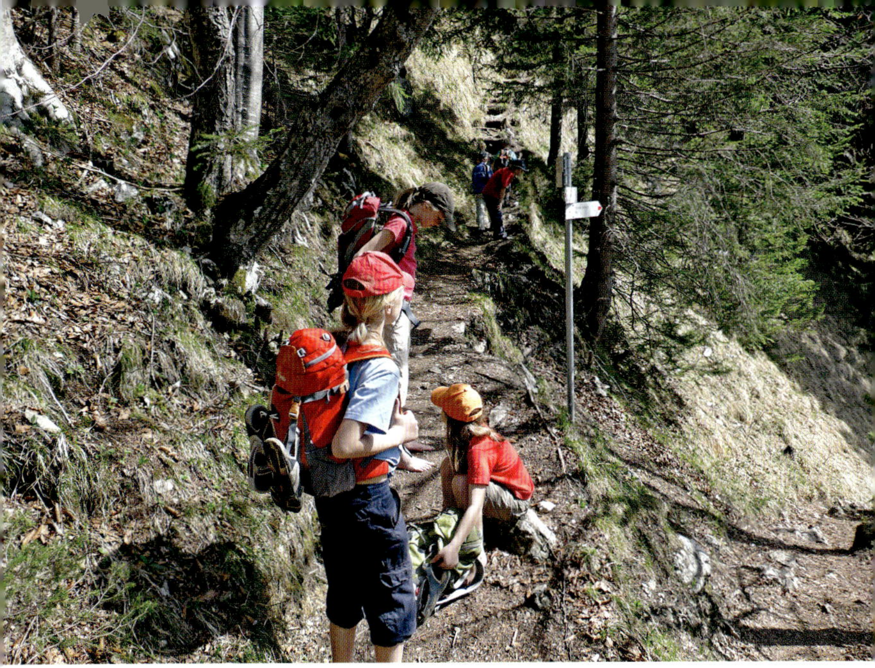

Auf einem kleinen Pfad geht es hinauf zur Burgruine.

Vom **Parkplatz** gehen wir ebenerdig am Spielplatz und am Eingang zum Berghotel **Schlossanger Alp**, 1127 m, vorbei und wandern auf dem breiten Weg Richtung Süden. Nach 200 m zweigt rechts ein kleiner Wiesenpfad ab (»Südabstieg Pfronten«), der abwärts in den Wald zu einem Schilderbaum führt. Hier wenden wir uns links (»Burgruine Falkenstein 40 Min.«) und steigen auf einem kleinen Waldpfad, auf dem sich viele Waldameisen tummeln, abwärts. Nach etwa 15 Min. erreichen wir erneut einen Wegweiser, hier wenden wir uns links (»Burgruine Falkenstein«) – halb rechts ginge es hinunter nach Pfronten-Steinach (siehe Variante). Wir wandern nun den weiß-rot-weißen Markierungen folgend über Stock und Stein aufwärts. In einer starken Rechtskurve müssen wir aufpassen, dass wir unseren Weg nicht versehentlich nach links in einen abzweigenden Pfad verlassen. 15 Min. später stehen wir be-

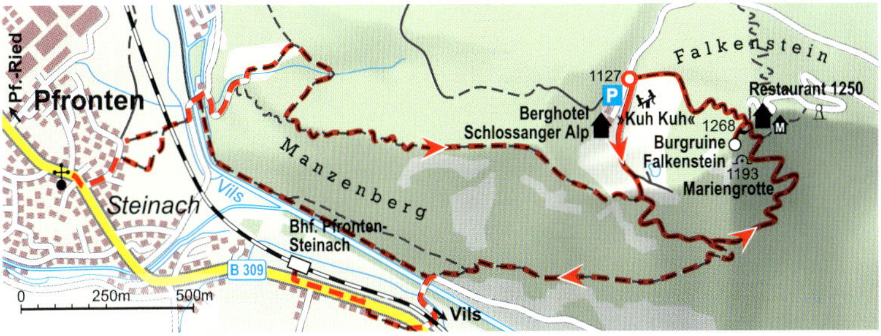

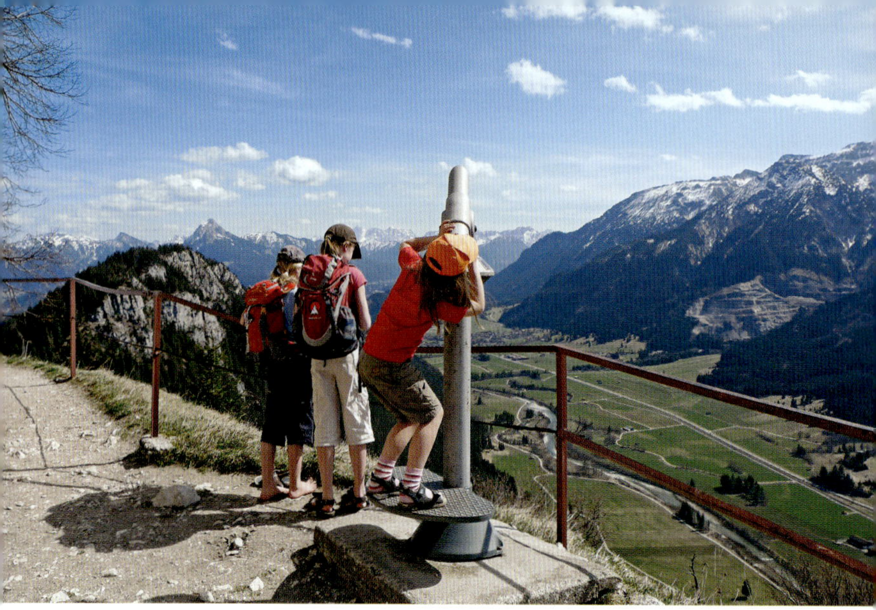

Himmelsguckerin an der Burgruine.

reits vor der **Mariengrotte** und nach weiteren 5 Min. unter einer senkrecht abfallenden Felswand, die unterhalb der noch nicht sichtbaren Burg liegt. Hier zweigt links ein Pfad ab, der uns in 5 Min. hinauf zum **Restaurant 1250**, 1242 m. Nach einer kurzen Besichtigung des dortigen kostenlosen kleinen »Museum Falkenstein« in dem es eigentlich nur – aber immerhin – ein Modell des von König Ludwig II. geplanten Neuaufbaus der Burg zu bestaunen gibt, steigen wir zur **Burgruine Falkenstein**, 1268 m, auf und freuen uns über die schöne Aussicht, die wir von der in die Burgmauern geschickt integrierten Holzplattform auf die

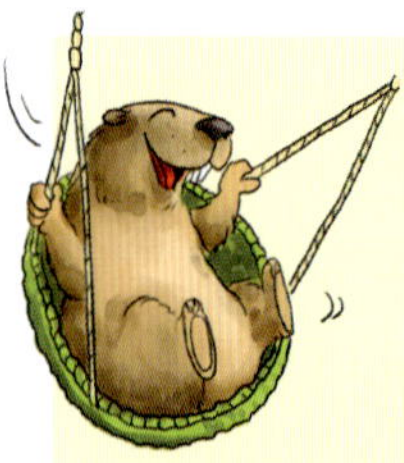

Hallo Kinder,

nach der Wanderung könnt ihr noch dem Planetenspielplatz, dem Märchenspielplatz, dem Spielplatz »Räubernest« oder dem Regenbogenspielplatz einen Besuch abstatten. Oder wie wär's mit dem Zirkusspielplatz, dem Abenteuerspielplatz »Schatzinsel« oder vielleicht einem mittelalterlichen Burgenspielplatz? Neben dem »Kuh-Kuh«-Spielplatz am Ausgangspunkt unserer Wanderung gibt es tatsächlich im Ort Pfronten mit seinen weit auseinanderliegenden Ortsteilen noch zehn weitere Spielplätze, die fast alle ein ganz bestimmtes Thema haben. Der Burgenspielplatz und der Abenteuerspielplatz »Schatzinsel« werden in den Freizeittipps (siehe S. 195) genauer vorgestellt, dort findet ihr auch eine Internetadresse, auf der ihr euch über die anderen Spielplätze informieren könnt.

Tannheimer Berge, auf Pfronten und die Schlossanger Alp haben. Unten an der Burgmauer Richtung Süden laden zwei sonnige Bänke zum Brotzeitmachen ein.

Für den Abstieg wandern wir wieder hinunter zum **Restaurant 1250**, wenden uns unmittelbar davor links (»Hotel Schlossanger Alp«) und steigen auf einem stellenweise steilen Bergpfad durch Wald hinunter. Der Pfad wird nach 15 Min. zu einem Kiesweg, wir kommen an einem tollen, aber abgesperrten Baumhaus vorbei, das nicht zum Spielen gedacht ist, sondern in dem man bei der Schlossanger Alp eine Erlebnisübernachtung buchen kann. Der Weg mündet direkt in den **Parkplatz**, hier wenden wir uns links und können dem ideenreichen Spielplatz mit seinem Brotzeitplatz noch einen Besuch abstatten oder gemütlich in der Schlossanger Alp einkehren.

HIGHLIGHTS

- ★ Abwechslungsreicher Rundweg auf überwiegend kleinen Bergpfaden.
- ★ Spannende Burgruine mit schöner Aussicht sowie kleines Burgmuseum mit einem Modell des von König Ludwig II. geplanten Neuaufbaus der Burg.
- ★ Ideenreicher Spielplatz »Kuh-Kuh« mit vielen Kletterelementen, einem Hängekarussell sowie einem Brotzeitplatz am Ausgangs-/Endpunkt der Wanderung.
- ★ Nach der Tour: zehn weitere Themenspielplätze in Pfronten (siehe Kinderkasten).

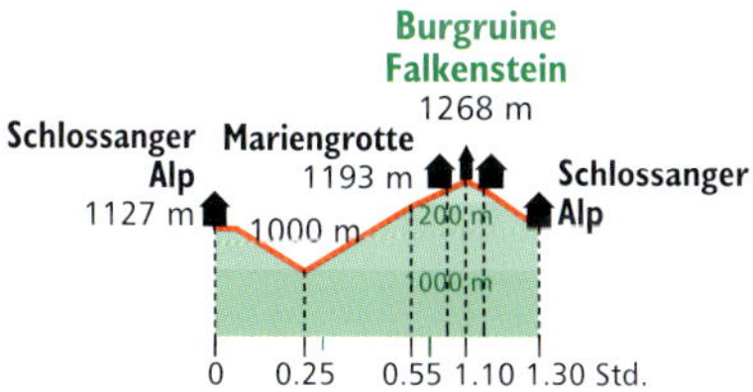

Blick auf das seenreiche Alpenvorland.

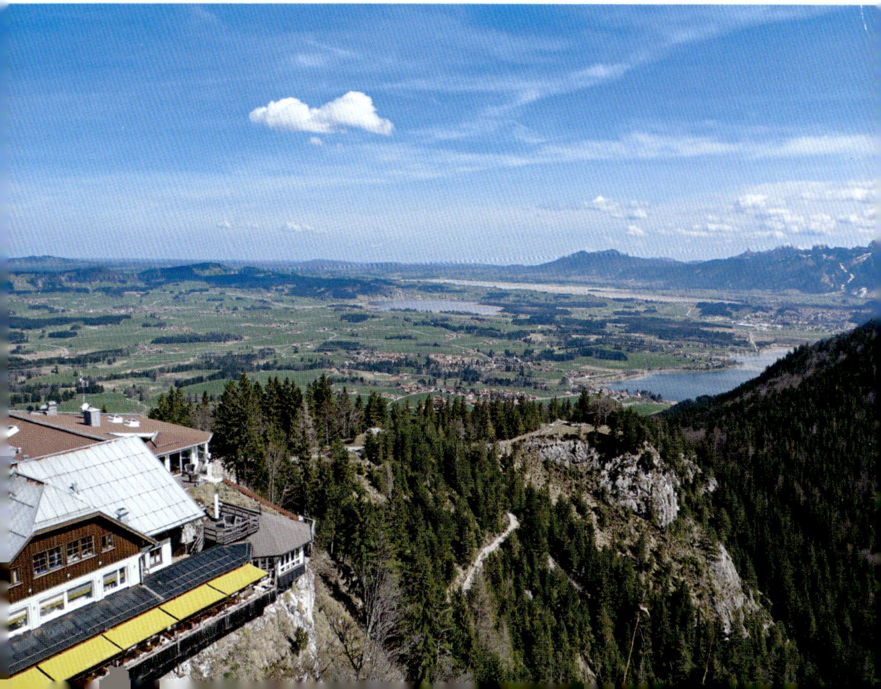

28 Salober Alm, 1080 m

Vom Alatsee

ab 4 J.

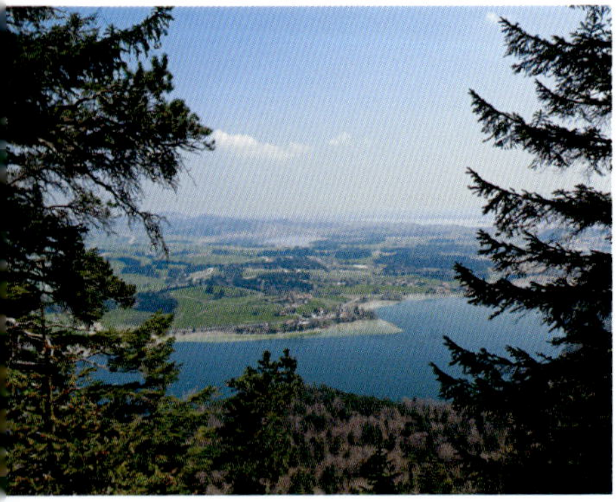

Im Bild der Weißen- (vorne), Hopfen- und Forgensee (hinten).

Sagenumwobener See und Almspielplatz

Um den Alatsee ranken sich viele Mythen und Sagen. So berichten einige Geschichten von Fabelwesen, die am See hausen sollen, andere erzählen, dass sich der See am Seegrund zu einem Schlund verengt, durch den man direkt in die Unterwelt gelangen kann. Für manche Leute ist der See aber auch ein Ort der Kraft, weshalb sie im See baden oder sein Wasser trinken, um gesund zu werden. Die mystischen Geschichten um den See und Gerüchte, dass zum Ende des Zweiten Weltkrieges hier Goldschätze der Deutschen Reichsbank versenkt wurden, inspirierten die Autoren Michael Kobr und Volker Klüpfel zu ihrem dritten Allgäu-Krimi »Seegrund«, der weit oben in den Bestsellerlisten landete. Wie auch immer, vom See kann man eine kurze Wanderung hinauf zur bereits in Österreich gelegenen Salober Alm mit ihrem schönen Spielplatz beginnen und von dort über einen abwechslungsreichen Rundweg auf natürlichem Boden hinauf zum »Vier-Seen-Blick« steigen, bevor man dann am Ende der Tour noch ein kühles Bad in dem sagenumwobenen See wagen kann.

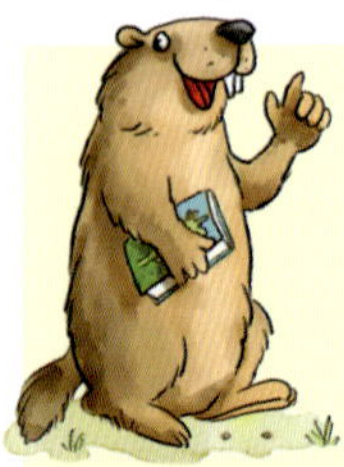

Hallo Kinder,

im Alatsee befindet sich in 15 bis 18 Metern Tiefe eine für uns Menschen giftige Schwefelschicht, auf der wiederum unzählige leuchtend rote Purpur-Bakterien schwimmen, die vom Schwefel leben. Dies gibt es in dieser Konzentration nirgendwo anders auf der Welt. Über dieser Schicht hat das Wasser Trinkwasserqualität und ist voller Leben, darunter gibt es fast keinen Sauerstoff mehr. Als Taucher (wegen vieler Tauchunfälle nur mit Sondergenehmigung) kann man diese rote Schicht ganz deutlich sehen, vom Ufer oder von der Seeoberfläche aus ist das nicht möglich. Trotzdem hat der See den Beinamen »Der blutende See« bekommen, weil man sich erzählt, dass diese roten Schichten stellenweise von Zeit zu Zeit zur Wasseroberfläche aufsteigen und dann Teile des Sees rot färben. Tatsächlich hat dies aber seit Jahrzehnten niemand mehr gesehen.

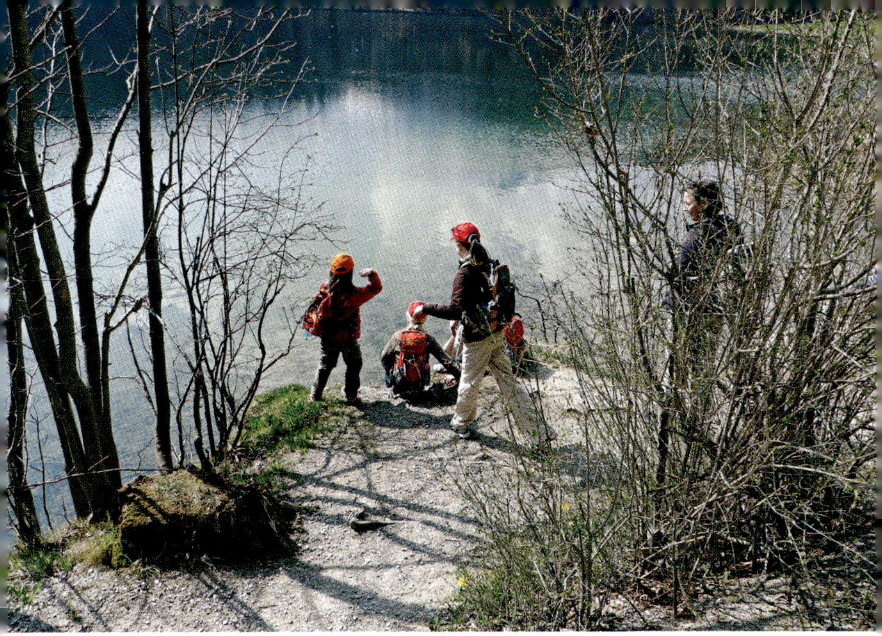

Rast und Steinewerfen am Alatsee.

KURZINFO

Ausgangspunkt: Parkplatz am Alatsee, 876 m (Navi: 87629 Füssen, Saloberstraße).

Von Füssen auf der B 310 an der Anschlussstelle Füssen über die A 7 fahren, nach 400 m links in die Saloberstraße (Beschilderung »Alatsee«) einbiegen und an einer Verzweigung rechts zum Parkplatz etwas oberhalb des Alatsees.

Mit Bahn und Bus: Mit dem Zug bis Füssen oder Pfronten-Ried und weiter mit ÖVG-Bus Nr. 71 Füssen – Pfronten zur Haltestelle »Geometerweg«, von dort 2 km Richtung Süden auf der Saloberstraße zum Parkplatz Alatsee. Fahrplan unter rba-bus.de oder Tel. +49 180 6722 267.

Gehzeit: 1.50 Std.

Höhenunterschied: 280 m.

Ausrüstung: Gut profilierte Trekkingschuhe, Badesachen.

Anforderungen: Ab 4 Jahren. Kieswege sowie kleine Berg-, Erd- und Wiesenpfade wechseln sich bei dieser Tour ab. Die kleine Runde zum »Vier-Seen-Blick« ist barfußgeeignet, an einer Stelle befindet sich ein Drahtseil zum Festhalten.

Einkehr: Salober Alm, ganzjährig geöffnet von Donnerstag bis Sonntag und an Feiertagen, im Dez. Betriebsruhe, Tel. +43 5677 8788, saloberalm.de. Hotel-Restaurant Alatsee, gehobene Küche, ganzjährig geöffnet, Dienstag Ruhetag, Tel. +49 8362 6205.

Variante: Umrundung des kleinen Alatsees (Gehzeit 20 Min.). Am Westufer befindet sich eine Liegewiese mit Bademöglichkeit, am Ostufer das direkt am See gelegene Hotel-Restaurant Alatsee (mit Seeterrasse und Liegewiese).

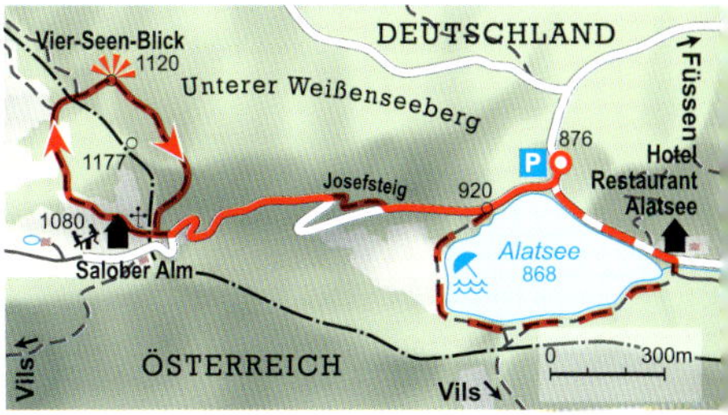

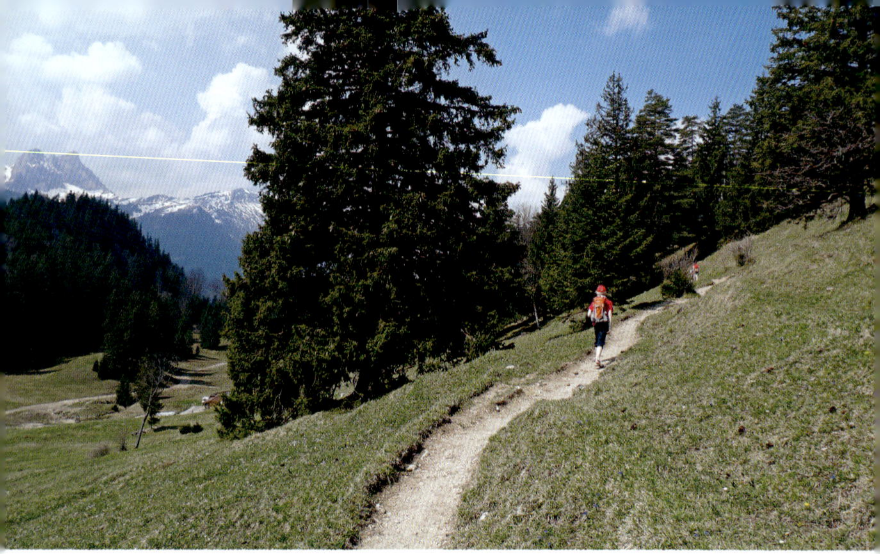

Nach der Salober Alm geht es auf kleinen Pfaden auf einen herrlichen Rundweg (links der Aggenstein).

Vom **Parkplatz** spazieren wir auf der Zufahrtsstraße zum See hinunter, biegen rechts ein und kommen ein einigen Stellen vorbei, an denen die Kinder direkt ans Wasser können. Der Seeweg schwenkt bald nach links, hier gehen wir geradeaus weiter und verlassen 400 m später den breiten Weg nach rechts in den **Josefsteig**. Nun wandern wir zur Freude aller auf einem kleinen Waldpfad in Serpentinen über viele Wurzeln bergan, stoßen aber bald

HIGHLIGHTS

- ★ Kurze, abwechslungsreiche Wanderung mit barfußtauglichem Rundweg von der Salober Alm über den »Vier-Seen-Blick«.
- ★ Schöner Spielplatz an der Salober Alm mit Reifenschaukel, Wippe, Drehkarussell, Wipptieren und Vierer-Schaukel.
- ★ Kühe an der Salober Alm zur Almzeit.
- ★ Bademöglichkeit im Alatsee (siehe Variante).

wieder auf die breite Forststraße. 10 Min. später sehen wir bereits rechts über uns ein Feldkreuz, hier kürzen wir erneut ab und wandern auf einem kleinen Pfad den Wiesenhang hinauf, der uns direkt zur **Salober Alm**, 1080 m, mit ihrem Spielplatz bringt.

Nun müssen wir aber unbedingt noch die kleine Runde zum »Vier-Seen-Blick« anhängen. Hierzu gehen wir zu dem Schilderbaum kurz vor der Alm, folgen aber nicht dem großen Wegweiser auf den Rundweg, sondern gehen die Runde in umgekehrter Richtung, indem wir uns nach dem kleinen Schild »Weißensee« richten, den Zaundurchlass passieren und ganz leicht ansteigend auf einem deutlichen, barfuß-

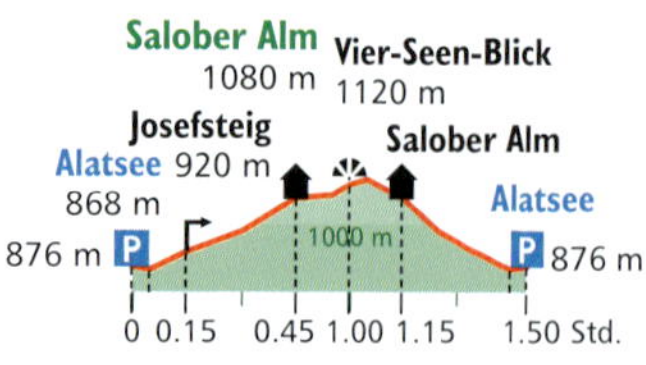

geeigneten Wiesenpfad oberhalb der Wirtschaft über die Weide spazieren. An Verzweigungen halten wir uns nun immer rechts und folgen der Beschilderung »Rundwanderweg, Vier-Seen-Blick«. Bald steigt der Weg steiler an, führt an einem Drahtseil zum Einhalten über einen Wurzelweg und weiter direkt zum **Aussichtspunkt**, 1120 m, von dem man auf den Weißensee, Hopfen-, Forggen- und Bannwaldsee blicken kann.

Danach steigt der Weg noch ein Stück an, bevor es wieder abwärts geht und wir über das **Feldkreuz** mit zwei gemütlichen Rastbänken und herrlichem Blick auf den Alatsee wieder zur **Salober Alm** kommen, an der eine gemütliche Einkehr und der schöne Spielplatz locken.

Auf dem Hinweg geht es schließlich wieder zum **Alatsee** zurück. Wer möchte, kann noch den kleinen See umrunden, dort baden und einkehren (siehe Variante).

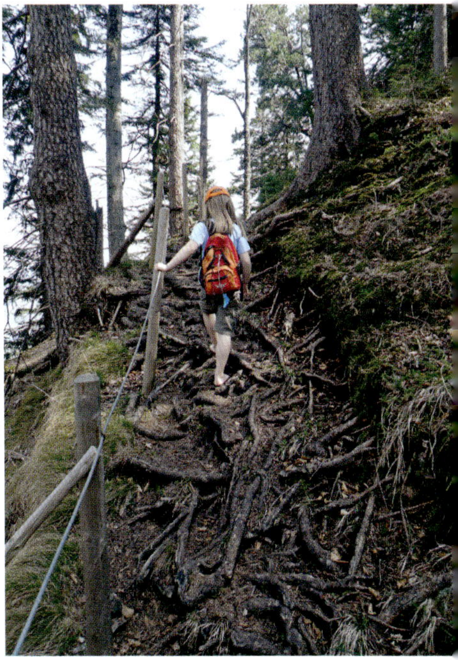

Barfuß wird der Wurzelpfad zu einem kleinen Abenteuer.

Der Weg schlängelt sich abwechslungsreich am Hang entlang.

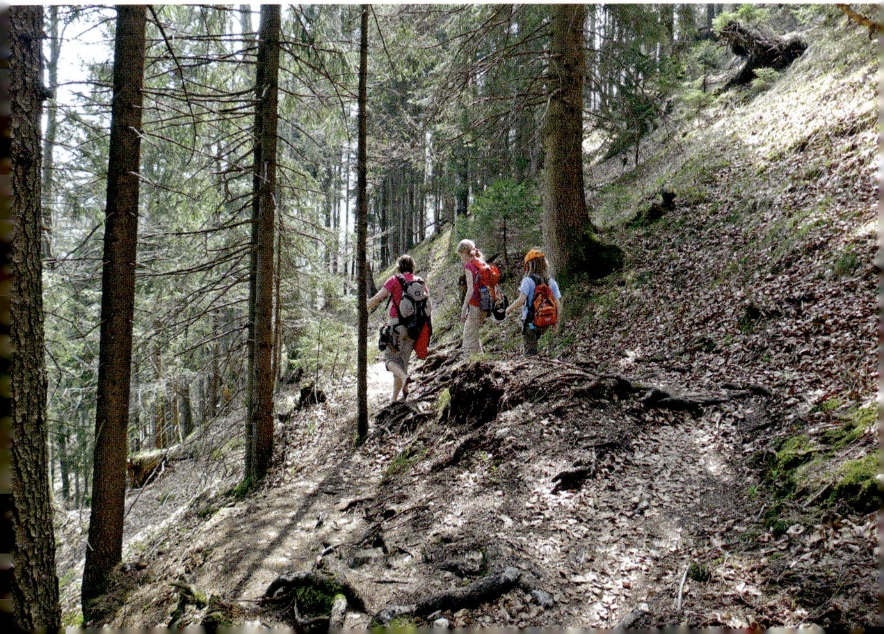

29 Hahnenkamm, 1938 m

Von der Bergstation der Reuttener Seilbahn ab 6 J.

Barfußwanderweg auf 1700 Meter Höhe

Los geht der spannende Tag von Höfen aus mit einer Fahrt in der modernen Achter-Gondelbahn, die uns komfortabel auf über 1700 m Höhe hinaufbringt. Direkt an der Bergstation heißt es gleich, die Wanderschuhe an den Rucksack zu hängen, denn dort beginnt am Speichersee der schön angelegte Barfuß-Rundweg, der uns über 20 ideenreiche Stationen (u. a. mit Fühlstationen, Hühnerleiter und Wackelbalken) über die Almwiesen führt. Nach diesem kleinen Abenteuer lockt von dem neu angelegten Speichersee an der Bergstation eine schöne Wanderung hinauf zum Hahnenkammgipfel, auf der man auch noch einmal für ein Stück die Schuhe ausziehen kann. Schon unterwegs wartet auf uns eine fantastische Aussicht in die Tannheimer Berge und auf den Haldensee, die nur noch von dem sensationellen Rundumblick vom Hahnenkammgipfel überboten wird. Bevor wir wieder mit der Gondel gemütlich ins Tal schweben, können wir noch im Panoramarestaurant Hahnenkamm direkt neben der Bergstation einkehren und dem neu angelegten Alpenblumengarten unterhalb der Bergstation einen Besuch abstatten.

Das Panoramarestaurant und die Achter-Gondelbahn an der Hahnenkamm-Bergstation.

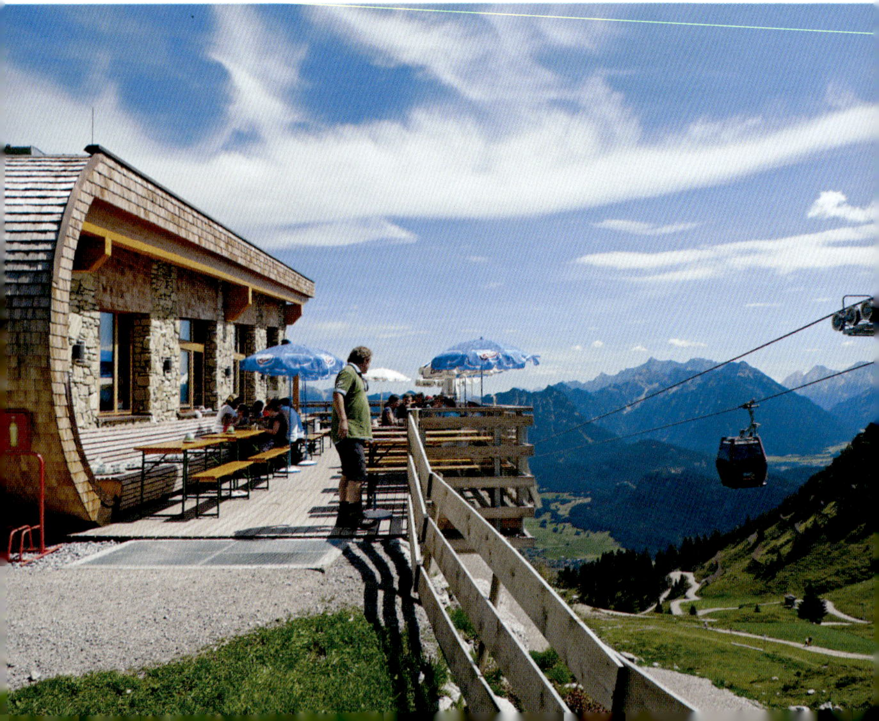

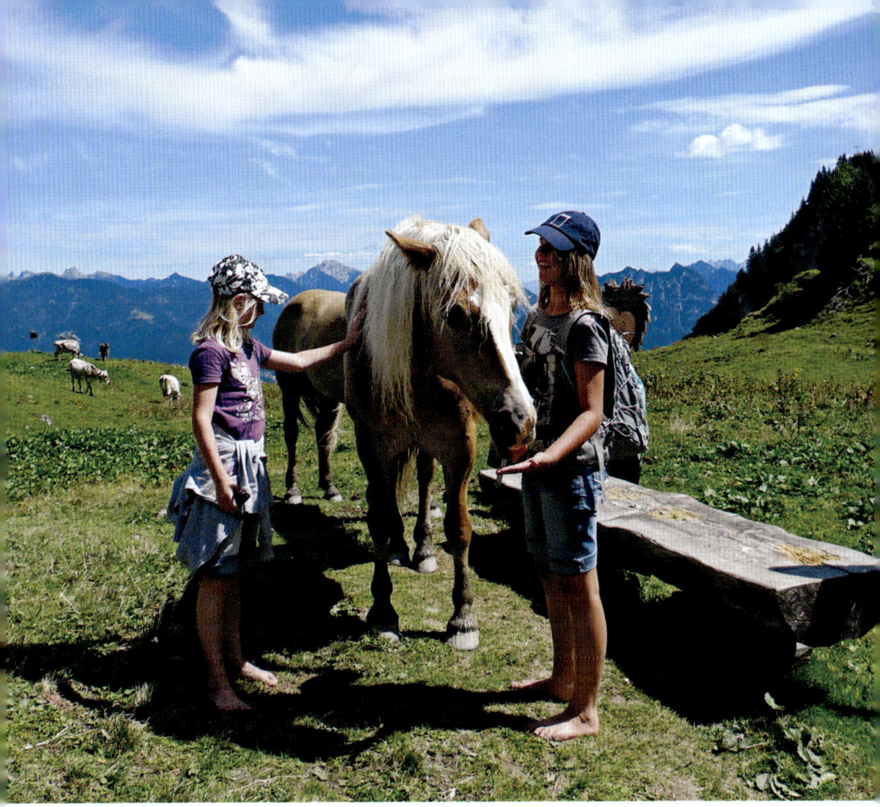

Am Barfußpfad grasen auch einige zutrauliche Pferde.

KURZINFO

Talort: A-6604 Höfen.
Ausgangspunkt: Talstation der Gondelbahn Reuttener Seilbahnen, 915 m (Navi: A-6604 Höfen, Bergbahnstraße 18). Über die A7/B179 bis Reutte/Tirol, weiter auf der B198 bis Höfen und dort der Beschilderung »Hahnenkamm/Gondelbahn« folgen.
Gehzeit: 1.45 Std.
Höhenunterschied: 210 m.
Ausrüstung: Bergschuhe.
Anforderungen: Ab 6 Jahren (Barfußpfad bereits ab 3 Jahren geeignet). Über Almwiesen geht es ohne Absturzgefahr über mehrere Barfußstationen. Der Weg auf den Hahnenkamm verläuft überwiegend auf teilweise barfußgeeigneten Erd-/Wiesenwegen (vereinzelt steinig), für den Gipfelanstieg zum Hahnenkamm und den Abstieg sind Bergschuhe erforderlich. Vorsicht ist am Nebengipfel des Hahnenkamms geboten sowie am Hahnenkamm selbst – das Bergmassiv fällt hier jeweils steil ab.
Bergbahn: Achter-Umlauf-Gondelbahn Reuttener Seilbahnen, geöffnet Anfang Juni bis Ende September bei jeder Witterung, Mitte Mai bis Ende Mai einzelne Tage und Ende September bis 1. November jeweils nur bei guter Witterung, Betriebszeiten 9–16.30 Uhr, genaue Informationen zu Saisonbeginn und -ende unter Tel. +43 5672 62420 und bergwelt-hahnenkamm.at.
Einkehr: Panoramarestaurant Hahnenkamm, 1730 m, direkt neben der Bergstation der Gondelbahn, während Seilbahnbetrieb täglich geöffnet, Tel. +43 5672 6242020.

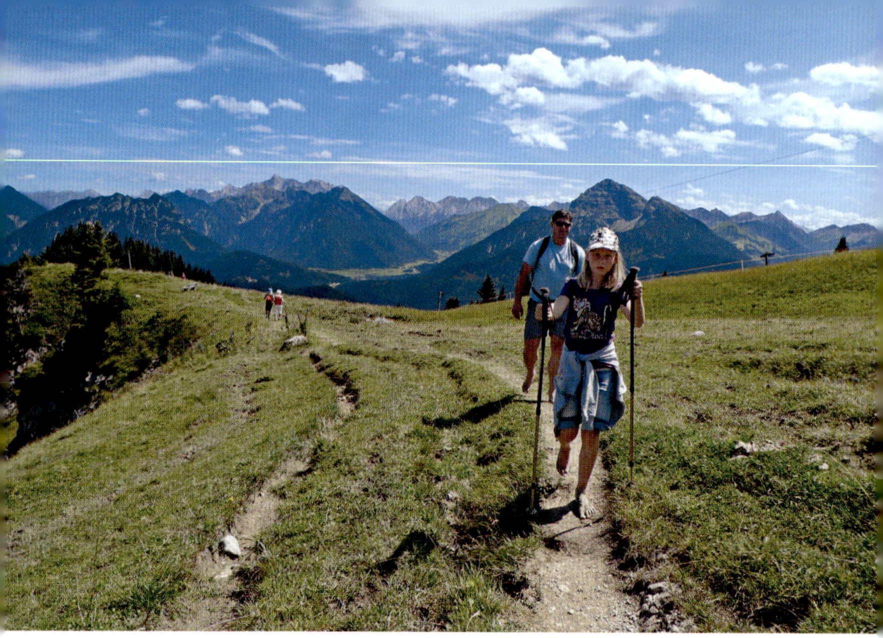

Auf dem Weg zum Hahnenkammgipfel kann man auch noch einmal die Schuhe an den Rucksack hängen.

Direkt gegenüber der **Bergstation** der Gondelbahn lädt uns ein großer **Wasserspielbereich** mit einem kleinen Wasserfall dazu ein, die Schuhe auszuziehen und die Füße zu erfrischen oder über die großen Steine zu balancieren. Danach können wir das weiche Gras auf dem schönen **Barfußpfad** unter unseren Fußsohlen spüren. Um zum Hahnenkammgipfel zu kommen, folgen wir vom Wasserspielbereich der Beschilderung »Rundweg Hahnenkamm«, am Ufer des Speichersees entlang, gehen über die Brücke und folgen dem Weg, der bald nach links dreht, auf-

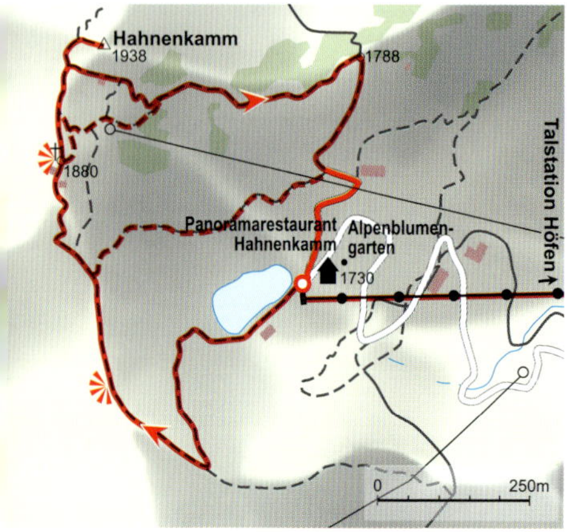

HIGHLIGHTS

- ★ Neu angelegter Alpenblumengarten an der Bergstation mit der Möglichkeit, Infos zu den Pflanzen übers Handy abzurufen.
- ★ Neuer Wasserspielbereich mit Wasserfall an der Bergstation.
- ★ Alpiner Barfuß-Rundweg über Almwiesen mit 20 Stationen (u. a. Wackelbalken, Tannenzapfenstrecke) vom Speichersee an der Bergstation.
- ★ Aufstieg zu einem Nebengipfel des Hahnenkamms mit fantastischem Panoramablick und weiter zum Hahnenkamm.

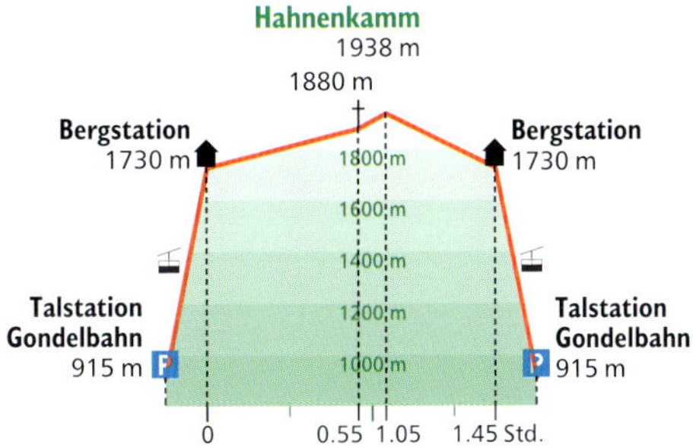

wärts. Nach 10 Minuten erreichen wir ein leicht ansteigendes Plateau, in das wir nach rechts einbiegen (Hinweis: Geht man nach links, erreicht man eine wunderschön gelegene Rastbank, an der man auch gut die Schuhe ausziehen kann). Vor uns weitet sich das Bergpanorama und der Weg wandelt sich wieder in einen angenehmen Erd-/Wiesenpfad, auf dem wir nun bei mäßiger Steigung den Kamm entlangspazieren, bis wir linker Hand auf eine Bank zusteuern und in aller Ruhe den überwältigenden Blick ins Tal hinunter zum Haldensee genießen können.

Von hier wandern wir weiter über die schmale (aufgeschüttete) Skipiste den Bergrücken entlang, könnten wenige Minuten später an einer Bank nach rechts zur Bergstation abkürzen, gehen aber geradeaus weiter und biegen in der folgenden Rechtskurve links in einen kleinen Pfad ein. Wir kommen an einer weiteren Rastbank vorbei, steigen weiter steil bergan und gehen links an einem eingezäunten Gebäude vorbei. 25 m später (unmittelbar nach einem weiteren kleinen Bauwerk) könnte man links über einen steinigen Bergpfad (Achtung sehr steil!)

Fantastischer Blick vom Aussichtspunkt auf den Haldensee, rechts davon die felsigen Gipfel der Roten Flüh und des Gimpel.

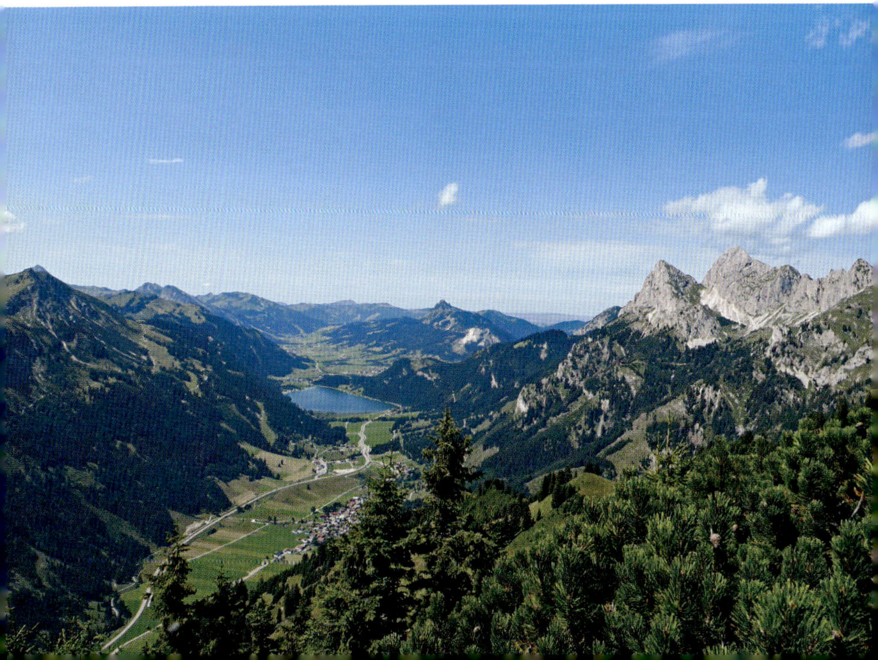

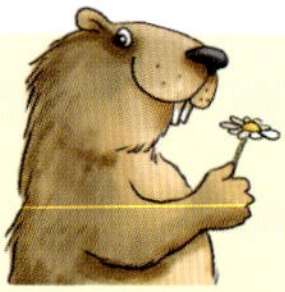

Hallo Kinder,

heute habe ich ein kleines Rätsel für euch: Was haben eine Himmelsleiter, ein Hahnenfuß, eine Teufelskralle, ein Storchenschnabel und ein Frauenmantel gemeinsam? Hinter all diesen Namen verbergen sich heimische, zum Teil sehr selten gewordene Alpenpflanzen. Schaut mal, welche dieser Pflanzen Ihr im neu angelegten Alpenblumengarten an der Bergstation der Gondelbahn entdecken könnt.

direkt zu einem kreuzgeschmückten Nebengipfel des Hahnenkamms aufsteigen. Barfuß und mit kleineren Kindern wendet man sich aber besser rechts in einen erst kaum zu erkennenden Pfad und quert dann den Hang, um bei nächster Gelegenheit von der anderen Seite (links) zu dem **Nebengipfel des Hahnenkamms**, 1880 m, aufzusteigen (Vorsicht am Gipfel fällt der Berg steil ab!). Nun müssen wir uns entscheiden, ob wir noch weiter zum – mit seiner großen Antenne nicht zu verfehlenden – **Hahnenkamm**, 1938 m, mit seiner fantastischen Rundumsicht auf dem Grat Richtung Norden gehen wollen. Auf jeden Fall ziehen wir spätestens jetzt unsere Schuhe wieder an, da der Schlussanstieg und der Abstieg nicht barfußgeeignet sind.

Kommt man auf dem Rückweg vom Hahnenkamm, wendet man sich beim Abstieg nach dem Felsaufbau links und geht noch ein Stück auf dem Hinweg abwärts, um dann bei nächster Gelegenheit wieder links in einen gut ausgetretenen Bergsteig zu schwenken. Beim Direktabstieg vom Nebengipfel gehen wir zu der Bergstation des Sesselliftes hinunter und links an dieser vorbei, bis wir etwas unterhalb auf die Wanderer treffen, die vom Hahnenkamm kommen. Nun wandern wir auf steilem, sehr steinigem Weg abwärts und erreichen 35 Min. später wieder die **Bergstation** der Gondelbahn und die Panoramagaststätte, wo wir unsere schöne Runde am Hahnenkamm beschließen.

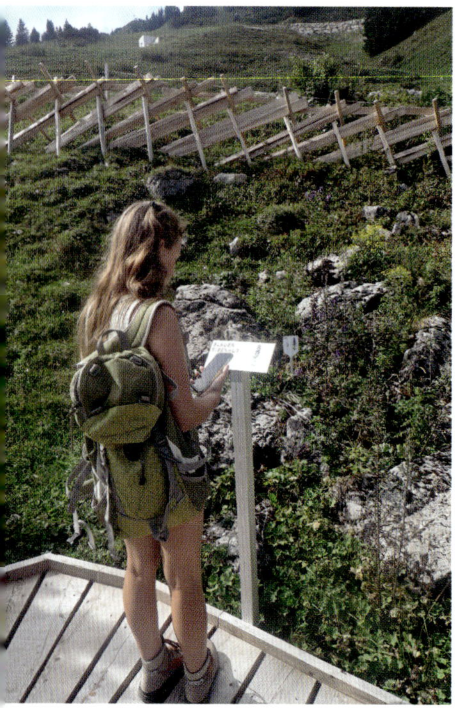

Im neu eröffneten Alpenblumengarten kann man mit dem Handy Pflanzeninfos per QR-Code abrufen.

Auwaldpfad bei Füssen

Vom Walderlebniszentrum Ziegelwies

ab 3 J.

Spannender Barfußweg in den Lechauen

Der überwiegend schattige, kostenlose Auwaldpfad in Füssen ist besonders an heißen Sommertagen ein ganz besonderes Erlebnis: Entlang des Lechufers kann man an vielen einfallsreichen Stationen mit allen Sinnen die Natur erleben, an einer Kiesbank lockt ein Sonnenbad und eine Wasserspielmöglichkeit in einer geschützten Bucht des Lechs (Achtung nicht in den reißenden Hauptstrom kommen!). Dank des festen, feinsandigen Untergrunds besteht die Möglichkeit, den Weg komplett barfuß zu begehen. Ohne Schuhe ist man hier auch bestens gerüstet, denn es gilt, durch einen eiskalten Kneipp-Bach zu waten oder diesen auf einem Floß oder einem Baumstamm zu überwinden. Darüber hinaus wartet am Auwaldpfad ein barrierefreier Baumkronenweg (kostenpflichtig), der uns spektakuläre Einblicke in den Auwald von oben eröffnet. Lehrreich und spannend ist das zu Beginn des Pfades liegende Walderlebniszentrum, das spielerisch Wissen über unsere Umwelt und das Ökosystem Wald vermittelt. Die imposanten, tosenden Fluten des Lechfalls und zwei weitere kostenlose Erlebniswege (siehe Varianten) tun ihr Übriges, sodass diesen Ausflug niemand so schnell vergessen wird.

Am oft türkisfarbenen Lech erwartet uns ein feiner Sandstrand vor einer tollen Bergkulisse.

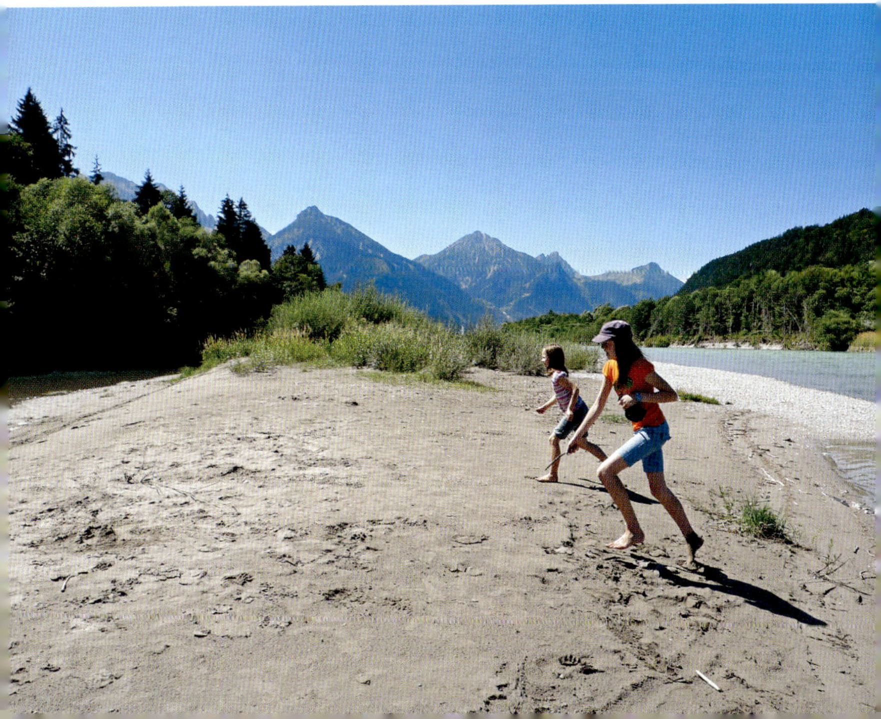

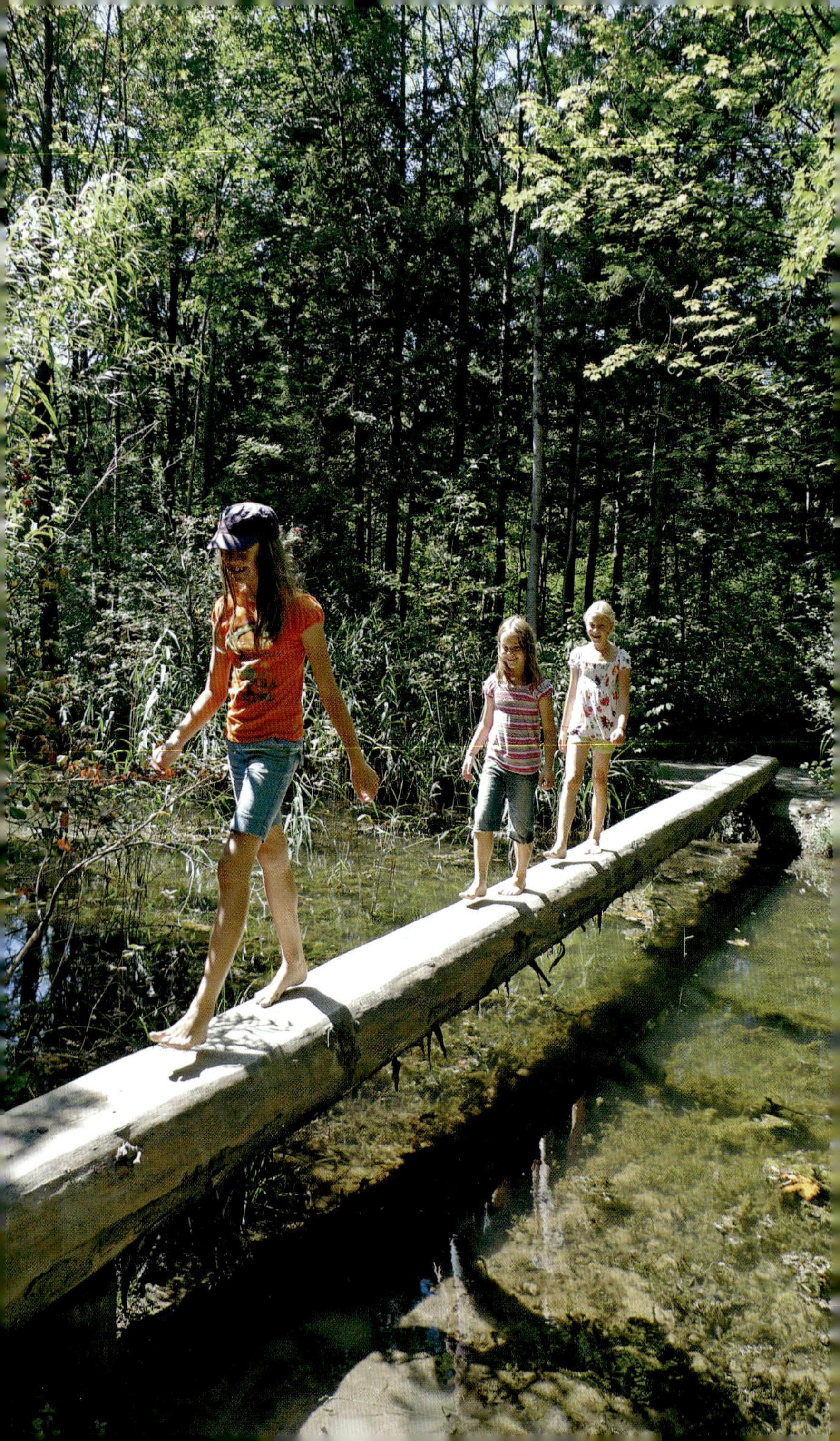

KURZINFO

Ausgangspunkt: Kostenlose Parkplätze am Walderlebniszentrum (WEZ) Ziegelwies bei Füssen (Navi: 87629 Füssen, Tiroler Straße 10).
Von Füssen auf der B 17 Richtung Reutte/Tirol und nach ca. 2,5 km rechts zum kleinen Parkplatz direkt am Walderlebniszentrum. Ein weiterer großer Parkplatz befindet sich ca. 200 m nach dem WEZ stadtauswärts auf der rechten Seite.
Mit Bahn und Bus: Vom Bahnhof Füssen mit Bus 74 (entspricht Postbus ÖBB 4258) Richtung Reutte bis »Ziegelwies«, Fahrplan unter rvo-bus.de.
Höhenunterschied: Ca. 50 m.
Dauer: Halbtagesausflug (mit Bergwaldpfad und »Tal der Sinne« bitte einen ganzen Tag einplanen; siehe Varianten).
Ausrüstung: Trekkingsandalen, Handtuch zum Füße abtrocknen, Wechselkleidung, Badesachen zum Plantschen am Lech an einer Sandbank (Vorsicht, nicht in den reißenden Hauptstrom kommen!) und für den Obersee (Variante 2).
Anforderungen: **Ab 3 Jahren.** Leichter, fester Sandweg durch die Lechauen. Bis auf den Abstecher zum Lechfall (kleine Hängebrücke, Treppenstufen) kinderwagengeeignet.
Einkehr: **Imbiss am Walderlebniszentrum. Kiosk am Lechfall. Steakhaus Füssen**, Mo–Fr ab 17 Uhr, Sa, So, Feiertag ab 11.30 Uhr, Tel. +49 8362 8838767, steakhouse-fuessen.de. An der Variante: **Waldwirtschaft am Mittersee**, geöffnet von März bis Ende Okt., Montag und Dienstag Ruhetag, Tel. +49 8362 9303930, waldwirtschaft-am-mittersee.de.
Variante 1: Überquert man direkt am Walderlebniszentrum die B 17 (oder geht vom Auwaldpfad durch den Tunnel unter der B 17), gelangt man zum Beginn des 1,7 km langen, ausgeschilderten Bergwaldpfades. Vorbei am Abenteuerspielplatz und vielen weiteren Stationen sowie einem auf der deutsch-österreichischen Grenze liegenden Brotzeitplatz (überdacht) geht es auf einem Rundweg zurück zum Ausgangspunkt. Der Bergwaldpfad verläuft überwiegend auf breiten Wegen und überwindet einen Höhenunterschied von ca. 70 m. Für geländegängige Kinderwagen geeignet.
Variante 2: Abstecher ins »Tal der Sinne«: Zu Fuß beim Lechfall über den Maxsteg, an der Verzweigung rechts in den Ländeweg, links in den Schwärzerweg und schließlich rechts in den Fischhausweg. Hier auch (kostenpflichtige) Parkplätze. Mit dem Auto: Vom Kreisverkehr an der Kemptener Straße unterhalb des Stadtparks in die Straße Morisse, rechts in die Alatseestraße und links in den Fischhausweg. Los geht's über die Balancierstrecke, vorbei an der Matschstrecke und dem Naturkneippbecken, dem Barfußpfad und weiter Richtung Westen an der Minigolfanlage vorbei. Dahinter geht es rechts ein paar Stufen aufwärts, ein kleiner Pfad führt die Anhöhe hinauf zum Klangwald (mit Kinderwagen bleibt man auf dem breiten Weg und gelangt übers Kneippbecken dorthin) und weiter zum Kneippbecken. Um zum Obersee (Bad) zu gelangen, hält man sich an dem Weg, auf den wir stoßen, links, folgt diesem am Mittersee entlang und schwenkt an dessen Ende (zwischen Ober- und Mittersee) rechts zum Bad. Das »Tal der Sinne« selbst ist kinderwagengeeignet, der Fußweg vom Lechfall dorthin nicht.
Hinweis: Nach Hochwasser des Lechs ist der Auwaldpfad nicht oder nur begrenzt begehbar.

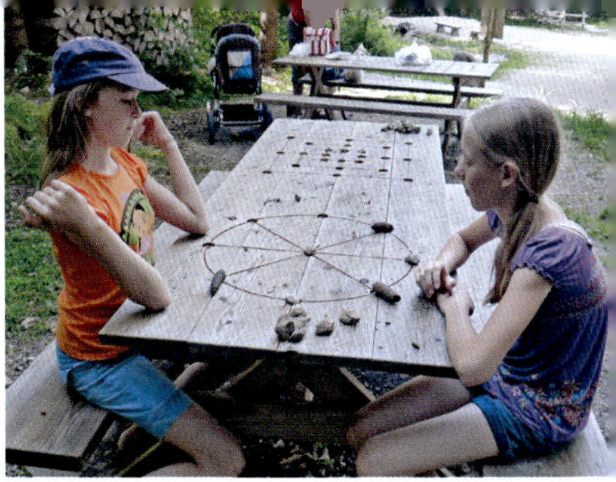

Spieltisch am Bergwaldpfad.

Eine von mehreren Arten der Bachüberquerung auf dem Auwaldpfad.

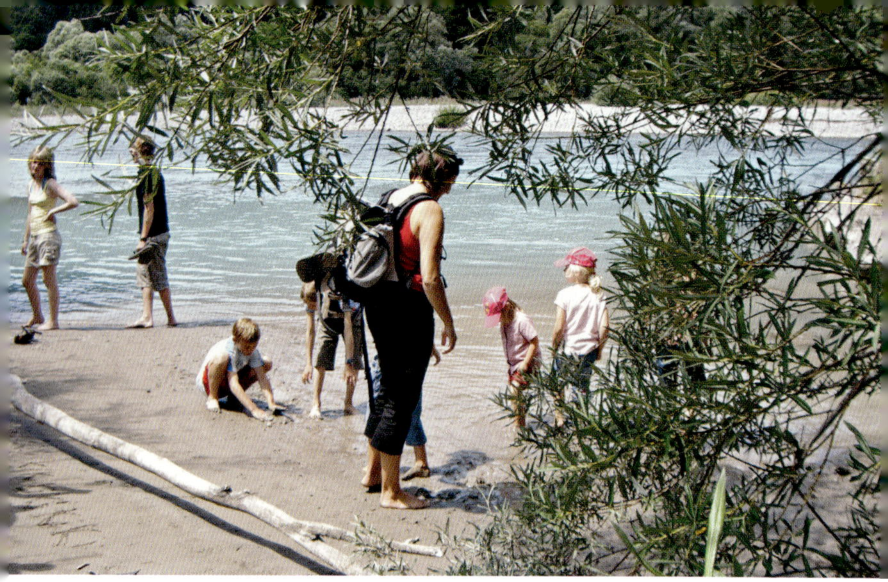

Der feine Sand lädt zum Spielen und Wasserpritscheln ein.

Nachdem wir dem **Baumkronenweg** und der Ausstellung des **Walderlebniszentrums** einen Besuch abgestattet haben, wenden wir uns Richtung Reutte, um nach wenigen Metern über eine Rutsche oder daneben gestuft an einem Seil zum Beginn des Auwaldpfades zu gelangen. Für Kinderwägen führt etwa 100 m nach der **Rutsche** (stadtauswärts) ein Kiesweg hinunter. Am Fuß der Rutsche verstauen wir die Schuhe im Rucksack – den Sandboden, der nun kommt, muss man bei warmem Wetter einfach barfuß erlebt haben. Wir wenden uns links, überqueren ein Bächlein mittels Wackelbrücke, schwenken nach rechts und laufen durch einen langen Weidentunnel in Richtung Lech. An der kurz darauf auftauchenden Wegkreuzung (der linke Weg führt direkt zum großen Parkplatz) treffen wir zum ersten Mal auf »Luis«, den kleinen Wassertropfen, der uns auf dem Weg begleiten wird. So weist er uns hier geradeaus den Weg zum 30 m entfernten **Lechufer** hinunter, wo sich uns mit dem oftmals türkisfarbenen Lech, einer geschützten Sandbucht und den Bergen im Hintergrund ein malerisches Bild bietet. Hier kann man durchs seichte Wasser waten, seine Füße im weichen Sand vergraben und durchs Wasser zu einer Sandbank, die zum Sonnen einlädt, hinübergehen. Dort ist am Ufer Vorsicht geboten, da der Hauptstrom des Lechs mit großer Geschwindigkeit vorbeifließt.
Mit erfrischten Füßen wandern wir zur Wegkreuzung zurück und bie-

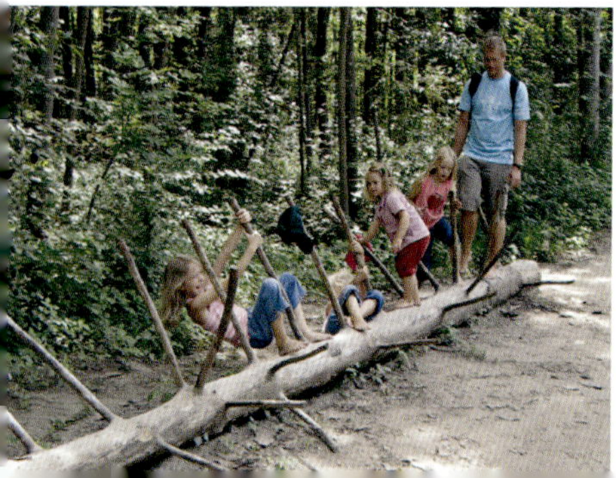

Turnübungen am Balancierbaum.

gen nun (vom Fluss kommend) links ab. Wir kommen zu einem Floß – früher Fortbewegungsmittel auf dem Lech – und spazieren weiter zu drei Fühlkästen, in die wir vorsichtig hineingreifen, um den Inhalt zu ertasten. Vorbei an einer Baumstammtreppe und einem liegenden Kletterbaum geht es auf Sandboden weiter, wobei wir immer wieder Gelegenheit haben, an den Lech heranzutreten. Kurz vor dem Kneippbachlauf können wir nach links einen Abstecher zum Lechfall machen, nach einer kleinen Holzhängebrücke führen uns hierzu Stufen zur B 17 hinauf. Oben angekommen, wenden wir uns links, gehen ein kurzes Stück den Gehweg neben der Straße entlang und steigen ein paar Treppenstufen zur Brücke, die über den **Lechfall** führt, hinunter. Hier am Maxsteg stürzt der breite Lech unter lautem Getöse über mehrere Stufen eindrucksvoll hinunter, bevor sich auf der anderen Seite der Brücke sein Flussbett verengt und er sich durch die Felsen zwängt.

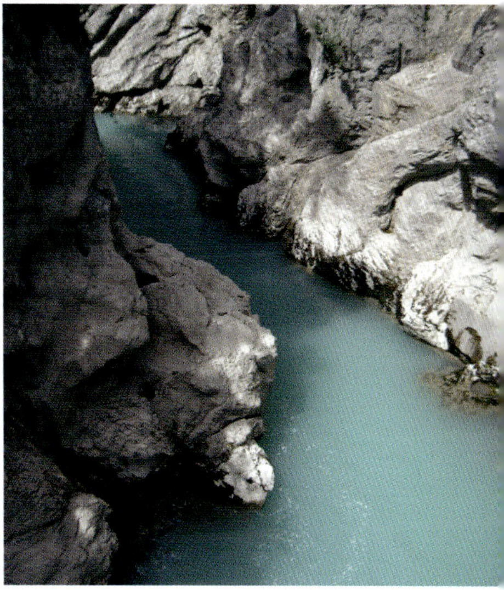

Flussverengung nach dem Lechfall.

Wollen wir nicht gleich ins »Tal der Sinne« (siehe Variante 2), gehen wir nach diesem Abstecher wieder zurück zum Auwaldpfad und am **Kneippbachlauf** 50 m auf sandigem Boden durch einen eiskalten

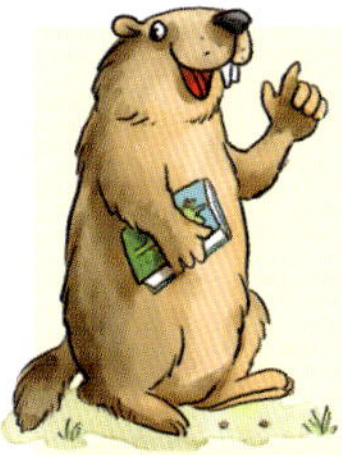

Hallo Kinder,

wie ihr sicherlich schon wisst, gibt es Laub- und Nadelwälder sowie Mischwälder, in denen beide Baumarten vertreten sind. Man unterscheidet aber auch zwischen Berg- und Auwäldern, die nicht nur ganz unterschiedliche Standorte haben, sondern auch verschiedene Aufgaben erfüllen. So schützt ein gesunder Bergwald, wie ihr ihn auf dem Bergwaldpfad kennen lernen könnt (Variante 1) vor Lawinen, Erdrutschen und Steinschlag. Ein direkt an einem Fluss wachsender Auwald hingegen bremst bei Überschwemmungen die Fließgeschwindigkeit des Wassers und bewahrt uns so vor Hochwasser. Die Auwaldbäume haben also sehr häufig nasse Füße. Ein Umstand, bei dem ihr auf Dauer krank werden würdet, der den Bäumen aber zu kräftigem Wachstum verhilft, denn mit jedem Hochwasser lagern sich neben Sand und Schlamm viele Nährstoffe in dem Wald ab. Durch den vielen Sand ist der Auwaldpfad ein wahres Barfußparadies. Probiert es aus, nicht nur eure Füße werden begeistert sein!

HIGHLIGHTS

- ★ 450 Meter langer und 20 Meter hoher Baumkronenweg (Erwachsene 5 €, Kinder bis 15 Jahre frei, Öffnungszeiten unter walderlebniszentrum.eu).
- ★ Spannende, kostenlose Ausstellung im Walderlebniszentrum Ziegelwies (WEZ) mit Naturmemory, Ameisenecke, CO2-Maschine und Schau-Bienenstock. Die Ausstellungsräume sind vom 1. Mai bis 15. Oktober. täglich 9–19.30 Uhr, sonst Dienstag bis Donnerstag 10–16 Uhr, Freitag 10–14 Uhr geöffnet, übrige Zeiten siehe Homepage. Die Erlebnispfade können jederzeit besucht werden. Tel. +49 8341 90022150, walderlebniszentrum.eu.
- ★ Direkt am WEZ kostenloser Auwaldpfad mit barfußfreundlichem Sandboden und abenteuerlichen Stationen: Hangrutsche, Wackelbrücke, Weidentunnel, Balancierbaum, Kneipp-Bachlauf, Spielplatz, spannende Bachüberquerungen mittels Drahtseilen, Floß, Baumstamm, Hangeln und Hängebrücke. Sonnen und Plantschen auf einer Kiesbank am Lech und Abstecher zum tosenden Lechfall.
- ★ Gegenüber dem WEZ kostenloser Bergwaldpfad mit Spielplatz (u.a. mit Riesen-Lianenschaukel und Brotzeittischen mit eingravierten Spielfeldern für Mühle usw.) sowie 15 Stationen mit vielen Spiel- und Erlebniselementen wie Kletterspinnennetz, Wasserstation, Märchenwald, Alpenrosensteig (Blütezeit ca. Mitte Juni bis Mitte August) und Musikplatz (siehe Variante 1).
- ★ Im Füssener Ortsteil Bad Faulenbach: Kostenloses »Tal der Sinne« (siehe Variante 2). Mit Balancierstrecke, Barfußpfad, Klangwald, Matschstrecke, Kneippanlage und Schwefelbecken sowie Möglichkeit zum Baden im nahe gelegenen Obersee und zum Minigolfen.

Bach. Das ist so schön, dass man hier gar nicht mehr aufhören möchte zu kneippen – doch wir wollen weiter, denn die nächste Sensation wartet schon auf uns: In einem Zickzackkurs gilt es, verschiedene Arten der **Bachüberquerung** zu testen. Da muss zum Beispiel ein über das Wasser gelegter Baumstamm überquert werden. Wir besteigen ein Floß und treiben es über das Wasser. Wer über genügend Muskelkraft verfügt, kann sich auch auf die andere Seite hangeln (das Wasser darunter ist nicht sehr tief). Über eine Hängebrücke gelangen wir wieder auf den neben dem Bach herlaufenden Weg, wo wir auf diejenigen treffen, die mit dem Kinderwagen unterwegs sind.

An einem Bachlauf spielen die Kinder Schleusenwärter und wir erreichen einen kleinen, auf sonniger Lichtung gelegenen **Spielplatz** mit Hängematten und einem Holzschiff. Wir wandern weiter, und ehe wir uns versehen, sind wir wieder an der Rutsche angelangt. Ans Heimfahren denkt aber jetzt noch niemand, denn auf der anderen Seite lockt noch der **Bergwaldpfad**, und so steuern wir direkt auf den bunten Tunneleingang zu, der uns zu diesem hinüberführt. Über große Steine balancieren wir durch das im Tunnel verlaufende Bachbett (oder gehen die Kinderwagenauffahrt/Treppe an der Rutsche hinauf und oben über die Ampel) und gelangen über einen Holzschnitzelweg direkt zu einem weiteren **Spielplatz** mit zwei tollen Lianenschaukeln. Wer noch nicht genug hat, kann, an den Picknick-Spieltischen vorbei, auf dem Bergwaldpfad unter anderem einen Märchenwald, ein riesiges Spinnennetz und eine Geisterbuche erkunden (siehe Variante 1).

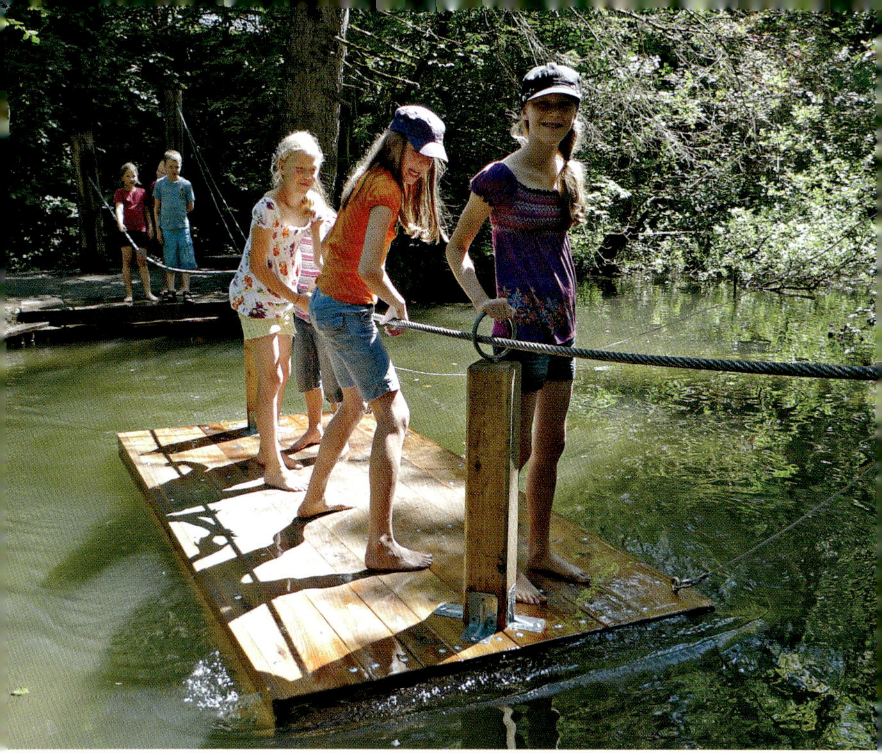

Herausforderung für Groß und Klein: auf einem Floß über den Bach.

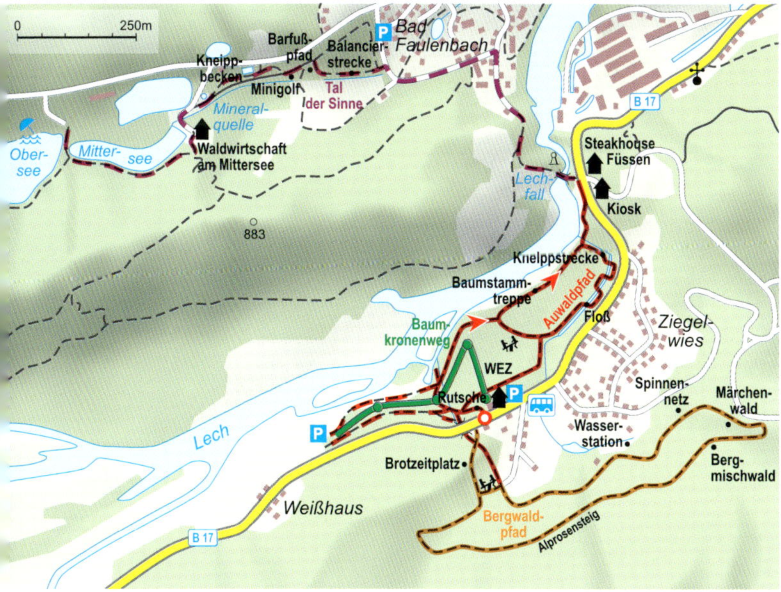

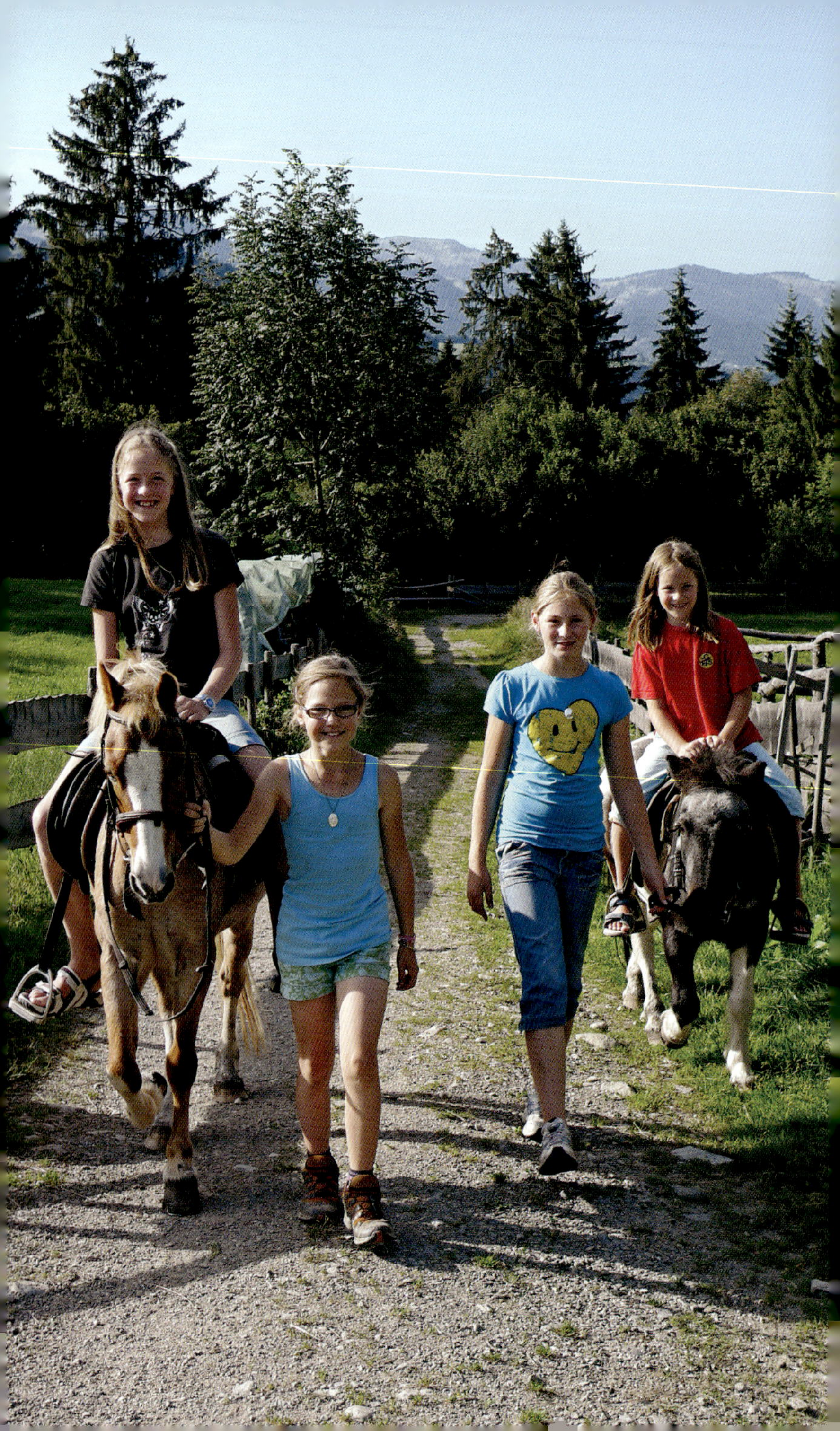

Freizeit- und Schlechtwettertipps

Reiten und Tiere

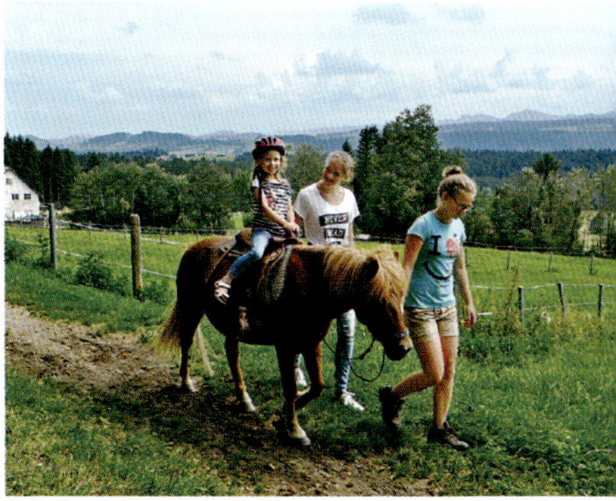

Unterwegs auf der Reitrunde beim Allgäuer Ponyhof in Scheidegg.

Ⓐ Ponyhof Boxler Oberstdorf

Der schön auf einem Plateau oberhalb von Oberstdorf gelegene Ponyhof Boxler bietet geführtes Ponyreiten (keine Anmeldung erforderlich). Hoch zu Pony oder zu Esel sitzen die Kinder und »reiten« vor schönem Bergpanorama eine größere Runde auf dem Ponyhof, während die Eltern im Schatten der Bäume sitzend eine Tasse Kaffee trinken können. Der Kiosk bietet zudem auch Eis. Eine Reitrunde kostet 2,50 €.

Adresse: Landhaus Boxler, Am Dummelsmoos 37, 87561 Oberstdorf, Tel. +49 8322 96210, landhaus-boxler.de.

Öffnungszeiten: Bei guter Witterung von Mai bis Nov. 14–17 Uhr, Montag Ruhetag, im Mai, Juni und Sept. auch Dienstag Ruhetag.

Anfahrt: Am Eingang von Oberstdorf am Kreisverkehr der Beschilderung in Richtung Nebelhornbahn folgen. Von der Herrmann-von-Barth-Straße links auf der Straße »Am Dummelsmoos« über die Trettach und nach einer Rechtskurve links hinauf zum Ponyhof.

Mit Bahn und Bus: Vom Bahnhof Oberstdorf mit dem Ortsbus (10-Min.-Takt) bis Haltestelle »Dummelsmoosbrücke«, über die Trettach und wie oben beschrieben zum Ponyhof.

Ⓑ Allgäuer Ponyhof

Der Allgäuer Ponyhof (Eintritt Kinder ab 2 Jahre/Erwachsene 2 €) bietet nicht nur (geführte) Ausritte, geführte Runden auf dem Reitplatz oder kurze Reitstunden (ohne Voranmeldung), sondern auch einen Erlebnispfad durch ein Streichelgehege mit Hasen, Meerschweinchen, Schafen, Ziegen, Lamas, Enten, Gänsen und Schweinen. Auf dem Abenteuerspielplatz mit Schaukel, Seilbahn, Baumhaus, Wellenrutsche und großem Trampolin können die Kinder ebenso nach Herzenslust spielen und toben wie im Heustadl. Danach lockt nicht nur die Sonnenterrasse, auf der man direkt neben dem Spielbrunnen Eis und hausgemachten Kuchen verzehren kann, sondern auch das nur 500 m entfernte Alpenfreibad (1km nach Ortsausgang Scheidegg, Richtung Scheffau)

Adresse: Denzenmühle 103a, 88175 Scheidegg, Tel. +49 8381 83680, erlebnisponyhof.de.

Öffnungszeiten: Täglich 13–18 Uhr geöffnet, Ponyreiten bis 17 Uhr

Anfahrt: Von Scheidegg kommend Richtung Scheffau, ca. 250 m nach dem Alpenfreibad rechts abbiegen zum kostenfreien Parkplatz.

Am Ponyhof Boxler freuen sich die führenden Nachbarskinder über ein kleines Trinkgeld.

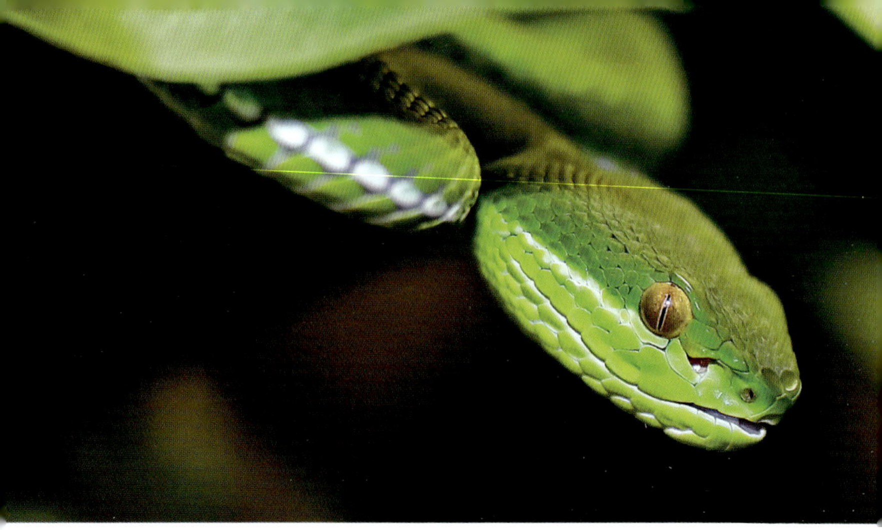

Im Reptilienzoo Scheidegg: die giftgrüne Bambusotter.

C Alpenwildpark Obermaiselstein

Oberhalb von Obermaiselstein kann man im Alpenwildpark nicht nur die heimischen Tierarten beobachten, sondern auch eine herrliche Aussicht auf den Grünten genießen. Hängebauchschweine, Füchse, Rotwild und Mufflons sind hier genauso vertreten wie Steinböcke, Gämsen, Schneeeule, Enten, Hühner und Gänse. Der Park dient teilweise als Auffangstation, in dem verletzte und kranke Tiere wieder gesund gepflegt werden. Gehege sind daher nicht mit denen professioneller Zoos zu vergleichen. Im Sommer Futter-Erlebnisführung, im Winter Fütterung von frei lebendem Rotwild. Eigenmächtiges Füttern der Tiere ist nicht erlaubt. Hunde dürfen an der Leine in den Park, aber nicht in die Gehege. Einkehrmöglichkeit im Berghof-Stüble am Eingang des Wildparks. Das Eintrittsgeld wird beim Besuch der Gaststätte zur Hälfte verrechnet.

Adresse: Alpenwildpark Obermaiselstein, Berghof Schwarzenberg, Königsweg 4, 87538 Obermaiselstein, Tel. +49 8326 8163, alpenwildpark.de.

Öffnungszeiten: Im Sommer täglich 11–19 Uhr, im Winter 11–16 Uhr, von Nov. bis Weihnachten nur am Wochenende geöffnet.

Anfahrt: Aus Richtung Fischen kommend ca. 400 m nach dem Ortsschild von Obermaiselstein links Richtung Ortsmitte und auf der zweiten Straße rechts steil hinauf zum Wildpark.

Mit Bahn und Bus: Vom Bahnhof Fischen mit dem Bus bis Obermaiselstein und von dort ca. 1 km bergauf.

D Reptilienzoo Scheidegg

Ein Hauch von Exotik liegt in der Luft und entführt uns in unmittelbarer Nähe zu den Scheidegger Wasserfällen in die Welt der Warane, Schlangen, Echsen, Spinnen und Skorpione. In naturnah eingerichteten Terrarien warten nicht nur Exoten wie Mokassinotter, Teppichpython, Monokelkobra oder die Hornviper auf die Besucher, sondern im Freigelände auch einheimische Reptilien, wie Ringelnatter, Kreuzotter und Feuersala-

mander. Als Einkehrmöglichkeit bietet sich gleich gegenüber das Restaurant Rohrachblick an.
Adresse: Gretenmühle 9, 88175 Scheidegg, Tel. +49 8381 8917538, reptilienzoo-scheidegg.com.
Öffnungszeiten: Geöffnet täglich außer Freitag, April bis Sept. 10–18 Uhr, Okt., Nov., Feb. und März 10–17 Uhr, Dez. und Jan. geschlossen.
Anfahrt: Auf der B 308 von Oberstaufen kommend am Kreisverkehr am Ortseingang von Scheidegg die erste Abfahrt Richtung Sigmarszell nehmen und nach ca. 1 km links zum Reptilienzoo abbiegen.

Museen / Ausstellungen

E Archäologischer Park Cambodunum in Kempten

In der riesigen römischen Ausgrabungsstätte lassen sich die Überreste von Thermen und Tempeln sowie der Basilika (damalige Gerichtshalle) und dem Forum (Marktplatz) besichtigen. Eindrucksvoll sind auch diejenigen Bauten, die teilweise im Maßstab 1:1 rekonstruiert wurden. Für angemeldete (Kinder)-Gruppen sind Projekte wie »Museum zum Anfassen« oder »Spielen wie die Römer« im Programm, für Einzelpersonen und Familien ist die Sonderführung »Brot-Zeit«, bei der in einem Lehmbackofen Brot gebacken wird, täglich buchbar (mindestens eine Woche vorher). Jeden Sonntag um 11 Uhr startet eine einstündige kostenlose (der normale Eintritt ist aber zu bezahlen) Führung, die auch für Kinder geeignet ist. In der Taberna sind zudem Audio-Guides entleihbar. Am 1. Sonntag im Monat kostenlose Führung und kostenloser Eintritt. Jeden 2. Sonntag im Monat präsentiert sich das Führungspersonal in römischem Gewand. Führungen für Gruppen nach Absprache.
Im Kiosk »Taberna« am Eingang zum Tempelbezirk sind kalte und warme Gerichte sowie ganz besondere Leckereien nach original römischem Rezept, z. B. Crustulum, ein Honiglebkuchen mit antikem Bildmotiv, erhältlich. Die Taberna ist von Mai bis Okt. 10–17 Uhr (außer montags) geöffnet, Nov., März, April bis 16.30 Uhr, Dez. bis Feb. geschlossen. Familienkarte 8 €.
Adresse: Cambodunumweg 3, 87437 Kempten, Tel. +49 831 25251716, apc-kempten.de.
Öffnungszeiten: Von März bis Sept. täglich 10–17 Uhr geöffnet, montags geschlossen. Übrige Zeiten siehe Homepage.
Anfahrt: Aus Richtung Ulm oder Füssen auf der A 7 bis Ausfahrt Kempten, aus Richtung München auf der B 12, aus Richtung Lindau auf der A 980 bis Ausfahrt Durach. Ab Stadtrand Kempten den Wegweisern zum Archäologischen Park Cambodunum (weiße Schrift und Tempelsymbol auf braunem Grund) folgen.
Mit Bahn und Bus: Vom Platz vor dem Kemptener Hauptbahnhof mit den Bussen 4, 6, 8 oder 9 bis zum Busbahnhof ZUM (Zentrale Umsteigestelle). Von dort mit dem Bus 1 halbstündlich bis Haltestelle »Brodkorbweg«. Von dort aus ist der Weg (Gehzeit 5 Min.) ausgeschildert.

F Alpinmuseum Kempten

In Kempten befindet sich das größte Alpinmuseum Europas. Die gesamte Geschichte der Alpen unter einem Dach, fachlich gegliedert und spannend anzusehen. So reicht die Palette von der anfänglich mühevollen Besiedelung dieses außergewöhnlichen Lebensraumes bis hin zur Entwicklung als Tourismuszentrum oder von der wissenschaftlichen Erforschung bis hin zu weltweiten Expeditionen. Auch die Entwicklung des Wintersports wird durch alle Epochen hindurch anhand verschiedenster Exponate veranschaulicht: nicht nur vom Gleitholz bis zum Carving-Ski, sondern auch Bindungen und Skistiefel im Wandel der Zeit, beim Extrembergsteigen trifft man auf so bekannte Persönlichkeiten wie die »Huber-Buam« und eine Zeitreise der besonderen Art ermöglicht die Ausstellung »Geheimnis im Gletscher«. Es sei nur so viel verraten: Es geht hierbei nicht um Ötzi. Für Kinder interessant ist besonders der Naturkunderaum mit einer Ausstellung über die Tiere, Bäume, Steine und Fossilien der Alpen.

Adresse: Landwehrstraße 4, 87439 Kempten, Tel. +49 831 2525369.

Öffnungszeiten: Von Anfang März bis Mitte Nov. Dienstag bis Sonntag 10–16 Uhr geöffnet, am Samstag um 14 Uhr (kostenfreie) Führung, jeden 1. Sonntag im Monat freier Eintritt.

Anfahrt: In Kempten an der St.-Lorenz-Basilika beim Hofgarten parken. Das Museum liegt im alten Marstallgebäude nördlich der Basilika.

Mit Bahn und Bus: Vom Platz vor dem Kemptener Hauptbahnhof mit den Bussen 4, 6, 8 oder 9 bis zum Busbahnhof ZUM (Zentrale Umsteigestelle). Von dort in nördlicher Richtung zu Fuß in 5 Min. zum Museum.

Schauhöhle und Bergwerk

G Sturmannshöhle bei Obermaiselstein

Die einzige Schauhöhle des Allgäus ist ein spannender Tipp für kleine und große Höhlenforscher bei jedem Wetter. Sie kann allerdings nur im Rahmen einer rund 40-minütigen Führung besichtigt werden. Hierbei

Spannender Weg durch die Felslandschaft der Sturmannshöhle.

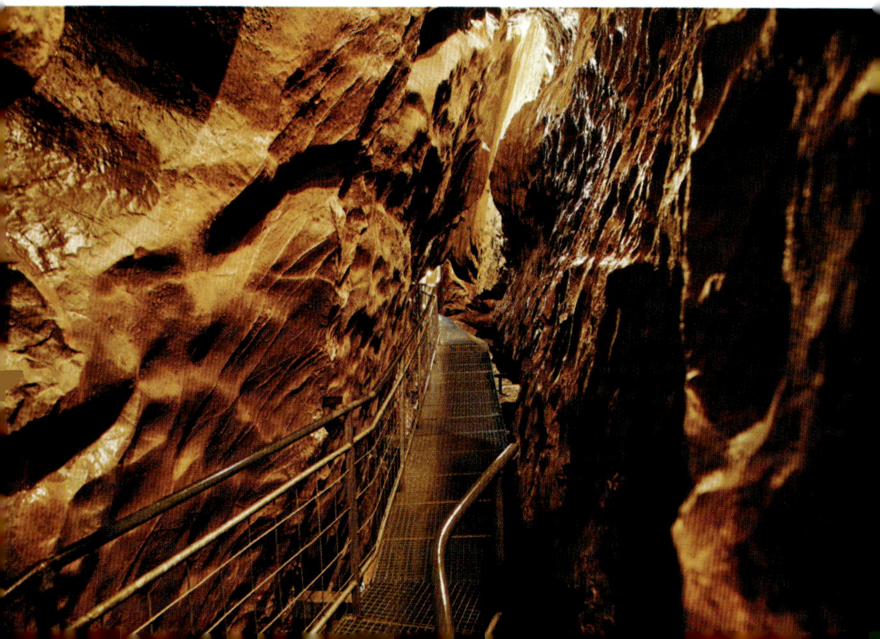

werden wir durch einen schmalen Felsspalt zum »Drachentor« geführt, dann geht es über 180 Stufen 75 Höhenmeter hinab zum »Höhlenrachen« und zum »Höhlenkessel«. Im Höhleninneren bekommen wir nicht nur den gurgelnden und tosenden Höhlenbach, der dafür verantwortlich ist, dass die Höhle bei anhaltendem Regen geschlossen werden muss, und einen kleinen Wasserfall zu Gesicht, sondern auch Felsformationen, die sage und schreibe über 120 Mio. Jahre alt sind! Für die Besichtigung der einzigen Spalthöhle des Allgäus sind feste Schuhe und – bei einer Temperatur von nur 8 °C – auch im Sommer warme Bekleidung erforderlich. Für Kinder bis 5 Jahren ist der Eintritt frei. Größere Rucksäcke, Kinder-Rückentragen etc. sind für die Höhle nicht geeignet. Hunde haben keinen Zutritt.

Info: Obermaiselstein Tourismus, Am Scheid 18, 87538 Obermaiselstein, Tel. +49 8326 277, »Höhlentelefon« Tel. +49 8326 38309, hoernerdoerfer.de/sturmannshoehle-obermaiselstein-allgaeu.

Öffnungszeiten: Führungen (ab Höhleneingang – vom Kassenhäuschen bis zum Eingang ca. 5–10 Min. Gehzeit einkalkulieren): im Sommer (Mai bis Anfang Nov.) 9.30, 10.30, 11.30, 12.30, 13.30, 14.30, 15.30, 16.30 Uhr, im Winter (22.12. bis Sonntag nach Ostern) 11.00, 12.00, 13.00, 14.00, 15.00, 16.00 Uhr.

Im Winter Montag und Dienstag geschlossen, außer Weihnachts- und Osterferien. Vom Ende der bayerischen Herbstferien (Anfang Nov.) bis 24. Dez. und im April Betriebsferien.

Anfahrt: Auf der B 19 von Norden kommend Richtung Oberstdorf bis Fischen. Im Ort die Abzweigung nach Obermaiselstein nehmen (Beslerstraße). In Obermaiselstein am besten bis zum kostenlosen Parkplatz am Haus des Gastes fahren, da am Höhleneingang nur begrenzt Parkplätze zur Verfügung stehen. Vom Gästehaus ein Stück die Straße zurückgehen, links in die Straße »Am Scheid« einbiegen und in 30 Min. dem Wegweiser folgend, am Feuerwehrhaus vorbei, hinauf zum Kassenhäuschen.

Variante: Vom »Hirschsprung« (Bushaltestelle, kleiner Parkplatz) auf der Straße von Obermaiselstein nach Tiefenbach führt der schattige »Sagenweg« in 30 Min. zum Höhleneingang.

Ⓗ Erzgruben-Erlebniswelt am Grünten

Der Grünten wacht(e) nicht nur seit Jahrtausenden über das Allgäu, sondern vom 14. bis zum 19. Jahrhundert auch über die Knappen, die hier Eisenerz abbauten. In der Erzgruben-Erlebniswelt ist neben der Bergbaugeschichte auch der Weg vom Erz zum Eisen bis hin zur kräftezerrenden Arbeit in der Schmiede anschaulich dargestellt. Während der Besichtigungstour (Achtung, nur online über homepage buchbar) werden der Tagebau sowie zwei Erzgruben besucht. Diese sind vom Museumsdorf (Themenhütten u.a. zu Geologie, Fossilien und Mineralien, Einkehrmöglichkeit in Hütte Knappenbock, Spielplatz) etwa 40 Min. entfernt. Für die Führungen sind neben festem Schuhwerk, warme Bekleidung und Regenjacke (Grubentemperatur 8–10 °C, Tropfwasser) erforderlich. Der Rundweg (ab 4 Jahren) ist nicht kinderwagengeeignet. Am letzten Sonntag im Monat 12–16 Uhr Familien-Aktionstag, weitere Vorführungen und Aktionen während der bayerischen Sommerferien.

Adresse: 87545 Burgberg, Grüntenstraße 2, Infos unter Tel. +49 8321

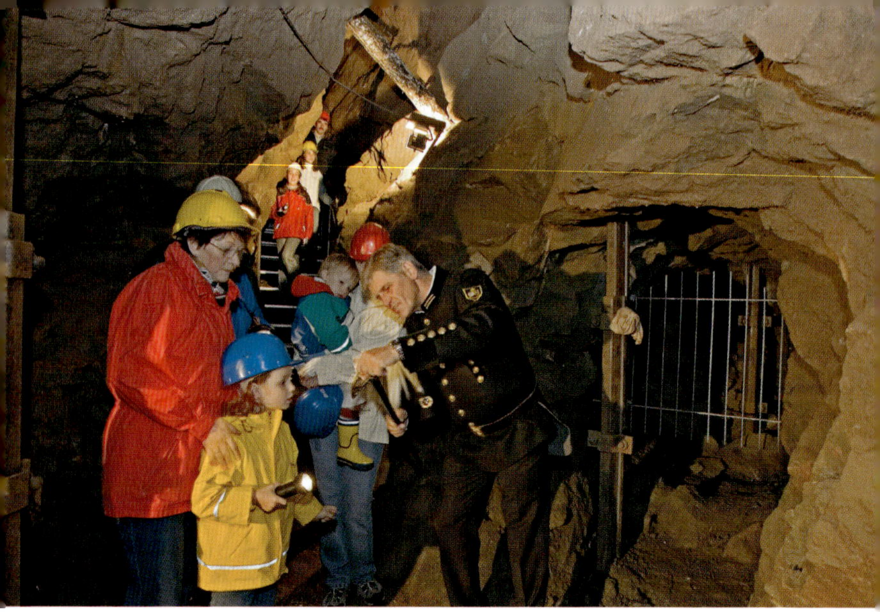

In der Erzgruben-Erlebniswelt wird besonders auf die Kinder eingegangen.

672220, erzgruben.de.
Öffnungszeiten: Anfang Mai bis Ende Okt. täglich außer Dienstag 10–17 Uhr geöffnet. Mehrmals täglich Führungen (nur online über Homepage buchbar, Dauer etwa 2.30 Std., Zeiten siehe Homepage).
Anfahrt: Mit dem Auto auf der B 19 bis Ausfahrt »Immenstadt-Süd« und nach links weiter Richtung Rettenberg auf der St 2006 bis zum Kreisverkehr (2 km). Dort die erste Abfahrt nach Burgberg über Agathazell vorbei am Steinbruch nehmen. In Burgberg links in die Grüntenstraße einbiegen und beim Gasthof Alpenblick parken (großer Parkplatz). Weiter zu Fuß (ausgeschildert) in 20 Min. zum Museumsdorf.
Mit Bahn und Bus: Vom Bahnhof Sonthofen mit dem Bus bis Burgberg. Fahrplan unter mona-allgaeu.de.
Variante: Nach Besuch der Starzlachklamm (Tour 21) vom Berggasthof Alpenblick (siehe oben) in 20 Minuten zu Fuß zum Museumsdorf.

Baden

❶ Aquaria in Oberstaufen

Das Erlebnisbad mit seiner gut 1000 m² großen Wasserlandschaft, ist optimal für Regentage. Neben zwei Becken extra für Kleinkinder (je eines im Innen- und Außenbereich), einem 25-m-Schwimm- und einem Sprungbecken (3- und 5-m-Sprungturm), Außensolebad (34 °C) und Innen- und Außen-Warmwasserbecken mit Sprudelliegen, sorgen die 100 m lange Wasserrutsche und der Wildwasserkreisel für Spaß. Entspannung bietet die weitläufige Saunalandschaft, für das leibliche Wohl befindet sich im Bad ein Restaurant sowie ein Bistro. Von Mai bis Aug. verdoppelt sich bei Temperaturen ab 24 °C die Badezeit!
Adresse: Aquaria Erlebnisbad, Alpenstraße 5, 87534 Oberstaufen, Tel. +49 8386 93130, aquaria.de.
Öffnungszeiten: Täglich 9–22 Uhr.
Anfahrt: Von Immenstadt kom-

mend auf der B 308 bis Oberstaufen. Dort der Beschilderung zum Bad mit großem Parkplatz folgen.
Mit der Bahn: Vom Bahnhofsplatz in Oberstaufen die Rainwaldstraße überqueren und über den Alpenrosenweg in 10 Min. zum Bad.

J Kleiner Alpsee mit Freibad

Der kleine Bruder des Großen Alpsees vereint die Badefreuden an einem Natursee mit denen eines beheizten Freibades (u. a. 50-m-Becken, kleine Kinderrutsche und Planschbecken) und hält neben einem Liegestuhl- und Sonnenschirmverleih für Kinder aller Altersstufen jede Menge Abwechslung bereit. Wem es vom Toben auf dem Abenteuerspielplatz, Bolz- oder Beach-Volleyball-Platz zu heiß geworden ist, schwimmt hinaus zum Floß oder kann sich mit einem Sprung vom großen Turm in den kühlen See erfrischen. Ein Kiosk ist vorhanden.
Adresse: Am Kleinen Alpsee 1, 87509 Immenstadt, Tel. +49 8323 8720, alpsee-immenstadt.de/kleiner-alpsee.
Öffnungszeiten: Von Mai bis Anfang Sept. täglich 9–19 Uhr, je nach Witterung kürzer oder bis 20 Uhr.
Anfahrt: Von Immenstadt kommend auf der Missener Straße bis zum Parkplatz des Kleinen Alpsees.
Mit Bahn und Bus: Vom Bahnhof Immenstadt mit Buslinie 39 (Immenstadt – Oberstaufen – Steibis – Hochgratbahn) bis Haltestelle »Kleiner Alpsee«. Fahrplan unter rba-bus.de oder Tel. +49 180 6722267.

K Erlebnis-und Gesundheitsbad Wonnemar

Im Wonnemar in Sonthofen kommt garantiert keine Langeweile auf, denn zu dem 25-m-Sportschwimmbecken gesellt sich ein riesiger Erlebnisbereich: Ein Rutschenturm mit der 110 m langen »Black Hole« (mit Rainbow Lights, visuellen Welten, Gewitterblitzen und Meteoritenhagel), der Wildwasser-Reifenrutsche »Crazy River«, der steilen Kamikaze-

Im Wellenbad des Wonnemar.

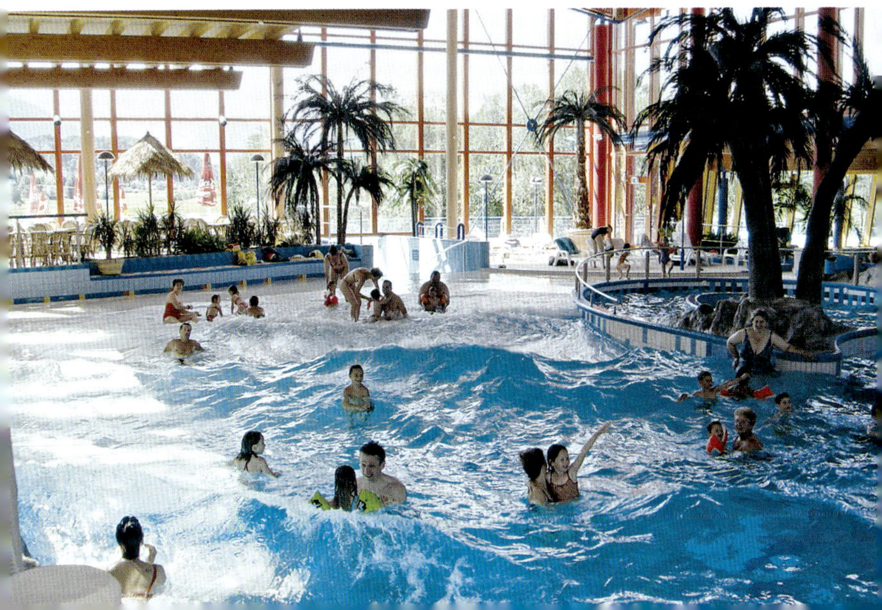

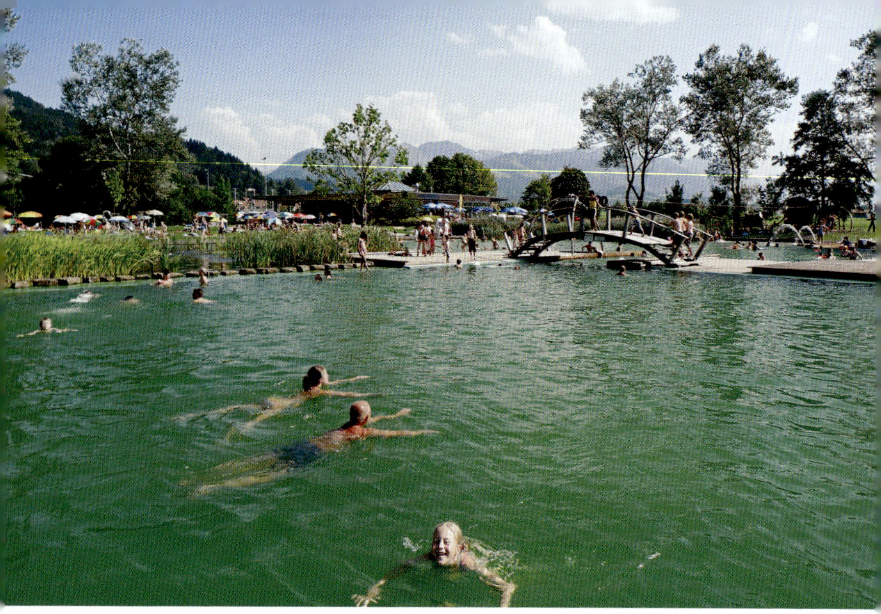

Wasser ohne Zusätze in Burgberg.

rutsche (für Mutige, die den Adrenalinkick suchen) und der kurzen, aber breiten Familienrutsche, ein großes Wellenbecken, der Strömungskanal, ein Panorama-Außenbecken und ein Whirlpool sorgen dafür, dass die Zeit wie im Fluge vergeht. Für kleinere Kinder gibt es den fantasievoll angelegten Kinderbereich »Wonniland« mit Felsengrotte, Wasserfällen, Piratenschiff, Wasserkanone und 32 °C warmem Babybecken. Ergänzt wird das Angebot durch die Saunawelt mit verschiedenen Saunen und das Gesundheitsbad mit einem Soleaußenbecken mit Sprudelliegen, Massagedüsen und Nackenmassage sowie einem Soleinhalationsstollen.
Adresse: Wonnemar, Stadionweg 5, 87527 Sonthofen, Tel. +49 8321 780970, wonnemar.de/sonthofen/.
Öffnungszeiten: Mai bis Sept. 10–21 Uhr, Okt. bis April 10–22 Uhr.
Anfahrt: Von Kempten kommend auf der B 19 Richtung Oberstdorf bis zur Ausfahrt »Sonthofen Süd«. Ab hier der Beschilderung folgen.
Mit Bahn und Bus: Mit dem Zug bis Sonthofen und von dort mit der Buslinie 45 Richtung Oberstdorf bis zur Haltestelle »Wonnemar«. Fahrplan unter oberstdorf.de/anreise-verkehr/busfahrplaene.html.

L Familien-Vital-Park in Burgberg

Das Naturfreibad zeichnet sich durch eine Besonderheit aus: Das herrlich weiche, auf der Haut sehr angenehme Wasser ist nicht blau, sondern grün. Die Wasserreinigung erfolgt ausschließlich durch die Selbstreinigungsmechanismen natürlicher Gewässer (Pflanzen-, Sand- und Kiesfilter) ohne den Zusatz von Chlor oder anderer Chemikalien. Im Bad warten neben großem Kinder- und 50-m-Schwimmbecken ein Sprungbecken mit 5-m-Turm, eine Seilbahn über das Kinderbecken, eine breite Wasserrutsche und zwei tolle Spielplätze (davon ein Wasserspielplatz). Auf dem über 20.000 m² großen Gelände kann man auch Tischtennis, Beachvolley- und Streetball spielen. Für das leibliche Wohl sorgt das ganzjährig geöffnete Café Mehrblick. Der Spielplatz und die sonstigen Einrichtungen sind auch außerhalb der Badesaison über das Café zugänglich.

Adresse: Familien-Vital-Park, Blaichacher Straße 29 a, 87545 Burgberg, Tel. +49 8321 607760, vitalpark-allgaeu.de.

Öffnungszeiten Bad und Café: Von Juni bis Aug. täglich 9–20 Uhr, Mai, Sept., Okt. 10–19 Uhr. Bei schlechtem Wetter und Dauerregen 11–16 Uhr.

Anfahrt: Von Norden auf der B 19 kommend bis Abfahrt »Immenstadt Süd / Rettenberg« und weiter nach links Richtung Rettenberg bis zum Kreisverkehr. Hier an der ersten Abfahrt der Beschilderung »Vitalpark« nach Burgberg folgen. In der Ortsmitte rechts (Schild Vitalpark) in die Blaichacher Straße. Kurz nach der Schule liegt links das Naturbad.

Mit Bahn und Bus: Vom Bahnhof Sonthofen mit dem Bus nach Burgberg. Fahrplan unter oberallgaeu.org.

Ⓜ Naturbad in Bad Hindelang

Das Bad ist eine Mischung aus Frei- und Naturbad: Es ist eine optimale Kombination aus dem herkömmlichen Freibad mit der Wasserreinigung eines Naturbades. Mit Hilfe einer Wärmepumpe wird das Wasser angenehm temperiert. Das grüne, weiche Wasser wird mikrobiologisch durch bepflanzte Kiesfilter und einen Regenerationsteich gereinigt. Das weitläufige Areal umfasst ein Naturkinderbecken, einen Spielbach, Sprungfelsen, einen Wasserfall, eine Felsendusche und eine große Liegewiese. Wasserrutsche, Pirateninsel, Floß, Spielplatz, Beachvolleyball, je ein 50-m-Kinder- und Erwachsenenbecken sowie ein Biergarten mit Live-Musik runden das Angebot ab. Hunde haben keinen Zutritt. Den Besuch des Bades kann man mit dem Bad

Das Naturbad in Bad Hindelang.

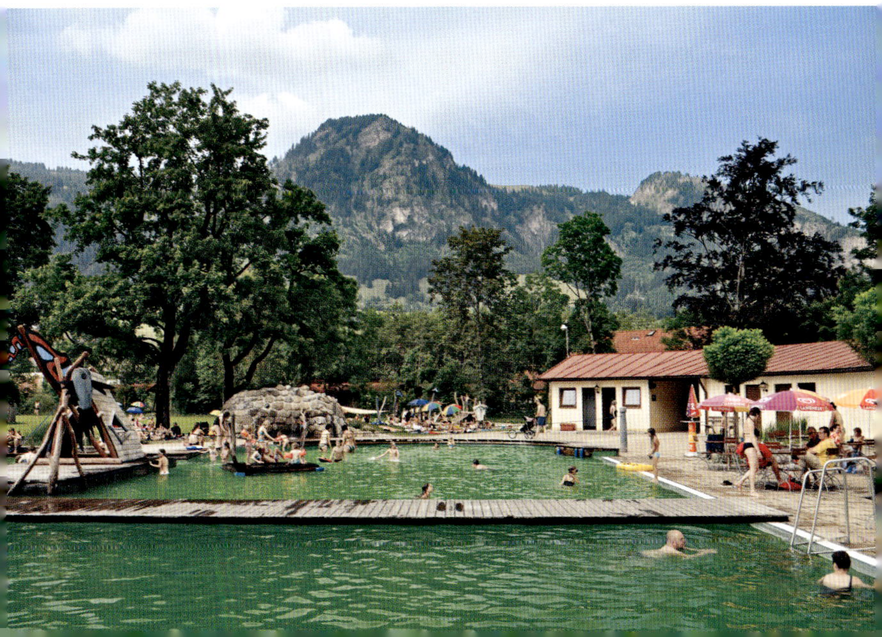

Hindelanger Barfußweg verbinden, siehe S. 199.

Adresse: Ostrachstraße 21, 87541 Bad Hindelang.

Öffnungszeiten: Ende Mai bis Mitte Sept. täglich 9–19 Uhr.

Anfahrt: Auf der B 308 von Bad Hindelang kommend Richtung Lexenmühle. Am Kreisverkehr die vierte Abfahrt in die Ostracher Straße nehmen und dieser folgen.

Mit Bahn und Bus: Vom Bahnhof Sonthofen mit dem Bus im Stundentakt nach Bad Hindelang »Busbahnhof«. Dort über die B 308 und in die Jörg-Lederer-Str. Diese in der Rechtskurve geradeaus in einen Pfad verlassen, der zum Bad führt. Fahrplan: oberstdorf.de/anreise-verkehr/busfahrplaene.html.

N Cambo Mare in Kempten

Das Cambo Mare lässt kaum Wünsche offen. Neben dem 25-m-Sportbecken laden eine Schwimmlagune mit Sprudelgrotte, Palmen und Strömungskanal zum Entspannen ein, während im Kinderbereich mit Rutsche, Wasserspeiern, Spielfiguren und Schiffchenkanal die Kleinsten ungestört spielen können. Die größeren Kinder sind begeistert von zwei Wasserrutschen (»Black Hole« 92 m, Doppelreifenrutsche »Crazy River« 122 m). Im warmen Außenbecken mit Sprudelliegen, Massagedüsen und Nackenduschen lässt sich herrlich der Alltag vergessen. Neben diversen Gastronomieangeboten warten elf verschiedene Saunen in einem sehr schönen Saunabereich (mit warmem Außenbecken und kleinem Schwimmteich), zu dem Kinder in Begleitung eines Erwachsenen immer Zutritt haben. Außerhalb der bayerischen Ferien Montag und Mittwoch 10–16 Uhr Familientag (4 Std. Badewelt zum Preis von 2 Std; gilt nicht an Feiertagen). Kinderspiel- und Spaßnachmittag jeden letzten Freitag im Monat mit Animation. Von Mitte Mai bis Mitte Sept. zusätzlich Freibadbetrieb.

Adresse: Cambomare, Aybühlweg 58, 87439 Kempten, Tel. +49 831 581210, cambomare.de.

Öffnungszeiten: Montag bis Freitag 10–22 Uhr, am Wochenende sowie an Feiertagen 9–21 Uhr.

Anfahrt: In Kempten auf der B 12 (Adenauerring) bis zur Lindauer Straße. In diese einbiegen, nach etwa 400 m rechts in den Aybühlweg.

Mit Bahn und Bus: Vom Hbf Kempten mit Bus Nr. 50 bis zur Haltestelle »Lindauer Straße/Aybühlweg«. Von dort in 5 Min. zu Fuß zum Bad.

O Alpspitz-Bade-Center in Nesselwang

Das Erlebnisbad direkt unterhalb der Alpspitz bietet ein 25-m-Sportbecken, ein Kleinkinderbecken mit Minirutsche und ein Erlebnisbecken mit Whirlpool-Liegen, Strömungskanal und dem Wildwasserkanal »Crazy Bob«, einer rasanten »Reifenrutsche« ohne Gefälle mit Einer- und Zweierbobs. Im Außenbereich befindet sich neben dem Warmwasser- und dem Kleinkinderbecken ein gestrandetes Piratenschiff am Naturbadesee. Mit Saunalandschaft und Restaurant.

Adresse: Badeseeweg 11, 87484 Nesselwang, Tel. +49 8361 921620, abc-nesselwang.de.

Öffnungszeiten: Montag bis Freitag 10–22 Uhr, Wochenende und Feiertag 9–22 Uhr.

Anfahrt: Von der Hauptstraße (B 309) in Nesselwang an der Kirche in die Von-Lingg-Straße nach Norden einbiegen und hinter der Bahnunterführung links in den Badeseeweg.

Mit der Bahn: Vom Bahnhof Nesselwang nach links auf der Bahnhofsstraße bis zur Marktoberdorfer Straße, hier links einbiegen und gleich wieder rechts in den Badeseeweg.

P Alpseebad bei Hohenschwangau

Eine schöne Bademöglichkeit mit 7000 m² Liegefläche, altem Baumbestand und Blick auf die Königsschlösser wartet in dem über hundert Jahre alten, versteckt liegenden Seefreibad am Alpsee. Ein großer Sonnensteg, eine Schwimminsel und ein Nichtschwimmerbereich stehen den Badegästen zur Verfügung. Die Hälfte der Liegewiese wird erst Ende Juni gemäht, sodass man eine Vielzahl an Schmetterlingen, geschützten Pflanzen und Orchideenarten bestaunen kann. Mit kleinem Biergarten und Kiosk.

Adresse: Alpseebad am Alpsee in Hohenschwangau, Tel. +49 8362 93040.

Öffnungszeiten: Von Ende Mai bis Ende Sept. 10–19 Uhr, bei schönem Wetter bis in den Oktober hinein geöffnet, bis Ende September auch bei unbeständigem Wetter geöffnet.

Anfahrt: Auf der A 7 bis Füssen, von dort ein kurzes Stück auf der B 17, dann rechts (Beschilderung »Königsschlösser«) nach Hohenschwangau zu den gebührenpflichtigen Parkplätzen (am besten am P 4 parken). Von hier erreicht man das Bad in 15–20 Min. entlang des idyllischen südlichen Seeufers.

Mit Bahn und Bus: Vom Bahnhof Füssen mit Bus 73 oder 78 bis Haltestelle »Schwangau, Neuschwanstein«. Fahrplaninfo unter rvo-bus.de.

Q Kristall-Therme in Schwangau

Die Kristall-Therme ist kein typisches Spaßbad, vielmehr steht in dem Thermalbad die Gesundheit im Mittelpunkt. Dennoch sind auch Kinder

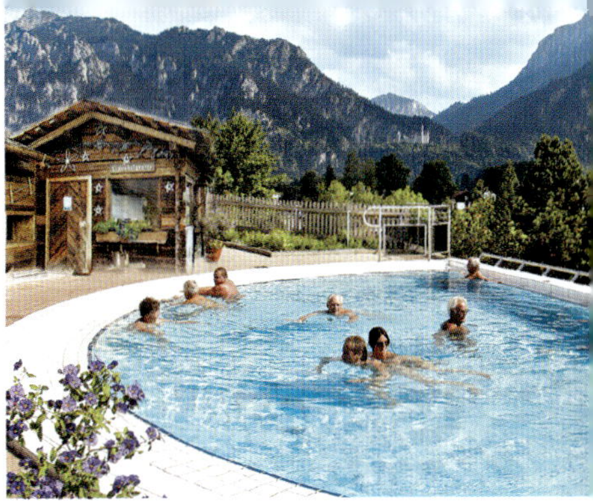

Außensauna der Kristall-Therme.

für dieses schöne Bad mit seinem herrlichen Panoramablick auf die Berge und Schloss Neuschwanstein zu begeistern. In mehreren Innen- und Außenbecken (2,5–5 % Salzgehalt) gilt es, einen Strömungskanal, Sprudelsitzbänke, Schwallwasserduschen und Unterwassermassageliegen auszuprobieren. Im 12%-igen Sole-Außenbecken schwebt man wie im »Toten Meer« im Wasser, während man entspannende Unterwassermusik hört. Daneben gibt es einen großen, auch für Kinder gut geeigneten Saunabereich und mehrere Gastronomieangebote.

Adresse: Am Ehberg 16, 87645 Schwangau, Tel. +49 8362 926940, kristalltherme-schwangau.de.

Öffnungszeiten: Sonntag bis Donnerstag 9–22 Uhr, Freitag und Samstag 9–23 Uhr. Dienstag (außer in den bayerischen Schulferien) ab 19 Uhr FKK im ganzen Bad.

Anfahrt: Von Füssen kommend auf der B 17 in Schwangau der Beschilderung nach links in den Föhrenbergweg folgen und an dessen Ende links zum Bad.

Mit Bahn und Bus: Vom Bahnhof Füssen mit Bus 73 oder 78 (Fahrplan unter rvo-bus.de) bis zur Haltestelle »Schwangau, Föhrenbergweg«, von dort in 5 Min. zum Bad.

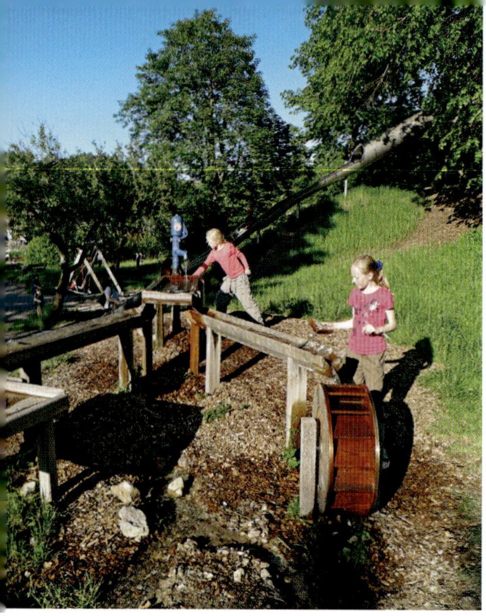

Wasserspielplatz und ...

Erlebnisspielplätze

Ⓡ Piratenspielplatz und Seepromenade am Großen Alpsee

Im Landschaftspark Bühl bei Immenstadt direkt am Großen Alpsee gibt es einen tollen Spielplatz mit einem »gestrandeten« Piratenschiff mit Steuerrad, Fernrohr, Hängematten im Bauch des Bootes, einer »Gefangenenschaukel«, einer Schatztruhe mit heraushängenden Goldketten, vielen Klettermöglichkeiten und einem Seil zum Entern des Schiffes. Direkt daneben befinden sich eine Hangrutsche, eine Vogelnestschaukel und ein schöner Wasserspielplatz mit Pumpe, Rinnen und Wasserrad.
Man erreicht den Spielplatz, indem man den Parkplatz nach links verlässt, nach wenigen Metern gleich wieder rechts einbiegt und am Minigolfplatz vorbeigeht (5 Min). Beim Rückweg empfiehlt es sich, vom Spielplatz kommend an der Ecke des Minigolfplatzes links abzubiegen. Bald überquert man auf einem Brückensteg die Konstanzer Ach, hält sich rechts und kommt zum Ankerplatz des nachgebauten Mittelalter-Segelschiffs »Santa Maria Loretto«. Abfahrtszeiten und Buchung unter alpseesegler.de. Wendet man sich nach dem Anlegeplatz links, kommt man zur Seepromenade (Einkehrmöglichkeiten, Souvenirshops, langer Steg in den See).
Adresse: Landschaftspark und Seepromenade in 87509 Immenstadt-Bühl, Parkplatz links des Fischerwegs.
Anfahrt: Von Immenstadt auf der Missener Straße nach ca. 1,5 km links nach Bühl in die Straße »In der Hub« einbiegen, nach 400 m über die Bahngleise fahren und nach 200 m links zum großen Parkplatz.
Mit Bahn und Bus: Vom Bahnhof Immenstadt mit der Buslinie 39 bis Haltestelle »Bühl, Gästeamt«. Dieses befindet sich direkt am Parkplatz. Fahrplaninfos unter rba-bus.de oder Tel. +49 180 6722267.

Ⓢ Waldspielplatz »Großer Wald«

Der große Abenteuerspielplatz zwischen Wertach und Rettenberg ist mitten im Wald auf einer Lichtung gelegen und lädt mit vielen tollen Klettermöglichkeiten, einer langen Kurvenrutsche, Schaukeln (u. a. Vogelnestschaukel), Wippen, Sandkasten und sogar einem kleinen Bach zum Toben und Verweilen ein.
Um zum Spielplatz zu gelangen, begeben wir uns auf die Fährte des schlauen Fuchses »Felix« (Beschilderung »Waldspielplatz«) und folgen seinen weißen Tatzen vorbei an einigen Infotafeln. Hier begegnen uns seine Freunde »Liesel die Kuh«, »Schorsch der Frosch« und »Sepp der Forstwirt«, die uns über den Wald und das Leben darin berichten. Nach gut 20 Min. erreichen wir auf der geteerten Straße den Waldspielplatz

mit Grillplatz. Rückweg wie Hinweg. Man kann aber auch am Spielplatz vorbei auf der Teerstraße weitergehen und über die unbewirtschaftete Alpe Vordere Kölle und die bewirtschafteten Alpen Burgerschläg und Metzeberg eine größere Runde machen (ab Parkplatz 2.30 Std.). Dieser Rundweg ist aber eher etwas für den Kinderwagen, da die breiten Wege für laufende Kinder nicht besonders interessant sind. Ein Abstecher zur Alpe Metzeberg ist auch von der Weggabelung 800 m vor dem Parkplatz (ca. 10 Min.) möglich, wenn man nur den Spielplatz besucht.

Anfahrt: Von Rettenberg auf der Staatsstraße 2007 Richtung Wertach fahren und ca. 4 km nach Kranzegg bei der Beschilderung »Parkplatz Großer Wald« rechts abbiegen. Hier nach ca. 150 m parken.

Mit Bahn und Bus: Vom Bahnhof Immenstadt mit Buslinie 81 bis Haltestelle »Wertach, Großer Wald«. Samstags Busverkehr nur bis zum frühen Nachmittag, sonn- und feiertags keine Busse. Fahrplan unter rvo-bus.de.

Tipp: An der Buron Alp (Grüntenseestraße 44, 87497 Wertach, Tel. +49 8365 373, buron-skilifte.de) im nahe gelegenen Wertach gibt es einen beliebten Kinderpark mit Einkehrmöglichkeit. Auf speziellen Rodeln geht es auf einer 70-m-Rutsche mit sechs nebeneinanderliegenden Bahnen oder auf einer 300-m-Tubingbahn hinunter. Trampolin, Kinder-Traktor-Park, Kletterwiese, Hüpfburgen und vieles mehr. Die meisten Attraktionen sind kostenpflichtig.

T Erlebnisspielplätze Pfronten

Im lang gezogenen Pfronten gibt es sage und schreibe elf Spielplätze, davon sind die meisten Themenspielplätze wie Planetenspielplatz, Märchenspielplatz, Regenbogenspielplatz, Kuh-Kuh-Spielplatz (siehe Tour 27) oder Zirkusspielplatz. Besonders gut gelungen ist der mittelalterliche Burgenspielplatz, hier können die Kinder über eine Burgmauer hinaufsteigen, in einen richtigen Burgturm

... Piratenspielplatz in Bühl.

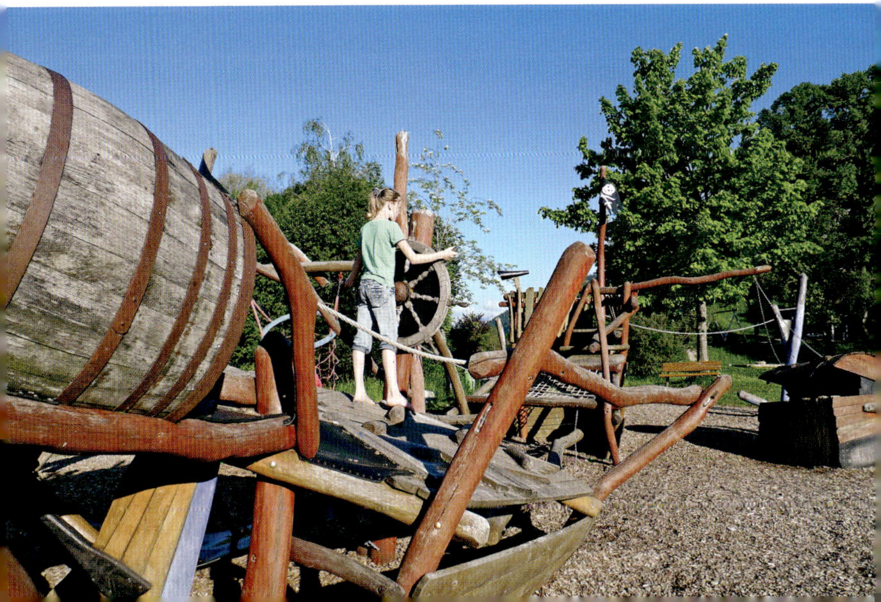

klettern und auf einem »Fahrradpferd« mit einer Lanze versuchen, ein Schild zu treffen. Unbedingt besuchen muss man auch den Abenteuerspielplatz »Schatzinsel«. Hier warten spannende Kletterelemente, eine rasante Rutsche, Schaukeln und eine Tarzan-Seilbahn, die über einen Bach führt. Und natürlich gibt es auch eine Schatztruhe, die auf einer Insel deponiert ist. Wer dorthin will, muss aber erst einmal durch den Bach steigen. An der Insel können die Kinder auch herrlich am Wasser spielen oder Staudämme bauen.

Info: Pfronten Tourismus, Vilstalstraße 2, 87459 Pfronten, Tel. +49 8363 69888. Unter pfronten.de/familie/spielplaetze findet man Infos über die einzelnen Spielplätze und die genaue Lage.

Anfahrt Burgenspielplatz: Der Spielplatz befindet sich in Pfronten-Ried am Ende des »Wiesenwegs«, der von der Meilinger Straße 200 m nach dem Bahnübergang (Richtung Osten) rechts weggeht. Parkmöglichkeit sonntags am nahen Getränkemarkt in der Meilinger Straße 14 oder am Bahnhof Pfronten-Ried.

Anfahrt Spielplatz »Schatzinsel«: Der Spielplatz befindet sich in Pfronten-Heitlern direkt am Kurpark. Von Pfronten-Ried (Ortsmitte) fährt man auf der B 309 in südliche Richtung, nach ca. 800 m rechts in den Adolf-Haff-Weg, dann nach 350 m rechts in die Frühlingsstraße einbiegen und dort parken. Auf der Frühlingsstraße geht man zu Fuß nach Norden (in Fahrtrichtung) und links zum Spielplatz.

Sommerrodelbahnen

Hündle (siehe Tour 7)
Alpsee Coaster (siehe Tour 8)
Söllereck (siehe Tour 15)
Nesselwang (siehe Tour 25)

Ⓤ Sommerrodelbahn am Tegelberg

An der Talstation der Tegelbergbahn warten eine 760 m lange Sommerrodelbahn mit großem Spielplatz (u. a.

»Pedalritter« am mittelalterlichen Burgenspielplatz.

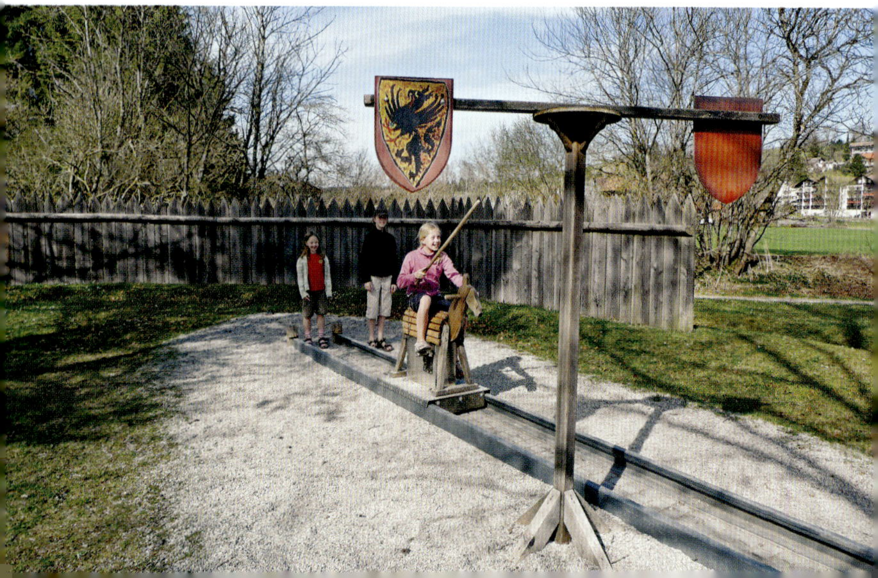

Rutschen, Wippe, Vogelnestschaukel, Doppelseilbahn), eine Bungee-Trampolinanlage, eine Scooterbahn und ein Kneippbecken auf die Besucher. Kinder bis einschließlich 8 Jahren dürfen nur in Begleitung eines Erwachsenen fahren. Neben der Talstation (mit Biergarten und Bistro Ikarus) befindet sich eine kleine römische Ausgrabungsstelle (Eintritt frei).

Vom rechten Parkplatzrand (im Süden) ist der lohnenswerte Weg zur sehenswerten Pöllatschlucht (Gehzeit einfache Strecke 30 Min.) und weiter hinauf zur atemberaubenden Marienbrücke (einfache Strecke weitere 30 Min.) mit fantastischem Blick auf Schloss Neuschwanstein ausgeschildert. Infos zur Besichtigung von Schloss Neuschwanstein siehe S. 200.

Adresse: Tegelbergstraße 33, 87645 Schwangau, Tel. +49 8362 98360, tegelbergbahn.de.

Öffnungszeiten: Anfang Mai bis Anfang Nov. 10–17 Uhr.

Anfahrt: Auf der B 17 von Füssen kommend in Schwangau rechts der Beschilderung zur Tegelbergbahn folgen.

Mit Bahn und Bus: Vom Bahnhof Füssen mit Bus 73 oder 78 (Fahrplan unter rvo-bus.de) bis zur Haltestelle »Schwangau, Tegelbergbahn«.

Waldseilgärten

Kletterwald Bärenfalle (siehe Tour 8)

Kletterwald Söllereck (siehe Tour 15)

Waldseilgarten Höllschlucht (siehe Tour 26)

Ⓥ Kletterwald Grüntensee

Der direkt am Seeufer mit Badestrand und Liegewiese gelegene Kletterwald bietet mit elf Parcours und insgesamt 97 Kletterelementen Spaß und Adrenalinschübe für jedermann (Sicherheitsausrüstung und -schulung sind im Preis inbegriffen). Für Kinder ab 6 Jahren (Mindestgröße 1,20 m) und Einsteiger stehen mehrere Parcours in geringer Höhe zur Verfügung, für die Mutigen gipfelt das Klettervergnügen im »Himalaya«-Parcours in bis zu 15 m Höhe. Für 3- bis 5-Jährige gibt es einen separaten Kiddy-Parcours. Ab 14 Jahren dürfen Jugendliche mit dem Einverständnis der Erziehungsberechtigten (Unterschrift auf den Benutzerregeln) alleine klettern. Nach dem Klettern lockt noch ein Sprung ins kühle Nass des Grüntensees und eine Einkehr im zum Kletterwald gehörenden »Seehaus«.

Adresse: Am Kletterwald 1, 87466 Oy-Mittelberg (Ortsteil Haslach), Tel. +49 8323 968050, kletterwald-gruentensee.de.

Öffnungszeiten: In den bayerischen Oster-, Pfingst- und Sommerferien und in der übrigen Hauptsaison von Ende Juni bis Ende Juli täglich geöffnet. Übrige Zeit von April bis 1. November nur am Wochenende und an Feiertagen. Siehe bitte auch Infos auf der Homepage.

Anfahrt: Auf der A 7 bis Ausfahrt »Oy-Mittelberg« und weiter Richtung Wertach. Nach 3 km links nach Haslach abbiegen und im Ort der Beschilderung zum Kletterwald folgen. Am Kletterwald gebührenpflichtiger Parkplatz, kostenfreie Parkplätze am Bahnhof (Wegbeschreibung siehe Anfahrt mit der Bahn).

Mit der Bahn: Vom Bahnhof Wertach-Haslach (Haltepunkt DB und Außerfernbahn) auf der Grüntenseestraße in südöstlicher Richtung, nach etwa 150 m bei der Häusergruppe rechts einbiegen und am See links zum Kletterwald (Gehzeit 10 Min.).

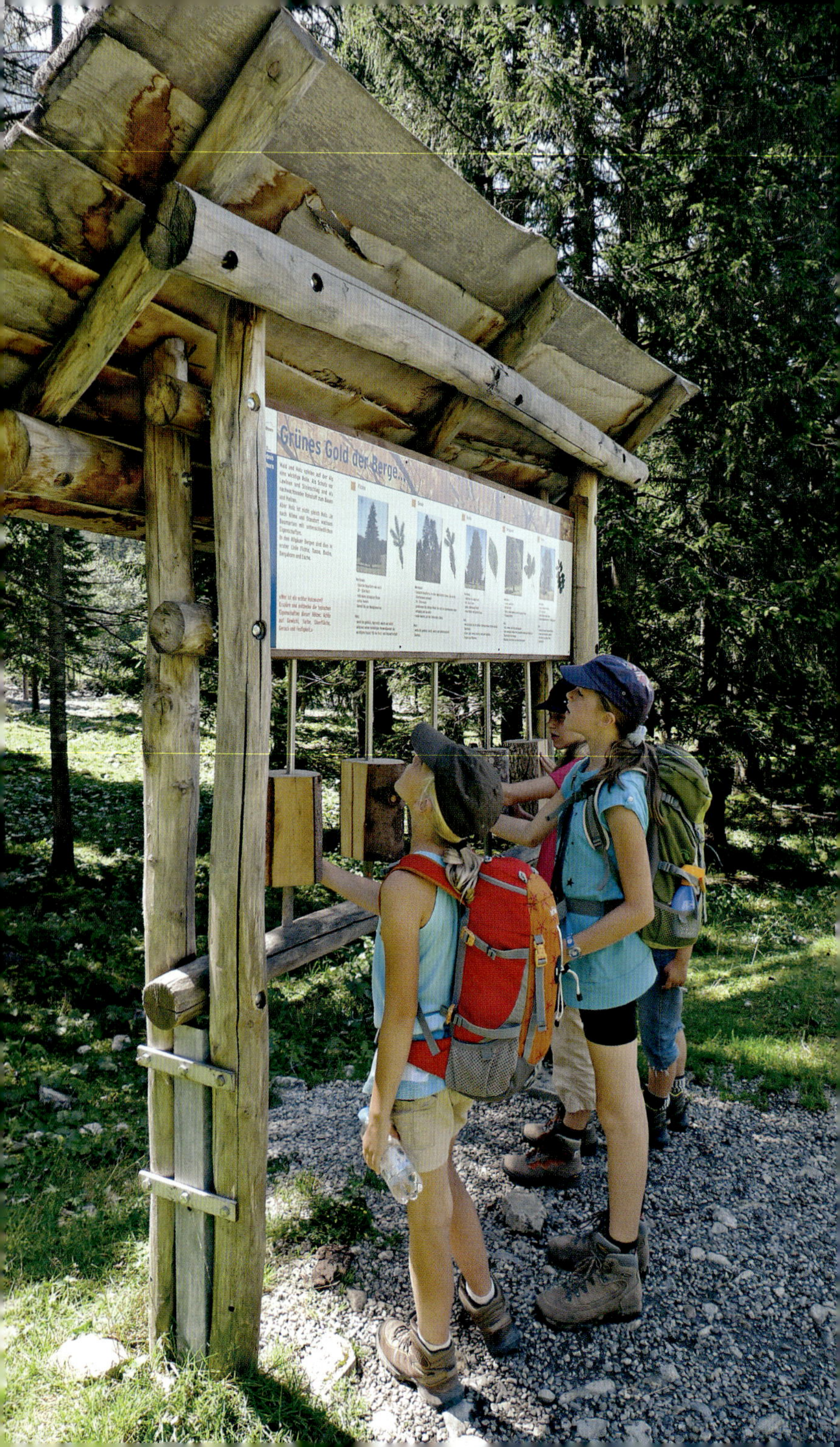
Grünes Gold der Berge...

Sonstige Freizeitziele

Ⓦ Erlebnisweg Uff d'r Alp bei Oberstdorf

An der Mittelstation der Nebelhornbahn an der Station Seealpe auf 1280 m Höhe verläuft der rund 2 km lange, alpwirtschafliche Erlebnispfad Uff d'r Alp mit Mitmachstationen und Informationen zu Berg, Natur und Almwirtschaft einmal rund um die Seealpe. Der gut ausgeschilderte Weg beginnt direkt an der Bergbahnstation und ist bereits für die Kleinsten gut geeignet. Er führt uns über einen Wasserspielplatz zur bewirtschafteten Hinteren Seealpe, dahinter verläuft der Weg erst ansteigend (50 Höhenmeter) bei einer schönen Sicht auf den Hohen Ifen, dann nach der Brücke steiler abwärts wieder zurück zur Bergbahnstation mit Einkehrmöglichkeit im Gasthaus Mittelstation mit seinem kleinen Kinderspielplatz. Der Weg ist für geländegängige Kinderwagen bedingt geeignet, beim Aus- und Einstieg an der Mittelstation sind allerdings ca. 40 Stufen zu überwinden, hier hilft aber gern das Personal. Kinderwagen werden kostenlos mit der Gondel nach oben transportiert. An der Station Seealpe können auch kostenlos gegen Pfand Kinderkraxen ausgeliehen werden.

Mit Kindern ab 8 Jahren (Bergschuhe erforderlich) kann man über den Faltenbachtobel auch wieder schön zu Fuß ins Tal gelangen. Hierzu folgen wir vom Gasthaus zunächst dem Alpweg (Weg Nr. 5) und schwenken nach ca. 10 Min. nach links (Schild »Faltenbachtobel«) in einen kleinen Pfad (Trittsicherheit erforderlich!). Wir erreichen 15 Min. später den Faltenbach, überqueren diesen auf der Brücke unterhalb des neuen Wasserkraftwerks und wandern auf einem breiten Weg abwärts. Nach 400 m biegen wir an einem Schild (»Faltenbachtobel«) rechts ab und steigen wiederum zum Bachlauf hinab. Über einen steilen Abstieg auf einer Metalltreppe gelangen wir in den eindrucksvollsten Teil der Schlucht. Wir erreichen eine kleine Brücke, überqueren den Bach und schwenken unmittelbar nach der Brücke links in den nun auf der anderen Bachseite entlangführenden Pfad. Schließlich stoßen wir auch hier wieder auf den Weg Nr. 5 und erreichen nach 15 Min. über das Skistadion die Talstation.

Adresse: Nebelhornbahn, Nebelhornstr. 67, 87561 Oberstdorf, Tel. +49 8322 96000, ok-bergbahnen.com/bergbahnen.

Anfahrt: Auf der B 19 von Norden kommend bis Oberstdorf, dort der Beschilderung zur Nebelhornbahn folgen.

Mit der Bahn: Vom Bahnhof Oberstdorf mit dem Ortsbus im 10-Minutentakt oder zu Fuß in ca. 15 Min. durch den Ort und die Fußgängerzone zur Talstation.

Auf dem Erlebnisweg »Uff d'r Alp«.

Ⓧ Barfußpfad Bad Hindelang

In Bad Hindelang hat man sich etwas ganz Besonderes einfallen lassen: Ein Barfußpfad von 700 m Länge verbindet dort das Kneippbecken im Hirschbachwäldchen mit dem Kneippbecken im Schanzpark. Wir starten am großen Parkplatz am Busbahnhof direkt an der B 308, überqueren diese und biegen in die Jörg-Lederer-Straße ein. In einer Rechtskurve verlassen wir die Asphaltstraße, indem wir geradeaus auf einem kleinen Pfad weiterwandern. An dessen

Ende könnten wir durch das Schild vom Hotel Restaurant Wiesengrund hindurchgehen und uns nach dem Gastgarten mit Spielplatz am Parkplatz rechts zum Naturbad (siehe S. 191) wenden. Gehen wir nicht durch das Schild, sondern biegen links ein, kommen wir nach 5 Min. zum Hirschbachwäldchen mit einer Minigolfbahn und dem »Wilderer-spielplatz«. Etwas unterhalb liegt das große Kneippbecken. Von hier folgen wir dem Barfußpfad erst auf einer Fühlstrecke mit verschiedenen Materialien, dann auf einem natürlichen Wiesenweg, bald entlang des Wildbaches zum Kneippbecken im Schanzpark. Rückweg wie Hinweg. Alternativ kann man am Naturbad parken und von dort in wenigen Minuten Richtung Osten zum Hirschbachwäldchen gehen.

Adresse: Gästeinformation Bad Hindelang, Am Bauernmarkt 1, 87541 Bad Hindelang, Tel. +49 8324 8920.

Anfahrt: Auf der B 308 von Sonthofen oder Oberjoch kommend direkt zum großen Parkplatz neben der B 308 am Busbahnhof.

Mit Bahn und Bus: Vom Bahnhof Sonthofen mit dem Bus im Stundentakt nach Bad Hindelang Busbahnhof. Fahrplan unter oberstdorf.de/anreise-verkehr/busfahrplaene.html.

Y Landschaftspark Engelhalde mit großer DAV-Kletteranlage

Der weitläufige Landschaftspark Engelhalde in Kempten lädt nicht nur zu gemütlichen Spaziergängen und zum Sonnenbaden ein, sondern wartet auch sonst mit einem hohen Erholungsfaktor auf. Neben insgesamt 12 Hektar Wiesenfläche und einem Weiher (hier auch Kiosk) erfreuen sich Groß und Klein an Feuchtbiotop, Kneippanlage und Kinderspielplatz. Ein weiterer Magnet ist die riesige Außenkletteranlage des DAV. An dieser 700 m² umfassenden Kletterfläche dürfen auch Nichtmitglieder (kostenpflichtig, Kletterausrüstung muss mitgebracht werden) ihre Kletterfähigkeiten an einer der durch insgesamt etwa 2200 farbige Griffe gekennzeichneten 50 Routen erproben. Kinder unter 6 Jahren sind in Begleitung Erwachsener frei.

Adresse: Parkplatz am »Lohmühltobel«, abgehend von der Lenzfrieder Straße, 87435 Kempten.

Öffnungszeiten Kletteranlage swoboda-alpin: Tägl. 9–22 Uhr, Tel. +49 831 57009720, dav-kempten.de/swoboda-alpin.

Anfahrt: Vom Schuhmacherring bzw. der Füssener Straße (B 309) in die Lenzfrieder Straße einbiegen, von dieser südlich in den »Lohmühltobel« und weiter zum Parkplatz.

Mit Bahn und Bus: Mit Buslinie 62 von Kempten Hbf bis Haltestelle »Füssener Straße/St.-Mang-Brücke«. Fahrplan unter mona-allgaeu.de.

Z Schloss Neuschwanstein

Das einer mittelalterlichen Raubritterburg nachempfundene Schloss ist ein Vermächtnis des berühmten Märchenkönigs Ludwig II. Es kann nur im Rahmen einer 30-minütigen Führung besichtigt werden. Karten hierzu sind nur im Hohenschwangauer Ticketcenter erhältlich und sehen bereits eine genaue Zeit für die Führung vor. Unter 18 Jahren ist der Eintritt frei (Karte trotzdem erforderlich). Wer vom Ticketcenter den 40-minütigen, beschilderten Fußmarsch scheut, der steigt in der Alpseestraße am Hotel Müller ganzjährig in die kostenpflichtige Pferdekutsche. Vom Endpunkt sind es dann noch 15 Min. zu Fuß. Ab dem Schloßhotel Lisl (Neuschwansteinstraße 1-3, 87645 Hohenschwangau) fährt (nicht bei

Schnee und/oder Eis) auch ein kostenpflichtiger Bus hinauf zur Marienbrücke (Aussichtspunkt Jugend), der anschließende Weg (15 Min. zum Schloss, 12% Gefälle) ist für Gehbehinderte aber nicht geeignet.
Hunde, Kinderwägen und große Rucksäcke dürfen nicht mit ins Schloss genommen werden. Es stehen aber auch nur ganz begrenzt Abstellmöglichkeiten für diese Dinge zur Verfügung.
Während der Hochsaison im Sommerhalbjahr ist es ratsam, Eintrittskarten im Voraus telefonisch, schriftlich, per Fax, Email, online oder persönlich beim Ticket-Center (gegen Gebühr) zu reservieren. Im Ticketcenter werden nur Karten für den aktuellen Tag ausgegeben, d. h. reservierte Karten können nur am Tag des Besuchs im Ticketcenter abgeholt werden.
Einen fantastischen Blick auf Schloss Neuschwanstein und einen atemberaubenden Blick in die Tiefe auf den Pöllatfall hat man von der in rund 90 m über der Pöllatschlucht gespannten Marienbrücke (15 Min. vom Schloss entfernt; beschildert).
Interessant ist auch das in der Nähe liegende Schloss Hohenschwangau, das ebenfalls nur im Rahmen einer Führung besichtigt werden kann. Auch hierfür sind die Karten im Ticket-Center erhältlich (Reservierung wie bei Schloss Neuschwanstein).
Adresse: Ticket-Center, Alpseestraße 12, 87645 Hohenschwangau, Tel. +49 8362 930830, hohenschwangau.de/tickets-fuehrung/tickets-neuschwanstein-hohenschwangau. Im Ort Hohenschwangau befinden sich insgesamt vier gebührenpflichtige Parkplätze, von denen man in 5 Min. mittels Schildern zum Ticket-Center geleitet wird.

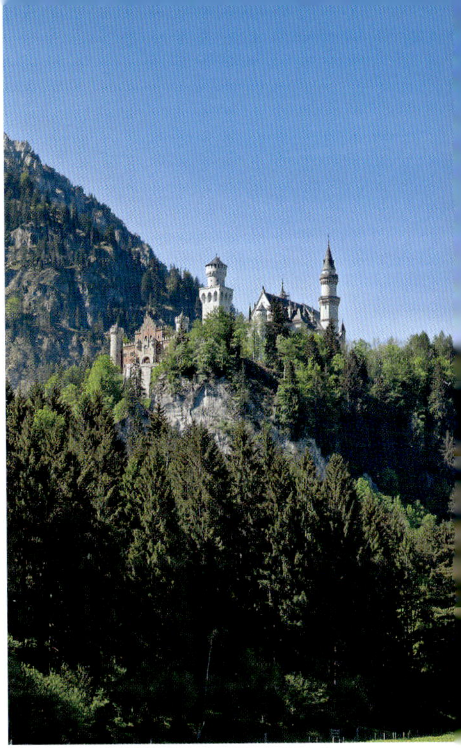

Von der Nordseite sieht das Schloss Neuschwanstein tatsächlich aus wie eine Raubritterburg.

Öffnungszeiten: Das Schloss Neuschwanstein ist täglich geöffnet, außer 1.1., 24./25.12 sowie 31.12. Öffnungszeiten Ticketcenter: Ende März bis Mitte Okt. 8–16 Uhr, Mitte Okt. bis Ende März 8–15.30 Uhr.
Anfahrt: Auf der A 7 bis nach Füssen, von dort ein kurzes Stück auf der B 17 und dann rechts (beschildert »Königsschlösser«) nach Hohenschwangau zu den gebührenpflichtigen Parkplätzen.
Mit Bahn und Bus: Vom Bahnhof Füssen mit Bus 73 oder 78 bis zur Haltestelle »Schwangau, Neuschwanstein«. Fahrplan: rvo-bus.de.
Tipp: Eine schöne Bademöglichkeit besteht am nahe gelegenen Alpsee in Hohenschwangau (siehe S. 193).

Stichwortverzeichnis

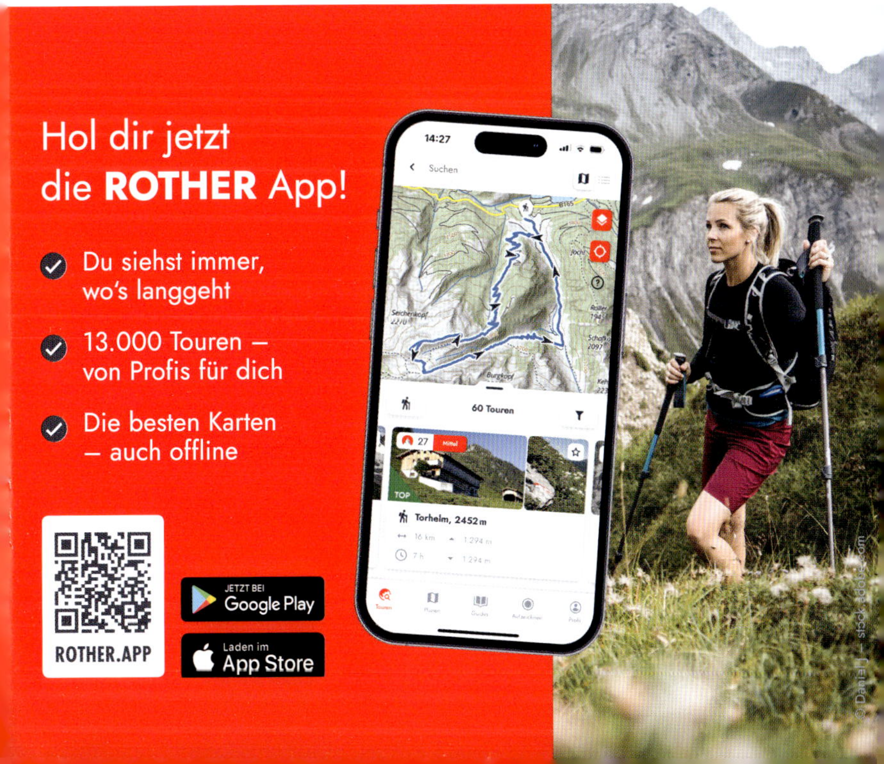
Hol dir jetzt
die ROTHER App!
Du siehst immer, wo's langgeht
13.000 Touren – von Profis für dich
Die besten Karten – auch offline
ROTHER.APP
JETZT BEI Google Play
Laden im App Store
14:27
Suchen
60 Touren
Torhelm, 2452 m

Impressum

Titelbild: Barfußwanderung zur Kappeler Alp (Tour 26)
Bild Seite 1: Gipfelglück am Besler (Tour 12).
Bild Seite 24/25: Rodelvergnügen am Söllereck (Tour 15).

Alle Fotos von den Autoren mit Ausnahme der Bilder von S. 11, 188 (Erzgruben-Erlebniswelt), S. 56 (Leo Schindzielorz, Oberstaufen OTM Mounteen), S. 61 oben (Alpsee Bergwelt), S. 95 (Antonia Soeffker), S. 141 (Höflealp), S. 184 (Reptilienzoo Scheidegg), S. 186 (Gästeinformation Obermaiselstein), S. 189 (Wonnemar Sonthofen), S. 191 (Gästeinformation Bad Hindelang), S. 193 (Werbeagentur Schmitz GmbH).

Die Autoren:
Eduard Soeffker, geboren 1969, und Sigrid Soeffker, Jahrgang 1973, sind gebürtige Münchner und schon von Kindesbeinen an in den Alpen unterwegs. Mittlerweile leben der Jurist und die Handelsfachwirtin im Pfaffenwinkel und geben ihre Begeisterung für naturverbundenes Wandern an ihre Kinder weiter.

Kartografie:
Wanderkarten im Maßstab 1:15.000 bis 1:50.000 © Bergverlag Rother GmbH, München (gezeichnet von Barbara Häring, Gröbenzell, und Heinz Muggenthaler, Regen),
Übersichtskarten © Freytag & Berndt, Wien.

Illustrationen:
Alle Illustrationen von Stephanie Stickel (stephanie-stickel.de).

Werk-Nr.: 3074

7., aktualisierte Auflage 2024

ISBN 978-3-7633-3428-5

FSC www.fsc.org MIX Papier | Fördert gute Waldnutzung FSC® C147178

Wir freuen uns über jeden Korrekturhinweis zu diesem Wanderbuch!
Bitte per E-Mail an: **leserzuschrift@rother.de**

ROTHER BERGVERLAG · Keltenring 17 · D-82041 Oberhaching
Tel. +49 89 608669-0 · rother.de